Dinner for one, Murder for two

Das Buch

Familie Bolle bekommt Besuch: Oma Wilcox aus England, genauer gesagt aus dem kleinen Ort Hideaway nahe Stratford-upon-Avon, hat sich angekündigt. Um ihr Projekt »Testwohnen in der Transvaalstraße« umsetzen zu können, beordert sie ihre Enkelin Pippa nach Hideaway, damit diese das Haus und die Tiere versorgt. Pippa ist begeistert. Zum einen weil sie Shakespeare liebt und sich darauf freut, sämtliche Vorstellungen in Stratford zu besuchen. Zum anderen hat sie von Grandma Will erfahren, dass in dem kleinen exklusiven Hotel in Hideaway, dem *Harmony House Hotel*, ein Workshop mit den besten Laiendarstellern Europas stattfindet. Pippas Idol, Sir Michael Hornsby, ist ebenso zugegen wie der selbstverliebte deutsche Regisseur Hasso von Kestring, der den Workshop und die spätere Aufführung zu Shakespeares Geburtstag koordinieren soll. Pippa zögert nicht lange und packt ihre Koffer. Kaum in Hideaway angekommen, steht alles dann aber doch nicht allein im Zeichen Shakespeares: Ein Drama in mehreren Akten nimmt seinen Anfang – mittendrin Pippa Bolle, die mit Geschick und viel Neugier auch diesen Fall löst.

Die Autorinnen

Frau Auerbach lebt und arbeitet als freie Autorin im Rheingau. Sie schreibt Krimis, Kurzgeschichten, fiktionale und dokumentarische Drehbücher. Sie liebt einsame Inseln aller Längen- und Breitengrade, auf denen und über die sie schreibt. Ihre lebenslange Passion gilt Shakespeare und einem guten Glas Singe Malt Whisky.
Frau Keller ist seit 2005 freie Schriftstellerin, nachdem sie u. a. als Köchin gearbeitet, Veranstaltungen organisiert, internationale Pressearbeit gemacht und Schauspieler betreut hat – natürlich nacheinander. Nach vielen Jahren im Ruhrgebiet ist sie zu ihren familiären Wurzeln zurückgekehrt und lebt jetzt an der Nordseeküste.

Von den Autorinnen sind in unserem Hause bereits erschienen
(in chronologischer Reihenfolge):
*Unter allen Beeten ist Ruh' · Dinner for one, Murder for two ·
Ins Gras gebissen · Tote Fische beißen nicht ·
Tote trinken keinen Wiskey*

Auerbach & Keller

Dinner for one, Murder for two

Ein neuer Fall für Pippa Bolle

List Taschenbuch

Besuchen Sie uns im Internet:
www.list-taschenbuch.de

Originalausgabe im List Taschenbuch
List ist ein Verlag der Ullstein Buchverlage GmbH, Berlin.
1. Auflage März 2012
5. Auflage 2015
© Ullstein Buchverlage GmbH, Berlin 2012
Umschlaggestaltung: bürosüd° GmbH, München
Titelabbildung: bürosüd° GmbH, München
Satz: LVD GmbH, Berlin
Gesetzt aus der Sabon
Druck und Bindearbeiten: CPI books GmbH, Leck
Printed in Germany
ISBN 978-3-548-61038-2

Für W. S.

–

Wen sonst?

Personenbeschreibung

Schlag nach bei *Hamlet*!

Pippa Bolle,
Haushüterin mit
Spürsinn

Die Zeit ist aus den Fugen, welch'
tückisch Fluch' und Schicksalsdenken, dass ich gebor'n, sie einzurenken! – *The time is out of joint, O
cursèd spite, that ever I was born to
set it right!* – I, 5

**Hetty »Grandma
Will« Wilcox,**
Pippas Oma

So bin ich grausam denn, um liebevoll zu sein – *I must be cruel, only
to be kind* – III, 4

Freddy Bolle,
Pippas Bruder

Was ist der Mensch, sobald sein
höchstes Gut, sein Lebenszweck nur
schlafen, essen ist? – *What is a man,
if his chief market of his time be but
to sleep and feed?* – IV, 4

Die Gaukler

**Lysander Smith-
Bates,**
Festivalmacher

Ein perfekter Edelmann ... sehr fein
im Umgang und von imponierender
Erscheinung – *An absolute Gentleman ...of very soft society and great
showing* – V, 2

Hasso von Kestring, Megalomane – und deshalb Regisseur

Ist dies Wahnsinn, so hat es doch Methode – *Though this be madness, yet there is method in't* – II, 2

Barbara-Ellen von Kestring, seine duldsame Gattin

Welch Meisterwerk ist der Mensch! – *What piece of work is a man!* – II, 2

Johannes Berkel, rechte Hand

Nennt mich, welch' Instrument Ihr wollt, Ihr könnt mich zwar verstimmen, doch nicht auf mir spielen – *Call me what instrument you will, though you can fret me, you cannot play upon me* – III, 2

Sir Michael Hornsby, Bühnentitan

Nach dem Ansehen, das man ihm beibringt, ist er in seinem Verdienste ohne seinesgleichen – *In the imputation laid on him by them, in his meed he's unfellowed* – V, 2

Hendrik Rossevelt, liebt die Rolle des Intriganten

Ich bin sehr stolz, rachsüchtig, ehrgeizig – *I am very proud, revengeful, ambitious* – III, 1

Anita Unterweger, Naturtalent aus der Provinz

So rein wie Eis, so weiß wie Schnee – *As chaste as ice, as pure as snow* – III, 1

Alain Bettencourt, Soap-Star und süßer Prinz

Es gibt nichts Gutes oder Schlechtes, das Denken nur macht's uns dazu – *There is nothing either good or bad, but thinking makes it so* – II, 2

Dana Danvers, zielstrebige Schönheit

Gott gab Euch ein Gesicht, und Ihr macht Euch ein anderes – *God hath given you one face, and you make yourselves another* – III, 1

Carlos Kwiatkowski, Journalist mit versteckten Qualitäten

Ich stell' mich ihm entgegen, und sollt' es mich versengen – *I'll cross it, though it blast me* – I, 1

Die Briten

Peter Paw, Kampfkater

Denn welche Königin, so schön und keusch und weise, würd' vor … 'nem Kater solch' wicht'ge Ding verbergen – *For who that's but a queen, fair, sober, wise, would from … a gib such dear concernings hide* – III, 4

Rowdy, zotteliger Menschenfreund

Der Hund hat seinen Tag – *The dog will have his day* – V, 1

Bastard und sein Harem, Federvieh

Es wollte reden, als der Hahn just krähte – *It was about to speak when the cock crew* – I, 1

Phoebe Smith-Bates, streitbare Bühnenlegende im Ruhestand

Es ärgert mich in tiefster Seele, einen polternden, perückentragenden Burschen eine leidenschaftliche Passage in Fetzen brüllen zu hören – *It offends me to the soul to hear a robustious, periwig-pated fellow tear a passion to tatters* – III, 2

Chris Cross, Gastgeber aus Leidenschaft

Mein guter Herr, sorgt Ihr dafür, dass man die Schauspieler gut unterbringt – *Good my Lord, will you see the players well bestowed – II, 2*

Debbie, Pippas Jugendfreundin

Schließt als Freund mich ein in euer Herz – *You must put me in your heart for friend – IV, 7*

Nicola Balhatchet, Leiterin des Dorfimperiums

Bereit sein ist alles – *The readyness is all – V, 2*

Sergeant Sam Wilson, Dorfpolizist mit Vergangenheit

Wenn Hinweise mich leiten, find' ich heraus, wo Wahrheit sich versteckt – *If circumstances lead me, I will find wherever the truth is – II, 2*

D. I. Rebecca Davis, Ermittlerin der unkonventionellen Art

Denn Mord, hat er auch keine Zunge, spricht – *Murder, though it have no tongue, will speak – II, 2*

Pete Wesley, freier Mitarbeiter mit Jahrmarktsqualitäten

Es gibt mehr Ding' im Himmel und auf Erden, als eure Schulweisheit sich träumen lässt – *There are more things in heaven and earth, than are dreamt of in your philosophy – I, 5*

Richard Arnold, Computerfachmann

Es ist ein Spaß, den Konstrukteur durch's eig'ne Pulver hochzujagen – *'tis the sport to have the engineer hoist with his own petar – III, 4*

Hideaway und seine Bewohner, unfreiwillige Bühne

Kein Ort – bei Gott – sollt' einen Mord beschützen – *No place indeed should murder sanctuarize – IV, 7*

The Cotswolds, fast zu schön, um wahr zu sein

Hat England alle Sonn', die scheint? *Has Britain all the sun that shines?* – **Nein, nicht Hamlet:** *Cymbeline III, 4*

Komparserie

Nigel Hurst, Schreiberling in Nöten

Mehr Inhalt, wen'ger Kunst – *More matter, with less art* – II, 2

Janne, Belgian Special Agent

In Dolchen will ich sprechen – keinen nutzen – *I will speak daggers to her, but use none* – III, 3

Auerbach & Keller, William zu Willen

Was wir ersinnen, ist des Zufalls Spiel – *Our thoughts are ours, their ends non of our own* – III, 2

Prolog

Hasso von Kestring wippte ungeduldig mit dem rechten Fuß. Was gab es so lange zu beraten? Sollte doch einer seiner jüngeren Kollegen die Chuzpe gehabt haben, sich zu bewerben? Undenkbar bei den gezielt gestreuten Mahnungen an den Nachwuchs, sich die Karriere nicht gleich zu Beginn durch ein Scheitern in England zu versauen. Blieb die Frage, welcher gestandene Konkurrent es wagte, für ein paar Monate auf der Insel seinen gut gepolsterten Regiestuhl zu riskieren. Der Rivale vom Thalia-Theater in Hamburg? Oder vom Berliner Ensemble? Schauspiel Frankfurt? Völlig egal, denn falls er hier tatsächlich eine Absage bekam, würde er jede entstandene Lücke ausfüllen. Das wussten die anderen Regisseure. Und wenn er erst einmal im Sattel saß, gab er die Zügel nie wieder ab. Dort oder hier. Das nannte man eine Win-win-Situation.

Hasso von Kestring zückte sein original mongolisches Schnupftabaksfläschchen und nahm eine kräftige Prise, was von der Dame am Schreibtisch mit hochgezogenen Augenbrauen quittiert wurde.

Von Kestring wartete im Vorzimmer des Leiters des *Shakespeare Birthday Festivals*. Lysander Smith-Bates würde ihm hoffentlich in ein paar Minuten die verbindliche Zusage geben. Die Zusage, dass er, Hasso von Kestring, Koryphäe des deutschen Regietheaters, sein Land beim Festival zu Ehren von Shakespeares Geburtstag mit einer Inszenierung vertreten würde.

Und das war auch bitter nötig. Von Kestring brannte darauf, diesen verstaubten englischen Theatertrotteln zu zeigen, wie brillantes modernes Theater aussah.

Er warf einen unauffälligen Blick in den Spiegel im Rücken der persönlichen Assistentin der Festspielleitung. Mit geübtem Griff zerzauste er die mühsam gezüchtete Künstlermähne. Dann befahl er seinem rechten Fuß, mit dem Wippen aufzuhören.

Die Gegensprechanlage auf dem Schreibtisch der Vorzimmerdame knackte. »Ms Jones, wir wären dann so weit. Bitten Sie Herrn von Kestring zu uns herein«, sagte eine männliche Stimme.

»Gerne«, gurrte die Angesprochene, musterte den Regisseur noch einmal von oben bis unten und machte, ohne sich vom Platz zu rühren, eine knappe Handbewegung Richtung Tür.

Du weißt wohl nicht, wen du vor dir hast, dachte von Kestring.

Schwungvoll betrat er das Büro. Er sah sich zwei Herren gegenüber, die er sofort als typische Engländer einstufte: gut geschnittene Anzüge mit Einstecktuch in der Brusttasche, ein Hut neben sich auf dem Stuhl. Sie hätten beide eine Grundmodernisierung vertragen können, fand er.

Der jüngere Mann erhob sich und streckte ihm die Hand entgegen. »Willkommen in Stratford, Herr von Kestring. Ich bin Lysander Smith-Bates, und das ist Sir Michael Hornsby.«

Von Kestring hielt den Atem an, denn er hatte nicht damit gerechnet, Sir Michael schon jetzt zu begegnen. Er schüttelte Smith-Bates' ausgestreckte Hand, aber Hornsby nickte ihm nur knapp zu.

»Setzen Sie sich bitte«, fuhr Smith-Bates fort. »Ich hoffe,

Sie hatten eine angenehme Anreise? Gefällt Ihnen das Hotel?«

Hör auf zu schwafeln, dachte von Kestring, komm zur Sache. Bin ich im nächsten Jahr der Mann der Wahl? Sein Herz klopfte aufgeregt, als er sich in den angebotenen Sessel setzte.

»Wir freuen uns, Ihnen mitteilen zu können, dass wir uns einstimmig für Sie und Ihr Konzept entschieden haben«, sagte Smith-Bates lächelnd.

Hasso von Kestring konnte sich nur mühsam zurückhalten, nicht aufzuspringen und ein Triumphgeheul auszustoßen, dass der Putz von den Wänden des ehrwürdigen Gemäuers bröckelte. Er hatte den Zuschlag bekommen, nicht einer seiner stümperhaften Kollegen!

Lysander Smith-Bates sah ihn freundlich an. »Wenn Sie uns jetzt bitte Ihre Idee zu …«, er machte eine Pause, als fiele ihm das Sprechen schwer, »zu *Hamlet Reloaded* näherbringen könnten?«

Von Kestring nickte. Natürlich hatten diese Traditionalisten sein Konzept nicht begriffen, aber die Brillanz seiner Idee hatte dennoch überzeugt. Das sollte ihm erst mal einer nachmachen.

»Ich werde das Stück wie ein Computerspiel inszenieren und dabei …«, er machte eine wirkungsvolle Pause, die den beiden Männern helfen sollte, ihm zu folgen, »… ein innovatives Feuerwerk kreieren, das in Shakespeares Worten unser Jahrhundert der Gier spiegelt und einem War-Game in nichts nachsteht. Ich werde die Schauspieler dazu bringen, alles zu geben. Sie werden Shakespeare aus jeder Körperöffnung atmen, leben, rülpsen und furzen … die pure Ekstase!«

Sir Michael zuckte mit keiner Wimper. »Sehr elisabethanisch. Die Zuschauer werden in Scharen kommen – und sei es nur wegen des Skandals. Ganz wie zu Shakespeares Zeiten.«

Hasso von Kestring ignorierte die Ironie in den Worten des alten Mannes. Was wusste der schon? Die Zeit des großen Sir Michael Hornsby war fast vorüber. Aber sein Name hatte noch Klang. Und den würde er nutzen. Zu seinen Gunsten. Er sah das Plakat schon vor sich: sein Name in großen Lettern vor dem von Sir Michael.

Er lächelte die beiden Männer hochmütig an.

Er würde es allen zeigen.

Kapitel 1

Setz dich endlich hin, Pippa! Du bist ungemütlich.«
Karin verdrehte die Augen, als sie merkte, dass ihre
Freundin sie gar nicht wahrnahm.

Pippa Bolle stand am Fenster ihrer Einzimmerbleibe im
Hochparterre des Seitenflügels und schaute hinaus. Aus dem
Berliner Februarhimmel fielen seit Tagen dicke Schnee-
flocken und verwandelten den Hinterhof der Transvaalstraße 55 in eine einladende Winterlandschaft, die von den
Kindern des Hauses zu einer Armee von Schneemännern um-
gearbeitet wurde.

Davon sah und hörte Pippa nichts. Vor ihrem geistigen
Auge tanzten rote Zahlen, die sich auf ihrem Konto zu Bergen alpinen Ausmaßes türmten.

»Bist du zur Schaufensterpuppe mutiert?«, maulte Karin.
»Oder können wir jetzt endlich unseren Tee trinken?«

»Heute geht es für mich um alles«, sagte Pippa. »Heute
entscheidet der Verlag darüber, wer den Zuschlag für die
Übersetzung bekommt. Du weißt schon, *Jos mutige Enthüllungen.*«

»Klingt wie ein Porno«, sagte Karin kichernd. »So was
soll ja gut bezahlt werden.«

Pippa lachte. »Schön wär's. Dann könnte ich noch was
lernen, während ich endlich einmal wieder Geld verdiene.«

In diesem Moment knallte ein Schneeball mit voller Wucht
gegen das Fenster, und Pippa zuckte unwillkürlich zurück.

»Wenn das keine Aufforderung ist …«, fand Karin. Sie stand auf, stellte sich neben ihre Freundin und sah in den Hof hinunter.

Lisa, Karins vierzehnjährige Tochter, führte das Regiment über einige Sprösslinge der Familie Abakay und die drei Schmidt-Söhne aus dem ersten Stock. Die Jungs rollten mit Feuereifer große Schneekugeln, während Lisa Anweisungen gab, wie diese gestapelt werden sollten.

»Ganz die Mutter. Immer das Kommando«, sagte Pippa und fing sich dafür einen Knuff in die Seite ein.

Sven, Lisas siebzehnjähriger Bruder, brachte gerade einen großen Weidenkorb voller Stofffetzen, Schals, Mützen, ausgemusterter Kleidung und Hüte in den Hinterhof. Er hatte im ganzen Haus gesammelt und bei Mira und Käthe Kasulke, den Schneiderinnen aus der dritten Etage, die Dekorationsbestände geplündert. Begeistert stürzte sich die Meute auf den Fundus und stritt lachend und kreischend um besonders schöne Stücke.

»Komm, lass uns runtergehen.« Karin drängte ihre beste Freundin sanft vom Fenster weg.

Pippa sah unschlüssig Richtung Telefon. »Vielleicht ruft der Verlag an und hat eine Frage zu meiner Probeübersetzung …«

»Da ihnen die niemand anderes beantworten kann als du, werden sie auch ein zweites Mal anrufen.«

»Dann hätte ich auch mit Paps und Freddy nach Tegel fahren können, um Mylady vom Flieger abzuholen. Außerdem bin ich diese Eiseskälte nicht mehr gewöhnt.« Demonstrativ fröstelnd rieb Pippa die Hände aneinander. »Der erste Berliner Winter seit Jahren. Ich hatte schon beinahe vergessen, wie kalt es hier sein kann.«

Aber Karin ließ nicht mit sich reden und zog sie unerbitt-lich Richtung Tür.

»Sieben Jahre Florenz, und du bist völlig verweichlicht. Schneemänner zu bauen ist genau das Richtige, um dich wieder abzuhärten.«

An der Flurgarderobe hängte sie Pippa einen Schal um und zog ihr eine Mütze über die roten Haare.

»Wenn du willst, nennen wir einen von ihnen Leonardo und kleben ihm eine dicke, fette Warze ins Gesicht.« Karin nutzte jede Gelegenheit, um kleine Spitzen gegen Pippas ita-lienischen Noch-Ehemann abzufeuern, dessen unheilbare Schwäche für das weibliche Geschlecht die Freundin vor einem knappen Jahr nach Berlin zurückgetrieben hatte.

»Ich könnte ihm einen Holzpflock ins eiskalte Herz schla-gen«, schlug Pippa vor und griff nach ihrer Daunenjacke.

Das Klingeln des Telefons hörte sie nicht mehr.

»Tante Pippa! Gibst du mir die Mütze?« Lisa zeigte auf die grasgrüne Pudelmütze auf dem Kopf der Patentante. »Die passt super zu deiner Doppelgängerin.«

Sie stand neben einer fülligen Schneefrau, auf deren Kopf ein knallroter, zotteliger Mopp thronte.

»Soll ich das sein?«, rief Pippa. »Das ist ja wohl nicht euer Ernst!«

Lisa stieß ihre Freundin Sevgi Abakay an und kicherte. »Du hast doch rote Haare. Ich finde, sie sieht dir zum Ver-wechseln ähnlich.«

»Wir haben schon fast alle Schneemänner schön ge-macht«, lispelte der kleine Gencal durch die Zahnlücken, die seine ausgefallenen Milchzähne hinterlassen hatten.

»Dann erklärt uns mal, wen wir hier alles haben.«

»Ede Glassbrenner, Tante Mira und Tante Käthe«, erklärte Sevgi und zeigte nacheinander auf die Figuren aus Schnee, »hier dann Onkel Bertie, dein Bruder Freddy und Mylady. Aber die sind noch nicht fertig.«

»Dann werden wir die Dame mal vollenden. Nase, bitte«, sagte Pippa im Ton eines Schönheitschirurgen, der die OP-Schwester um ein Instrument bittet.

Kevin, der mittlere Schmidt-Sohn, rannte los und holte eine Möhre, die er ihr in die ausgestreckte Hand legte.

Pippa platzierte die Möhre und trat einen Schritt zurück, um ihr Werk zu begutachten. Dann nickte sie. »Sven – Augen, bitte.«

Sven reichte Eierkohlen, die sofort eingepasst wurden.

Karin legte den Kopf schräg. »Spinne ich oder sieht deine sonst so distinguierte Mutter aus wie eine Hexe? Fehlen nur noch ein spitzer Hut und ein Reisigbesen.«

»Kannste haben«, sagte Lisa. Sie setzte einen hohen schwarzen Hexenhut auf den Kopf der Schneefrau und hängte ihr einen schwarzen Umhang um. »Karneval vor zwei Jahren«, erklärte sie.

Kevin und Sven verwandelten den nächsten Schneerohling in eine eisige Ausgabe von Pippas jüngerem Bruder: Der Schneemann erhielt eine Polizeimütze in Kindergröße, und auf seiner eisigen Brust prangte ein überdimensionaler Sheriffstern aus Blech. Kevin spendierte einen alten Pistolengurt aus Plastik, an dem zwei bunte Wasserpistolen befestigt waren.

Kurz darauf war auch der heimliche König der Transvaalstraße 55 passend ausstaffiert. Grauer Arbeitskittel, karierte Schiebermütze und Schneeschippe machten auf Anhieb jedem klar: Das war Bertie Bolle, Pippas Vater und Hausmeister des begehrtesten Hauses im gesamten Afrikanischen Viertel von Berlin.

Pippa fuhr herum, als sie plötzlich ein Schneeball am Kopf traf. Matthias Wittig, Karins Ehemann, stand in der Hofeinfahrt und holte bereits aus, um weitere Geschosse abzufeuern.

»Hilfe! Wir werden angegriffen!«, schrie Pippa.

»Die Männer gegen die Frauen!«, brüllte Matthias zurück.

Binnen Sekunden bildeten sich zwei Lager, und im Hinterhof tobte eine wilde Schneeballschlacht, die den spitzen Hut von Schnee-Myladys Kopf fegte.

Die rivalisierenden Parteien waren außer Atem und bereits völlig durchnässt, als Freddy aus dem Fenster nach seiner Schwester rief und damit die Schlacht beendete.

»Pippa! Wir sind wieder da!« Er stutzte und zeigte auf den Polizei-Schneemann. »He, das bin ja ich. Ich fand schon immer, dass wir statt der nichtssagenden Polizeimarken mit einem kleidsamen Sheriffstern ausgerüstet werden sollten.«

Pippa klopfte sich den Schnee vom Parka, winkte den Kindern und ihren Freunden entschuldigend zu und ging ins Vorderhaus.

Effie Bolle, wie immer makellos und ladylike, erwartete ihre Tochter bereits an der Wohnungstür. Die beiden umarmten sich herzlich.

»Mum! Endlich! Keine Ahnung, was aus Paps und Freddy geworden wäre, wenn ich mich nicht rund um die Uhr um sie gekümmert hätte. Das Haus verkommt ohne dich! Wie schaffst du das nur, ohne die Geduld mit den beiden zu verlieren?«

Pippas Mutter lächelte. »So schlimm ist es nicht, Dear, du übertreibst.«

»Ganz sicher nicht. Freddy wäre glatt verhungert und in völlig zerknitterten Hemden zum Dienst gegangen, und

Paps hätte während der letzten zwei Wochen wahrscheinlich ein und dasselbe Paar Socken getragen. Ich hatte alle Hände voll zu tun, um das Chaos einzudämmen. Weiß Freddy überhaupt, dass wir eine Spülmaschine haben? Oder wie man ein Hemd bügelt? Ich war ausnahmsweise froh, dass ich keinen Auftrag habe, sonst hätte ich die Arbeit überhaupt nicht geschafft!«

»Dann wird dich freuen, dass ich aus England gute Neuigkeiten mitgebracht habe, die dich betreffen«, sagte Effie und zog Pippa in die Wohnung.

»Du machst mich neugierig!«

Effie Bolle lächelte geheimnisvoll. »Ich bin sicher, du wirst überrascht sein. In zehn Minuten ist Familienkonferenz, mit Tee und Gebäck.«

»Hast du frischen Tee mitgebracht?«, fragte Pippa, obwohl sie die Antwort längst kannte.

Effie war der Meinung, dass Tee von der Insel bekömmlicher war und obendrein besser schmeckte als deutscher. Sie schleppte ungeheure Mengen am Zoll vorbei, ohne von diesem je behelligt zu werden.

Bertie Bolle antwortete für seine Frau: »Earl Grey, English Breakfast, Assam, Kenia und Ceylon.«

Pippas Vater stand am typisch englischen Aga-Herd und briet runde, schwammartige Hefeküchlein. Die Überführung des gusseisernen Monstrums aus England in seinem klapprigen Kastenwagen hatte ihm vor vierzig Jahren Effies Hand garantiert.

Pippa schnupperte. »Mum hat Crumpets mitgebracht!«

Ihr Vater grinste zufrieden. »Und dazu Oma Wills hausgemachte Orangenmarmelade.«

Pippa stellte Geschirr auf ein Tablett und trug es zum Esstisch, an dem ihr Bruder Freddy ungeduldig wartete.

»Weißt du, wie viele Crumpets jeder bekommt?« Er verteilte die Tassen und Kuchenteller und sah sie hoffnungsvoll an. »Ich bin ziemlich hungrig.«

»Das muss ja für dich eine ganz neue Erfahrung sein«, frotzelte Pippa. »Aber je eher du Papa hilfst, desto schneller kannst du deinen Magen wieder beruhigen.«

Freddy sprang sofort auf und rannte eilfertig in die Küche. Ihr Bruder, sonst von eher gemächlicher Natur, kam in Fahrt, sobald es um Essen ging. Er kehrte zurück und stellte eine Platte mit dampfenden Hefeküchlein auf den Tisch.

»Mum, jetzt sag endlich, warum du eine Familienkonferenz einberufen hast«, rief er ungeduldig in Richtung Küche, während er die duftende Köstlichkeit nicht aus den Augen ließ.

»Also«, begann Effie, während sie lächelnd beobachtete, wie ihr Sohn die Crumpets zu seinen Gunsten auf die Teller verteilte, »ich soll euch von Grandma Will herzlich grüßen. Es geht ihr wieder besser, aber die Lungenentzündung hat sie doch ins Grübeln gebracht. Sie will nicht mehr allein wohnen. Sie möchte zu uns kommen. Zum Probewohnen.«

»In die Transvaal?« Pippa war erstaunt. »Ich dachte, sie wollte später in ein Altenheim in Stratford ziehen.«

»Die Leute dort sind ihr zu …«, Effie suchte nach dem passenden Wort.

»Baufällig«, soufflierte Bertie Bolle.

»Wir waren bei einem Informationsnachmittag«, fuhr Effie fort. »Es gab eine Demonstration der Freizeitaktivitäten. Sie haben die langsamste Polonaise der Welt vorgeführt, und eure Oma ist sich vorgekommen wie in einer Zeitlupen-Welt.« Effie seufzte. »Das will sie sich natürlich nicht zumuten. Und als ob das noch nicht schlimm genug wäre: Sie dürfte keines ihrer Tiere mitbringen.«

Pippa lächelte, als sie an die kleine Menagerie ihrer geliebten Großmutter dachte. Sie bestand aus Peter Paw, einem überaus wehrhaften, meist schlechtgelaunten Kater, dem zotteligen, immer geduldigen Bearded Collie Rowdy und Hahn Bastard samt vierköpfigem Harem.

Freddy schüttelte sich. »Selbst wenn sie den Hund und die Hühner mitnehmen dürfte, an Peter Paw scheiden sich die Geister. Wo gibt es schon Heime, die eine solche Herde aufnehmen können?«

Sein Vater nickte. »Nirgends, und deshalb wird die Durchgangswohnung gebraucht, Pippa.«

Pippa schluckte. Es stand ihr nicht zu, sich zu beschweren. Die Wohnung war eigentlich als Hausmeisterbüro ihrer Eltern gedacht, und sie hatte die Räumlichkeiten seit ihrer Rückkehr in die Familie mietfrei nutzen dürfen. Dummerweise war gerade jetzt ein schlechter Zeitpunkt, sich etwas Neues zu suchen, da sie noch keinen neuen Übersetzungsauftrag an Land gezogen hatte, der sie finanziell über die nächsten Wochen und Monate bringen konnte. Sie sah hilfesuchend Freddy an, aber der schaufelte ungerührt Crumpets in sich hinein.

»Und wo soll ich so lange hin?«, fragte Pippa.

»Stell dich nicht so an«, sagte Freddy mit vollem Mund, »immerhin geht es um Grandma.«

»Gut, geliebter kleiner Bruder. Dann ziehe ich zu dir«, gab Pippa zurück. »Rück schon mal ein wenig zur Seite. Ich übernehme dein zweites Zimmer.«

»Was?« Freddy ließ die Kuchengabel sinken. »Wir zusammen in meiner Bude? Dann müsste ich ja Ordnung halten.« Sein Gesicht hellte sich auf. »Du könntest doch zu Karin ziehen! Ihr könntet jede Nacht quatschen, solange ihr wollt. Die freut sich bestimmt.«

»Sei nicht albern, Freddy, wir sind keine Teenager mehr, die Pyjama-Partys feiern. Außerdem kann ich von Lisa und Sven nicht auf Dauer verlangen, sich ein Zimmer zu teilen. Dazu sind sie zu alt. Und auf eine Wohnzimmercouch kriegen mich keine zehn Pferde, dazu bin *ich* zu alt.«

Effie Bolle hob die Hand. »Ruhig, ihr beiden. Niemand muss sich einschränken. Mum will zunächst nur für einige Zeit ausprobieren, ob sie sich hier eingewöhnen könnte. Und das ohne ihre Tiere. Der Zoo bleibt einstweilen in England.«

»Wegen der Quarantäne«, mutmaßte Pippa.

»Genau«, sagte Bertie Bolle, »sollte eure Großmutter sich hier nicht wohlfühlen, müssten ihre geliebten Schätzchen bei einer eventuellen Rückkehr nach England für sechs Monate in Quarantäne. Das will sie auf keinen Fall riskieren.«

»Ich ahne, was kommt«, maulte Freddy.

Pippas Herz klopfte hoffnungsvoll. »Jemand muss sich während ihrer Abwesenheit um Omas Cottage und die Tiere kümmern. Habe ich recht?«

Als Effie nickte, stöhnte Freddy. »Super. Pippa darf nach Hideaway – und ich? Warum kann man bei der Wasserschutzpolizei nicht auch Freiberufler sein? Wieso kann ich nicht als Austauschpolizist in die romantischen Hügel der Cotswolds gehen? Ich würde gern mal für ein paar Monate dort arbeiten.«

»Als Wasserschutzpolizist?«, spottete Pippa gutmütig. »Willst du mit dem Boot auf dem Avon herumschippern und das Theater der Royal Shakespeare Company bewachen? Außerdem müsstest du dich selbst versorgen. Niemand putzt für dich, niemand wäscht und bügelt, niemand kauft für dich ein …«

»Und niemand kocht für dich, Dear«, warf Effie ein.

Freddy riss entsetzt die Augen auf. »Sag so etwas nicht,

Mum. Mir haben die zwei Wochen gereicht, die du in Hideaway warst. Ich wollte auch nur darauf hinweisen, dass ich Oma gern helfen würde, wenn ich könnte.«

Sein Vater nickte. »Wer würde es nicht in diesem Bilderbuchdorf aushalten? Ich denke immer, gleich kommt Miss Marple um die nächste Ecke!«

»Shakespeare, Darling«, berichtigte seine Frau.

»Der auch!«

Pippa wusste genau, was ihr Vater meinte. Das Dörfchen Hideaway nahe Shakespeares Geburtsort Stratford-upon-Avon war ein bezauberndes Kleinod mitten im Herzen Englands.

»Wie lautet der Plan?«, fragte sie atemlos.

Effie lächelte ihre Tochter liebevoll an. »Deine Grandma erwartet dich so schnell wie möglich. Sie bittet dich, sie so lange zu vertreten und die Tiere zu versorgen, bis sie entschieden hat, wo sie in Zukunft wohnen wird. Bist du einverstanden?«

Pippa betrachtete diese Frage als rein rhetorisch.

Kapitel 2

»Was ist denn hier los?«, sagte Freddy und blieb so abrupt stehen, dass Pippa nicht mehr reagieren konnte und mit voller Geschwindigkeit gegen seinen Rücken prallte.

Pippa und Freddy hatten Flugsteig 9 des Flughafens Tegel erreicht und starrten ungläubig auf eine Meute von Reportern und Kamerateams. Ununterbrochen zuckten Blitzlichter.

»Das wäre doch nicht nötig gewesen«, sagte Pippa ironisch, »ich komme ja wieder.«

Ihr Bruder verkniff sich ausnahmsweise einen passenden Kommentar. Er starrte wie verzaubert auf die versammelten Medienvertreter, die sich vor den Check-in-Schaltern nach Birmingham ballten – und auf das Objekt ihrer Begierde.

»Barbara-Ellen! Noch einmal lächeln! Sie sehen wunderbar aus!«, rief einer der Fotografen.

Freddy schnappte nach Luft. »Barbara-Ellen«, flüsterte er ehrfürchtig. »O mein Gott, Barbara-Ellen von Kestring. Sag bloß, die ist in deiner Maschine.«

»Im Moment versperrt sie mir nur den Weg zum Schalter«, murrte Pippa unbeeindruckt. »Du bist doch Polizist – kannst du mir nicht eine Schneise freischießen?«

Aber von Freddy war keine Hilfe zu erwarten. Er stand auf den Zehenspitzen und reckte den Hals, um über die Köpfe der versammelten Presse hinweg einen besseren Blick auf die Angebetete zu erhaschen.

»Los, komm«, sagte Pippa entschlossen und umkurvte die Menschentraube, Freddy folgte ihr zögernd mit dem Gepäckwagen.

»He, was …«, beschwerte sich ein Fotograf, den Pippa sanft, aber bestimmt zu Seite schob. Er verstummte, als ihn ihr eisiger Blick traf.

Pippa wedelte mit ihrem Ticket vor seinem Gesicht herum und zischte: »Das!« Sie drängte sich an ihm vorbei und hatte freie Sicht auf den Grund des Presseauflaufs.

Sie erkannte den hochgewachsenen Mann sofort, der mit blasiertem Gesichtsausdruck in die Mikrofone sprach: Hasso von Kestring, der Regisseur, der ihr mit seinen Inszenierungen beinahe die Leidenschaft fürs Theater ausgetrieben hatte. Seine Kleidung war für sein Alter ein wenig zu jugendlich und sein ergrauendes Haar zu lang. Zur edlen Nadelstreifenhose trug er einen groben Rollkragenpullover und eine pelzgefütterte Jeansjacke mit ausgefransten Ärmelmanschetten. Dazu hatte er ein Palästinensertuch um den Hals geschlungen.

»Wie seine Inszenierungen«, kommentierte Pippa, »immer ein wenig am Thema vorbei.«

Neben von Kestring stand seine attraktive brünette Frau Barbara-Ellen, die ein professionelles Bühnenlächeln aufgesetzt hatte und auf Bitten der Fotografen immer wieder neue Posen einnahm. Im Gegensatz zu der ihres Gatten bewies ihre Garderobe Stil und Geschmack: Ihr taubengrauer Hosenanzug war aus feinstem Stoff, und die leuchtend rote Kaschmirstola um ihre Schultern passte nicht nur perfekt zu Pumps, Handtasche und Lederhandschuhen, sondern auch zum Lippenstift.

»Du liebe Güte«, murmelte Pippa und blieb stehen, da sie nicht vorhatte, einem der Kameramänner, die für die einschlägigen vorabendlichen Klatschmagazine filmten, vor die Linse zu laufen und am Abend über die deutschen Bildschirme zu flimmern.

Freddy stellte sich neben sie und starrte die Schönheit an der Seite von Kestrings mit Dackelblick an. »Meine absolute Traumfrau«, hauchte er und wurde tiefrot, als die bekannte Schauspielerin ihn geradewegs anblickte und strahlend lächelte.

Seine Schwester sah ihn amüsiert an. »Ach, deshalb das Getue mit unseren Schauspielgrazien aus dem zweiten Stock. Du hoffst, eine von ihnen wird sich irgendwann auf magische Weise in das Abbild deines Idols verwandeln.« Pippa kicherte. »Oder durch den Zauberstab eines Schönheitschirurgen.«

Hasso von Kestring sonnte sich in der Aufmerksamkeit, die ihm seiner Ansicht nach in vollem Umfang zustand. Sein Assistent hatte ganze Arbeit geleistet, Johannes Berkel wusste, was ihm blühte, wenn er seinen Chef erzürnte und die Pressearbeit vernachlässigte.

»Wer wird in Ihrem Ensemble sein?«, fragte eine junge, hübsche Journalistin, der von Kestring unter anderen Umständen gerne etwas mehr Aufmerksamkeit gewidmet hätte.

»Ich bin besonders stolz«, sagte er, »dass Sir Michael Hornsby für meine Inszenierung zur Verfügung steht. Sie alle kennen sicher den großen alten Mimen der Royal Shakespeare Company. Es wird …«, er machte eine bedeutungsvolle Kunstpause, um die Wichtigkeit der Information zu betonen, »… Sir Michaels Abschiedsvorstellung.«

Beifallheischend blickte er um sich. Die Journalisten raunten ehrfürchtig.

»Sir Michael steht kurz vor seinem achtzigsten Geburtstag«, fuhr von Kestring fort. »Er möchte mit seinem letzten Bühnenauftritt noch einmal ein eindrucksvolles Zeichen setzen, an das man sich in der internationalen Theaterwelt noch in Jahrzehnten erinnern wird. Er hat mich ausgewählt, ihm dafür den passenden Rahmen zu bieten.«

»Ausgewählt?«, rief ein großer, schlanker Journalist, der im Gegensatz zu den Kollegen kein Diktiergerät hochreckte, sondern handschriftliche Notizen machte. »Sir Michael selbst hat Sie ausgewählt, Herr von Kestring?«

Kwiatkowski, du Frettchen, dachte von Kestring, wenn ich könnte, würde ich dein hirnloses Klatschblatt ignorieren, aber … Er zwang sich ein Lächeln ins Gesicht.

»Allerdings«, antwortete er, »und nicht nur das: Er hat mir seine Entscheidung persönlich mitgeteilt. In Stratford, im Büro des Festivalleiters Lysander Smith-Bates.«

Carlos Kwiatkowski kniff die Augen zusammen. »Ich erinnere mich an die mehrseitige Pressemeldung, mit der Sie uns dazu beglückt haben, Herr von Kestring. Dennoch: Ich frage mich, ob Ihre Darstellung nicht ein wenig, nun ja, subjektiv war.«

Von Kestrings Lächeln wurde starr. »Ich weiß nicht, was Sie meinen, *Herr* Kwiatkowski.«

Der Journalist grinste böse. »Nun, *Herr* von Kestring, ich habe mir erlaubt, bei Ihren Kollegen nachzufragen. Und stellen Sie sich vor: Keiner von Deutschlands großen Regisseuren hatte sich in Stratford beworben. Keiner außer Ihnen, natürlich. Aus was wurden Sie also ausgewählt? Aus der zweiten oder aus der dritten Riege?«

Schlagartig wurde es totenstill, und Hasso von Kestring erbleichte. Die Journalisten hielten den Atem an. Die gegenseitige Abneigung der beiden war in den einschlägigen Kreisen bekannt und garantierte gute Schlagzeilen.

Für einen Moment sah es so aus, als würde der Regisseur die Fassung verlieren, aber dann entspannten sich seine geballten Fäuste wieder.

»Ich verstehe meine Kollegen«, säuselte er. »Wenn Sie sich auf einen besseren Posten beworben hätten und man hätte Sie mangels Eignung nicht genommen, würden Sie das in der Öffentlichkeit zugeben, Kwiatkowski? Ich glaube nicht.«

Von Kestring starrte den verhassten Journalisten herausfordernd an, und der erwiderte den Blick, ohne mit der Wimper zu zucken, sagte aber nichts. Die Presseleute lachten und klatschten Beifall.

Barbara-Ellen von Kestring lenkte die Aufmerksamkeit auf sich, indem sie auf ihre zierliche Armbanduhr blickte und ausrief: »Es ist schon spät, und wir halten hier den Betrieb auf!«

»Darum kann Berkel sich kümmern«, zischte von Kestring und warf seinem Assistenten einen auffordernden Blick zu.

Barbara-Ellen zog Tickets aus ihrer Handtasche und winkte Johannes Berkel heran. »Johannes, sei doch bitte so nett und nimm uns die lästigen Formalitäten ab«, zwitscherte sie.

Der junge Mann empfing die Flugscheine aus ihrer perfekt manikürten Hand und wieselte eilfertig zum Schalter der Business-Klasse, um das berühmte Ehepaar einzuchecken.

»Sie ist anders als die anderen. Sie ist eine natürliche Schönheit«, hauchte Freddy ergriffen.

»Und er ist ein unnatürlicher Popanz«, schnappte Pippa. »Hoffentlich sind die bald fertig mit ihrer Selbstbeweihräucherung. Kotztüten gibt es ja leider erst im Flugzeug.«

Aber noch war kein Ende abzusehen. Die Journalisten

reckten weiterhin die Hände; Mikrofone und Diktiergeräte warteten auf Informationen, und die Kameras surrten unverdrossen, um jede noch so kleine Geste des glamourösen Paares einzufangen und sie dem Fernsehpublikum noch zum Abendessen präsentieren zu können.

Hasso von Kestring deutete auf einen Mann und nickte ihm huldvoll zu.

»Der Tagesspiegel, Brönner mein Name«, sagte dieser. »Was sind Ihre Pläne für England, Herr von Kestring? Wie werden Sie Ihr Land – unser Land – vertreten?«

»Ich werde die englische Theatertradition ins 21. Jahrhundert führen«, gab der Regisseur salbungsvoll Auskunft. »Ich katapultiere sie dorthin, wo das deutsche Theater längst angekommen ist: in den modernen Theaterolymp.«

Würg, dachte Pippa. Sieht so aus, als sollte ich um eine gewisse Inszenierung in Stratford einen riesigen Bogen machen. Danke für die Warnung, von Kestring.

»Glauben Sie, dass das englische Theaterpublikum Ihnen folgen möchte? Es heißt doch, dass in England wesentlich mehr Menschen ihren Shakespeare lesen und kennen als wir zum Beispiel unseren Goethe.«

»Und dass die Theater in England immer voll sind«, rief ein Reporter, den ein Anstecker am Revers als Vertreter der Süddeutschen Zeitung auswies.

Von Kestring lächelte milde. »Meine Herren, da es dort nur eine Handvoll Theater gibt, sind diese natürlich auch immer voll. Ganz egal, wie verstaubt die Inszenierungen sind, man will einfach dabei gewesen sein. So wie man hierzulande mindestens einmal im Leben auf dem Oktoberfest oder im Europapark gewesen sein muss, um mitreden zu können, auch wenn man sich dort zu Tode gelangweilt hat.« Er hob beide Hände in einer dramatischen Geste zum Himmel und rief: »Das reicht mir nicht! Ich will die Engländer aufrütteln und ihnen begreiflich machen, was Shakespeare meinte, als er schrieb: *Die ganze Welt ist eine Bühne.*«

Pippa war zugleich angewidert und fasziniert von diesem Schauspiel. Genau, dachte sie sarkastisch, du musst England unbedingt aus seinem kulturellen Jammertal erlösen. Die warten ausgerechnet auf einen wie dich, um ihnen die Augen zu öffnen. Ich hoffe, sie wenden sich stattdessen vor so viel dramaturgischer Überheblichkeit ab und jagen dich aus dem Land ...

»Müller, Frankfurter Allgemeine Zeitung. Ist das Ensemble aus diesem Grund so international, Herr von Kestring? Ist dieses Konzept ein direkter Bezug zum gerade erwähnten Shakespeare-Zitat?«

Von Kestring nickte. »Auch. Die Inszenierung, für die mein Konzept ausgewählt wurde, ist ein Stipendienprojekt der Europäischen Gemeinschaft. Verschiedene Mitgliedsstaaten stellen jeweils ein Ensemblemitglied. Es handelt sich bei den Stipendiaten um außergewöhnlich talentierte Nachwuchskräfte, die sich in einem langwierigen Auswahlverfahren besonders ausgezeichnet haben und durch dieses Programm sozusagen in die erste Liga internationaler Schauspieler aufgenommen werden.« Er lächelte in die Runde. »Eine echte Herausforderung, das dürfen Sie mir glauben. Aber welch einzigartige Gelegenheit für den Könner: Ich kreiere aus dem babylonischen Chaos ein Sprachrohr des modernen Theaters!«

Carlos Kwiatkowski meldete sich wieder zu Wort. »Sie wollen mit Anfängern arbeiten? Ist das nicht weit unter Ihrem Niveau?«

Von Kestring schüttelte den Kopf. »Andere Regisseure mögen das so sehen, ich nicht. Ich liebe es, mit unverdorbenem Material zu arbeiten. Ich habe zwei Monate Zeit, aus groben Klötzen Diamanten zu schleifen – eine wunderbare Aufgabe, auf die ich mich sehr freue.«

Von Kestrings Gattin, die während der letzten Minuten sichtlich betreten neben ihm gestanden hatte, schaltete sich ein. »Mein Ehemann hat bei diesem Experiment immerhin Sir Michael Hornsby an seiner Seite, der auf sechzig Jahre Bühnenerfahrung zurückblicken kann. Hasso und er werden sich perfekt ergänzen.«

»Werden Sie auch eine Rolle übernehmen, gnädige Frau?«, rief ein Journalist aus der Menge.

Barbara-Ellen lächelte sibyllinisch. »Wenn Hasso es schafft, aus mir einen Diamanten zu schleifen …«

Die Journalisten lachten, und sie zwinkerte in Freddys Richtung, der deutlich hörbar nach Luft schnappte und in freudigem Schreck Pippas Arm umklammerte.

Der Reporter der Süddeutschen sagte: »Eine Frage noch, Herr von Kestring. Wird Sir Michael Sie nur bei der Inszenierung unterstützen oder wird er darüber hinaus eine Rolle übernehmen?«

»Nun, für den Hamlet ist er vielleicht schon ein wenig zu alt«, gab von Kestring gönnerhaft zurück und brachte die Presse damit erneut zum Lachen. Er strich sich mit einer gezierten Handbewegung die seidige Mähne aus dem Gesicht. »Ich will nicht zu viel verraten, aber dies wird Sir Michaels Jahr. Dafür werde ich sorgen.«

Pippa hatte sich endlich zum Schalter vorgearbeitet und schob ihr Ticket über den Tresen. Neben ihr, bei der Business-Klasse, wartete von Kestrings Assistent Johannes Berkel. Er wirkte im Vergleich zu den beiden Medienprofis, für die er arbeitete, in seinem schlichten Anzug mit hellblauem

Hemd und Krawatte geradezu unscheinbar. Seinen grauen Wintermantel trug er über dem Arm.

Während Pippa längst abgefertigt wurde, lagen die Tickets der von Kestrings unbeachtet herum, denn die Mitarbeiterin der Fluggesellschaft verfolgte offenen Mundes und völlig versunken das Interview.

Na los, hau mit der Faust auf den Tisch, damit die Eincheckmaus aus ihrer Hypnose aufwacht, dachte Pippa und musterte den schüchternen jungen Mann unauffällig. Wenn von Kestring nur halb so sympathisch wäre, wie du aussiehst, dann hätte ich ihn völlig falsch eingeschätzt. Warum er dich wohl eingestellt hat? Oder war das Barbara-Ellen?

Die Bodenstewardess sah noch immer über Berkel hinweg und wisperte ergriffen: »Welch ein Mann! Welch ein Charisma!«, dann griff sie seufzend nach den Tickets.

»Welch ein Stümper! Welche Plattitüden!«, sagte Pippa leise, aber der Assistent hatte sie gehört.

Johannes Berkel wandte sich ihr zu, lächelte sie schüchtern an und antwortete ebenso leise: »Sie ist anders.«

Sieh an, dachte Pippa, sollte mein Bruder tatsächlich mal mit seiner Einschätzung holder Weiblichkeit richtig liegen?

»Das hoffe ich für Sie«, antwortete sie und fragte sich, wie das Leben des Mannes, den Barbara-Ellen mit Vornamen und von Kestring mit Nachnamen angesprochen hatte, wohl aussehen mochte. Bestimmt kein Zuckerschlecken, für den einen den dressierten Hampelmann und für die andere den Sklaven zu spielen.

Freddy wuchtete Pippas Koffer auf das Laufband und umarmte sie.

»Du hast es gut. Du darfst mit *ihr* in einem Flugzeug sitzen!«

»Ich *muss* mit *ihm* in einem Flugzeug sitzen«, sagte Pippa düster. »Stell dir nur vor, wir stürzen ab. Wer ist dann der letzte menschliche Kontakt in meinem Leben? Dieser selbsternannte Theatergoliath!«

Freddy reagierte nicht, denn er starrte verzückt Barbara-Ellen an, die an ihm vorbei in Richtung Sicherheitsschleuse ging, dicht gefolgt von ihrem Gatten.

Von Kestring blieb noch einmal stehen und wandte sich an die Presse: »Sosehr ich es bedaure, meine sehr verehrten Damen und Herren: Die Pflicht ruft! Wer weiß ...«

»Glauben Sie ernsthaft, dass England reif ist für Ihr deutsches Regietheater, Herr von Kestring?«, unterbrach Carlos Kwiatkowski.

Der Regisseur wiegte belustigt den Kopf. »Die wahre Frage ist doch, ist Shakespeare reif für deutsches Regietheater ... *mein* Regietheater. Lassen Sie es mich mit Hamlet sagen: Auch Shakespeare schrieb nur *Wörter, Wörter, Wörter* ... und ich zeige den steifen Briten jetzt, wie man aus diesen Wörtern zeitgemäßes Theater macht. Sie werden von mir hören, das verspreche ich Ihnen!«

»Darauf kannst du wetten«, murmelte Carlos Kwiatkowski und klappte seinen Block zu.

Von Kestring winkte noch einmal und verschwand durch die Schleuse.

»Wie war ich?«, fragte er seine Gattin.

Pippa, die direkt hinter den beiden auf die Sicherheitsabfertigung wartete, hörte nicht nur seine Frage, sondern auch Barbara-Ellens Antwort: »Ganz du selbst, mein Lieber. Ganz du selbst.«

Kapitel 3

Mit leisem Surren glitten die automatischen Glastüren vor Pippa auseinander. Vorsichtig manövrierte sie den Trolley mit ihrem Gepäck aus dem Sicherheitsbereich und reckte den Hals, um nach ihrer Großmutter Ausschau zu halten. Sie strahlte, als sie Hetty Wilcox in der ersten Reihe der Wartenden entdeckte: Die alte Dame trug eine Chauffeursjacke samt passender Mütze und hielt ein Schild mit der Aufschrift »Ms Pippa Bolle« in die Höhe.

»Oma! Du bist verrückt!«, rief Pippa und schloss ihre zierliche Großmutter in die Arme. »Bist du etwa mit dem Bentley hier?«

»Selbstverständlich. Ehre, wem Ehre gebührt«, sagte Hetty Wilcox und hielt ihre Enkelin auf Armeslänge von sich weg. »Kind, lass dich anschauen. Wie groß du geworden bist!«

»Leider ausschließlich in der Breite.« Pippa seufzte theatralisch, freute sich aber über das Ritual aus Kinder- und Jugendtagen, das bei keiner Begegnung fehlen durfte.

Hetty winkte ab. »Richtige Frauen haben Kurven. Du wirst sämtlichen Junggesellen in Hideaway den Kopf verdrehen!«

Gemeinsam schoben sie den Gepäckwagen in Richtung Ausgang, und Hetty musterte die beiden Koffer und die Kiste.

»Lass mich raten«, sagte sie, »im großen Koffer sind deine Hüte.«

»Eine kleine Auswahl«, bestätigte Pippa.

Hetty Wilcox schüttelte den Kopf. »Sosehr ich die Hüte mag – ich finde es schade, dass du dein wunderschönes Haar darunter versteckst. Weißt du, dass nur etwa zwei Prozent der Weltbevölkerung naturrote Haare haben?«

»Klar, und die restlichen achtundneunzig Prozent hacken deshalb auf uns herum. Wenn man schon im Kindergarten mit dem Spitznamen *Feuermelder* gebrandmarkt wird, sind Hüte und Mützen schnell deine besten Freunde.«

»Ich weiß, Dear.« Hetty tätschelte liebevoll Pippas Arm. »Deshalb habe ich mir die Haare vom lieben Gott dauerhaft entfärben lassen.« Sie zupfte an ihrem schlohweißen Mozartzopf. »Jetzt sehe ich endlich distinguiert aus, findest du nicht?«

»Das war doch immer schon so!«, protestierte Pippa und musterte ihre Großmutter, die problemlos als ältere Schwester ihrer Tochter Effie durchgegangen wäre: Beide waren zierlich, mit schmalen Hüften und schlanken Beinen, eleganten Händen und feinen, alterslosen Gesichtszügen. Dieses vorteilhafte Erbgut war dummerweise nur auf Freddy übergegangen, während Pippa die robuste Statur ihres Vaters hatte. Nur bei den roten Haaren hatte die kosmische Gen-Lotterie eine Ausnahme gemacht ... ausgerechnet.

Hetty deutete auf den kleinen Koffer: »Deine Kleidung.«

»Genau. Zwei Pullover, eine Jeans, drei Satz Unterwäsche. Was ich darüber hinaus benötige, hole ich mir bei dir aus dem Schrank. Ich liebe deine weiten Kaftane und Hauskleider. Ich hoffe, du hast wieder welche aus Samtdecken genäht? Die mag ich am liebsten. Ich werde mich damit auf dein Samtsofa kuscheln, Cider trinken und ganz in Ruhe ein gutes Buch lesen, um auf der letzten Seite das wohlige Gefühl getaner Arbeit zu genießen.«

»Und von den Büchern deiner Leseliste hast du die Mehrzahl in dieser Kiste, möchte ich wetten«, sagte Hetty. »Lass mich überlegen … Tolstoi, *Anna Karenina*. Und Musils *Mann ohne Eigenschaften*?«

Pippa hob lachend die Hände. »Tolstoi habe ich mittlerweile tatsächlich gelesen – aber nach all dem, was ich in den letzten Jahren erlebt habe, wird die eifersüchtig liebende Karenina niemals meine Favoritin. Und den Mann ohne Eigenschaften lasse ich mit diesem Problem weiter allein fertig werden. Nein, diese Kiste ist voller Krimis und Unterhaltungsromane. Plus eine Shakespeare-Gesamtausgabe.«

»Den hättest du nun wirklich auch in meinem Bücherregal gefunden, Pippa.«

»Aber nicht auf Deutsch. Ich habe mir vorgenommen, alle Stücke noch einmal zu lesen. Hideaway ist die perfekte Umgebung dafür. Vielleicht wage ich mich sogar an eine eigene Übersetzung.« Sie seufzte. »Ich weiß auch schon, welches Stück: *Verlor'ne Liebesmüh*.«

»Ach, Kind. Immer noch Leo? Du wirst über ihn hinwegkommen, ganz bestimmt.«

»Das ist es nicht. Ich hatte sehr auf einen Auftrag gehofft, der mir leider durch die Lappen gegangen ist. Nicht gerade Shakespeare, aber immerhin kein wissenschaftlicher Text, sondern eine literarische Übersetzung. Aber seit meiner Rückkehr nach Berlin komme ich beruflich auf keinen grünen Zweig.«

»Wenn du dich da mal nicht täuschst«, murmelte Hetty und fügte laut hinzu: »Es kommen auch wieder bessere Zeiten.«

»Möglich«, sagte Pippa, »und bis dahin mache ich es mir mit Apfelwein und einem spannenden Krimi in deinem kuscheligen Häuschen gemütlich. Morgens frühstücke ich bei Nicky im Dorfcafé, am frühen Abend gehe ich mit Rowdy eine Runde ums Dorf und genieße anschließend im Pub noch einen Cider. Nachts liegt dann Peter Paw auf meinem Bauch und schnurrt mich in den Schlaf. Herrliche Aussichten! Oma Will, deine Pläne, nach Berlin zu reisen, kommen zum perfekten Zeitpunkt.«

»Das fand deine Mutter auch.« Hetty lächelte geheimnisvoll.

Sie hatten den Ausgang erreicht. Direkt vor dem imposanten Flughafengebäude stand ein Bus mit der Aufschrift *Shakespeare Birthday Festival,* und direkt daneben parkte Hettys mitternachtsblauer Bentley-Oldtimer. Die Hälfte der Plätze im Bus war durch junge Leute besetzt.

Hetty musterte den Bus. »Vielleicht wird sich dein Aufenthalt doch etwas anders gestalten, als du denkst. Es könnte sein, dass du ab und an den Wunsch nach etwas konventionellerer Kleidung verspüren wirst, my dear.«

»Wie bitte?« Pippa war erstaunt. »Wie meinst du …«

Pippa konnte ihre Frage nicht vollenden, denn Hetty Wilcox ging auf einen Mann zu, der aus dem Bus gestiegen war, und rief: »Wie wunderbar, dass wir uns hier treffen!«

Du liebe Güte – Debbies Vater hat sich in George Clooneys älteren Bruder verwandelt!, dachte Pippa entzückt beim Anblick des distinguierten Herrn, von dem ihre Großmutter jetzt herzlich auf die Wangen geküsst wurde.

Hetty winkte Pippa heran. »Komm, Darling, und begrüße Lysander Smith-Bates. Lysander – du erinnerst dich an meine Enkelin Pippa?«

Smith-Bates ergriff Pippas Hand, deutete eine Verbeugung an und sagte: »*Hier ist der Himmel, wo Julia lebt, und jeder Hund und Hahn und kleine Maus, das schlechteste Geschöpf, lebt hier im Himmel und darf ihr Antlitz sehn …*«

»Hund und *Katz'* und kleine Maus«, korrigierte Pippa automatisch, während sie feststellte, dass in den braunen Augen des Mannes, der noch immer ihre Hand hielt, goldene Punkte funkelten.

Lysander brach in Lachen aus. »Wie könnte ich die naseweise Miss Pippa vergessen, die mich schon mit vierzehn verbesserte, wenn ich Romeo falsch zitierte?«

Pippa errötete.

»Bitte verzeihen Sie mir meinen kleinen Scherz nach all den Jahren. Ich wollte Sie nicht in Verlegenheit bringen. Ich freue mich außerordentlich, Sie wiederzusehen, Pippa. Wie ich hörte, haben Sie mittlerweile Ihren eigenen Romeo gefunden?«

»Vergangenheitsform, Lysander«, antwortete Pippa, »in meinem Fall erwies sich Romeo selbst als Dolch. Ich lebe seit einiger Zeit getrennt.«

Smith-Bates machte ein zerknirschtes Gesicht. »Und wieder ein Fettnäpfchen. Leider scheint es heutzutage die Regel zu sein, dass die große Liebe nicht mehr für die Ewigkeit gilt. Bei mir war es so – und jetzt steht meine Tochter ebenfalls vor dieser Entscheidung.«

»Debbie?« Trotz des Themas strahlte Pippa, als sie nach langer Zeit wieder von ihrer alten Ferienfreundin hörte.

Da ihre Großmütter nebeneinander wohnten, hatten Debbie und Pippa viele Ferien in Hideaway miteinander verbracht. Sie waren gemeinsam erwachsen geworden und hatten lange eine intensive Brieffreundschaft gepflegt. Während der letzten Jahre war der Kontakt zu Pippas Bedauern immer sporadischer geworden.

»Geht es Debbie gut – trotzdem?«, fragte sie. »Lebt sie immer noch in Seattle?«

Lysander Smith-Bates setzte zu einer Antwort an, aber

dann erregte etwas in Pippas Rücken seine Aufmerksamkeit. Er runzelte kaum merklich die Stirn und murmelte: »Die Arbeit ruft. Pippa, ich muss mich leider von Ihnen verabschieden. Aber wir sehen uns ja bald wieder.«

Pippa drehte sich um und sah Hasso von Kestring, Barbara-Ellen am Arm, mit beleidigtem Gesichtsausdruck aus dem Flughafengebäude streben. Hinter den beiden mühte sich Johannes Berkel mit einem turmhoch bepackten Gepäckwagen ab.

Der Regisseur blieb abrupt stehen, und Berkel hatte seine liebe Not, ihm nicht in die Hacken zu fahren.

»Bentley S1 Standard Steel«, raunte von Kestring ehrfürchtig. Sein Grimm darüber, nicht direkt am Flieger abgeholt worden zu sein, verflog angesichts des Traumwagens, der neben dem Bus für das Ensemble wartete. Mit dieser Staatskarosse durfte man sicher nicht aufs Vorfeld. Durchaus verzeihlich, dieser Schlitten würde ja die halbe Landebahn einnehmen. Das musste man den Engländern lassen: Sie verstanden es, Autos zu bauen, in denen es sich standesgemäß reisen ließ.

Von Kestring näherte sich dem Wagen beinahe ehrfurchtsvoll und strich mit der Hand über den elegant geschwungenen Kotflügel. Wie die Kurven einer schönen Frau, dachte er entzückt, während er das eindrucksvolle chromblitzende Gefährt einmal umrundete. Dieses Schmuckstück musste aus den Jahren zwischen 1955 und 1965 stammen. Ob ihm der Wagen während seines gesamten Aufenthaltes zur Verfügung stehen würde? Er spähte in den Innenraum und entdeckte Edelholz-Armaturen und mittelgrau bezogene Ledersitze. Sehr stilvoll und sehr bequem. Von Kestring nickte. Diese Engländer hatten begriffen, mit wem sie es zu tun hatten.

Er öffnete die rechte Hintertür und ließ sich in den Fond gleiten. Der Wagen duftete nach Leder und Holzpolitur. Der Regisseur holte sein bauchiges steinernes Schnupftabaksfläschchen aus der Innentasche seiner Jeansjacke und genehmigte sich eine große Portion. Das tat gut. Er legte den Kopf zurück auf die Kopfstütze und spürte, wie frische Energie durch seine Adern schoss. Von ihm aus konnte das große Abenteuer beginnen. Er war der Held.

»Wer ist das denn?«, fragte Hetty Wilcox, während sie verblüfft beobachtete, wie ein ihr völlig unbekannter Mann wie selbstverständlich in ihren Wagen stieg.

»Das ist Hasso von Kestring, selbsternannter Regiegott. Er wird beim Festival ein Stück inszenieren. Offenbar denkt er, dass es nur ein ihm angemessenes Transportmittel geben kann: deinen Bentley. Das sieht ihm ähnlich.« Pippa kicherte. »Ich freue mich schon auf sein Gesicht, wenn er gleich in den schnöden Bus umsteigen muss. Bestes Boulevardtheater.«

Hetty musterte Pippa prüfend. »Du kannst ihn nicht leiden.«

Pippa vergewisserte sich, dass Barbara-Ellen, die sich angeregt mit Lysander Smith-Bates unterhielt, sie nicht hören konnte, und sagte leise: »Das ist maßlos untertrieben. Er ist ein selbstverliebter Angeber. Seine Inszenierungen feiern allein sein Ego, aber niemals die Kunst des Dichters. Ich fürchte, auch hier wird er keine Ausnahme machen.«

»Er leitet dieses internationale Stipendiaten-Ensemble?« Hetty betrachtete von Kestring mit neuem Interesse, und in ihren Augen blitzte der Schalk.

»Ja, warum?«

»Rein interessehalber. Dann wollen wir den Herrn Regisseur mal aus seinen süßen Träumen reißen. Möchtest du oder soll ich?«

»Oma, ich liebe dich«, sagte Pippa grinsend. »Es wird mir ein Vergnügen sein, Herrn von Kestring über seinen Irrtum aufzuklären.«

Hetty Wilcox kicherte. »Kleine Hexe Pippa Bolle. Sei gnädig mit ihm, denn vergiss nicht: Man begegnet sich immer zweimal im Leben.«

Nicht, wenn ich es verhindern kann, dachte Pippa, während sie auf den Bentley zuging und darüber nachsann, wie sie die nun kommende Szene am gelungensten inszenieren könnte.

Lysander Smith-Bates hatte Barbara-Ellen von Kestring galant in den Bus geholfen und kam zu Hetty herüber.

»Hast du es Pippa schon gesagt?«, fragte er.

Hetty schüttelte den Kopf. »Noch nicht. Aber wir zwei Hübschen dürfen jetzt Zeugen der ersten Begegnung zwischen den beiden werden. Und, Lysander, ich muss dir mitteilen: Der Herr steht bei meiner Enkelin nicht besonders hoch im Kurs.«

Hasso von Kestring wurde unsanft aus seinen triumphalen Phantasien gerissen, als jemand die Vordertür öffnete und sich auf den Beifahrersitz fallen ließ. Er traute seinen Augen kaum: Das war diese schrille Person mit der albernen Kopfbedeckung, die ihn schon in Berlin auf dem Flughafen so giftig angestarrt hatte. Von Kestring räusperte sich, und die Frau fuhr herum.

»Mein Gott, haben Sie mich erschreckt«, keuchte sie und sah ihn aus aufgerissenen Augen an. Durch die heftige Bewegung war ihre Kappe verrutscht und gab eine Flut roter Locken frei.

»Sie haben sich verirrt«, sagte von Kestring ungnädig, »dies ist mein Auto.«

»Nein«, erwiderte die Frau und zeigte auf den Bus, »*das* ist Ihr Auto.«

Von Kestring lachte amüsiert und entgegnete salbungsvoll: »Wohl kaum. Sie wissen augenscheinlich nicht, mit wem Sie gerade sprechen.«

Die Frau sah ihn lange und prüfend an. Schließlich sagte sie: »Mit jemandem, der nicht weiß, dass dieser Bentley meiner Großmutter gehört.« Sie deutete wieder aus dem Fenster, diesmal auf eine alte Dame, die gemeinsam mit Smith-Bates neugierig zum Auto blickte. »Sehen Sie? Das ist meine Oma. Sie ist hier, um mich abzuholen. Mich. Die Uniform hat sie zum Spaß angezogen. Oder mir zu Ehren. Ganz wie Sie wollen. Wenn ich Sie also bitten dürfte, Herr …?«

Vor Zorn vergaß von Kestring alle Höflichkeit und sprang aus dem Auto, ohne ihre unausgesprochene Frage nach seinem Namen zu beantworten.

»Oh, oh, Lysander«, sagte Hetty Wilcox heiter, »da ist jemand ganz schön geladen.«

Hasso von Kestring hatte die beiden erreicht und baute sich schwer atmend vor Lysander Smith-Bates auf, ohne Hetty eines Blickes zu würdigen. Empört blaffte er: »Was hat das zu bedeuten?«

»Was meinen Sie? Ich verstehe nicht«, sagte Lysander freundlich. »Es ist doch alles bestens organisiert: Ihr Ensemble wartet in unserem Bus auf Sie, Herr von Kestring. Ihre Frau und Ihr Assistent sind bereits eingestiegen.«

Er wies zum Bus, und von Kestring sah mehrere Gesichter an den Fenstern, die aufmerksam verfolgten, was sich draußen abspielte. Seine Wut machte Ungläubigkeit Platz.

45

»Also, das ist ja wohl … ich soll mit dem Bus fahren? Mit diesem Bus? Zusammen mit dem Ensemble?«

Hetty fand, dass Lysander Smith-Bates in vorbildlicher Weise die Ruhe behielt. Sie zwinkerte Pippa zu, die den Kopf aus dem Wagenfenster gesteckt hatte, um nichts zu verpassen.

»Ich kann mich nur wiederholen«, sagte Lysander, »ich verstehe nicht. Wir alle fahren mit diesem Bus, selbst Gertrud, Ihre Königin von Dänemark.« Smith-Bates zeigte auf Barbara-Ellen, die gerade wieder aus dem Bus stieg und auf sie zukam.

Von Kestring schnaufte. »Ich bin in höchstem Maße erstaunt. Auch über diesen unkonventionellen Empfang. Ich hatte mich auf eine Pressekonferenz eingestellt. Die Medien müssen schließlich wissen, über was – und über wen – sie berichten. Darauf lege ich Wert.«

Smith-Bates lächelte sanft. »Wir haben uns entschieden, Ihre Ankunft geheim zu halten, damit Sie in aller Ruhe ankommen können, bevor die Arbeit beginnt. Auch Ihren Aufenthaltsort in Hideaway haben wir nicht publik gemacht, denn niemand soll Sie stören. Wir haben den besten Journalisten eines internationalen Magazins engagiert, der Ihre Arbeit begleiten und lückenlos dokumentieren wird. Exklusiv. Ich hoffe, dass Sie mit diesem Arrangement einverstanden sind?«

Von Kestring entspannte sich sichtlich. »Ein Hofberichterstatter. Guter Gedanke. Das war sehr vorausschauend von Ihnen. Zu viel Presse kann wirklich lästig sein.«

Barbara-Ellen trat zu ihrem Mann, hakte sich bei ihm unter und demonstrierte eindrucksvoll ihr diplomatisches Geschick. »Hasso, dein Ensemble erwartet dich«, sagte sie schmeichelnd. »Deine Schauspieler sind begierig, dich endlich kennenzulernen.«

Hasso von Kestring straffte die Schultern, schüttelte seine Mähne und begab sich so würdevoll zum Bus, als erwartete ihn die große Bühne der Royal Shakespeare Company zu einem dramatischen Soloauftritt.

Kapitel 4

Umsichtig und souverän chauffierte Hetty Wilcox ihre Enkelin durch die Hügellandschaft der verschneiten Cotswolds. Der Motor surrte kaum hörbar.

»Ich schwebe auf einem fliegenden Teppich.« Pippa seufzte selig. »Kein Wunder, dass von Kestring lieber mit dir fahren wollte als mit dem Bus.«

Hetty lachte leise. »Wir hätten ihm schon anbieten können, ihn mitzunehmen. Platz genug wäre ja.«

»Bist du wahnsinnig? Du müsstet den Wagen anschließend ausräuchern, um die schlechten Schwingungen zu vertreiben.« Pippa war ehrlich empört. »Außerdem möchte ich unsere wenigen gemeinsamen Stunden mit niemandem teilen.«

»Auch nicht mit Lysander Smith-Bates?«

Pippa kicherte. »Darüber ließe ich mit mir reden. Was hat er eigentlich mit der Theatertruppe zu tun? Und sah er früher auch schon aus wie der wahr gewordene Traum vom perfekten Mann?«

»Ist dir das nie aufgefallen? Du kennst ihn doch schon seit Kindertagen.« Hetty lächelte amüsiert. »Deiner Mutter ist das jedenfalls nie entgangen.«

»Ich bitte dich – er ist der Vater meiner Freundin! Ich kann mich nicht erinnern, jemals auf sein Aussehen geachtet zu haben.«

»Selbst schuld!« Hetty war ganz in ihrem Element.

»Dann hab ich ja Glück, dass meine größte Konkurrentin sich in zwei Tagen aus dem Staub macht.« Pippa knuffte ihre Großmutter in die Seite. »Aber du hast meine Frage noch nicht beantwortet: Warum hat Debbies Vater diesen von Kestring abgeholt?«

Hetty Wilcox lächelte. »Er ist der Leiter des Birthday Festivals, wusstest du das nicht?«

Pippa pfiff durch die Zähne. »Der Herrscher über die Premierenkarten. Der Mann wird immer attraktiver.«

Sie kuschelte sich in den Sitz und sah hinaus in die Landschaft. Am Rand der schmalen Straße flogen laut protestierend einige Fasane auf. Pippa überkam Wehmut. Seit sie nicht mehr studierte, kam sie viel zu selten hierher. Ihr letzter Aufenthalt lag drei Jahre zurück und hatte einen traurigen Anlass gehabt: die Beisetzung ihres Großvaters Wilbur. Damals hatte die Sonne wie jetzt vom Winterhimmel gestrahlt und die von Schnee und Reif überzuckerte Landschaft in ein märchenhaft glitzerndes Paradies verwandelt. Pippa sah sich weinend am Grab, Arm in Arm mit ihrer Großmutter. Schräg hinter ihnen hatte Leo sich die Seele aus dem Leib gebibbert, da es ihm wichtiger gewesen war, schick auszusehen, als sich warm anzuziehen. Wichtige Termine vorschützend, war er in aller Eile nach Florenz zurückgekehrt, während Pippa einige Wochen in Hideaway geblieben war. Heute wusste sie, dass eine Schweizer Studentin auf ihn gewartet hatte.

Sie seufzte beim Gedanken daran, und Hetty warf ihr einen forschenden Blick zu. »Was hast du, my dear?«

»Ich dachte gerade an Großvater. Ich war zuletzt hier, als ...« Sie brach ab.

»Ich vermisse ihn auch. Er war ein wunderbarer Mann.« Hetty strich zärtlich über das große Lenkrad. »Hinter dem

49

Steuer von *Sir Drive-a-lot* fühle ich mich meinem Willie immer besonders nah.«

Der Name des Bentley brachte Pippa zum Lachen. »Sir Drive-a-lot! Einen derartigen Namen konnte sich wirklich nur ein skurriler englischer Lord ausdenken.«

»Kein Wort gegen Seine Lordschaft«, tadelte Hetty gespielt streng, »er mag exzentrisch gewesen sein, aber er war großzügig und hatte ein gutes Herz. Wer, wenn nicht Lord Blockley, hätte seinem langjährigen Chauffeur ein so kostbares Auto vererbt?«

»Vermietest du es immer noch für Hochzeitsfahrten und romantische Touren durch die Cotswolds?«

Hetty nickte. »Von Zeit zu Zeit, es macht mir nach wie vor Spaß. Die Kunden sind begeistert, und niemand rechnet mit einer achtzigjährigen Chauffeuse in Uniform.«

»Das kann ich mir lebhaft vorstellen«, sagte Pippa. »Ich wette, du machst dir noch immer einen Spaß daraus, die Landhupe ertönen zu lassen.«

»Nicht im Herbst«, antwortete Hetty und kicherte, »sonst fällt von der Schallwelle das Laub von den Bäumen.«

Es machte Pippa Freude, ihre Großmutter so ausgelassen zu erleben. Nach Wilbur Wilcox' überraschendem Tod hatte sie sich um die alte Dame große Sorgen gemacht und mindestens einmal wöchentlich mit ihr telefoniert. Hettys Lachen und ihre Fröhlichkeit waren nur langsam wieder zurückgekehrt, aber sie hatte zäh darum gekämpft.

»Und du willst wirklich nicht fliegen? Die Fahrt nach Berlin ist weit. Ich dachte, du benutzt den Wagen nicht mehr so häufig.«

Hetty blickte konzentriert auf die schmale Straße. »Ich fahre nicht viel – aber dafür schnell.«

Pippa lachte. »Dann sollte der Wagen *Sir Speed-a-lot*

heißen!« Sie sah aus dem Seitenfenster und genoss den Blick über die verschneiten Hügel der Cotswolds. »Ich kann kaum glauben, dass du wirklich daran denkst, diese wunderschöne Gegend zu verlassen. Wie viel Zeit lässt du dir bis zur endgültigen Entscheidung?«

»Bis April. Dann findet in Berlin eine Oldtimer-Rallye statt: Start und Ziel Brandenburger Tor. Da will ich auf jeden Fall dabei sein. Ich möchte die Straße des 17. Juni hinauf und mitten durch das Tor fahren! Einen Kopiloten finde ich schon noch. Und mit dem Preisgeld richte ich dann meine Wohnung ein.«

Geistige Notiz, dachte Pippa, ich kenne den perfekten Kopiloten: Karins Vater. Grandma Will wird entzückt sein, Viktor kennen zu lernen, und ihn sofort für die Rallye engagieren. Gegenwehr zwecklos: Was Oma Will unbedingt will, das kriegt sie auch. Sie wird ihrem Spitznamen immer gerecht. Ich muss Karin anstiften, ein Treffen zu arrangieren.

Der Bentley hatte die Kuppe eines Hügels erreicht und gab die Sicht auf das Ziel frei: Hideaway! Pippa setzte sich auf, um einen besseren Ausblick auf Tal und Dorf zu haben. Sie hätte sich nicht entscheiden können, zu welcher Jahreszeit der kleine Ort ihr am besten gefiel: im Sommer, wenn in den verwunschenen Gärten der Cottages Rosen, Lavendel und Mohn blühten und Duftwicken oder Kapuzinerkresse sich um verwitterte Zäune wanden – oder jetzt im Winter, wenn Schnee und Raureif alles wie von Diamantstaub überzogen funkeln ließen.

Hideaway lag eingebettet zwischen sanft ansteigenden Hügeln – von hier oben sah es aus wie eine winzige Spielzeugstadt in einer Schneekugel. Das Dorf bestand aus knapp vierzig Cottages, einer alten Kirche, einer Grundschule, dem Dorfgemeinschaftshaus und einem großen, gediegenen Herrenhaus, in dem jetzt ein Hotel untergebracht war. Es gab Nicky Balhatchets Dorfladen, der zugleich als Postamt und Internetcafé fungierte, eine Bushaltestelle und ein Pub in den Mauern einer alten Mühle. Alles gruppierte sich rund um den Dorfanger, auf dem im Sommer noch immer Schafe grasten. Sämtliche Gebäude, alte wie neue, waren aus den typischen honiggelben Cotswoldssteinen errichtet und mit Reet oder dunklen Ziegeln gedeckt, was Hideaway das Flair einer Filmkulisse verlieh.

Auf der anderen Seite des Talkessels erkannte Pippa den sechzehn Meter hohen, zinnenbewehrten Aussichtsturm auf dem Glorious Hill, der sich in der klaren, kalten Luft scharf gegen den blauen Himmel abzeichnete. Unzählige Male war sie zusammen mit Debbie dort hinaufgestiegen: erst quer durch den Wald hinter Grandma Wills Garten und dann den Hügel hinauf bis zum Turm. Sie hatten sich zu verwunschenen Prinzessinnen erklärt und von der höchsten Aussichtsplattform aus nach den edlen Rittern Ausschau gehalten, die kommen sollten, um sie zu befreien. Aber es kam immer nur Sam Wilson, den ihre Großmütter geschickt hatten, um sie zum Essen zu holen. Leider hatte Sam sich stets geweigert, sie mit den Worten »Oh holde Prinzessinnen, lasst mich euch retten!« vom Turm zu locken, obwohl sie ihn immer wieder darum baten. Mittlerweile war Sam der Dorfpolizist des Ortes, und Pippa freute sich darauf, ihn wiederzusehen.

»Willkommen in Hideaway«, sagte Hetty, als sie auf der Hauptstraße in den Ort fuhren und rechts abbogen. Pippas Herz schlug schneller, denn hinter der nächsten Linkskurve lag Hettys Cottage. Sie passierten langsam die Einfahrt des herrschaftlichen Harmony House Hotels, das zu Pippas Verblüffung hell erleuchtet war: Sämtliche Lampen im Haus und Laternen in der Einfahrt brannten.

»Was ist denn da los?«, fragte Pippa. »Festbeleuchtung? Um diese Jahreszeit? Erstaunlich.«

»Ausgebucht«, murmelte Hetty knapp, denn sie konzentrierte sich darauf, den Bentley in ihre Einfahrt zu manövrieren.

»Bei dir brennt auch Licht!«, sagte Pippa.

Hetty stellte den Motor ab und lächelte geheimnisvoll. »Dafür ist deine Überraschung verantwortlich.«

Überraschung?, dachte Pippa und stieg aus dem Wagen, wer kann das … Sie hatte diesen Gedanken noch nicht zu Ende gedacht, als die Haustür aufflog.

»Debbie!«, schrie Pippa und rannte los, um die Freundin zu umarmen. »Was machst du denn hier?«

»Dich begrüßen«, sagte Debbie und schob einladend den dicken Windschutzvorhang zur Seite. »Kommt ins Warme, dein Gepäck holen wir später. Wir trinken erst einmal Tee.«

Der Tisch im Wohnzimmer war reich gedeckt: Platten mit Sandwiches und Scones, ein Schüsselchen mit buttriger Clotted Cream und ein Glas Johannisbeermarmelade warteten auf sie. Pippa lief das Wasser im Munde zusammen.

»Das reicht ja aus, um das halbe Dorf satt zu machen! Erwarten wir Gäste?«

Debbie schüttelte den Kopf. »Eigentlich nur meine Großmutter …«, sie wechselte einen kurzen Blick mit Hetty, »… aber sie hat heute keine Zeit. Ich soll dich von ihr grüßen.«

Keine Zeit?, dachte Pippa. Nie im Leben. Also haben Oma Will und Phoebe sich mal wieder gezankt. Das wird sich wieder geben. Wie immer. Während Phoebes aktiver Schauspielkarriere hatte Hetty nebenan in *Cupido Cottage* als Haushälterin und als Nanny für Lysander gearbeitet. Daraus waren eine tiefe Freundschaft und Vertrautheit zwischen den

53

Frauen entstanden. Da aber sowohl Phoebe als auch Hetty sehr temperamentvoll sein konnten, gab es immer wieder Phasen, in denen die beiden sich wegen Banalitäten zerstritten. So schnell, wie der Streit aufflammte, und so leidenschaftlich, wie er ausgetragen wurde, beruhigten sich die Gemüter regelmäßig wieder.

Pippa setzte sich auf das große Samtsofa. Peter Paw, der dort in einer Ecke leise schnarchend geschlafen hatte, öffnete seine grasgrünen Augen und sah sie streng an.

»Hab dich nicht so, Paw«, sagte Pippa, »du wirst mir doch nach langer Reise wohl ein weiches Plätzchen gönnen? Das Sofa ist groß genug für zwei.«

Der riesige rote Kater streckte sich gähnend und setzte sich dann aufrecht neben Pippa. Er war groß genug, um auf ihren Teller spähen zu können, und beobachtete aufmerksam, welche Köstlichkeiten Pippa auswählte. Als sie Debbie die Tasse hinhielt, um sich Tee einschenken zu lassen, schlug er zu: Mit ausgefahrenen Krallen riss er blitzschnell eine Scheibe Schinken vom Toast. Mit der Beute im Maul warf er sich herum, setzte mit elegantem Sprung auf einen Querbalken des freiliegenden Fachwerks und machte es sich auf seinem gigantischen Kratzbaum gemütlich.

»Großer Gott, dass der Koloss solche Sprünge schafft«, sagte Pippa beeindruckt.

»Peter Paw ist noch immer der größte Kater im Dorf«, antwortete Hetty nicht ohne Stolz. »Sein Revier macht ihm keiner streitig. Vor neun Kilo Lebendgewicht haben sogar die Hunde Respekt.«

»Bis auf Rowdy, seinen ergebenen Diener«, flachste Debbie. »Wo ist er überhaupt?«

Hetty sah auf ihre Armbanduhr. »Es ist gleich sechs Uhr abends. Er müsste jeden Moment eintrudeln. Seit Wilbur tot ist, macht er seinen Mittag- und Abendspaziergang allein. Ich gehe nur noch morgens mit ihm.«

Debbie nickte. »Rowdy geht genauer als die Kirchturmuhr. Uns allen würde etwas fehlen, wenn er seinen Kontrollgang auf dem Blisswalk rund ums Dorf nicht machen würde.«

Der Blisswalk verlief hinter den Gärten der Häuser und war wegen seiner lauschigen Ecken und Verstecke besonders bei frischverliebten Pärchen beliebt.

»Das mit den Solo-Touren hört jetzt auf. Ab morgen gehe ich mit, ich brauche Bewegung vor dem Faulenzen«, verkündete Pippa und füllte sich den geleerten Teller erneut mit Sandwiches. »Besonders, wenn ich so weitermache.«

Wieder wechselten Debbie und Hetty einen beredten Blick.

»Hat sie *Faulenzen* gesagt? Hat sie denn dazu Zeit?«, fragte Debbie.

»Das glaube ich kaum«, sagte Hetty.

Debbie wiegte zweifelnd den Kopf. »So ein nervenaufreibender Job lässt keine Lücke für Müßiggang.«

»Einen Flohzirkus zu hüten ist nicht einfach, und schon gar nicht für so viele Wochen.«

Pippa wiegelte ab. »Nun macht mal nicht so einen Wirbel. Was bitte soll anstrengend daran sein, ein paar Tiere zu füttern? Ich kann da gar nichts falsch machen. Peter Paw wird mich zur Vorratskammer schleifen, wenn ich seine Essenszeit verpasse. Rowdy wird mit großem Getöse seinen Napf durch die Gegend werfen. Bastard und sein Hennenharem sind mit einer Körnerlieferung täglich vollauf zufrieden.«

Debbie kicherte. »Zu viel mehr wirst du kaum Zeit haben, meine Liebe. Jedenfalls nicht, wenn es nach meinem Vater geht.«

Pippa stellte ihre Teetasse mit lautem Klirren zurück auf

die Untertasse. »Dein Vater? Was bitte hat dein Vater damit zu tun?«

»Hat deine Mum dir das nicht erzählt? Er ist schließlich der Grund deines Aufenthaltes in Hideaway.« Hetty klapperte unschuldig mit den Augenlidern.

»Wie bitte?«

»In Shakespeares Auftrag, sozusagen«, fügte Debbie hinzu.

Pippa verlor die Geduld. »Schluss jetzt! Keine geheimnisvollen Andeutungen mehr! Wovon redet ihr?«

»Also gut, Deary: Davon, dass ich meinen Wunsch, nach Berlin zu fahren, erst verspürte, als Lysander ein Problem hatte. Und deine Mutter das Problem in deinem Namen löste.«

Pippa verdrehte die Augen. »Grandma! Debbie!«

Debbie zwinkerte Hetty zu. »Also: Mein Vater ist der Meinung, dass das aus den verschiedensten Nationalitäten zusammengewürfelte Ensemble eine kompetente mehrsprachige Betreuerin braucht. Er hat in den letzten Jahren festgestellt, wie vorteilhaft es ist, eine Vermittlerin zwischen den Kulturen zu haben.«

»Sonst hat Phoebe das übernommen, aber in diesem Jahr weigert sie sich, weil Sir Michael Hornsby mit von der Partie ist«, sagte Hetty.

»Großmutter bekommt knallrote Flecken im Gesicht, wenn nur sein Name fällt. Und jetzt schreibt mein Vater auch noch eine Biographie über ihn. Du machst dir keine Vorstellung, wie wütend Phoebe ist.«

»Ist sie deshalb heute nicht hier?«, fragte Pippa.

Hetty wich ihrem Blick aus. »Sie will nicht mal mehr mit mir ins Pub und unseren täglichen Cider trinken. Meine Verdauung gerät ohne den gewohnten Liter Apfelwein bereits in Aufruhr.«

Pippa sah Debbie nachdenklich an. »Dann ist es doch

perfekt, dass du gerade im Lande bist. Warum übernimmst du das Ensemble nicht einfach? Du kennst dich mit Shakespeare aus und du sprichst fließend Englisch und Amerikanisch ...«

Debbie lachte, schüttelte jedoch den Kopf. »Es gibt zwei gute Gründe, weshalb ich nicht in Frage komme. Ich habe in Seattle eine Ausbildung zur Tierpflegerin angefangen und mache jetzt hier in Hideaway bei Dr. Mickleton mein Praktikum.«

»Heißt das, du wohnst nebenan bei deiner Großmutter? Nicht bei deinem Vater in Stratford?«

»Du hast keine Chance, mir zu entkommen«, sagte Debbie. »Es wird wie in alten Zeiten: nächtliche Kissenschlachten, Spaziergänge auf den Glorious Hill und Sam Wilson ärgern.«

»Und ich dachte schon, du wolltest ...« Pippa unterbrach sich erschrocken und schlug die Hand vor den Mund.

»Abstand von Donald?« Debbie lächelte. »Du hast es erfasst. Ein Praktikum hätte ich auch in Seattle gefunden – aber ich wollte nicht zu Hause sein, wenn mein Mann auszieht.«

»Gute Entscheidung. Und der zweite Grund?«

»Ich spreche kein Deutsch.«

»Na und? Warum ist das so wichtig?«

»Weil der Regisseur Deutscher ist.« Hetty legte ihre Hand auf Pippas Arm. »Du musst jetzt sehr tapfer sein. Du sollst zwischen den Stipendiaten und deinem Lieblingsregisseur vermitteln und ihnen in der Freizeit die Cotswolds zeigen. Als Betreuerin sozusagen.«

»Ich und von Kestring?«, schrie Pippa entsetzt. »Niemals! Unter keinen Umständen! Unter gar keinen Umständen.«

Hetty verschränkte die Arme vor der Brust und nickte Debbie auffordernd zu. »Gib ihr Lysanders Brief.«

Widerstrebend nahm Pippa den Umschlag entgegen und zog ein Blatt Papier heraus. Sie überflog den Text und starrte ungläubig auf die ungeheure Summe, die ihr angeboten wurde, während Hetty und Debbie mit angehaltenem Atem auf ihre Reaktion warteten.

Schließlich blickte Pippa auf und seufzte theatralisch.

»Ihr habt meine Seele verkauft!«

Kapitel 5

Mit lautem Knall fiel die Tür von Hettys *Cosy Cottage* hinter Pippa ins Schloss. Der Morgenspaziergang mit dem Hund hatte länger gedauert als geplant, denn Pippa machte es mehr Spaß, mit Rowdy im Schnee zu tollen, als an ihre neuen Pflichten zu denken. Jetzt hetzte sie durch den Vorgarten und bog nach links.

Das Harmony House Hotel lag gleich nebenan, aber bei einem riesigen Grundstück wie diesem war es dennoch ein paar Minuten Weg bis zum ehemaligen Herrenhaus. Eilig lief Pippa zwischen stattlichen Ulmen die breite, gewundene Auffahrt hinauf. Im Frühling boten die zum Haus ansteigenden Rasenflächen rechts und links der Allee einen märchenhaften Anblick. Dann blühten Tausende von Krokussen und Schneeglöckchen und überzogen die Hänge mit Strömen von Farbe. Aber Pippa liebte den jetzigen Anblick überfrorener Bäume und Büsche und einer unberührten Schneedecke besonders deshalb, weil er sich so selten bot.

Leider hatte sie keine Zeit, die Pracht zu bestaunen, und hastete weiter zur Freitreppe des Hotels. Noch im Laufen zerrte sie sich die Wollmütze vom Kopf und zog die Handschuhe aus. Mit der Schulter drückte sie die schwere Eichenholztür auf, während sie den Mantel aufknöpfte.

»So ein Mist! Ausgerechnet an meinem ersten Tag muss ich zu spät kommen«, schimpfte sie halblaut. »Kein guter Einstieg.«

Pippa blieb stehen und kämpfte sich aus dem buntgeringelten Schal, den Lisa ihr zu Weihnachten gestrickt hatte. »So schön ein Spaziergang mit Rowdy auch ist – ab morgen bin ich pünktlich.«

»Keine Sorge«, sagte eine Männerstimme hinter ihr, »alle sitzen noch beim Frühstück.«

Sie drehte sich überrascht um. Der Mann hinter der Rezeption lächelte sie an.

»Man wartet ohnehin noch auf eine weitere Person«, fuhr er fort, »Sie sind nicht die Letzte.«

Pippa ging auf den Eichentresen zu. »Guten Morgen, Mr ...«, sie las das Namensschild, das vor ihm stand, »Mr Cross. Ich bin ...«

»Chris, bitte.« Er reichte ihr die Hand. »Du bist Pippa, nicht wahr? Hettys Enkelin. Jeder, der Hetty kennt – und Hetty kennen alle –, hat schon von dir gehört.«

Pippa unterdrückte ein Lächeln. Chris Cross – konnte dieser Name echt sein?, fragte sie sich flüchtig. Ihr fröhliches Gegenüber war mittelgroß, hatte kurze braune Haare und ein offenes Gesicht. Lachfältchen umrahmten seine grünen Augen.

»Und was genau hört man da?«, fragte Pippa interessiert.

»Ich würde Pippa auch gerne näher kennenlernen.«

Chris Cross stützte sich auf den Tresen, als müsste er nachdenken. »Also, zunächst mal, dass du die gleiche Menge Cider wegkippen kannst wie deine Großmutter«, er nahm beim Aufzählen seine Finger zur Hilfe, »dass du zweitens erstaunlich viele Sprachen sprichst, dass du drittens in Berlin einen Mord aufgeklärt hast. Und«, er unterbrach seinen Redeschwall kurz, »viertens, dass es für uns Junggesellen von Hideaway wieder Hoffnung gibt.«

Vor ihrem geistigen Auge sah Pippa ihre Großmutter im Pub stehen und einer atemlos lauschenden Dorfbevölkerung das Abenteuer von Schreberwerder in grellen Farben schildern und ihre – immerhin noch verheiratete! – Enkelin als gute Partie anpreisen.

»Die legendären Junggesellen von Hideaway«, sagte sie ironisch, »meine Großmutter hat mir bereits eine Liste aller verfügbaren Kavaliere ausgehändigt, und ich bin gerade dabei, die Nasen zu den Namen zu sammeln. Dich finde ich also auch darauf?«

»Wenn meine Mitgift deiner Großmutter ausreichend erscheint ...«, er machte eine Handbewegung, die die gesamte Lobby des Hotels einschloss. »Das Haus ist in Besitz der Blockley-Erben. Ich bin nur der Hotelmanager.«

Pippa lachte auf. »War das bereits eine Bewerbung?«

»Selbstverständlich. Du kannst mich schließlich beschützen, falls mir jemand nach dem Leben trachtet.« Er sah sie abwartend an.

»Und damit für immer in die Dorfchronik eingehen. Sehr erstrebenswert.«

Zeit für einen Themenwechsel, dachte Pippa, ich bin schließlich nicht hier, um zu flirten. »Wohnen die Schauspieler des Festivals jedes Jahr bei dir?«

»Nein, dies ist das erste Mal. Sonst nehmen sie Quartier in Stratford. Mein Glück war, dass Phoebes Sohn der Leiter des Festivals ist und einen ruhigen Ort für die Proben suchte.«

»Verstehe. Vermutlich wegen Sir Michael. Die Presse würde ihn sonst ständig belagern. Sir Michael ist eine Legende.«

»Für mich war es ein Glückstag, als die Shakespeare-Leute mein Hotel gewählt haben.« Chris rieb sich die Hände. »Im Februar und März verirrt sich sonst kaum ein Urlauber nach Hideaway. Sauregurkenzeit. Da herrscht gähnende Leere. Aber diesmal sind wir komplett ausgebucht. Die Festivalleitung hat in der Bibliothek sogar einen Probenboden aufbauen lassen, damit das Ensemble nicht das Hotel verlassen muss. Wenn es dann an die Bühnenübertragung geht, soll das Dorfgemeinschaftshaus genutzt werden. Und was glaubst du, wer das verwaltet?« Er zeigte auf sich, breitete dann die Arme aus und rief: »Ich kann überhaupt nicht aufhören zu grinsen! Etwas Besseres hätte mir nicht passieren können!«

»Wenn Sie sich da mal nicht täuschen«, sagte der Mann, der in diesem Moment durch die Eingangstür trat.

Pippa fuhr herum und musterte den dick eingemummelten Neuankömmling. Die karierte, mit Plüsch gefütterte Trappermütze war tief in die Stirn gezogen, und ein Schal bedeckte den Rest des Gesichts bis über die Nase. Erst als er Schal und Mütze ablegte, erkannte Pippa den Mann: Sie hatte ihn unter den Reportern in Tegel gesehen.

»Carlos Kwiatkowski vom *PaperRazzi*«, stellte er sich vor, »ich muss mich entschuldigen, ich bin spät dran. Hat meine Londoner Redaktion Sie informiert? Ich hatte darum gebeten. Ich habe den gesamten verdammten Weg von dort bis Hideaway hinter dem einzigen Schneepflug dieser gottverlassenen Gegend gegangen«, fluchte Kwiatkowski, »und bin seit sechs Uhr früh unterwegs. Ich will nur noch in mein Zimmer, dann kann ich mich wenigstens kurz frisch machen, bevor es hier losgeht.«

Chris Cross zuckte nicht mit der Wimper. »Herzlich willkommen im Harmony House Hotel, Mr Kwiatkowski«, sagte er herzlich, »ich wünsche Ihnen einen angenehmen Aufenthalt.«

Pippa folgte Chris' Wegbeschreibung zur Bibliothek und öffnete die hohe, mit vielen Schnitzereien verzierte Tür. Sie betrat einen riesigen Raum, dessen fensterlose Seite bedeckt war mit Regalen aus dunklem, poliertem Holz, die lange Reihen wertvoll gebundener Bücher enthielten. Gegenüber fiel ihr Blick durch bodentiefe Sprossenfenster über eine gepflasterte Terrasse auf den Park des Herrenhauses und weiter bis zum Wald. Jetzt, im Winter, konnte sie sogar den Blisswalk und den von ihm abzweigenden Weg sehen, der zum Glorious Hill hinaufführte. In einigen Fensternischen standen Ohrensessel, so ausgerichtet, dass man die Landschaft genießen konnte. An der fensterlosen Stirnwand des Raumes hatte man einige Scheinwerfer aufgebaut und aus Podesten eine provisorische Bühne errichtet. Ein gutes Dutzend klappbare Regiestühle standen im Halbkreis davor.

Pippa seufzte glücklich. Was kann aufregender sein, als die Entstehung einer Produktion aus nächster Nähe zu erleben?, dachte sie, das kann mir nicht einmal von Kestring verderben.

»Und außerdem«, sagte sie laut in den stillen Raum hinein, »was kann man bei *Hamlet* schon falsch machen?«

»Nichts, wenn man dem Text vertraut«, antwortete eine tiefe, sonore Männerstimme aus einem Ohrensessel.

Pippa ging ein paar Schritte näher und entdeckte Sir Michael Hornsby, der einen anderen Ausschnitt vom Panorama Hideaways beobachtete: die benachbarten Gärten des *Cosy Cottage* und Phoebes *Cupido Cottage,* vor dem Debbie gerade Schnee fegte, um den Weg bis zum hinteren Gartentor frei zu halten.

Die unerwartete Anwesenheit eines ihrer größten Idole hatte Pippa die Sprache verschlagen, aber Sir Michael erhob sich aus dem Sessel und reichte ihr die Hand.

»Ich bin Michael Hornsby«, sagte er freundlich, »wir

werden in den kommenden Wochen zusammenarbeiten. Ist es nicht wunderbar, dass Shakespeare immer wieder Menschen aus aller Welt zusammenführt?«

Er hält mich für eine Stipendiatin, dachte Pippa. Sie schüttelte die angebotene Hand. »Sir Michael, ich freue mich, Sie kennenzulernen. Aber ich bin keine Schauspielerin. Ich bin Pippa Bolle, ich darf Ihre Arbeit als Betreuerin des Ensembles begleiten. Mr Smith-Bates war so freundlich, mich zu engagieren.«

Sein Gesicht hellte sich auf. »Ah – Hetty Wilcox' Enkelin aus Berlin! Wunderbar! Ich war sehr gespannt auf Sie.«

Ehe Pippa auf seinen unerwarteten Enthusiasmus reagieren konnte, ging die Eichentür auf.

Ein Grüppchen Menschen kam herein, angeführt von Lysander Smith-Bates, der alle bat, auf den Stühlen Platz zu nehmen. Das Stipendiaten-Ensemble bestand aus fünf Schauspielern zwischen Anfang zwanzig und Mitte dreißig. Die drei Männer und eine der beiden Frauen setzten sich sofort, während die zweite durch den Raum schlenderte. Dabei blieb sie immer in der Nähe der Tür, die sie gespannt im Auge behielt.

Die Frau war jung und attraktiv, ihr braunes Haar floss wie eine glänzende Kaskade über ihren Rücken. Ihre enge Kleidung ließ bezüglich ihrer Anatomie keinerlei Fragen offen. Für Pippas Geschmack war die junge Frau zwar etwas zu stark geschminkt, aber sie gab neidlos zu, dass sie eine spektakuläre Erscheinung war.

Als Hasso von Kestring mit dynamischen Schritten die Bibliothek betrat, nahm die Schönheit Kurs auf ihn, ergriff seine Hände und hauchte: »Herr von Kestring, dass Sie mich ausgewählt haben, macht mich unendlich glücklich. Ich bin Dana Danvers.«

Pippa entging nicht, dass Lysanders Mundwinkel bei diesen Worten amüsiert zuckten. Natürlich hatte eine unabhängige Kommission die Stipendiaten und den Regisseur ausgewählt, der allerdings keine Anstalten machte, den kleinen Irrtum aufzuklären.

»Manche Dinge ändern sich wohl nie«, murmelte Sir Michael neben Pippa. »Auftritt zukünftige Geliebte …«

Als Pippa sich ihm zuwandte, sah er schon wieder aus dem Fenster, als beobachtete er Debbie, die mit Rowdy im Schnee herumtobte.

»Ich kann immer noch nicht glauben«, schnurrte Dana Danvers unterdessen, »dass ich mit dem Mann arbeiten darf, der aus Shakespeares trockenem *Heinrich V.* das unvergleichliche *Massaker von Agincourt* kreierte, um damit die explosive Situation auf dem Balkan zu spiegeln. Ich war hingerissen. Sie haben uns Zuschauern aus der Seele gesprochen. Ich bin übrigens gebürtige Rumänin, dieser Gegend also geographisch sehr verbunden. Ich wäre überglücklich, einmal mit Ihnen über meine Empfindungen angesichts Ihrer unvergesslichen Inszenierung zu sprechen.« Sie ließ seine Hände los und schaute ihn kokett von unten an. »Aber Sie sind sicherlich viel zu beschäftigt, um einer kleinen Schauspielerin …«

»Dazu ist mein Mann nie zu beschäftigt, Kindchen«, bemerkte Barbara-Ellen von Kestring, die gerade mit Johannes Berkel hereinkam.

Mit diesem Kommentar riss sie ihren Gatten aus der verzückten Erstarrung, mit der er seine Bewunderin betrachtete. Trotzdem ließ der Regisseur es sich nicht nehmen, Dana Danvers langsam über den Arm zu streichen, bevor er sich widerstrebend von ihr abwandte.

Lysander stieg auf die Bühne und sah sich um. »Sind wir vollzählig? Michael, darf ich dich und Pippa auch in die Runde bitten?«

Sir Michael bot Pippa den Arm, geleitete sie zu zwei nebeneinanderliegenden Plätzen und setzte sich neben sie.

Lysander lächelte freundlich. »Ich möchte Sie alle herzlich in Hideaway begrüßen. Sie werden während der kommenden Wochen Tag für Tag zusammen sein und gemeinsam arbeiten. Das wird eine aufregende, eine lohnende und ganz sicher auch eine anstrengende Zeit. Aber schon John Steinbeck sagte: *Zur Kunst des Arbeitens gehört die Kunst des Ausruhens,* und für Letzteres haben wir jemanden eingestellt, der Ihnen nicht nur die Schönheit der Cotswolds zeigen, sondern Ihnen gegebenenfalls auch bei sprachlichen Problemen helfen wird.« Er deutete auf Pippa. »Das ist Pippa Bolle, Ihre Betreuerin. Sie ist für Ihr Unterhaltungsprogramm zuständig und wird dafür sorgen, dass Ihnen die Zeit bei uns unvergesslich wird.«

Pippa erhob sich und verbeugte sich schwungvoll. Alle applaudierten – bis auf von Kestring, dessen Augen sich bei ihrem Anblick erstaunt weiteten. Er begriff in diesem Moment, dass er es mit der lästigen Frau, die ihn aus dem Bentley geworfen hatte, weiterhin zu tun bekommen würde.

Als Pippa sich wieder gesetzt hatte, ergriff Sir Michael das Wort. »Mein Name ist Michael Hornsby. Für alle Anwesenden: Michael. Ich freue mich, meine Bühnenlaufbahn zu beenden, indem ich mit der Zukunft des Theaters aus ganz Europa arbeite. Mein Abschied von der Bühne fällt mir leichter, wenn ich das Staffelholz in ausgezeichnete Hände übergeben darf.« Er lächelte. »Wenn Sie so alt werden, dass die Biographie, die man über Sie schreibt, mehr als dreihundert Seiten umfasst, dürfen Sie das als deutlichen Hinweis verstehen, dass es Zeit wird, das Feld zu räumen.«

»Aber Sie doch nicht, Michael«, protestierte von Kestring sofort, »das kann nicht Ihr Ernst sein.«

Nanu, dachte Pippa, was hat der denn mit Sir Michael vor? Ohne triftigen Grund schleimt sich dieser Kerl doch bei niemandem ein.

Sir Michael winkte ab. »Das ist sehr schmeichelhaft, aber ich möchte endlich einmal Unterhaltungen führen, die in keinem Textbuch stehen, und mich mit Leuten umgeben, die ins Theater gehen, statt es selbst zu machen.«

»Ich schlage vor, jeder in dieser Runde stellt sich kurz vor und erzählt uns, warum er oder sie sich für das Stipendium beworben hat. Und vor allem, welche Rolle aus *Hamlet* Sie für sich goutieren, damit ich eine perfekte Planungsgrundlage habe«, riss von Kestring die Vorstellungsrunde an sich. »Vielleicht möchten Sie beginnen, Michael?«

Pippa entging nicht, dass sowohl Lysander als auch Sir Michael einen Moment irritiert wirkten, vermochte aber nicht zu sagen, ob der Grund von Kestrings rüde Unterbrechung Sir Michaels oder der ungewöhnliche Vorschlag war. Seit wann fragt dieser Mann nach den Wünschen und Vorlieben seiner Schauspieler?, dachte sie. Hat der heute Nacht Kreide gefressen? Wenn das sein normales Regieverhalten wäre, hätte er sicher einen anderen Ruf.

Ein Blick in Richtung Barbara-Ellen zeigte ihr, dass selbst seine Frau von dieser Bitte überrascht war.

Sir Michael neigte leicht den Kopf und blieb diplomatisch, wenn Pippa auch glaubte, eine ironische Note aus seiner Antwort heraushören zu können. »Dies ist mein letzter Auftritt – ich lasse die Vorsehung in Gestalt meines Regisseurs entscheiden«, antwortete er. »Aber vielleicht sollten Sie sich zunächst einmal vorstellen?«

Von Kestring nickte. »Mein Name ist Hasso von Kestring, freier Theaterregisseur aus Berlin. Die Liebe zum Theater habe ich praktisch mit der Muttermilch aufgesogen«, begann er salbungsvoll, »und schon in jungen Jahren wusste ich ...«

Das kann länger dauern, dachte Pippa, kein Grund, sich diesen Selbstdarsteller anzuhören. Ich werde ihn schon noch genug von seinen erstaunlichen Fähigkeiten faseln hören. Aber sogar er hat sein Gutes: Er bringt Geld. Ich beiße die Zähne zusammen, ertrage ihn für ein paar Wochen, und am Ende des steinigen Weges werde ich mir zu meinem Vierzigsten die ersehnte Städtereise leisten können. Vielleicht kann ich sogar Karin dazu einladen, vorausgesetzt, ich halte meine Kröten zusammen und gebe nicht alles für frisch gezapften Cider im Dorfpub aus. Istanbul, Barcelona, Venedig ... Ich lasse Karin entscheiden. Sie hat das Reisebüro, sie wird das Richtige finden.

Pippa reckte den Hals, um aus dem Fenster sehen zu können, und entdeckte den zotteligen schwarz-weißen Hund ihrer Großmutter, der den Blisswalk entlangtrabte. Jetzt ging er zu einer großen Tanne hinüber und beschnüffelte den Baumstamm. Pippa musste grinsen, als sie Peter Paw aus dem Baum klettern sah und die beiden Tiere wie selbstverständlich weiter den Wanderweg hinaufspazierten. Es musste also kurz nach zwölf Uhr sein und Rowdy auf seinem Mittagsspaziergang.

»Vielen Dank für deinen ausführlichen Beitrag, Liebling.« Barbara-Ellens Stimme unterbrach von Kestrings Vortrag gekonnt und holte Pippa aus ihren Beobachtungen zurück in die Bibliothek. »Ich bin Barbara-Ellen von Kestring, achtundvierzig Jahre alt und dreißig davon verliebt in

Shakespeare«, sie legte die Hand auf den Arm ihres Gatten. »Ich bin glücklich, dass ich an diesem Projekt teilnehmen darf, und freue mich über jede Rolle, die für mich übrigbleibt«, Barbara-Ellen machte eine Handbewegung, die die Runde umfasste, »denn zuerst sind Sie an der Reihe. Und ehe ich es vergesse: Mich darf man ebenso beim Vornamen nennen wie Michael.«

Alle Achtung, dachte Pippa, sagt einfach ihr wahres Alter und lässt den anderen bei der Rollenwahl den Vortritt. Freddy und Berkel haben absolut recht: Sie ist wirklich anders.

»Der junge Mann links von mir«, fuhr Barbara-Ellen fort und lächelte Berkel aufmunternd an, »ist unser Assistent Johannes Berkel, ohne den mein Mann und ich hilflos wie kleine Kinder wären.«

Vor Freude über ihre Worte errötete Berkel tief. Er warf seiner Chefin einen anbetenden Blick zu und verbeugte sich kurz in die Runde.

»Mein Name ist Duncan Blakely«, sagte der Nächste in der Reihe, ein schwarzhaariger Mann mit tiefblauen Augen. Er hatte einen starken schottischen Akzent und einen jungenhaften Gesichtsausdruck. »Ich bin zweiunddreißig Jahre alt und kein professioneller Schauspieler, sondern habe bisher als Sänger einer Folkband auf der Bühne gestanden. Meine Familie möchte gern, dass ich später unsere Whiskybrennerei übernehme, aber ich habe mich beworben, weil ich hoffe, mich auf diese Weise entscheiden zu können, ob Theaterspielen für mich mehr als ein Hobby sein könnte – und wurde prompt für das englischste aller Festivals ausgewählt. Und das als Schotte. Jetzt glaube ich an Wunder – und an Shakespeare!« Da alle lachten, machte Duncan eine kurze Pause. »Eine Rolle habe ich mir bisher nicht über-

legt ... Osrik, der geckenhafte Höfling, oder einer der Totengräber wären schön. Lust habe ich zu allem, was sich mir
bietet.«

Er sah begeistert in die Runde, ließ seine weißen Zähne
blitzen und nickte seiner Nachbarin zur Linken zu, einer
schüchtern wirkenden jungen Frau mit rosigen Wangen und
flachsblondem kurzem Haar.

»Anita Unterweger«, wisperte sie und räusperte sich
krampfhaft. »Ich komme aus Österreich und habe dort an
einer Freilichtbühne schon einmal die Ophelia gespielt. Ich
wollte immer an ein Theater in England ... ich verehre das
englische Theater, es ist so ursprünglich und ... ich muss
mich entschuldigen, mein Englisch ist nicht sehr gut.« Ihre
Stimme verebbte.

»Damit sind wir schon zu zweit«, scherzte Duncan in
breitem Glasgower Akzent und hatte die Lacher wieder auf
seiner Seite.

»Trotzdem wäre es wohl besser, wenn ich nur eine klei-
nere Rolle bekomme«, sagte Anita Unterweger und sah vorsichtig zu von Kestring hinüber.

Der hatte sich etwas vorgebeugt und musterte sie mit
hochgezogenen Augenbrauen. Es war mehr als deutlich,
dass er ihr in dem letzten Punkt zustimmte.

»Hendrik Rossevelt.« Die helle, schneidende Stimme des
Mannes neben der Österreicherin durchbrach die kurze
Stille so unvermittelt, dass alle zusammenzuckten. Der Spre-
cher, ein Mann von knapp dreißig mit krausen hellbraunen
Haaren und gleichfarbigem, akkurat gestutztem Kinnbart,
richtete sich auf seinem Stuhl auf. »Ich komme aus den Niederlanden. Für mich bedeutet die Teilnahme an dieser Inszenierung den Aufbruch in eine bessere Zukunft, denn durch
den Zuschlag zu diesem Projekt ist die renommierteste

Schauspielschule des Landes auf mich aufmerksam geworden und hat mir ein Stipendium angeboten. Die Ausbildung beginnt gleich nach meiner Rückkehr.« Er sah sich um, als erwarte er dafür stehende Ovationen, und runzelte die Stirn, weil diese ausblieben. »Ich bin sicher, die Rolle des Hamlet im Sinne unseres geschätzten Regisseurs verkörpern zu können.«

Bevor der Nächste in der Reihe fortfahren konnte, flog die Tür zur Bibliothek auf, und Carlos Kwiatkowski betrat den Raum. Ohne zu zögern, steuerte er auf den letzten freien Stuhl in der Runde zu. Hasso von Kestring starrte den Journalisten an wie eine Erscheinung aus dem Jenseits und donnerte dann: »Was haben Sie hier zu suchen, Kwiatkowski? Presse ist nicht zugelassen! Gehen Sie. Sofort! Wir haben einen Exklusivvertrag vergeben, und an den werden wir uns halten.« Er zeigte herrisch zur Tür.

»Darum möchte ich auch sehr bitten, *Herr* von Kestring.« Ungerührt ließ Kwiatkowski sich auf den Stuhl fallen, zog ein Diktiergerät aus der Tasche und aktivierte es. »Ich wäre dann so weit. Von mir aus können Sie jetzt weitermachen.«

Der Regisseur schnappte nach Luft, als ihm dämmerte, mit wem die Festivalleitung den Vertrag geschlossen hatte.

»Ich verlange einen anderen Journalisten!«, rief er empört. »Mit diesem Mann arbeite ich nicht! Er versteht nicht das Geringste vom Theater! Er hat keinerlei dramaturgisches Gespür, und ... und ... es besteht die Gefahr, dass er unsere jungen Schauspieler verunsichert. Das kann ich nicht zulassen!« Er sah Lysander Smith-Bates beschwörend an.

Wie fürsorglich, dachte Pippa ironisch, und wie interessant: Unser Hasso hat die Hosen voll. Er hat Angst vor diesem Schreiberling ...

Smith-Bates wirkte alarmiert, aber Sir Michael Hornsby ergriff das Wort. »Ich selbst habe Herrn Kwiatkowski beim *PaperRazzi* angefordert, da seine Fotos mich beeindruckt haben. Es ist überaus selten, dass sich Schreibkunst und ein gutes Auge so elegant paaren. Ich bin sicher, Herr Kwiatkowski wird uns gern versprechen, objektiv zu berichten und niemanden zu kompromittieren.«

Carlos Kwiatkowski nickte ernsthaft. »Selbstverständlich. Sie können sich auf mich verlassen, Sir Michael. Alles wie abgesprochen.«

… und außerdem brauchst du niemanden, der dich kompromittiert, von Kestring, das schaffst du ganz allein, schoss es Pippa durch den Kopf.

Von Kestring schluckte, er wollte sich aber nicht gänzlich geschlagen geben. »Nun gut – aber es gibt Grenzen. Ich bin einverstanden, dass *Herr* Kwiatkowski uns alle während der Probenarbeit begleitet. Aber ich muss darauf bestehen, dass er nicht im selben Hotel wohnt. Vierundzwanzig Stunden unter Aufsicht lehne ich strikt ab. Nach den Proben ist Schluss mit der Pressefreiheit.« Er verschränkte die Arme vor der Brust.

»Dies ist das einzige Hotel am Ort«, sagte Smith-Bates. »Das nächste ist meilenweit entfernt. Bei den derzeitigen Witterungsverhältnissen sollte Herr Kwiatkowski in Hideaway wohnen …«

»Nicht in diesem Hotel«, schnappte der Regisseur.

»Vielleicht weiß ich die Lösung«, warf Sir Michael ein, und alle sahen ihn neugierig an. »Pippa, deine Großmutter hat doch früher Gästezimmer vermietet … tut sie das noch?«

»Das ist eine wunderbare Idee«, sagte Smith-Bates hoffnungsvoll. »Was meinen Sie, Pippa? Nur zum Übernachten? Die Mahlzeiten kann er im Hotel einnehmen … «

Der Journalist grinste. »Ich brauche nur ein Dach über dem Kopf, Lady. Und ich verspreche, nicht unter der Bettdecke zu rauchen.«

Während ihre schönen Träume von Entspannung, Ruhe und Alleinsein wie Seifenblasen zerplatzten, nickte Pippa ergeben. »Ich werde mit Grandma Will reden«, versprach sie, und Lysanders erleichterter Blick verhieß ihr mindestens drei Einladungen zum Essen.

»Wunderbar!«, rief Smith-Bates. »Hätten wir das also geklärt. Lassen Sie uns mit der Vorstellungsrunde fortfahren, immerhin wartet noch ein Ausflug auf Sie alle!«

Er nickte dem jungen Mann neben Hendrik Rossevelt zu.

»Mein Name ist Alain Bettencourt«, sagte dieser mit träger Stimme und strich sich durchs aschblonde, sorgfältig gefönte Haar, in das platinblonde Strähnchen eingefärbt waren. Er hatte die längsten Wimpern, die Pippa jemals bei einem Mann gesehen hatte, und sie waren im Vergleich zu seiner Haarfarbe deutlich zu dunkel. Er hatte glatte, ebenmäßige Gesichtszüge. Er erzählte von seinen Erfolgen am französischen Boulevardtheater und in Soap-Operas und von seinem Traum, eines Tages in einer internationalen Fernsehserie mitzuwirken.

Und wenn du das nicht schaffst, dann nehmen dich die Chippendales oder irgendeine Boygroup, fügte sie in Gedanken hinzu. Wenn ich jemals einen Posterboy gesehen habe, dann dich.

»Da ich hier der einzige junge Mann mit jahrelanger Bühnenerfahrung bin, denke ich, dass die Rolle des Hamlet von meinen Fähigkeiten durchaus profitieren könnte«, beendete Bettencourt seine kurze Rede.

Pippa bemerkte, dass von Kestring dem jungen Schauspieler kaum Beachtung schenkte. Stattdessen bediente er

sich mit zufriedenem Gesichtsausdruck aus seinem Schnupftabaksfläschchen und sah höhnisch zu ihr herüber.

Sie spürte einen Anflug von Wut. Der feiert seinen Sieg,
dachte sie erbost. Und meine Niederlage. Die Sache mit dem
Bentley wird er mir nie verzeihen. Wegen seines Triumphs
über Kwiatkowski trauere ich jetzt um mein verlorenes Paradies, und das weiß der gute Hasso ganz genau. Aber das
wird das einzige und letzte Mal sein, dass er mich in die
Knie zwingt.

Beinahe hätte sie verpasst, wie Dana Danvers sich vorstellte. Die Rumänin hob noch einmal zwitschernd die große
Ehre hervor, von einem Könner wie Hasso von Kestring lernen zu dürfen, was ihr gewiss auch den Sprung von der
Bühne auf die Leinwand erleichtern könne. Und mit gerade
mal fünfundzwanzig Jahren sei sie im perfekten Alter, um
alle Perspektiven der tiefgründigen Gestalt Ophelias auslo-
ten und darstellen zu können.

Ha, dachte Pippa bissig, wenn du fünfundzwanzig bist,
dann ist Botox eine Zigarettenmarke und Shakespeare der
liebe Gott.

Kapitel 6

Das Ensemble versammelte sich vor der Tür des Hotels, um dort auf von Kestring und den Beginn des Ausflugs zu warten. Sichtlich erleichtert, den ersten offiziellen Kontakt gemeistert zu haben, scherzten und lachten sie miteinander. Duncan Blakely stand oben auf der Freitreppe, breitete die Arme aus und intonierte in schönstem Bariton: »Oh, what a beautiful morning, oh, what a beautiful day!«

Als er endete, klatschten alle begeistert. Anita Unterweger zeigte auf ihn, als würde sie ihn einem begeisterten Publikum präsentieren, und zitierte Shakespeares Miranda: »*O schöne neue Welt, die solche Menschen trägt – O brave new world that has such people in it!*« Die beiden strahlten einander an, während die anderen sich ausgelassen darin zu überbieten versuchten, weitere passende Zitate zu finden.

Eine Atmosphäre wie auf einem Schulausflug, dachte Pippa. Sie ging zu Lysander hinüber, der bei Sir Michael und Carlos Kwiatkowski stand.

»Von Kestring scheint sich noch Zeit zu lassen. Ich laufe zu Grandma Will und frage nach dem Fremdenzimmer«, sagte sie.

»Das würde ich gerne übernehmen«, bot Sir Michael an, »dann kann ich mich gleich von Hetty verabschieden. Sie reist morgen ab, nicht wahr?«

Pippa nickte. »Leider, ich hätte gerne noch ein paar Tage mit ihr verbracht.«

»Vielleicht nimmst du Herrn Kwiatkowski gleich mit, Michael, und stellst ihn vor? Dann kann sich Mrs Wilcox selbst ein Bild machen«, schlug Lysander vor.

»Ich wäre Ihnen sehr verbunden, Sir Michael. Der Herr Regisseur hat mir ja für die Zeit außerhalb der Proben einen Maulkorb verpasst.« Der Journalist legte zwei Finger an eine imaginäre Mütze und grüßte militärisch. »Wir sehen uns dann hoffentlich später, Pippa.«

Pippa nickte, knirschte aber innerlich mit den Zähnen. Denk an das Schmerzensgeld und all die sehenswerten Städte Europas, beschwor sie sich.

Sie sah Sir Michael und Carlos nach, die nebeneinander die Auffahrt hinab zum Cosy Cottage gingen und sich angeregt unterhielten. Der Journalist passte sich dem Tempo des Achtzigjährigen an und stützte ihn fürsorglich, als dieser auf dem harschigen Schnee ins Rutschen geriet.

Wenigstens weiß er, was sich gehört, dachte sie, und sollte ein Feind von Hasso nicht automatisch mein Freund sein?

Sie atmete tief durch und gesellte sich wieder zur Truppe, gerade als von Kestring die Eichentür aufstieß und vor die Schauspieler trat.

»Tja, meine Herrschaften. Das Wetter könnte bezaubernder nicht sein. Das wird sicher ein erholsamer Ausflug für Sie alle. Ragley Hall, höre ich. Ein bedeutendes Herrenhaus. Anschließend Essen im berühmten Fleece Inn. Gute Wahl. Sehr schön. Wirklich sehr schön.« Er machte eine kleine Pause und sah angelegentlich in Dana Danvers' Richtung. »Jedoch leider, leider nicht für mich. Ich muss dringend mit unserem verehrten Festspielleiter noch ein paar Worte bezüglich der notwendigen Statisten und Nebenrollen wechseln. Und bevor morgen die Arbeit beginnt, will natürlich auch die Rollenverteilung noch einmal genau überdacht sein.« Geflissentlich übersah er die nervösen Gesichter der Schauspieler und lächelte übertrieben väterlich. »Und jetzt wünsche ich Ihnen allen einen entspannten Nachmittag.«

Den sie nach dieser Rede ganz gewiss nicht mehr haben werden, dachte Pippa, als sie die Unruhe wahrnahm, die das Ensemble auf seine Worte hin erfasste.

»Gut«, sagte Johannes Berkel. »Dann bleibe ich ebenfalls. Ich …«

»Auf keinen Fall!«, protestierte von Kestring sofort. »Es reicht, wenn ich verzichte. Ich werde Ihnen doch nicht den schönen Ausflug verderben, Johannes. Dies ist wahrscheinlich Ihr letzter freier Tag für Wochen. Ich bestehe darauf, dass Sie mitfahren. Und du auch, Barbara-Ellen«, sagte er mit kurzem Blick auf seine Frau, die keinerlei Anstalten gemacht hatte, zurückzubleiben.

In diesem Moment fuhr der Bus vor. Die Schauspieler gingen darauf zu und warteten schweigend, dass die Türen geöffnet wurden.

»He, wartet auf mich! Ist noch ein Platz für mich frei?«

Pippa sah, wie Debbie winkend die Auffahrt hinaufgestürmt kam. Die Freundin hängte sich an den Arm ihres Vaters. »Dad, ich kann doch mitfahren?«

Lysander seufzte und sagte: »Darf ich vorstellen? Meine Tochter Debbie. Welche Reisegruppe hat schon das Glück, mit zwei so charmanten Fremdenführerinnen unterwegs zu sein? Ich wünsche Ihnen allen viel Spaß.«

»Hi!«, sagte Debbie strahlend und wandte sich an Pippa. »Einen Sonntagsausflug mit dir und dem Ensemble – das wollte ich auf keinen Fall verpassen. Sieh zu, dass du mir ordentlich etwas bietest, Frau Reiseleiterin.«

Pippa knuffte Debbie in die Seite und flüsterte: »Super, dass du mitkommst. Ich kann jegliche Unterstützung gebrauchen.« Sie klatschte in die Hände und rief: »Alles einsteigen, bitte! Es geht los!«

Nacheinander verteilte sich das Ensemble im Bus. Pippa registrierte, dass sich niemand mit einem Kollegen die Bank teilte. Alle hatten sich einen Einzelplatz gesucht; auch Duncan und Anita, obwohl sie sich verstohlene Blicke zuwarfen.

Mit großer Geste verabschiedete sich Hasso von Kestring von Barbara-Ellen und half ihr beim Einsteigen, wobei er noch einmal lautstark bedauerte, allein zurückbleiben zu müssen. Dann wandte er sich um und ging ins Haus zurück.

Pippa verdrehte die Augen und nickte dann dem Busfahrer zu. Mit einem Zischen schloss sich die Tür, und der Motor wurde angelassen.

In diesem Moment sprang Dana Danvers auf und rief: »Halt! Bitte, ich möchte aussteigen.« Sie schwankte durch den Gang auf Pippa zu und presste sich die Hand an die Stirn. »Ich dachte, ich schaffe es, aber meine Migräne ... ich muss mich hinlegen ... ein dunkles Zimmer ...«, hauchte sie mit brechender Stimme.

Der Busfahrer öffnete ihr die Tür, und Debbie flüsterte: »Was war das denn?«

»Schmierentheater«, flüsterte Pippa zurück und drehte sich zu Barbara-Ellen um, die mit undefinierbarem Gesichtsausdruck die junge Schauspielerin dabei beobachtete, wie diese sich langsam die Freitreppe hochschleppte.

»Ende des Ersten Akts«, fügte Pippa hinzu und gab dem Busfahrer das Zeichen, dass es losgehen konnte.

Carlos Kwiatkowski war sichtlich erfreut und verbeugte sich vor Hetty. »Gnädige Frau, Sie haben mich glücklich gemacht. Sie werden Ihre Entscheidung für mich nicht bereuen.« Er kritzelte etwas auf eine Visitenkarte seiner Berliner Redaktion. »Sollten Sie in Berlin irgendein Problem haben – dort wird man Himmel und Hölle in Bewegung setzen, es für Sie zu lösen. So, wie Sie meines hier gelöst haben.«

»Vorsicht, junger Mann«, drohte Hetty lächelnd und nahm die Karte entgegen, »ich bin bekannt dafür, Versprechen ernst zu nehmen.«

Kwiatkowski erwiderte ihr Lächeln. »Von einer echten Dame habe ich nichts anderes erwartet.« Er nahm Hettys Hand und hauchte einen Handkuss darauf. »Ich darf mich zurückziehen.«

Er nickte Sir Michael zu und ging die Treppe hinauf zu seinem Zimmer.

Sir Michael sah ihm nachdenklich hinterher. Als Kwiatkowski außer Sicht war, beugte er sich zu Hetty. »Nun, bisher können wir doch mit unserer Planung zufrieden sein, Hetty. Was meinst du?«

Hetty nickte. »Ich danke dir für die Vermittlung, Michael. Ich kann das Geld gut gebrauchen. Jetzt muss sich nur noch Pippa an die neue Situation gewöhnen.«

»Das dürfte noch ihre leichteste Übung in den kommenden Wochen werden«, antwortete Sir Michael und seufzte.

»So schlimm?« Hetty nahm Michael Hornsbys Hand.

»Ich bin zu alt und zu ungeduldig für Regisseure, die mir beibringen wollen, was mir Shakespeare zu bedeuten hat.« Sir Michael sah aus dem Wohnzimmerfenster hinüber zum benachbarten Grundstück. »Ich will endlich ankommen.«

»Was ich dazu beitragen kann, werde ich tun«, sagte Hetty entschlossen. »Du hast mir geholfen, ich helfe dir. Es bleibt bei unserer Verabredung.«

Sie sahen sich verschwörerisch an und ahnten keine Sekunde, dass Carlos Kwiatkowski noch immer am Geländer des ersten Stockes stand und ihrer Unterhaltung interessiert zuhörte.

Nach einer knappen Stunde Fahrt durch die verschneiten Cotswolds erreichte die Gruppe Ragley Hall. Der Bus wurde auf dem Parkplatz unterhalb des mächtigen Herrenhauses abgestellt, und alle stiegen aus.

»Ich hoffe, alle sind warm eingepackt«, sagte Pippa. »Wenn ihr glaubt, die Auffahrt zu eurem Hotel wäre lang, dann werdet ihr jetzt eines Besseren belehrt.« Sie deutete den Hügel hinauf zum Palais.

Alain Bettencourt zog fröstelnd seinen viel zu dünnen Mantel enger um sich und jammerte: »Gibt es keinen Shuttle-service?«

Vielleicht trägt dich ja einer deiner Kollegen auf Händen hinauf, dachte Pippa und sagte laut: »Leider nicht. Ich schlage vor, wir laufen uns warm.«

Die anderen lachten, knöpften ihre Jacken und Mäntel zu und zogen Mützen und Handschuhe an.

»In Kürze wird es auf diesem Abhang aussehen, als hätte ein Maler Tausende Hektoliter Farbe ausgeschüttet. Dann blühen hier unzählige Krokusse, und ihre Blüten wirken wie Flüsse in Lila, Gelb und Fliederfarben, die zwischen den Bäumen und Strauchskulpturen hindurch ins Tal fließen. Das ist ein unbeschreiblicher Anblick«, erzählte Pippa, während die Gruppe den Weg zum Haus hinaufstapfte. »Nachdem wir Ragley Hall besichtigt haben, gebe ich euch noch Gelegenheit, euch im Park umzusehen. Es gibt dort zauberhafte Steinfiguren.«

»Pfff«, erklang es verächtlich hinter ihr, und auch ohne sich umzudrehen, wusste Pippa, dass soeben Alain Bettencourt seinen qualifizierten Kommentar zu diesem Plan abgegeben hatte.

Nach viertelstündigem Spaziergang standen sie vor dem imposanten Eingang, die Wangen von der Kälte gerötet.

Debbie zog die schwere Tür auf. »Hereinspaziert, Ladys and Gentlemen!«

Die Gruppe betrat das Haus, und Pippa registrierte zufrieden, dass es allen für einen Moment die Sprache verschlug. Nur Alain Bettencourt kräuselte die Lippen. Sie standen in einer barocken Halle mit hoher Gewölbedecke und lachsfarbenen Wänden, die opulent mit weißen Relief-Ornamenten wie Wappen, Büsten und griechischen Säulen verziert waren.

Pippa löste die Eintrittskarten und bat um eine Führung, während Debbie die Eröffnung übernahm.

»Diese Halle ist circa einundzwanzig Meter lang, zwölf Meter breit und zwölf Meter hoch. In der Höhe erstreckt sie sich über zwei Stockwerke. Sie wurde von James Gibbs gestaltet, das war … Moment …«, sie schlug in einer Broschüre nach, »das war 1750. Hier finden von Zeit zu Zeit Konzerte, Empfänge und Festlichkeiten statt. Sehr zu empfehlen. Ich werde sehen, ob ich meinen Vater überreden kann, etwas für uns zu arrangieren.«

»Sie waren wohl schon öfter hier?«, fragte Hendrik Rossevelt.

»So oft ich kann«, sagte Debbie fröhlich. »Um das gesamte Gelände zu erkunden, braucht man Tage.«

»Versailles ist viel größer«, nörgelte Bettencourt, »gegen die Säle dort ist das hier eine Besenkammer.«

»Es ist nicht immer die Größe, die zählt.« Debbie musterte den jungen Schauspieler langsam von oben bis unten. »Aber das haben Frauen dir bestimmt schon öfter gesagt.«

»Pfff ...« Bettencourt zuckte mit den Schultern und wandte sich demonstrativ ab.

»Ich glaube, dieser gallische Gockel hält sich für Gottes Antwort auf die Gebete der Damenwelt«, tuschelte Debbie in Pippas Ohr.

In diesem Moment kam eine Dreiergruppe durch eine der hohen weißen Flügeltüren in die Halle, und ein weißhaariger Herr im Clubblazer verabschiedete sich von einem Ehepaar. Danach sprach er ein paar Worte mit der Dame am Empfang und kam gleich darauf auf Pippa zu.

»Gordon Best«, stellte er sich vor. »Sie wünschen eine Führung?«

»Sehr gern«, antwortete Pippa und rief ihre Schäfchen zusammen, die sich mittlerweile in der Halle verteilt hatten.

Durch eine weitere Flügeltür führte Gordon Best sie in einen Raum, dessen Wände hellblau und weiß gestaltet waren. In der Mitte stand ein antiker Flügel aus glänzend poliertem, dunklem Holz, flankiert von rot bezogenen Lehnstühlen.

»Das Musikzimmer«, erklärte der Führer, »wir sehen hier ein Broadwood-Piano aus dem Jahr 1840, das von der gräflichen Familie noch immer benutzt wird ...«

Während Best mit Verve weitererzählte, ließ Pippa sich ein wenig zurückfallen und beobachtete die Mitglieder der Gruppe. Barbara-Ellen, Berkel, Anita Unterweger und Duncan Blakely lauschten aufmerksam und fragten immer wieder nach. Alain Bettencourt betrachtete mit geringschätzig heruntergezogenen Mundwinkeln die Porträts an den Wänden – die in Versailles bestimmt *viel* größer sind, dachte Pippa ironisch –, und Rossevelt strich um Anita herum.

»Er hat etwas Lauerndes, findest du nicht?«, fragte Debbie leise.

»Ich weiß noch nicht, was ich von ihm halten soll«, antwortete Pippa, »dazu kenne ich ihn noch nicht gut genug.«

Gordon Best hatte seinen Vortrag beendet und bat sie in das Frühstückszimmer. Ein ovaler Tisch vor einem verschwenderisch verzierten Kamin war mit kostbarem Geschirr eingedeckt und schien auf hungrige Gäste zu warten. Rechts und links vom Kamin standen hohe Bücherregale.

»Schauen Sie her«, sagte Best und betätigte am rechten Regal einen unsichtbaren Mechanismus. Es schwang auf und gab den Blick in ein kleines Zimmer frei. »Dies ist der Anrichteraum des Butlers. Sie sehen, man war bei der Raumplanung durchaus praktisch veranlagt.«

Zum wiederholten Male versuchte Anita, der Nähe Hendriks zu entkommen, und ging voraus in den nächsten Raum.

Pippa folgte ihr besorgt. »Geht es dir gut, Anita?«

Die junge Österreicherin errötete und nickte verlegen, aber vehement.

»Manchmal wird man vom Falschen verfolgt, nicht wahr?«, bemerkte Pippa.

Ein Lächeln flog über Anitas Gesicht, aber bevor sie antworten konnte, hatten die anderen aufgeschlossen. Gordon Best geleitete die Gruppe ins nördliche Treppenhaus. Eine großzügige Freitreppe führte ins Obergeschoss und damit in die privaten, für die Öffentlichkeit nicht zugänglichen Räumlichkeiten der Besitzer von Ragley Hall. Eine Wand des Treppenhauses zierte ein modernes Gemälde des zeitgenössischen Künstlers Ceri Richards, das nach all den antiken Möbeln, Bildern und Kunstgegenständen fast wie ein Schock wirkte.

Während der gesamten weiteren Führung beobachteten Pippa und Debbie amüsiert, wie Bettencourt in jedem Raum zuerst nach einem Spiegel Ausschau hielt, in dem er entweder den Sitz seiner Kleidung, seiner Frisur oder schlicht seiner ganzen Erscheinung überprüfte und sich dann bewundernd zunickte.

»Jetzt kommt mein Lieblingsraum«, verkündete Pippa, als sie den Roten Salon betraten. Die Wände waren mit rotem Damast bespannt, die Möbel rot bezogen, selbst die Vorhänge vor den bodentiefen Fenstern waren in Rot gehalten. Pippa hielt nach der chinesischen Skulptur einer sitzenden Katze Ausschau, die sie liebend gern besessen hätte. Aber diesmal konnte sie den Anblick der türkisfarbenen Schönheit nicht genießen, denn plötzlich hauchte jemand ihr in den Nacken.

»Dies ist dein Lieblingsraum? Du liebst es schummrig?«, raunte Rossevelts Stimme in ihr Ohr. »Das werde ich mir merken …«

Pippa drehte sich betont langsam um und hatte sein anzüglich grinsendes Gesicht nur wenige Millimeter vor sich.

»Nicht nötig, denn wenn ich dich sehe, gehen bei mir automatisch alle Warnlampen an, und sofort ist es wieder taghell«, fauchte sie. Zu unangenehm war ihr die körperliche Nähe dieses Mannes. Er funkelte sie wütend an und zog beleidigt ab.

Erst jetzt merkte Pippa, dass Barbara-Ellen Zeugin der kleinen Szene gewesen war. Die Schauspielerin zwinkerte Pippa zu und vollführte pantomimisch ein bühnenreifes Fecht-Touché. In wortlos-weiblichem Einverständnis folgten sie gemeinsam den anderen durch einen ganz in Grün gehaltenen Raum bis in ein entzückendes Schlafzimmer.

Ihr Führer zeigte auf ein skurriles Sitzmöbel in der Mitte des Raumes. Es handelte sich um ein Zweiersofa, dessen Sitzflächen und Rückenlehnen einander zugewandt waren,

so dass die Benutzer sich von Angesicht zu Angesicht gegen-
übersitzen und unterhalten konnten, ohne die Köpfe verdrehen zu müssen. Zwischen den beiden Plätzen befand sich ein
winziges, fest installiertes Tischchen.

»Dies ist ein viktorianisches *tête-à-tête*«, erklärte Gordon
Best. »Wunderbar geeignet für intime Unterhaltungen.«

Hendrik hatte sich hinter Anita Unterweger geschlichen
und fasste die junge Frau um die Taille. »Sieht einladend
aus.«

Anita zuckte zusammen und stolperte ein paar Schritte
vorwärts. Hendrik folgte ihr. »Nicht so spröde, Ophelia. Ab
morgen hast du ohnehin ein Verhältnis mit Hamlet …«

Weiter kam er nicht, denn Duncan zerrte ihn heftig an
der Schulter herum. »Nur wenn der Regisseur das so will,
und dann auch nur auf der Bühne. Wage es nicht, sie noch
einmal anzufassen«, grollte er drohend.

»Wohl selbst scharf auf sie?«, zischte Hendrik. Er riss sich
los und zog seine in Unordnung geratene Kleidung wieder
glatt.

Du liebe Güte, dachte Pippa, und ich dachte, Schauspieler
sind eine eingeschworene Gemeinschaft mit hehren Zielen.

»Johannes, du kennst doch die Statuten. Unter welchen
Umständen kann man gefeuert und nach Hause geschickt
werden?«, fragte sie Berkel, der gerade Alain dabei beobachtete, wie er vor einem weiteren Spiegel posierte.

Schau dir das nur genau an, dachte Pippa, allein vom
Spiegelbild seines Selbstbewusstseins könntest du auch noch
leben.

Sie wiederholte ihre Frage, und Johannes referierte:
»Wiederholtes unentschuldigtes Fehlen bei den Proben, ansteckende Krankheit, sexuelle Belästigung …«

»Dann wollen wir mal hoffen, dass du keine ansteckende

Krankheit bist, Hendrik«, unterbrach Debbie die Aufzählung Berkels und stellte sich dicht vor Rossevelt, »sonst müsste ich meinem Vater Bescheid sagen.«

Hendrik presste wütend die Lippen zusammen, hielt sich aber von jetzt an von der Gruppe fern.

Seinetwegen konnte Pippa die erstaunlichen Wandmalereien am letzten Besichtigungspunkt, dem südlichen Treppenhaus, nicht genießen wie sonst. Geistesabwesend folgte sie den spannenden Ausführungen von Gordon Best, während sie den Niederländer im Auge behielt. Der Schauspieler gab vor, interessiert die Wandmalereien zu mustern, aber in seinen Augen funkelte Wut.

Zurück in der Halle, verabschiedete und bedankte sich Pippa bei Gordon Best, der die Querelen in der Gruppe souverän und professionell ignoriert hatte. Er freute sich ehrlich über das Trinkgeld, das Pippa gesammelt hatte. Jeder hatte gern etwas gegeben, nur Rossevelt nicht.

»Ich hoffe, das Haus hat allen gefallen?«, fragte Pippa, als sie wieder draußen vor Ragley Hall standen. Alain Bettencourt ließ sein »Pfff ...« ertönen, und Hendrik Rossevelt tat, als hätte er sie nicht gehört, während die anderen begeistert nickten.

»Dieses Treppenhaus zuletzt«, schwärmte Barbara-Ellen, »so etwas Zauberhaftes habe ich noch nie gesehen. Jedes Familienmitglied, jedes Haustier, Verwandte, Personal – alles lebensecht und dreidimensional ... Man glaubt sofort, dass der Künstler vierzehn Jahre daran gearbeitet hat.«

»Er hat sogar die Hauskatze porträtiert! Und Tarquin, den süßen Hundewelpen, der beim Malen nicht stillsitzen wollte. Ich bin völlig hingerissen«, sagte Anita und sah Duncan tief in die Augen.

Pippa fragte sich amüsiert, ob die letzte Bemerkung der jungen Schauspielerin dem Hündchen oder eher dem groß - gewachsenen Schotten galt.

Duncan erwiderte Anitas Blick mit gleicher Intensität. »Mir geht es genauso. Ich habe noch nie derart lebensechte Porträts gesehen. Schade, dass wir keine Fotos machen durften.«

Pippa konnte ihm nur zustimmen – auch sie hätte am liebsten jeden Quadratzentimeter fotografiert, was allerdings bei der Größe des Treppenhauses und der Vielzahl der Motive fast einer Lebensaufgabe gleichkäme.

»Kommt jetzt, wir bleiben noch ein wenig an der frischen Luft und laufen ein paar Schritte durch den Park«, sagte Pippa und ging los, »es gibt da etwas, was ich euch unbedingt zeigen will.«

Der Schnee knirschte unter ihren Schritten, und Pippa bedauerte einmal mehr, dass die kunstvoll geschnittenen Büsche und Bäume von einer dicken weißen Schicht umhüllt waren.

Sie sah schon von weitem, dass jemand die wuchtige Holzbank mit dem lesenden Mädchen vom Schnee befreit hatte, und zeigte wortlos darauf.

»Dieses Anwesen steckt wirklich voller origineller Ideen!«, rief Barbara-Ellen, als sie die Skulptur sah.

Wenn du wüsstest, Freddy, dachte Pippa, ich verbringe jeden Tag mit deiner Göttin – und sie ist wirklich *nett*!

Dann sagte sie: »Meines Wissens hat eine der Töchter des Hauses dafür Modell gesessen.«

Das Mädchen auf der Bank trug Latzhose, T-Shirt und Turnschuhe, ihre Haare waren zu Zöpfen geflochten. Auf ihren hochgezogenen Knien lag ein aufgeschlagenes Buch, in dem sie konzentriert las.

Debbie zückte ihre Digitalkamera. »Wer möchte ein Foto mit der jungen Dame?«

Die beiden Frauen der Gruppe setzten sich sofort neben der kleinen Leserin in Positur. Johannes Berkel und Duncan stellten sich hinter die Bank, während Hendrik und Alain erwartungsgemäß abwinkten.

Dann nahmen Debbie und Pippa sich gegenseitig auf, und Johannes Berkel bot an, ein gemeinsames Bild von ihnen zu machen. In der Zwischenzeit waren die anderen bis zu einem kleinen Teich geschlendert, an dem die Skulptur eines kleineren Mädchens mit Rattenschwänzen auf einem Holzsteg stand. Sie trug ein geblümtes Sommerkleid und blickte forschend auf die Eisfläche, die den Teich bedeckte.

Duncan Blakely kniete sich neben die Plastik, stützte sich mit den Händen auf den Steg und sagte scherzhaft: »Na, lass mal sehen, was gibt es denn unter dem Eis zu entdecken?«

Hendrik Rossevelt sah in die andere Richtung, um sein Desinteresse an Blakely und den anderen zu demonstrieren. Pippa hob ihre Kamera, um den Schotten zu fotografieren. In diesem Moment machte Hendrik einige Schritte rückwärts, stieß wie zufällig kräftig gegen Duncans Hinterteil und warf ihn vom Steg. Duncan fiel flach aufs Eis und schlidderte bis zur Mitte des Teiches.

»Duncan!«, schrie Anita entsetzt, während die anderen vor Schreck erstarrten. Rossevelt entfernte sich hastig vom Ort des Geschehens, aber niemand schenkte ihm Beachtung.

Barbara-Ellen rührte sich als Erste. »Bleib ganz still liegen, Duncan«, rief sie beschwörend, »sonst kann das Eis brechen! Versuch dein Gewicht so gleichmäßig wie möglich zu verteilen. Wir holen dich da runter.«

In Windeseile zog sie ihren Mantel aus und legte sich auf

den Steg. Vorsichtig robbte sie mit dem Oberkörper auf die Eisfläche. Johannes Berkel hielt ihre Füße fest, während sie ihren Mantel an einem Ärmel festhielt und mit Schwung in Duncans Richtung gleiten ließ. Berkel und sie wirkten wie ein gut eingespieltes Team.

»Jetzt halt dich fest und zieh dich langsam auf den Mantel«, befahl Barbara-Ellen.

Duncan nickte knapp und arbeitete sich vorsichtig zum Mantel vor. Pippa hielt den Atem an, als das Eis unter ihm laut knackte.

»Jo und ich werden dich jetzt ganz langsam herunterziehen«, sagte Barbara-Ellen. »Der Mantel ist aus glattem Leder, er sollte gut gleiten.«

Drei endlose Minuten später stand Duncan wieder auf sicherem Ufer. »Ich danke euch«, keuchte er glücklich und umarmte spontan zuerst seine unerwartet professionelle Retterin, dann Johannes Berkel.

Barbara-Ellen warf sich den feuchten Mantel lässig um die Schultern. »Gern geschehen. Ich habe das schon vierundzwanzig Mal gemacht. In vielen verschiedenen Einstellungen. Der Film hieß *Winterliebe*.« Sie lachte fröhlich. »Ein Flop – aber ich habe was fürs Leben gelernt!«

Sie nahm mit einer schwungvollen Verbeugung den Applaus der Umstehenden entgegen. Pippa bemerkte erstaunt, dass Alain Bettencourt die Fäuste ballte, als hätte er sich einen anderen Ausgang der dramatischen Rettungsaktion erhofft.

»Ich möchte mich bei dir entschuldigen«, sagte Hendrik zu Duncan in einem Ton, der wie eine Beleidigung klang. »Das war wirklich nicht meine Absicht.«

Ganz im Gegenteil, dachte Pippa, und in meiner Kamera ist der Beweis dafür.

Kapitel 7

Auf dem Weg zum Bus beobachtete Pippa Rossevelt ganz genau.

Wenn du kleine Zecke den Schotten aus Versehen auf das Eis gestoßen hast, dachte sie, dann spielst du besser Theater als die gesamte Royal Shakespeare Company.

Debbie hatte zu ihr aufgeschlossen und hakte sich unter. »So tief ist der Teich nun auch nicht. Duncan hätte den Einbruch ins Eis mit einer dicken Erkältung überlebt.«

»Und wäre für die Proben komplett ausgefallen«, knurrte Pippa. »Außerdem wissen nur wir beide, dass der Teich nicht besonders tief ist.«

»Verstehe.« Debbie pfiff durch die Zähne. »Es geht gar nicht um Österreich. Du meinst, das war die holländische Methode, sich eines Konkurrenten zu entledigen.«

»Hendrik hat sofort erkannt, dass Duncan nicht nur die schönere Stimme hat, sondern auch alle Rollen spielen könnte.« Pippa verzog den Mund. »Nenn mich pessimistisch, aber ich glaube, er wird auch Alain nicht in Ruhe lassen. Die Geschichte ist erst ausgestanden, wenn Hendrik weiß, dass er den Hamlet spielen darf.«

»Ein wenig kann ich ihn verstehen«, sagte Debbie. »Jeder denkt eben an seine eigene Zukunft. Das ist menschlich. Was willst du jetzt tun?«

Pippa sah sich nach der Gruppe um. Barbara-Ellen redete mit Anita über ihre Unsicherheiten in der englischen Aussprache, Johannes und Duncan tauschten sich über schottische Folkmusik aus, Alain und Hendrik trabten schweigend nebeneinanderher.

»Ich werde Oma Wills Patentrezept anwenden: Wenn zwei sich streiten, gib ihnen etwas Interessantes zu tun«, sagte Pippa und zog Broschüren aus ihrer Umhängetasche. »Bei uns beiden hat das jedenfalls immer geklappt.«

Debbie lachte und half Pippa, den Künstlern beim Einsteigen in den Bus Informationsmaterial über die Sehenswürdigkeiten der Gegend in die Hand zu drücken.

»Bitte schaut euch an, was euch gefallen könnte. Ich werde im Laufe des Abends eure Vorschläge sammeln und eine Liste zusammenstellen.« Pippa gab sich fröhlicher, als ihr zumute war. »Schließlich wollen wir die wenigen freien Tage doch genießen. Und bitte immer daran denken«, sagte sie und sah Hendrik und Alain an, »wer an einem Programmpunkt keinen Spaß hat, darf gerne im Hotel bleiben.«

Es dämmerte bereits, als der Bus den malerischen Ort Bretforton erreichte und auf dem Platz an der Kirche hielt.

»So, meine Herrschaften, wir sind im 14. Jahrhundert angekommen. Freut euch alle auf ein gutes Bier im Fleece Inn«, sagte Pippa. Sie gingen die wenigen Schritte bis zu einem windschiefen Fachwerkhaus mit schmaler Giebelfront.

»Dieses Gebäude wurde zu Geoffrey Chaucers Lebzeiten von einem Bauern namens Byrd errichtet«, referierte Pippa, als ihre Schäfchen aufgeschlossen hatten. »Die letzte Besitzerin, Lola Taplin, war noch eine direkte Nachfahrin des Erbauers. Als sie 1977 starb, vermachte sie das Fleece Inn dem National Trust und damit der Öffentlichkeit. Meine Lieben – wir stehen vor dem mit über sechshundert Jahren ältesten Pub des Landes.«

Alle bestaunten das historische Gebäude – nur einer nicht.

»Stehen wir hier so lange, weil wir warten wollen, bis der alte Kasten zusammenfällt«, murrte Alain Bettencourt, »oder können wir auch hineingehen? Mir ist kalt, und ich habe Hunger.«

Pippa bemühte sich, keine Verärgerung zu zeigen. »Natürlich. Wir müssen vom Hof aus hineingehen, der Eingang ist hinten.«

Die Schankstube war niedrig und anheimelnd. In alle Richtungen zweigten kleine Räume ab, in denen die Gäste es sich gemütlich machen konnten. Pippa steuerte einen Raum mit offenem Kamin an, wo ein Feuer aus dicken Holzscheiten knisterte und einen rauchig-würzigen Duft verbreitete.

Debbie zeigte auf einen freien Tisch vor einer Bank, die vier Personen Platz bot. »Wenn wir noch einen Tisch und Stühle dazustellen, können wir zusammensitzen und sind nicht allzu weit vom Feuer entfernt«, sagte sie und ließ sich von Berkel helfen, ihren Vorschlag in die Tat umzusetzen.

Um sie herum dominierten dunkles, fast schwarzes Holz und Fachwerk, die Wände zwischen den Balken waren weiß getüncht. Der Raum enthielt urige antike Schränke, in denen altes Geschirr und Zinngegenstände präsentiert wurden. Bar und Tische waren gut besetzt.

»Hier könnte man morgen einen Film über Shakespeares Leben drehen«, sagte Anita beeindruckt. »Man müsste gar nichts ändern. Alles ist genau wie früher.«

»Ach ja?« Hendrik Rossevelt sah sie geringschätzig an und zeigte zur Deckenlampe. »Sieht mir nicht wie Öllicht aus.«

Anita errötete, und Barbara-Ellen gab der jungen Frau

rasch eine der Speisenkarten, um sie aus ihrer Verlegenheit zu erlösen.

»Sind das die Empfehlungen des Tages, Pippa?«, fragte Barbara-Ellen und zeigte auf eine mit Kreide beschriftete Tafel. Sie sah von Pippa zu Debbie. »Ihr wisst bestimmt, was hier besonders gut schmeckt.«

»Ich liebe das Fleece Inn Curry, egal ob vegetarisch oder mit Hühnchen«, sagte Debbie, »und die Steaks sind absolut genial. Aber hier ist alles lecker. Die Portionen sind kaum zu schaffen, aber man muss Platz lassen für eines der legendären Desserts: den Käsekuchen mit Wildfrüchten oder die Schokoladentorte *Death by chocolate*.«

Barbara-Ellen lachte. »Tod durch Schokolade, großartig. Dieses Risiko gehe ich ein. Das wird meine Sünde des Tages.«

»Eine Sache noch«, Pippa hob die Hand, um die Aufmerksamkeit der gesamten Tischgesellschaft auf sich zu ziehen, »du kennst das ja, Duncan, aber für die anderen ist es wichtig: Getränke bringt in England nicht die Bedienung. Man holt sie sich am Tresen selbst. Lasst bitte alles auf meinen Zettel schreiben, ich rechne dann später ab.«

Während sie für sich und Debbie an der Bar einen Cider zapfen ließ, beobachtete sie, wie Hendrik sich einen Whisky genehmigte und sofort Nachschub bestellte. Er prostete ihr zu, und Pippa zwang sich zu einem höflichen Lächeln. Sie konnte nur hoffen, dass er nicht in diesem Tempo weitertrank.

In der gemütlichen Atmosphäre der Schankstube und mit Unterstützung des Ciders begann Pippa sich zu entspannen. Die Auseinandersetzung zwischen Hendrik und Duncan während der Führung in Ragley Hall hatte ihre Alarmglocken schrillen lassen. Obwohl Hendrik versucht hatte, sich im Pub neben Anita zu setzen, war es Pippa gelungen, dies zu verhindern. Auf der Bank saß ganz links Duncan, dann folgten

Anita, Pippa und Berkel. Hendrik kam jetzt aus dem Schankraum, schnappte sich einen der Stühle und setzte sich Duncan gegenüber. Rechts neben ihm nippte Alain Bettencourt an Mineralwasser, und Pippas Gegenüber war Debbie, die sich angeregt mit ihrer Nachbarin Barbara-Ellen unterhielt.

»Ist hier eine Pippa Bolle?«, rief der Wirt, plötzlich in den Raum.

»Hier!« Pippa winkte und stand auf.

»Telefon für Sie«, sagte der Wirt, und Pippa ging zu ihm hinüber.

»Ich bin es, Chris«, kam es aus dem Hörer. »Sag mal, sind Dana und von Kestring bei euch?«

»Nein, natürlich nicht«, antwortete Pippa erstaunt.

»Sie sind kurz nach euch weggegangen und bisher nicht wieder aufgetaucht. Ich dachte, sie sind vielleicht zu euch gestoßen.«

»Wir könnten uns höchstens auf dem Weg hierher verpasst haben«, überlegte Pippa laut. Haben sich die beiden also doch zusammen weggeschlichen, dachte sie. Selten dämlich, sich so geschickt von der Gruppe zu lösen und nicht daran zu denken, dass auch die übrige Welt Augen und Ohren hat.

»Sir Michael und Carlos warten schon eine ganze Weile, und das Abendessen wird nicht besser, wenn ich es noch länger warm halten muss«, sagte Chris.

»Dann serviere und nimm es hin, dass von Kestring später über das schlechte englische Essen mault. Der Mann hat ohnehin keinen Geschmack.«

»Wer war das?«, fragte Debbie, als Pippa sich wieder an den Tisch setzte.

»Chris, er hatte eine Frage wegen morgen früh«, sagte

Pippa und betete, dass vor allem Barbara-Ellen ihr die Lüge nicht ansah.

Als das bestellte Essen serviert wurde, atmete sie auf. Für eine Zeitlang waren alle beschäftigt, selbst Hendrik konzentrierte sich auf seinen Teller.

»Ich habe mir die Broschüren angesehen«, sagte Barbara-Ellen, nachdem sie bei der Kellnerin die Schoko-Todestorte bestellt hatte. »Ich würde gerne in den Cotswolds Farm Park gehen und in die Falknerei. Ich habe ein Faible für Tiere – ganz gleich welche.«

»Auch für Schlangen?«, fragte Hendrik sofort. »Ich dachte, Frauen haben Angst vor kleinen Schlangen.« Sein anzüglicher Ton und die Art, wie er Barbara-Ellen ansah, ließen keinen Zweifel aufkommen, dass er auf Dana Danvers anspielte.

»Ich nicht«, antwortete Barbara-Ellen freundlich. »Schlangen häuten sich und verlassen dann den Ort. Es bleibt nichts als eine leere Hülle zurück. Daraus lasse ich mir dann ein Paar neue Schuhe machen.«

Abgeblitzt, du Unruhestifter, dachte Pippa. Sie konnte die souveräne Art, mit der die Schauspielerin die Provokation gekontert hatte, nur bewundern.

»Im Cotswolds Farm Park werden alte, einheimische Haustierrassen gezüchtet«, sagte Debbie und sah Hendrik ruhig an. »*Dort* gibt es keine Nattern.«

Zwischen Pippa, Debbie und Barbara-Ellen entspann sich eine lebhafte Diskussion über die Sehenswürdigkeiten der Cotswolds. Pippa und Debbie überboten sich gegenseitig darin, Orte zu nennen, die man unbedingt besucht haben musste.

In der Zwischenzeit sammelten sich sowohl vor Duncan als auch vor Hendrik so viele Whiskygläser, dass Pippa unruhig wurde.

»Du magst also Filme über Shakespeares Leben?« Der Niederländer beugte sich über den Tisch zu Anita. »Weißt du, welche Sitten und Gebräuche seiner Zeit mir besonders gefallen? Die Serviceleistungen für die damaligen Theaterzuschauer ...«

Anita Unterweger sah ihn irritiert an, und Duncan wurde aufmerksam.

»Noch nie etwas von den Winchester Geese gehört?« Hendrik grinste schief. »Nein? Dann hör mal gut zu ...«

»Halt die Klappe. Hier sitzen Damen am Tisch.« Duncans Gesicht war dunkelrot.

O nein, dachte Pippa, die genau wusste, was es mit den sogenannten »Gänschen von Winchester« auf sich hatte. Hektisch suchte sie nach einer Möglichkeit, die Situation zu entschärfen, aber Hendrik war nicht mehr zu bremsen.

»Halt *du* die Klappe, du Bänkelsänger, wenn sich zivilisierte Menschen unterhalten.« Hendrik richtete seinen Blick wieder auf Anita. »Winchester Geese waren leichte Mädchen ... die im Globe Theater und seiner Umgebung ihre Dienste anboten. Und von ihrer Gage«, er betonte das Wort deutlich und sah Anita begehrlich an, »gaben sie dem Bischof von Winchester einen Teil ab, seine Steuern sozusagen. Wie heißen diese Mädchen doch gleich bei euch in Österreich ... Flitscherln, oder nicht? Du musst das doch genauer wissen ...«

In diesem Moment hechtete Duncan über den Tisch und warf sich auf den völlig überraschten Hendrik. Tisch und Stuhl kippten mit lautem Getöse um, und die beiden Männer rollten fluchend und ineinander verkrallt über den Boden.

»Du ... du ...!«, brüllte Duncan und versuchte, Hendrik auf den Boden zu drücken, aber dieser erwies sich als durchaus ebenbürtiger Gegner.

Die anderen am Tisch saßen wie erstarrt, zu schnell war die Situation zwischen den beiden Männern eskaliert. Die Besucher des Fleece Inn beobachteten den Kampf amüsiert, und Pippa traute ihren Augen kaum, als der Wirt die Tafel von der Wand nahm, die Angebote abwischte und rief: »Das Wettbüro ist eröffnet!«

Ausgerechnet Debbie sprang sofort auf. »Schreib auf: Schottland gegen Niederlande! Ich setze fünf Pfund auf Schottland! Zeig's ihm, Duncan!«

»Debbie!«, zischte Pippa entsetzt, sah jedoch mit einer gewissen Genugtuung, dass Duncan einen gekonnten Kinnhaken platzieren konnte.

Debbie zuckte mit den Schultern. »Ich finde, Hendrik hat eine ordentliche Abreibung verdient. Gute Übung für die Kampfszenen in *Hamlet*. Oder findest du es akzeptabel, wie er sich hier aufführt?« Sie wandte sich wieder den Kampfhähnen zu. »Gib's ihm, Duncan!«

Selbst Barbara-Ellen wirkte amüsiert. Sie zückte gerade einen Zehnpfundschein und verhandelte mit dem Wirt über die Quote, bevor sie auf Hendrik setzte.

»Ich bin sicher, er kennt die schmutzigeren Tricks«, sagte sie zu Pippa und wandte ihre Aufmerksamkeit dem Kampfverlauf zu.

Pippa sah sich ratlos um. Von den beiden anderen Herren am Tisch hatte sie keine Unterstützung zu erwarten: Gerade flüchtete Berkel sich auf die Bank und zog nach einem flehenden Blick Alains den Franzosen ebenfalls aus der Kampfzone.

»Also, ich muss schon sagen«, raunte Debbie in Pippas Ohr, »dein Unterhaltungsprogramm ist Spitze! Mir ist allerdings völlig schleierhaft, wie du das noch weiter steigern willst.«

»Muss ich nicht«, erwiderte Pippa. »Ich nehme morgen den ersten Flug zurück nach Berlin.«

Debbie stemmte lachend die Hände in die Seiten und schüttelte den blonden Pagenkopf. »Das wirst du nicht tun, und das weißt du ganz genau.« Sie stieß Pippa an und deutete auf Anita, die den Kampf der Gladiatoren gebannt verfolgte. »Unsere schüchterne Schönheit ist aus dem Dornröschenschlaf erwacht ...«

»Duncan, pass auf«, flüsterte Anita mit glühenden Wangen und schrie leise auf, als Hendrik einen regelwidrigen Tritt zwischen Duncans Beine platzierte.

Die männlichen Zuschauer verzogen das Gesicht und stöhnten kollektiv.

»Genauso war das damals in Glasgow bei der WM-Quali in Hampden Park!«, rief ein schottischer Mann aufgebracht. »Diese Oranjes sind echte Rüpel. Sie kämpfen mit unfairen Mitteln – und gewinnen auch noch!«

Neben ihm stand ein Engländer, der interessiert verfolgte, wie Duncan sich krümmte, dabei aber Hendriks Hosenbein zu fassen bekam und den Holländer zu Fall brachte.

»Vielleicht haben sie ja die stärkere Mannschaft, aber so wie ich das sehe, seid ihr Schotten im Einzelkampf erfahrener.« Er zeigte auf Hendrik, der erschöpft am Boden lag und vergeblich versuchte, sich aufzurappeln. Duncan stand schwer atmend und mit hängenden Armen über ihm.

Jetzt reicht es, dachte Pippa und bat den Wirt, den Kampf zu beenden. Der überprüfte kurz die Wetteinnahmen und nickte. Als Hendrik es tatsächlich schaffte, sich noch einmal taumelnd aufzurichten, und die Fäuste kraftlos in Duncans Richtung schwang, griff der Wirt ein.

»Der Kampf ist beendet!«, rief er laut.

Aber das wäre nicht mehr nötig gewesen: Duncan und

Hendrik waren zu keinerlei Angriffen mehr fähig, sie beschränkten sich darauf, einander drohend anzustarren.

Zwischen den Gästen des Pubs entbrannte eine hitzige Debatte, wer als Gewinner auszurufen sei.

Debbie machte den entscheidenden Vorschlag. »Ich plädiere für unentschieden, und jeder bekommt seine Einsätze zurück.« Als die Umstehenden enttäuscht murrten, sagte sie: »Ich kann Ihnen aber eine Entschädigung anbieten: eine Einladung zur öffentlichen Generalprobe des nächsten Shakespeare-Festivals. Ich brauche dafür nur Ihre Namen und Adressen.«

Unter dem Beifall der Zuschauer griff sie aus dem Zeitungsständer eine alte englische Ausgabe des *PaperRazzi* und blätterte sie durch, bis sie eine passende Seite fand.

»Hier ist Platz.« Sie gab die Zeitung dem Ersten in der Schlange der Interessenten, die sich in Windeseile gebildet hatte.

Während die Liste für die Karten der Generalprobe immer länger wurde, prüfte Pippa den Zustand der beiden Kampfhähne. Zu ihrer Erleichterung waren sie zu betrunken und hatten sich kaum ernsthaft verletzen können.

Anita stürzte sich auf Duncan und schleppte ihn zur Theke, um dort Eis für sein blaues Auge zu erbitten. Hendrik Rossevelt ließ sich schwer auf einen Stuhl sinken. Er blutete an der Lippe, und sein geschwollenes Kinn verfärbte sich allmählich. Pippa spielte die barmherzige Samariterin und versorgte ihn ebenfalls mit einem Säckchen Eis. Hendrik zuckte zusammen, als er es gegen seine lädierte Gesichtshälfte presste.

»Keine Contenance«, nörgelte Alain, der sich wieder von der Bank heruntergewagt hatte, aber peinlich darauf achtete, einen Sicherheitsabstand zu Rossevelt einzuhalten.

»Prügeln sich für nichts und wieder nichts. Dabei weiß doch jeder, dass man für die Bühne ein makelloses Gesicht braucht.«

Pippa konnte sich gerade noch beherrschen, nicht laut auszusprechen, was ihr durch den Kopf schoss: Wir haben einen gallischen Gockel, einen holländischen Mistkäfer und einen schottischen Esel – wer muss da noch den Cotswolds Farm Park besichtigen?

Kapitel 8

Hetty Wilcox lachte schallend, als Pippa ihr am nächsten Morgen beim Frühstück von den Vorkommnissen bei dem Ausflug berichtete.

»Ein Ensemble, das die großen Gefühle außerhalb der Bühne lebt! Wie unterhaltsam! Ein edler Ritter, der das holde Fräulein aus den Klauen des Unholds rettet, eine gestandene Frau, die auch auf dünnem Eis unerschütterlich ihren Weg geht, und ein Pub, das sich in Sekundenschnelle in eine Spielhölle verwandelt – wenn das nicht purer Shakespeare ist ...«, Hetty kicherte und ergriff Pippas Hand, »und meine arme Pippa mittendrin. Auf wen hast du gesetzt?«

»Grandma!« Pippa war empört. »Auf niemanden. Ich war schließlich verantwortlich ...«

»Verantwortlich?«, unterbrach Hetty sofort. »Für wen? Pippa, das sind erwachsene Menschen!«

»Das ist eine Horde durchgeknallter Egozentriker, mit denen ich die nächsten Wochen verbringen muss«, grollte Pippa.

»Na, na, doch nicht alle. Barbara-Ellen von Kestring scheint doch mit beiden Beinen fest auf dem Boden der Tatsachen zu stehen, was man so hört. Und dieser Carlos Kwiatkowski gefällt mir sehr gut. Ein wirklich gebildeter, netter Mann.«

»Tatsächlich?«, fragte Pippa zweifelnd.

Hetty nickte. »Profunder Shakespeare-Kenner. Wir drei hatten gestern eine sehr angeregte Diskussion.«

»Apropos: Sir Michael und du – ich wusste gar nicht, dass eure Bekanntschaft so eng ist.«

»Eng? Das war früher, jetzt … «, Hetty hielt inne und sah aus dem Fenster.

»Der Erfolg, verstehe«, sagte Pippa, »da habt ihr nicht mehr so richtig gepasst, Opa und du.«

»O nein, nein, das war es nicht«, wehrte Hetty ab. »Mit deinem Großvater hat Sir Michael sich noch sehr lange weiter getroffen, als ich schon …«, sie unterbrach sich und schüttelte den Kopf. »Nein, Mick hat sich nie von uns abgewandt. Er hat deinem Großvater damals auch die Anstellung bei Lord Blockley vermittelt. Dadurch wurde Wilbur der mit Sicherheit bestbezahlte Chauffeur im ganzen Land.«

»Mick? Sir Michael ist der legendäre Mick?« Pippa war sprachlos und dachte an zahllose amüsante Anekdoten, die ihr Großvater ihr in ihrer Kindheit als Gutenachtgeschichten erzählt hatte.

»Ja, die beiden hatten es faustdick hinter den Ohren. Ich denke da nur an die Sache mit dem alten Taubenhaus hinter dem Dorf. Was haben wir gelacht, als …« Sie sah auf die Uhr. »O dear, wir verplappern uns, ich wollte längst unterwegs sein.«

»Musst du wirklich heute schon fahren?« Pippa konnte sich ein Seufzen nicht verkneifen. »Am liebsten würde ich dich hier behalten. Hier entwickelt sich alles so anders, als ich es erwartet hatte … Und dass Kwiatkowski hier wohnen soll, passt mir auch nicht.«

Hetty lächelte sie liebevoll an. »Du wirst sehen, Carlos ist bestimmt ein angenehmer Mitbewohner. Du weißt, ich traue Paws Menschenkenntnis unbesehen, und er hat den Mann sofort akzeptiert.«

Kurze Zeit später standen Pippa und Hetty draußen am Bentley. Das Gepäck war bereits verstaut.

Pippa sah sich suchend um. »Wo bleibt Phoebe? Ich sage ihr schnell Bescheid, dass du jetzt losfährst.«

Hetty hielt Pippa am Arm fest. »Lass nur, mein Mädchen. Das wäre umsonst. Sie würde nicht kommen.«

»Was? Das ist nicht dein Ernst. Du gehst auf eine monatelange Reise, und deine beste Freundin sagt dir nicht Lebewohl? Nur wegen eines kleinen Streits? Das glaube ich nicht.«

Hetty zuckte mit den Schultern. »Diesmal ist der Graben tiefer. Vielleicht bringt ja der längere Abstand wieder eine Annäherung. Nichts ist wirklich endgültig.« Sie umarmte ihre Enkelin herzlich. »Ich muss los, dear. Ich wünsche dir eine schöne Zeit.«

»Ich dir auch, Grandma. Melde dich, wenn du deinen ersten Zwischenstopp erreicht hast. Und fahr vorsichtig.«

Hetty stieg in den Wagen, manövrierte ihn langsam rückwärts aus der Einfahrt und war innerhalb weniger Minuten aus Pippas Blickfeld verschwunden.

Pippa sah zu Phoebes Haus hinüber. Sie war sicher, dass sich die Gardine im Fenster neben der Eingangstür bewegt hatte.

Von Kwiatkowskis Anwesenheit zeugten nur sein Mantel, Mütze und Schal an der Garderobe, von ihm selbst fehlte bisher jede Spur. Pippa schlich auf Zehenspitzen zur Tür des Gästezimmers im Obergeschoss und lauschte: Ein tiefes, regelmäßiges Schnarchen verriet, dass ihr Mitbewohner noch schlief.

Pippa schnappte sich Rowdy und beschloss, einen Spaziergang rund um den Dorfanger zu machen. Sie verließ das

Cottage und bog rechts ab. Beim Arzt zwei Häuser weiter sah sie durch das erleuchtete Fenster Hendrik Rossevelt im Wartezimmer sitzen und grinste unwillkürlich. Blöder Spruch – Kieferbruch, dachte sie. Rowdy schlug seinen gewohnten Weg zum Blisswalk ein, aber Pippa pfiff ihn zurück. Folgsam kehrte er um und trabte an ihrer Seite entlang. Ein paar Schritte weiter ging die Tür des Dorfladens auf, und von Kestring kam heraus, den Mantelkragen hochgeschlagen und die Hände tief in den Taschen vergraben. Er starrte mit gerunzelter Stirn auf die Straße und lief an Pippa vorbei, ohne sie zu bemerken. Sie atmete erleichtert auf. Es reichte vollkommen, wenn sie später mit ihm zu tun bekam.

Sie folgte der Heaven's Gate Road und überquerte die kleine Brücke über den Mühlbach. Linker Hand lagen die Kirche und der alte Dorffriedhof, eingefasst von einer niedrigen Steinmauer. An der nächsten Ecke ging es nach links und am Pub vorbei, unter dem der Mühlbach hindurchfloss. Tom Barrel, der Wirt des Pubs, nahm gerade Ware entgegen und winkte Pippa flüchtig zu.

»Wir sehen uns heute Abend«, rief sie und ging weiter. Quer über den Dorfanger hinweg konnte sie sehen, wie Phoebe ihr Cottage verließ und im Dorfladen verschwand.

Aha, jetzt traust du dich raus, dachte Pippa, zehn Minuten früher wäre schöner gewesen, dann hätte deine Freundin dich wenigstens noch einmal gesehen.

Pippa kam an der Praxis des Tierarztes Martin Mickleton vorbei, wo Debbie an diesem Morgen ihre Praktikumsstelle als Tierpflegerin angetreten hatte. Zwischen den Häusern hindurch konnte sie das einsam gelegene große Taubenhaus sehen, das in Shakespeares Todesjahr gebaut worden war und den Speisezettel der Bevölkerung jahrhundertelang um leckere Täubchen bereichert hatte.

In Höhe der einzigen Bushaltestelle Hideaways hörte Pippa laute Discomusik. Die Grundschüler des Ortes machten auf dem Vorplatz der Schule ihre Turnübungen. Auf Pippa wirkten sie wie eine Horde Zwerge in Schuluniformen, die sich im stampfenden Rhythmus eines topaktuellen Hits an unbeholfenen Kniebeugen versuchten. Pippa blieb einen Moment stehen, um sich ebenfalls warm zu turnen, und schlenderte dann mit einem Lächeln auf den Lippen weiter.

Sie atmete tief durch. Alles war wie immer. Ein Gefühl der Ruhe und Geborgenheit stellte sich ein und erinnerte sie an viele unbeschwerte Ferientage, die sie hier erlebt hatte.

Sie bog erneut links ab und ging so wieder in Richtung des Hotels.

»Wie sieht es aus, Rowdy? Das war die kleine Innenrunde, wollen wir noch eine große Außenrunde laufen? Los, gib Gas!«

Rowdy bellte hell und schoss los. Pippa folgte ihm deutlich langsamer durch eine enge Stichstraße, die rechts am Grundstück des Hotels und dessen Parkplatz entlangführte. An ihrem Ende, das auf den Blisswalk mündete, stand Rowdy und wartete geduldig.

Pippa schaffte es nicht, Kwiatkowski zum Aufstehen zu bewegen. Als sie an seine Tür klopfte, antwortete ihr nur ein verschlafenes Grunzen.

»Ich gehe jetzt rüber ins Hotel, Herr Kwiatkowski«, rief sie, »bis später!«

Seine Antwort klang nach »Hmpf«. Pippa zuckte mit den Schultern und erinnerte sich an die Worte ihrer Großmutter: Kwiatkowski war ein erwachsener Mann und für sich selbst verantwortlich.

Sie machte sich auf den Weg, um ihren nächsten Arbeitstag zu beginnen.

»Guten Morgen, Pippa!«, rief der mit unverwüstlich guter Laune gesegnete Chris ihr fröhlich entgegen. »Und auch dir einen guten Morgen, Paw!«

Paw? Pippa drehte sich um und sah überrascht, wie der große rote Kater an ihr vorbeistolzierte und wie selbstverständlich auf den Empfangstresen sprang.

»Er muss mir hinterhergelaufen sein, ich bringe ihn schnell nach Hause«, murmelte sie und wollte nach dem kräftigen Tier greifen, aber Chris hinderte sie daran.

»Aber nicht doch, Peter Paw ist meine beste Kraft! Noch dazu unentgeltlich.« Er beugte sich zu dem laut schnurrenden Kater hinunter, der seinen riesigen Kopf an seine Brust stieß, und streichelte ihn. »Paw ist mein Rausschmeißer – oder Super-Nanny –, je nachdem, was gefragt ist.«

Der Kater warf sich auf die Seite und stöhnte vor Wohlbehagen.

»Super-Nanny? Rausschmeißer?«, stotterte Pippa verdutzt.

»Paw kommt jeden Tag vorbei und inspiziert die Gäste. Auf sein Urteil kann ich mich blind verlassen. Für die Kinderbetreuung ist er ebenfalls zuständig – und weist kleine verwöhnte Biester in ihre Schranken. Er krallt sie sich, sozusagen. Die Kinder lieben ihn, und er liebt Kinder. Nicht wahr, Paw, du liebst Kinder.« Peter Paw rollte sich auf den Rücken, schloss genießerisch die Augen und ließ sich den Bauch kraulen. Chris sah hoch und grinste Pippa an. »Das funktioniert übrigens auch bei unartigen Erwachsenen, die sich wie Kinder aufführen.«

Er griff unter den Tresen und zauberte einen fetten Brocken Lachs hervor, der Paw umgehend aus seiner Ekstase weckte. Der Kater schnappte sich den Fisch, sprang vom Tresen und trabte in Richtung Frühstücksraum.

»Die Gaukler sind schon in der Bibliothek«, informierte Chris die sprachlose Pippa, die immer noch zu verarbeiten versuchte, dass Peter Paw ein geheimes Leben führte. »Sowohl die artigen als auch die unartigen. Euer Ausflug gestern muss ja ein wilder Ritt gewesen sein. Gab es auch Tote oder nur Verletzte?«

»Hör bloß auf, ich will gar nicht daran erinnert werden«, sagte Pippa.

Chris lachte und verwandelte sich vor ihren Augen plötzlich in Hendrik Rossevelt. »Gibt es in diesem Kaff einen Arzt? Einen echten, meine ich, keinen Quacksalber, der sonst bis zur Schulter in Kühen steckt!«, knödelte er in einer verblüffenden Imitation des niederländischen Schauspielers, perfekt in Mimik, Gestik und Tonfall. Dann wurde er wieder zum normalen Chris und schüttelte amüsiert den Kopf. »Schauspieler – ich kann dir sagen … lassen keine Gelegenheit zum großen Auftritt ungenutzt.«

Bis auf von Kestring war das Ensemble vollständig versammelt und saß bereits auf den Stühlen. Pippa begrüßte die Runde und ließ sich neben Barbara-Ellen auf dem letzten freien Platz nieder.

»Wie geht es dir, meine Liebe?«, flüsterte Barbara-Ellen, aber Pippa kam nicht zu einer Antwort, da Peter Paw hereinspaziert kam.

Pippa verdrehte die Augen und stand auf. »Ich muss um Entschuldigung bitten, das ist meiner. Ich werfe ihn sofort raus.«

»Unsinn«, sagte Barbara-Ellen und zog Pippa auf den

Stuhl zurück, »er stört doch niemanden. Er soll sich ruhig umsehen.«

Elegant wie eine Raubkatze schritt Peter Paw den Halbkreis ab und beschnüffelte jeden ausgiebig, beginnend bei Barbara-Ellen, von der er sich kurz streicheln ließ. Auch Anita, Johannes Berkel, Sir Michael und Duncan, der ein leuchtendes Veilchen zur Schau trug, durften den Kater anfassen. Bei Dana Danvers und Alain Bettencourt nieste das Tier mehrmals heftig und wich zurück.

»Er hasst zu viel Parfum«, murmelte Pippa, und Barbara-Ellen lachte.

Zuletzt ging Paw zu Hendrik Rossevelt und musterte ihn prüfend. Der Schauspieler, dessen angeschwollenes Kinn dunkel verfärbt war, beugte sich hinab und streckte die Hand nach dem Kater aus, was dieser mit einem Fauchen und einem blitzschnellen Hieb quittierte.

»Verdammtes Mistvieh!«, schrie Rossevelt und starrte auf seine Hand, die von vier deutlichen Kratzern geziert wurde.

In diesem Moment kam von Kestring herein, gefolgt von einem sehr verschlafen wirkenden Carlos Kwiatkowski, der allerdings angesichts der Blessuren in den Gesichtern von Duncan und Hendrik sofort hellwach wurde. Er sah sich nach einer Sitzgelegenheit um und holte sich einen Stuhl, den er neben den von Pippa stellte. Er begrüßte sie leise und strich Paw über den Kopf.

Jetzt entdeckte von Kestring den Kater und verlor umgehend die Fassung. »Was hat denn der hier zu suchen?«, brüllte er unbeherrscht. »Ich kann so nicht arbeiten, wenn jedes dahergelaufene Vieh in diesen Raum kann! Los, raus mit ihm, aber sofort!«

Pippa wollte sofort aufspringen, um Paw nach draußen zu bringen, aber Carlos hielt sie zurück.

Peter Paw ging unterdessen ein paar Schritte zu Barbara-Ellen und sprang leichtfüßig auf ihren Schoß. Dort rollte er sich zusammen und schloss die Augen.

»Sieht aus, als hätte ich zur Abwechslung auch einmal einen Verehrer, mein Liebling«, sagte diese und lächelte maliziös. »Der junge Mann hier steht unter meinem persönlichen Schutz, du kennst das ja.« Sie sah kurz zu Dana Danvers, die ihrem Blick auswich, und dann wieder ihren Gatten an. »Unser Projekt-Maskottchen. Soll ja Glück bringen. Und jetzt zur Rollenverteilung, Liebling. Spann uns nicht länger auf die Folter.«

»Also gut«, zischte von Kestring schmallippig und schlug eine Kladde auf. »Ich habe mir Ihre Vorstellungen und Wünsche durch den Kopf gehen lassen und werde Ihnen jetzt mitteilen, wie ich mich entschieden habe. Ich werde es kurz machen und ich wünsche keinerlei Diskussion. Alain – Sie sind Hamlet.«

Der Franzose nickte, als hätte er zu keinem Zeitpunkt etwas anderes erwartet.

»Dana … Sie übernehmen die Rolle der Gertrud«, fuhr er fort und hob die Hand, als die junge Schauspielerin protestieren wollte. »Ich habe gesagt, ich wünsche keine Diskussion. Hendrik ist Laertes, Anita die Ophelia, Duncan – Sie spielen Horatio.«

Er sah Barbara-Ellen an und lächelte boshaft. »Für dich, mein güldener Stern, habe ich eine besonders schöne Aufgabe.« Sein Blick wanderte zu Berkel, der sichtbar zusammenzuckte. »Und für Sie auch, Berkel. Ihr seid Rosencrantz und Guildenstern.«

Berkel wurde kreidebleich und rang nach Luft. Das aufkommende Gemurmel in der Runde schnitt von Kestring mit einer heftigen Handbewegung ab.

»Ruhe, ich bin noch nicht fertig. Sir Michael – für Sie habe ich eine Doppelrolle: Claudius und Polonius.«

Was? Wie soll denn das gehen?, dachte Pippa.

»Die Szenen, in denen beide gleichzeitig vorkommen, habe ich umgeschrieben – es gibt also keine Probleme. Und eh ich es vergesse: Der Geist wird in Gestalt eines Nachrichtensprechers über Monitore eingespielt«, verkündete von Kestring, »und ich selbst werde dieser Nachrichtensprecher sein. *Hamlet Reloaded,* meine Herrschaften!« Er sah sich lauernd um, aber die Runde war komplett verstummt.

»Ein Letztes noch: Mein Assistent Berkel wird nicht der einzige sein, der kein Stipendiat ist. Ich habe beschlossen, die Totengräber und weitere Nebenrollen mit Dorfbewohnern zu besetzen, und unser Gastgeber Chris ist einer davon.«

Der Regisseur klappte seine Mappe wieder zu. »Ich ziehe mich jetzt zurück. Die nächsten Tage wird jeder damit verbringen, sich mit seiner Rolle zu beschäftigen – ob allein oder zu mehreren, entscheiden Sie selbst. Mit mir zu handeln hat keinen Sinn: Umbesetzungen schließe ich aus. Wir treffen uns hier am Freitag wieder für erste Probenboden-Übungen. Außerdem möchte ich dann von allen hören, wie Sie Ihre Rolle anlegen werden. Ich wünsche einen guten Tag.«

Er drehte sich um und verließ den Raum. Der laute Knall, mit dem die Tür hinter ihm ins Schloss fiel, weckte die Runde aus ihrer kollektiven Erstarrung.

»Ich soll Gertrud geben?«, empörte sich Dana Danvers. »Dafür bin ich dreißig Jahre zu jung! Ich eigne mich viel besser als Ophelia. Das ist doch nichts für Anita. Das schafft sie doch gar nicht! Sie hat selbst gesagt, dafür ist sie zu schlecht.«

»Nicht sie – ihr Englisch!«, warf Pippa ein.

Barbara-Ellen war damit beschäftigt, den völlig entsetzten Berkel zu beruhigen. »Du wirst sehen, das schaffen wir. Wir proben zusammen Tag für Tag – ich weiß, du kannst das.«

»Aber ... aber ich habe mit dem Theater Schluss gemacht, weil ich das Lampenfieber nicht aushielt. Ich bin einfach kein Schauspieler! Warum tut er mir das an? Ich verstehe das nicht ...«

»Er will etwas ganz Neues auf die Bühne bringen und uns beeindrucken«, sagte Sir Michael. »Wir werden Sie nicht untergehen lassen, Johannes, das verspreche ich Ihnen. Wann immer Sie Rat brauchen ...«

Duncan stand auf und reichte Berkel die Hand. »Herzlich willkommen im Projekt, Johannes.«

Pippa sah sich um. Von Kestring war wirklich clever, das musste sie ihm lassen. Er versetzte die Schauspieler absichtlich in Aufruhr und Panik, um dann die Gruppendynamik gnadenlos für seine Zwecke auszunutzen. Zwischen Hendrik und Duncan als Laertes und Horatio würde es nur so scheppern – davon konnte die Inszenierung nur profitieren. Ob Alain den Hamlet wirklich schaffen konnte, würde die Zeit zeigen. Die Ophelia traute sie Anita durchaus zu, da würde der aufgebrachten Dana Danvers die Königin Gertrud schon schwerer fallen. Pippa kicherte innerlich. Die Mutter von Hamlet spielen zu müssen, verbannte die kokette Schauspielerin aus der Sparte der jungen Liebenden für immer ins reife Frauenfach. Dumm gelaufen: Dana hatte nicht nur sinnlos Geld ausgegeben, um ihre Jugendlichkeit zu erhalten, sondern auch völlig umsonst um von Kestrings Gunst gebuhlt.

Sir Michael? Der alte erfahrene Bühnengaul würde seine Aufgabe souverän meistern. Und Barbara-Ellen wusste genau: Es gab keine kleinen Rollen, es gab nur kleine Schauspieler.

Unauffällig musterte Pippa Hendrik Rossevelt, der mit verschränkten Armen auf seinem Stuhl lümmelte und enttäuscht vor sich hin brütete.

Für Chris freute sie sich. Er ahnte nicht einmal, wie viel Talent in ihm schlummerte. Und wenn von Kestring ihm erlaubte, so richtig komisch zu sein, dann mussten alle aufpassen, dass er ihnen nicht die Show stahl.

Sir Michael erhob sich und sagte: »Ich möchte mich für den Moment verabschieden, liebe Kollegen, wir treffen uns dann am Freitag. Ich freue mich auf unsere gemeinsame Arbeit. Pippa, wir sehen uns in Stratford, nicht wahr? Lysander sagte, du kommst Donnerstag in sein Büro.«

Pippa nickte und beobachtete lächelnd, wie Michael Hornsby den Raum verließ, eskortiert von Paw, der sein Schläfchen beendet hatte und mit einem eleganten Satz von Barbara-Ellens Schoß gesprungen war.

»Damit ist die Runde wohl aufgehoben«, sagte Barbara-Ellen und zupfte ein paar rote Haare von ihrer dunklen Hose. »Und, Pippa, was hältst du von den Besetzungsideen meines Gatten?«

»Ich … ich … darüber steht mir kein Urteil zu«, stammelte Pippa überrumpelt.

Die Schauspielerin schüttelte amüsiert den Kopf. »Was denn – so vernichtend?«

»Na ja … ich bin überrascht. Ich hätte damit gerechnet, dass … du die Gertrud bekommst, um nur ein Beispiel zu nennen.«

»Da kennst du meinen Mann schlecht. Das wäre ihm viel zu vorhersehbar.«

Für den Abend hatten sich Debbie und Pippa im Pub verabredet, um gemeinsam den Tag Revue passieren zu lassen. Kurz bevor Pippa die Freundin abholte, rief Hetty Wilcox an und erzählte von der Überfahrt über den Kanal und ihrer Ankunft bei Janne. Ihre Patentochter lebte in Belgien und arbeitete dort für eine Zeitungsagentur. Den Abend würden die beiden in der Innenstadt von Brügge bei einem reichhaltigen Schokoladenfondue verbringen.

Die lebhafte Schilderung ihrer Großmutter ließ Pippa das Wasser im Munde zusammenlaufen und weckte ihren Appetit. Sie beeilte sich, mit Debbie ins Pub zu kommen.

Als sie den Schankraum betraten, strebte Debbie gleich den runden Tisch am offenen Feuer an.

»Da ist Nicola!«, rief sie. »Komm, wir setzen uns zu ihr.«

Nicola Balhatchet war in ihrem Alter, sie hatte schwarze schulterlange Haaren und leuchtend grüne Augen. Sie lachte gerne und hatte eine Engelsgeduld mit allem, was andere nervös machte. Bereits seit etlichen Jahren führte sie den Dorfladen, der außerdem die Poststelle und ein gemütliches Café mit Internetanschlüssen war. Ihr Kuchen war legendär, genau wie ihre Freundlichkeit und die Tatsache, dass sie über alles und jeden Bescheid wusste. Sie war die unangefochtene Informationszentrale des Dorfes.

»Hallo, ihr beiden, wie waren eure ersten Arbeitstage?«, fragte Nicola, als sie sich mit ihren Cider-Gläsern an ihren Tisch setzten.

»Willst du die ganze Hitliste der Katastrophen oder reicht dir als Zusammenfassung ein großes, kollektives Stöhnen?«, fragte Pippa.

Nicola lachte. »Bei dir kann ich mir das gut vorstellen, denn einige deiner Schützlinge sind schon in mein kleines Imperium eingefallen.«

Debbie rückte näher an Nicola heran. »Interessant, erzähl mal. Wie sind die so in freier Wildbahn?«

Nicola überlegte einen Moment, dann sah sie die beiden Freundinnen verschwörerisch an. »Okay, ratet. Ich habe zwei überregionale Zeitungen, drei Ansichtskarten plus Briefmarken für den Kontinent, Mundspray, Kondome und – Katzenfutter verkauft. Wer aus der Truppe wollte was?«

»Katzenfutter?« Debbie sah irritiert aus. »So schlecht ist Chris' Hotelküche nun wirklich nicht, dass man lieber …«

Pippa schüttelte den Kopf. »Das ist leicht. Das war Barbara-Ellen. Die hat ihr Herz heute an Peter Paw verloren, er ist um so vieles anschmiegsamer als ihr Mann. Und der wollte wahrscheinlich die internationalen Zeitungen, um zu überprüfen, ob dort bereits etwas über *Hamlet Reloaded* berichtet wird.«

»Bingo.« Nicola hob den Daumen.

»Das Mundspray kann nur für unseren französischen Schönling sein – der würde sich niemals dabei erwischen lassen, dass er nach Rotkohl und Sonntagsbraten riecht. Dass er Zeitungen liest oder Ansichtskarten schreibt, traue ich seinem Intellekt nicht zu«, sagte Debbie bissig.

»Es ist ja auch nicht sein Hirn, für das sich eine Frau beim Anblick dieses Adonis interessiert«, schwärmte Nicola versonnen.

»Wer könnte für die Ansichtskarten in Frage kommen?«, überlegte Pippa laut.

»Ich gebe zu, dass ich ein gewisses Insiderwissen habe«, verkündete Debbie, »als ich heute Morgen bei Nicola meinen Latte trank und meine E-Mails abrief, habe ich gesehen, wie Miss Danvers – so heißt sie doch? – Karten schrieb und in den Postkasten warf.«

»So viel Heimatverbundenheit hätte ich ihr gar nicht zugetraut. Ein Punkt für Dana«, sagte Pippa, die sich mit schlechtem Gewissen daran erinnerte, dass sie ihren Patenkindern Lisa und Sven regelmäßige Berichterstattung versprochen und bisher keinen Finger gerührt hatte.

»Bleiben noch die Kondome.« Nicola sah gespannt von Pippa zu Debbie. »Wer will zuerst?«

»Wenn es nicht von Kestring war, dann kann es eigentlich nur Hendrik gewesen sein«, vermutete Debbie. »Obwohl ich mich frage, für wen er sie brauchen sollte.«

Nicola schüttelte den Kopf.

»Duncan«, legte Pippa selbstsicher nach, erntete aber wieder Kopfschütteln.

»Anita?«, rief Debbie ungläubig.

Nicola sonnte sich in ihrem Wissen, beugte sich dann über den Tisch, so dass die drei die Köpfe zusammenstecken konnten, und flüsterte: »Carlos Kwiatkowski!«

Kapitel 9

Am nächsten Morgen konnte Pippa Carlos Kwiatkowski trotz aller Bemühungen nicht abschütteln. Seine Anhänglichkeit ließ sie permanent an Nicolas Information denken, dass er Kondome gekauft hatte. Würde er sie tatsächlich in die peinliche Lage bringen, erklären zu müssen, dass ihre Gastfreundschaft nicht die Option eines Aufenthalts im Bett der Gastgeberin beinhaltete?

Carlos begleitete sie zum Hühnerfüttern und beobachtete genau, wie Pippa aus versteckten Winkeln des Stalles Eier hervorholte.

»Frische Eier. Herrlich. Kann ich heute hier frühstücken?«, fragte er.

»Du machst den Kaffee, während ich Rowdy und Peter Paw versorge«, sagte Pippa gottergeben. »Und jetzt rück raus mit der Sprache. Was willst du wirklich?«

»Du triffst heute Smith-Bates. In Stratford. Kann ich mitkommen?«, fragte er. »Du könntest mir die Stadt zeigen.«

Die Stadt zeigen – klar. Pippa war davon überzeugt, dass Carlos nur Gelegenheiten suchte, sie über das Ensemble auszufragen, denn natürlich kannte er Stratford wie seine Westentasche. Er war ein Shakespeare-Experte, und dazu gehörte auch, Aufführungen in der Heimatstadt des Barden zu besuchen und über sie zu schreiben.

»Du kannst mich hinfahren – und dann verschwinden«, antwortete sie freundlich, aber bestimmt. »Dann spare ich mir den Bus, und du hast jede Chance, dich einer Stadtführung anzuschließen.«

Sofort wechselte er das Thema. »Was meinst du, geht da was zwischen Anita und Duncan?«

»Ich bin für die Betreuung der Gruppe zuständig – nicht ihre Anstandsdame. Mich interessiert so etwas nicht.«

Carlos schüttelte amüsiert den Kopf. »Mich schon. Klatsch und Tratsch sind die Würze meines Berufes. Zwischenmenschliches – das wollen die Leute lesen.«

»Und ich dachte, es geht dir um objektive Berichterstattung. Ich war schon fast geneigt, in dir den seriösen Theaterkritiker zu sehen.«

Kwiatkowski verschluckte sich vor Vergnügen und hustete.

»Und weil das so ist, will ich die Leute mit kleinen Leckerbissen in die Vorstellungen locken«, sagte er. »Der Eintritt zahlt sich leichter, wenn man einen Skandal gratis dazubekommt. Du siehst: Für Shakespeare tue ich alles.«

Pippa sah den Journalisten spöttisch an. »Du bist zu gut für diese Welt.«

Pippa stieg aus dem Auto und wartete darauf, dass Carlos abschloss. Sie parkten direkt an der Holy Trinity Church in Stratford-upon-Avon.

Pippa sah auf die Uhr. »Ich bin zu früh für meinen Termin bei Lysander. Du fährst um einiges rasanter als der Bus.« Sie überlegte einen Moment. »Ich gehe noch zum Grab von Shakespeare. Das tue ich immer, wenn ich hier bin.«

»Um zu kontrollieren, ob er in der Zwischenzeit umgezogen ist?«, fragte der Journalist und sah sie unschuldig an.

Pippa lachte und wandte sich zum Gehen. Über die Schulter sagte sie: »Kommst du mit? Du wolltest doch eine Führung.«

Durch das schmiedeeiserne Tor betraten sie das Kirchengelände der Holy Trinity Church und gingen über den alten Friedhof zum Eingang. Carlos blieb an verwitterten Grabsteinen stehen und suchte einen Blickwinkel, von dem aus die Kirche, die alten Weiden und die ehrwürdigen Steine ein besonders ausdrucksvolles Motiv abgaben.

Pippa betrat das Kirchenschiff ohne ihn und genoss den Moment der Stille. Die Atmosphäre der Kirche nahm sie sofort gefangen: die reichen Schnitzereien, die farbenprächtigen Fenster und die vielen handbestickten Betkissen, die vom Eifer der Gemeindemitglieder zeugten und die Bänke zu fast privaten Orten der inneren Einkehr machten.

Im kleinen Laden an der Eingangstür kaufte sie ein paar Postkarten, setzte sich in eine Bankreihe und schrieb an Lisa und Sven.

Carlos tippte ihr auf die Schulter und ging dann wortlos an ihr vorbei zur Sperre, um den kleinen Obolus zu bezahlen, der ihnen den Zugang zu Shakespeares Grabstätte erlaubte. Eine einzelne rote Rose lag auf der grauen Platte. Carlos zückte seine Kamera und schoss ein Foto, auf dem nichts als ein Teil der dunkelroten Blüte und der Name *Shakespeare* zu sehen war.

»Der Sage nach ist Shakespeare in sieben Metern Tiefe beigesetzt, um ihn vor Grabräubern zu schützen«, sagte Pippa. »Aber wer sollte Interesse haben ...«

»Wenn da unten wirklich noch verschollene Handschriften von Shakey lagern, dann würde ich mich gerne bis zu ihm durchbuddeln«, unterbrach Carlos sie sofort. »Und

118

wenn ich nichts anderes fände als seinen Schädel, könnte ich den immer noch als erstklassige Requisite für *Hamlet*-Aufführungen vermieten.«

Pippa lachte. »Keine Angst vor der Warnung auf dem Grabstein?«

»*Du guter Freund, tu's Jesus zu Gefallen und wühle nicht im Staub, der hier verschlossen. Gesegnet sei der Mann, der schonet diese Steine. Und jeder sei verflucht, der stört meine Gebeine*«, zitierte Carlos ohne hinzusehen und wurde unversehens ernst. »Sieh dich vor, Hasso von Kestring«, sagte er leise, »und geh respektvoll mit … *Hamlet* um, sonst wird der Fluch dich treffen.«

Langsam schlenderten sie am Avon entlang, bis sie die Theater vor sich liegen sahen. An der Kurbelfähre, die den Sommer über den Fluss querte, gingen sie durch den Theatergarten bis zur Straße und weiter zum Festivalbüro. Links standen Häuschen aus rotem Klinker und mit bleiverglasten Fenstern, manche direkt an der Straße, andere mit einem schmalen Vorgarten.

An dem winzigen zweistöckigen Doppelhaus, in dem Lysanders Büro untergebracht war, verabschiedete sich Carlos.

»Ich sehe mir die Nachmittagsvorstellung an. *Romeo und Julia*. Wir treffen uns dann später am Auto.«

Er winkte kurz und ging zielstrebig weiter in Richtung Theater. Pippa wollte ihm gerade nachrufen, dass die Vorstellungen seit Wochen ausverkauft seien, als sie sich neidvoll an Carlos' Presseausweis erinnerte, der ihm problemlos alle Türen öffnen würde. Sie beobachtete, wie er im Eingang zum Swan Theatre verschwand, und zwang sich, sich wieder an den Grund ihres Besuchs zu erinnern.

Der Platz der Sekretärin war unbesetzt und die Tür zum angrenzenden Büro einen Spalt geöffnet. Bevor Pippa sich bemerkbar machen konnte, hörte sie Lysanders Stimme und zögerte.

»Mir fehlt immer noch ein Kapitel über dein Privatleben, Michael«, sagte er gerade. »Die Leute wollen auch etwas über den familiären Michael Hornsby erfahren. Das musst du doch verstehen.«

»Ich möchte, dass meine Biographie strikt beruflich bleibt«, hörte Pippa Sir Michael antworten.

»Aber ...«

»Kein Aber«, beharrte Sir Michael freundlich, aber bestimmt. »Mein Privatleben hat niemanden zu interessieren, es geht nur um meine Arbeit als Schauspieler.«

»Deine Biographie sollte mehr sein als nur eine Auflistung deiner Erfolge«, sagte Lysander.

»Und du meinst, mein Privatleben ist ein Misserfolg und muss deshalb unbedingt erwähnt werden?« Sir Michaels Stimme klang müde.

»Das habe ich nicht gesagt. Aber es wird doch irgendetwas geben, das erwähnenswert wäre, ohne dass ...«

»Bitte akzeptiere meinen Wunsch«, fiel Sir Michael Lysander ins Wort. »Entweder das Buch erscheint so, wie es ist – oder gar nicht.«

Ich muss mich unbedingt bemerkbar machen, dachte Pippa und sagte: »Hallo? Ich möchte nicht stören, aber ...«

»Pippa, kommen Sie doch bitte herein!«, rief Lysander und kam zur Tür, um sie in Empfang zu nehmen. »Meine Vorzimmerdame ist beim Zahnarzt, die Ärmste, deshalb ...«

Mit einer Handbewegung bat er Pippa in sein Büro. Sir Michael erhob sich höflich, um Pippa zu begrüßen, während Lysander einen zweiten Stuhl holte.

»Bitte nehmen Sie Platz«, sagte er und setzte sich wieder hinter seinen Schreibtisch.

»Ich kann später noch einmal wiederkommen«, bot Pippa an. »Ich laufe gern noch ein wenig durch die Stadt.«

»Wir haben alles geklärt. Lassen Sie uns lieber über Sie sprechen. Wie gefällt Ihnen die Arbeit mit den Schauspielern? Ich hörte, der Ausflug am letzten Sonntag war recht abenteuerlich?«

»Debbie!«, sagte Pippa. »Sie hat alles brühwarm erzählt.«

»Nicht nur. Auch unser geschätzter Michael hat die Blessuren seiner Kollegen bemerkt.«

»Die waren ja auch nicht zu übersehen«, sagte dieser. »Um ehrlich zu sein, habe ich mich ein wenig geärgert, dass ich nicht dabei war. Wann hat man schon mal eine bühnenreife Schlägerei in authentischer Kulisse – köstlich.« Er sah nachdenklich aus dem Fenster. »Ich bewundere Hettys Mut, noch einmal ganz neu anzufangen. Für meinen Ruhestand wünsche ich mir auch einen Ort, an dem ich mich heimisch fühlen kann. Einen Ort wie Hideaway.« Nach ein paar Sekunden Pause stand er auf und sagte: »Wie dem auch sei. Ich lasse euch jetzt allein. Bis morgen, Pippa.«

Smith-Bates begleitete Sir Michael aus dem Raum, und Pippa beobachtete durch die Bürotür, wie sich die beiden Männer in einer exakt gleichen Geste über ihr Haar strichen, nachdem sie sich zum Abschied die Hand geschüttelt hatten. Da kann man mal sehen, dachte Pippa, wie intensive Zusammenarbeit aufeinander abfärbt. Hoffentlich fange ich durch die Nähe zu von Kestring nicht eines Tages mit Schnupftabak an …

Die Formalitäten waren schnell erledigt, und Pippa war glücklich, dass Lysander ihr für das Unterhaltungsprogramm der Gruppe freie Hand ließ.

»Und jetzt gehen wir essen«, sagte Lysander, nachdem sie die Geldangelegenheiten geklärt hatten.

Gleich neben dem Festivalbüro befand sich das berühmte *Dirty Duck,* in dem die Akteure der Royal Shakespeare Company nach den Vorstellungen in Stratfords Theatern einzukehren pflegten, um einen Absacker zu trinken, die Vorstellungen des Tages zu diskutieren und mit dem begeisterten Publikum zu plaudern.

Lysander und Pippa holten sich ihre Getränke am Tresen und ergatterten einen Tisch am Fenster.

»Und jetzt erzählen Sie, Pippa. Wie gefällt Ihnen der Job? Ich möchte alles wissen.« Smith-Bates erhob das Glas. »Aber vorher: Ich bin Lysander.«

Pippa nickte zögernd. Sie fand die Vorstellung seltsam, Debbies Vater nach all den Jahren plötzlich beim Vornamen zu nennen. Sie stieß mit ihm an und sagte: »Lysander ist ein so schöner Name.«

»Nicht, wenn man ihn trägt«, parierte Smith-Bates trocken, »und besonders nicht bei einer Mutter wie Phoebe, die Wert darauf legte, jedem zu erzählen, dass ich das Ergebnis einer Mittsommernacht bin – und deshalb gar nicht anders heißen konnte.«

»Das sieht ihr ähnlich!« Pippa lachte. »Ich habe deine Mutter immer für ihre Ehrlichkeit und ihren Mut bewundert. Es kann nicht einfach gewesen sein, dich nach dem Tod deines Vaters allein aufzuziehen.«

»Für wen: für sie oder für mich?«, fragte Lysander und trank sein Glas in einem Zug aus. »Ich hole uns jetzt beiden noch einen Cider, und dann erzählst du.«

Pippa biss sich auf die Lippen. Ich sollte mir angewöhnen zu denken, bevor ich rede. Der unerwartete Freitod des erfolgreichen Schauspielers Dorian Bates hatte in den Fünfzigern die Boulevardblätter bewegt, war aber später weder von Hetty noch Phoebe jemals wieder erwähnt worden. Stattdessen hatten beide versucht, den Jungen vor dem Mitleid anderer zu beschützen.

Als Lysander zurückkam, räusperte Pippa sich verlegen. »Es tut mir leid. Ich bin ein Trampel. Ich wollte nicht …«

Lysander winkte ab. »Das ist lange her. Mein Vater konnte sich ein Leben ohne das Theater nicht vorstellen, aber er hielt den Druck der Öffentlichkeit nicht aus. Was glaubst du, weshalb ich Theater organisiere, statt selbst zu spielen?« Lysander hob sein Glas. »Auf alle, die jeden Abend auf der Bühne … ihr Leben für uns wagen.«

»Und auf die Leute im Hintergrund, durch die das Wagnis Plan und Farbe bekommt«, sagte Pippa.

Lysander nickte. »Auf die Bühnenbildner, Schneiderinnen, Beleuchter, Musiker, Kartenverkäufer …«

»… und gewissenhafte Regisseure.« Pippa stieß mit Lysander an und hatte das köstliche Gefühl, sich einmal in ihrem Leben in die lange Reihe all derer stellen zu dürfen, die eine Produktion erst möglich machten.

»Die Mitarbeit an diesem Projekt gefällt mir gut«, sagte sie, »Ehre und Vergnügen zugleich, wann hat man das schon? So nah mitzuerleben, wie eine Produktion entsteht, so eng mit den Schauspielern arbeiten zu dürfen …«

»Gibt es sprachliche Schwierigkeiten? Die Stipendiaten kommen ja immerhin aus ganz Europa.«

»Alles halb so wild. Ich übe mit Anita Unterweger, aber mehr weil sie unsicher ist, als dass sie es wirklich nötig hätte. Duncan allerdings …« Pippa lächelte, als sie an den harten Akzent des jungen Schauspielers dachte. »Dass er Schotte ist, kann man beim besten Willen nicht überhören, aber ich mache mir keine Sorgen. Irgendwie passt es zu seiner Rolle.

Außerdem ist er sehr motiviert und trainiert buchstäblich Tag und Nacht.«

»Und die Stimmung im Ensemble?«

»Du spielst auf den Ausflug an«, sagte Pippa, und Lysander nickte.

»Ich denke«, fuhr Pippa fort, »dass Duncan und Hendrik einfach zu viel getrunken hatten. Revierkämpfe. Sie sind sich noch fremd, suchen ihre Position in der Gruppe und wollen den Damen imponieren. Sie kapieren schon noch, dass es hier um Teamarbeit geht.«

Die Bedienung brachte die bestellten Fish & Chips an den Tisch und unterbrach so die angeregte Unterhaltung. Sie aßen schweigend, bis Lysander den Gesprächsfaden wieder aufnahm.

»Du hast noch nichts über von Kestring erzählt. Was hältst du von seiner Arbeit?«

Pippa zuckte innerlich zusammen und suchte nach Worten. Verdammt, dachte sie, warum soll ich eigentlich diplomatisch sein? Sie sah Lysander an und fragte: »Warum habt ihr ihn ausgewählt?«

»Deutschland war an der Reihe, ein Stück zu inszenieren. Vorgabe der Europäischen Union.«

»Aber ausgerechnet von Kestring? Er ist nicht gerade das kleinste von vielen Übeln unter den deutschen Theaterregisseuren.« Sie verzog das Gesicht und schüttelte sich. »Allesamt überbezahlte Verschwender von Steuergeldern.«

Lysanders Mundwinkel zuckten. »Und das weißt du so genau, weil …«

»Weil ich als Publikum die Leidtragende bin. Wie oft bin ich schon in der Pause gegangen! Ich will das Original hinter der eitlen Regie wenigstens erahnen können – aber viele inszenieren, als wären sie selbst die Zielgruppe und nicht das zahlende Publikum. Ich verdiene nicht genug Geld, um es zu verplempern. Ich muss für jeden Theaterbesuch lange sparen. Und jetzt ausgerechnet dieser von Kestring – es muss doch Alternativen gegeben haben. Ein solches Elend hat Shakespeare nicht verdient.«

Smith-Bates wich ihrem Blick aus. In seinem Gesicht arbeitete es, als wollte er einen schweren Monolog beginnen.

Schließlich sagte er: »Ich weiß, dass du das, was ich dir jetzt sage, vertraulich behandeln wirst, Pippa.«

Was kommt denn jetzt?, dachte sie und nickte.

Er räusperte sich, bevor er weiterredete. »Er war der einzige Bewerber. Wir hatten keine Wahl.«

»Was? Weiß von Kestring ...?«

Lysander schüttelte den Kopf. »Er denkt, sein Konzept hätte uns überzeugt.«

»Natürlich denkt er das.« Pippa verdrehte die Augen. »Typisch Hasso. Das erklärt einiges. Großartig. Jetzt kann ich endlich wieder ruhig schlafen.«

Smith-Bates lachte leise. »Du hattest also schon an Sir Michaels und meinem Verstand gezweifelt? Kein Wunder, das hätte ich an deiner Stelle wohl auch getan.«

»So hart würde ich es nicht formulieren, aber ...«

Er winkte ab. »Kein Grund, dich zu entschuldigen, Pippa. Hauptsache, ich bin rehabilitiert. Übrigens, wenn du eine Theaterkarte für die Royal Shakespeare Company benötigst, sag einfach Bescheid, ja? Ich komme immer an Karten.« Lysander zwinkerte ihr zu. »Sogar für *Hamlet Reloaded*.«

Auf der Rückfahrt nach Hideaway war Carlos Kwiatkowski bester Laune. Er summte die Lieder aus dem Radio mit, und seine Finger trommelten den Rhythmus auf dem Lenkrad.

»Die Vorstellung war gut?«, fragte Pippa.

»Großartig!«, antwortete Kwiatkowski enthusiastisch. »*Romeo und Julia* – die schönste Liebesgeschichte der Welt.«

»Hast du diese Inszenierung zum ersten Mal gesehen?«

»Natürlich nicht, aber ...« Er holte krampfhaft Luft und nieste. »Sieht aus, als hätte ich mich erkältet, verdammt.« Er nieste wieder. »Pippa, sei doch so nett ... ich habe in meiner Jackentasche Vitaminpillen, hinten auf der Rückbank.«

Pippa drehte sich um und angelte nach seiner Lederjacke. »Rechte oder linke Tasche?«

»Rechts, glaube ich.« Wieder nieste er heftig, diesmal mehrmals nacheinander.

»Du solltest lieber eine frische Hühnersuppe essen und früh ins Bett gehen. Diese Pseudo-Vitamine sind völliger Blödsinn«, sagte Pippa, während sie in die rechte Jackentasche griff. Sie ertastete etwas, das sich wie das Plastikfläschchen mit den Pillen anfühlte.

Als sie es herauszog, fiel eine aufgerissene Kondompackung auf den Rücksitz. Hastig stopfte Pippa sie zurück.

Wenn Carlos nicht die Angewohnheit hat, die Dinger als Trophäen herumzuschleppen, dachte sie, dann hatte er heute Nachmittag eine Privatvorstellung, aber bestimmt nicht im Theater.

Am Abend saß Pippa mit einer Tasse Tee auf Hettys Samtsofa, als das Telefon läutete. Sie versuchte, Peter Paw von ihrem Schoß zu schieben, aber der rote Kater fuhr die Krallen aus und verhakte sich im weichen Stoff des Kaftans. Bis Pippa jede Kralle einzeln herausgezogen und Paw unsanft auf den Fußboden gesetzt hatte, sprang bereits der Anrufbeantworter an, und Hettys Stimme erklang: »Guten

Abend, Dear, hier ist deine Großmutter. Du bist bestimmt ins Pub …«

Pippa hechtete zum Apparat. »Grandma? Ich bin da! Paw war ein wenig widerspenstig …«

Hetty erzählte, wie gut es ihr in Berlin gefiel und dass der Hinterhof der Transvaalstraße optimal geeignet sei, Bastard und seinem Weibsvolk ein neues Zuhause zu bieten. Statt eines Hühnerstalls hatte Ede Glassbrenner aus dem 1. Stock eine Hühnerleiter vom Hof in den Gemeinschaftskeller vorgeschlagen, um es den Tieren dort gemütlich zu machen.

»Übrigens«, sagte Pippa, »Sir Michael lässt dich grüßen. Er würde sich gerne in Hideaway niederlassen, hat er mir gesagt.«

»In Hideaway? Tatsächlich?«

»Falls du dich für Berlin entscheidest, wäre er da nicht der richtige Käufer für dein Cottage?«

»Findest du?«

Moment mal, dachte Pippa, ist das alles? Nur: *Findest du?* Behagt ihr einfach der Gedanke doch nicht, das Haus endgültig in andere Hände zu geben? Oder nur nicht in Sir Michaels?

»Ich würde sofort nach Hideaway ziehen. Ich kann Sir Michael gut verstehen«, sagte Pippa.

Sogar durch das Telefon spürte sie, dass ihrer Großmutter dieses Gesprächsthema unangenehm war – zu lange dauerte das Schweigen am anderen Ende der Leitung.

»Möchtest du deine Mum noch sprechen, Dear?«, fragte Hetty endlich, aber Pippa ließ nicht locker.

»Raus mit der Sprache. Du verheimlichst mir etwas. Hast du Schulden auf dem Haus? Hast du es heimlich schon verkauft? Hat es mit Phoebe zu tun?«

Hetty Wilcox' Lachen klang unecht. »Unsinn, Liebes,

kein Geheimnis. Ich habe Phoebe nur vor langer Zeit ein Mitspracherecht erteilt. Schriftlich. Sie muss jedem Verkauf zustimmen. Nach Mick dürfte ich sie niemals fragen.«

Kapitel 10

Vor dem Dorfladen stampfte Pippa mit den Füßen auf, um ihre Schuhe vom Schnee zu befreien. Rowdy schüttelte sich, dass die Eisbröckchen, die sich in seinem Fell verfangen hatten, nur so flogen, und folgte Pippa erst dann durch die Tür. Wohlige Wärme und der Duft von frischem Gebäck wehten ihnen entgegen und hießen sie willkommen.

»Guten Morgen, ihr zwei!«, rief Nicola. »Kommst du frühstücken?«

Pippa nickte und schälte sich aus Schal, Jacke, Mütze und Handschuhen. »Heute ist die erste offizielle Probe, da brauch ich vorher Nervennahrung: Ich hätte gern einen großen Milchkaffee, Toast und Marmelade. Und ein schönes, großes fettiges Croissant.«

»Wird sofort gebracht. Aber zuerst …«

Nicola verschwand hinter dem Tresen. Es raschelte, und Rowdy stellte die Ohren auf und leckte sich die Schnauze. Als Nicola mit einem Hundesnack in der Hand wieder auftauchte und um die Theke herumkam, setzte sich Rowdy sofort in Positur, um die Köstlichkeit in Empfang zu nehmen.

»Grandmas Tiere haben' das Dorf fest im Griff«, sagte Pippa kopfschüttelnd. »Paw schnorrt bei Chris im Hotel und weiß der Himmel, wo noch überall, Rowdy hier bei dir … als bekämen sie zu Hause nicht genug zu essen.«

»Unsinn, wir wissen nur, dass Hetty sie uns bald wegnimmt.« Nicola kraulte zärtlich Rowdys Kopf. Der Hund lehnte sich gegen ihre Beine und schnaufte wohlig. »Da wollen wir die beiden noch mal richtig verwöhnen. Rowdy weiß, dass hier immer ein Happen auf ihn wartet.«

Pippa ging durch den kleinen Laden, in dem man alle Dinge des täglichen Bedarfs kaufen konnte, hinüber ins Café und setzte sich auf eine gepolsterte Bank am Fenster. Rowdy rollte sich an der Heizung zusammen und seufzte zufrieden. Was habt ihr für ein behagliches kleines Leben, du und Paw, dachte Pippa, spazieren gehen, Freunde besuchen, Leckerlis abstauben … beneidenswert.

Nicola brachte das Frühstück. »Möchtest du deine Ruhe? Wenn nicht, setze ich mich gerne auf eine Tasse Tee zu dir, ich kann eine kleine Pause gebrauchen. Vorhin war hier der Teufel los.«

Pippa wusste, dass Nicola bereits seit drei Stunden auf den Beinen war. Frühaufsteher wollten im Morgengrauen ihre Zeitung und frische Brötchen, kauften Lebensmittel oder Briefmarken. Gegen neun Uhr war der erste Ansturm meist vorbei, und Nicola hatte Gelegenheit, ein wenig zu verschnaufen.

»Wie läuft es mit den Schauspielern?«, fragte sie, nachdem sie sich gesetzt hatte.

»Heute geht es erst richtig los. Von Kestring hat uns für mittags auf die Hotelterrasse bestellt.«

»Plant er eine Schneeballschlacht?« Nicola lachte vergnügt. »Dem ist alles zuzutrauen, oder? Ich habe übrigens ihn und diese Dana Danvers gestern Nacht gesehen.«

»Gestern Nacht?« Pippa vergaß prompt, in den Toast zu beißen. »Wo denn?«

»Auf der Brücke am alten Taubenhaus. Und im Taubenhaus kann man nur eine Sache wollen.«

»Und das wäre?«, fragte Pippa verblüfft.

»Ein Schäferstündchen. Seit das Taubenhaus nicht mehr für die Zucht genutzt wird, ist es das offizielle Winterquartier für heimliche Liebespaare. Also seit etwa einhundertfünfzig Jahren.« Nicola lehnte sich zurück und wartete gespannt auf Pippas Reaktion.

»Schade, das bestätigt meinen Verdacht. Trotzdem – was der Mann sich traut, obwohl seine Frau hier ist ...«

Nicola zuckte mit den Schultern. »Na und? Das hält einen wie den nicht ab. Der braucht Selbstbestätigung – auf jeder Ebene. Der hat sogar mit mir geflirtet.« Sie hob ihre Hand hoch und zeigte auf einen blitzenden Diamanten, den sie trug, um unliebsamen Verehrern zu suggerieren, dass sie glücklich verheiratet war. »Als ich ihm den Ring zeigte, stieg sein Interesse nur noch. Affären mit verheirateten Frauen, sagte er, sind unkomplizierter. Sie wollen keine Beziehung, nur raus aus der Langeweile.«

»Du machst Witze. Wann war das?«

»Gestern. Von Kestring kommt jeden Morgen in aller Herrgottsfrühe und ruft hier seine Mails ab. Ich frage dich – warum macht er das nicht im Hotel? Kann ich dir sagen: weil er etwas zu verbergen hat.«

»Wie hast du Dana und von Kestring denn überhaupt im Dunklen erkennen können?«

»Von meinem Küchenfenster aus habe ich im Winter freie Sicht auf die Brücke über den Bach. Dort stand das junge Glück eng umschlungen unter der Laterne und hat sich aus dem Schnupftabaksfläschchen bedient.«

»Du musst ja Augen wie ein Luchs haben ...«

»Könnte sein, dass mein Opernglas mir ein wenig geholfen hat«, sagte Nicola und ging lachend in die Küche des Cafés zurück.

Nachdenklich schlenderte Pippa die wenigen Meter zurück nach Hause. Von Kestrings Dreistigkeit verblüffte und ärgerte sie. Konnte es sein, dass Barbara-Ellen von all dem nichts wusste oder ahnte? Oder bestand die Ehe der beiden vielleicht nur noch auf dem Papier, und die betrogene Gattin hatte sich längst mit seiner chronischen Untreue arrangiert? Ich hätte mich niemals mit Leos Eskapaden abfinden können, dachte Pippa, völlig unvorstellbar.

Rowdy war vorausgelaufen und saß hechelnd an der Haustür. Gerade als Pippa aufschließen wollte, öffnete Carlos von innen.

»Guten Morgen, Gastgeberin«, sagte er. »Hast du Lust, dir die ersten Fotos anzusehen?«

Sein Laptop stand auf dem Esstisch. Pippa setzte sich neben ihn, und er klickte durch die Bilder, die er während der letzten Tage aufgenommen hatte. Sie sah Barbara-Ellen, die mit Johannes Berkel aus dem Textbuch las, außerdem Anita und Duncan bei Rezitationsübungen. »Gertrud«-Dana probte mit »Hamlet«-Alain, und es war nicht zu übersehen, dass Dana deutlich weniger Spaß hatte als der hübsche Franzose. Auf diesen Bildern tauchte einige Male Hendrik im Hintergrund auf, wie er mit sauertöpfischem Gesicht Alain beobachtete. Chris strahlte auf allen Fotos pure Freude darüber aus, dass er Teil des Ensembles war.

»Nicht schlecht«, sagte Pippa, als Carlos das letzte Bild geschlossen hatte und den Rechner zuklappte. »Du bist wirklich ein guter Fotograf. Da würde mir die Auswahl schwerfallen.«

»Vielen Dank.« Er wirkte ehrlich erfreut über ihr Kompliment. »Das ist erst der Anfang. Fingerübungen zum Warmwerden. Es wird erst richtig interessant, wenn die Proben losgehen. Hast du eine Ahnung, was er heute vorhat?«

»Selbstbehauptungstraining, hat er gesagt«, antwortete

Pippa, »als Gemeinschaftsübung für die Kämpfe auf der Bühne.«

Es war kurz vor zwölf Uhr, als sich die Mitglieder des Ensembles auf der Terrasse des Hotels versammelten. Alle waren dick eingemummelt, und ihr Atem stand in weißen Wolken vor den Gesichtern. Von ihrem Standort aus blickte Pippa durch den Park des Hotels auf den Blisswalk und den bewaldeten Hügel dahinter. Sie deutete auf den Aussichtsturm auf der Kuppe und sagte: »Wenn ihr wollt, machen wir mal einen Spaziergang zum Turm.«

»Nur, wenn Rapunzel da oben wohnt«, scherzte Kwiatkowski und zückte seine Kamera, um ein paar Aufnahmen von den Schauspielern zu machen.

»Lassen Sie das, ich sehe schrecklich aus. Mein Gesicht ist schon ganz rot von der Kälte«, fauchte Dana Danvers und wandte sich ab. »Reicht es nicht, dass wir hier draußen stehen und frieren? Ich verlange, dass Sie alle Bilder von mir löschen.«

Kwiatkowski lachte leise, während er unbeirrt weiterknipste. Anita, Sir Michael und Duncan stellten sich fröhlich in Positur, und Duncan rief: »Los, wir machen ein Gruppenbild! Chris, du auch!«

Alle außer Dana und Hendrik drängten sich kichernd zusammen und legten die Arme umeinander, aber Sir Michael zog die beiden einfach mit dazu.

»Wo bleibt er denn?«, fragte Hendrik Rossevelt mit ärgerlich gerunzelter Stirn und hüpfte auf der Stelle, um sich aufzuwärmen.

»Mein Mann hat gerade noch einen Anruf …«, begann Barbara-Ellen, wurde aber durch das Auftauchen von Kestrings unterbrochen.

Gutgelaunt rieb der Regisseur sich die Hände. »Sind wir

vollzählig?«, fragte er. Als alle nickten, fuhr er fort: »Dann kann es ja losgehen. Wir machen Schießübungen.«

Geflissentlich ignorierte er das erstaunte Gemurmel seines Ensembles und dozierte: »Früher wurde auf der Bühne gefochten und gerungen – unser Hamlet spielt Russisches Roulette. Und nicht nur mit Laertes. Dabei lassen wir den Ausgang absichtlich offen. Das Publikum wird mitzittern wie schon lange nicht mehr. Und diese Szene werden wir jetzt üben, wie wir sie inszenieren: in winterlicher Kälte.« Von Kestring sah sich um und zog eine Pistole aus der Manteltasche. »Wer will zuerst?«

»Das Ding fasse ich nicht an«, stieß Johannes Berkel hervor und wich ein paar Schritte zurück. »Das ist gegen meine Prinzipien. Schon die Fechtstunden in der Schauspielschule habe ich gehasst. Einer der Gründe, weshalb ich nicht mehr spielen wollte.«

»Bühnenfechten? Du liebe Güte.« Hendrik Rossevelt drängte sich nach vorne und streckte die Hand aus. »Sind doch alles nur Requisiten. Ich fange an.«

»Sie haben den nötigen Biss«, sagte von Kestring und legte dem geschmeichelten Hendrik die Waffe in die Hand. »Zielen Sie einfach dahinten in den Wald. Alle anderen treten bitte zurück. Bereiten Sie sich auf einen ordentlichen Rückschlag vor, Rossevelt.«

Der Schauspieler hob den Arm, krümmte langsam den Zeigefinger und drückte ab.

Ein lauter Knall ertönte, und Rossevelts Arm flog mit einem Ruck nach oben.

»Wahnsinn!«, keuchte Hendrik. »Das ist ja irre! Das wird die Zuschauer beeindrucken!«

Alain ging zu ihm und übernahm die Waffe. Er fasste sie mit beiden Händen, hielt sie auf Brusthöhe und ging leicht in

die Knie. Er schoss mit hartem Gesichtsausdruck und ließ
die Pistole anschließend betont lässig vom rechten Zeigefinger baumeln.

»Sein Name ist Bond, Alain Bond«, flüsterte Chris Pippa
ins Ohr.

»Ich weiß gar nicht, ob ich mich schütteln oder gerührt
sein soll«, gab sie leise zurück.

»Der Nächste«, kommandierte von Kestring.

Dana Danvers trat vor und sah ihn herausfordernd an.
»Gib mir die Pistole«, sagte sie zu Bettencourt, ohne dabei
Hasso aus den Augen zu lassen.

»Schon mal so ein Ding benutzt?«, fragte von Kestring.

Dana schüttelte den Kopf. »Vielleicht könnten Sie mir
zeigen …«

Von Kestring nahm Alain die Waffe ab, reichte sie Dana
und stellte sich eng hinter sie. Er nahm ihren rechten Arm,
hob ihn an, griff mit seinem linken um sie herum und stabi-
lisierte so ihre Schusshand. Eng an sie geschmiegt, murmelte
er: »Jetzt gut zielen und … los.«

Dana Danvers' Mund war halb geöffnet und ihre Nasen-
flügel blähten sich, als sie den Abzug durchzog. Der Knall
hallte laut durch die winterliche Landschaft.

Von Kestring löste sich von der Schauspielerin und sah sich
um. Sein Blick verweilte kurz auf dem spöttischen Lächeln
seiner Frau, dann zeigte er blitzschnell auf seinen Assistenten.
»Los, Berkel, beweisen Sie uns, dass Sie ein Mann sind.«

Dieser erbleichte und schüttelte abwehrend den Kopf.
»Nein, das können Sie nicht von mir verlangen. Rosencrantz
tötet nicht.«

»Aber er hat den Auftrag. Er ist nur zu blöd, ihn richtig
auszuführen. Deshalb werden Sie tun, was ich sage.« Von
Kestring ging drohend auf Berkel zu. »Das ist eine Gemein-

135

schaftsübung, und Sie sind Mitglied dieses Ensembles. Wer sich weigert, stellt sich bewusst außerhalb der Gruppe und riskiert damit den Erfolg des Gesamtkunstwerks. Nur gemeinsam erreichen wir den Zenit. Wollen Sie schuld sein am Untergang der anderen oder das entscheidende i-Tüpfelchen, das den Triumph bringt?« Von Kestring drückte Berkel den Pistolenlauf gegen die Stirn. »Ich bin Ihr Regisseur, ich weiß, was das Beste für Sie ist. Und wenn ich sage, Sie sollen von dem Turm da oben springen …«, er deutete mit der Waffe auf den Aussichtsturm, »dann werden Sie das ebenfalls tun, das garantiere ich Ihnen.« Er wandte sich zum Ensemble um, das die Szene schweigend verfolgte. »Möchte sonst noch jemand etwas dazu sagen?«

Pippa hielt den Atem an. Sir Michael muss doch jetzt eingreifen, dachte sie, oder ist dieses menschenverachtende Verhalten üblich bei Theaterregisseuren? Sie sah sich nach ihm um. Sir Michael stand mit undurchdringlichem Gesicht neben Kwiatkowski, der ein Foto nach dem anderen schoss.

»Du schaffst das, Johannes. Oder soll ich zuerst? Dann siehst du, dass es ungefährlich ist«, schlug Barbara-Ellen vor, aber Berkel schüttelte heftig den Kopf.

Zitternd nahm er die Pistole aus von Kestrings Hand und atmete tief durch. Er hob den Arm, ließ ihn wieder sinken, versuchte es noch einmal.

»Es geht nicht«, sagte er, »bitte, verlangen Sie das nicht von mir, Herr von Kestring.«

Der Regisseur stand mit vor der Brust verschränkten Armen dicht neben ihm. »Sie sind eine Memme, Berkel«, zischte er, »schießen Sie endlich.«

Aber dieser ließ die Hand mit der Waffe kraftlos hängen. »Ich kann nicht, wirklich nicht«, sagte er.

Urplötzlich griff von Kestring nach Berkels Arm und riss ihn hoch. »Schieß!«, brüllte er ihm ins Ohr. »Schieß! Schieß!«

Der schockierte Johannes Berkel wandte den Kopf ab, kniff die Augen zusammen und schoss.

Nahezu gleichzeitig mit dem Knall erklang vom Blisswalk her ein schrilles, schmerzerfülltes Jaulen.

»Rowdy!«, schrie Pippa entsetzt und rannte los. Panisch und mit klopfendem Herzen flog sie fast durch den Park.

»Bitte, bitte nicht«, wimmerte sie, »bitte nicht Rowdy …« Ihre Lungen brannten.

Rowdy lag auf dem Weg, Blut sickerte aus seiner Brust und färbte den Schnee grellrot. Sein Atem ging flach und schnell, seine Augen waren geschlossen.

Pippa warf sich neben ihn in den Schnee. »Bitte, du darfst nicht sterben«, flüsterte sie, legte ihm vorsichtig eine Hand an den Kopf und presste die andere hilflos gegen die Wunde. Rowdy öffnete die Augen und sah sie an. »Rowdy, halt durch. Hilfe! Ruft doch bitte Hilfe …«, rief sie den anderen auf der Terrasse zu.

»Ich rufe den Tierarzt an«, sagte eine Stimme hinter ihr, und Pippa nahm aus den Augenwinkeln Phoebe wahr, die den Blisswalk heraufgekommen war und bereits das Handy am Ohr hatte.

»Debbie! Phoebe hier. Rowdy ist angeschossen worden! Schnell! Wir sind am Blisswalk hinter dem Hotel! Beeilt euch!«

Phoebe Smith-Bates drückte Pippa das Telefon in die Hand. »Erkläre ihr, was passiert ist, ich helfe Rowdy.«

Phoebe zog ihre Jacke aus, legte sie neben Rowdy und zog den Hund vorsichtig darauf. Pippa ließ das Telefon fallen und begann zu weinen. Als sie aufsah, fand sie sich umringt von den fassungslosen Schauspielern.

Nur am Rande bemerkte sie, dass Duncan wütend Kwiatkowski anbrüllte, er solle seine Kamera wegstecken. Aber dieser ließ sich nicht beirren und lichtete weiterhin die versteinerten Gesichter der Umstehenden ab.

Berkel kam taumelnd näher und starrte auf die Blutlache. Seine Beine gaben nach, und er fiel neben Pippa auf die Knie. »O mein Gott, das wollte ich nicht, das wollte ich nicht ...«, stammelte er, »bitte ... was kann ich tun?«

In diesem Moment ging ein Zittern durch Rowdys Körper, und er erbrach Blut. Dann bewegte er sich nicht mehr.

»Ihr kommt zu spät«, sagte Pippa leise, als Debbie und Dr. Mickleton angehetzt kamen. Sie hatten nur ein paar Minuten gebraucht, aber Pippa war es wie eine Ewigkeit vorgekommen.

Phoebe half Pippa auf die Beine und nahm sie in den Arm, während Dr. Mickleton Johannes Berkel verscheuchte, um den leblosen Rowdy zu untersuchen.

»Ich konnte ihm nicht mehr helfen«, schluchzte Pippa verzweifelt, »er ist einfach so gestorben ...«

»Wer hat geschossen?« Dr. Mickletons Stimme klang schneidend. Sein Gesicht war dunkelrot, und sein grauer Schnurrbart sträubte sich.

Sir Michael wollte etwas sagen, aber von Kestring zeigte bereits auf Johannes Berkel, der flüsterte: »Ich ... ich habe ihn getötet, ich habe getötet ...«

Hastig warf er die Waffe weg, die er noch immer umklammert gehalten hatte.

»Unsinn«, sagte Duncan, »wie soll das gehen? Das ist eine Requisite! Oder etwa nicht?« Er drehte sich zu von Kestring um. »Haben Sie uns mit scharfer Munition schießen lassen?«

Dr. Mickleton zog seine Handschuhe wieder an, hob die

Pistole auf und steckte sie in seine Arzttasche. »Die werden wir als Beweis brauchen«, knurrte er.

Der Regisseur schob die Hände in die Taschen seiner Jacke und zuckte mit den Schultern.

Barbara-Ellen schnappte nach Luft und ging zu ihrem Mann. Sie blieb dicht vor ihm stehen und sagte ruhig: »Diesmal bist du zu weit gegangen, Hasso.« Angewidert drehte sie sich von ihm weg und stellte sich neben Berkel, dem sie fürsorglich den Arm um die Schultern legte.

Phoebe fischte ihr Handy aus dem Schnee und wählte. »Ist da die Polizeistation in Moreton-in-Marsh? Detective Inspector Rebecca Davis, bitte. Ich möchte einen Mord melden.«

Von Kestring sah Phoebe irritiert an und hob die Hand, als wollte er sie aufhalten. In diesem Moment schoss Peter Paw wie eine rotglühende Kanonenkugel aus dem Wald, sprang ungebremst gegen von Kestrings Brust und traf ihn mit voller Wucht in den Solarplexus. Der überraschte Regisseur verlor das Gleichgewicht und kippte nach hinten wie ein gefällter Baum. Der wütende Kater fauchte ihn mit gesträubtem Fell an und zog ihm die Krallen quer über das Gesicht. Dann drehte Paw sich um, trabte zu Rowdys leblosem Körper, legte sich neben ihn und stieß ein langgezogenes Jaulen aus.

Von Kestring japste nach Luft und versuchte vergeblich, sich aufzurappeln. Niemand half ihm. Nicht einmal seine Frau.

Kapitel 11

$\mathcal{D}$etective Inspector Rebecca Davis hatte den Hörer noch nicht aufgelegt, als sie auch schon mit donnernder Altstimme die gesamte Polizeistation strammstehen ließ.

»Tod durch Schussverletzung. In Hideaway. Constable Branson, Sie fordern in Gloucester ein forensisches Team an. Nirgendwo anders, verstanden? Ich will Leute, die mir nicht in meine Methoden pfuschen. Constable Custard, Sie finden heraus, wer in Hideaway Dienst hat. Sollte es Sam Wilson sein, besorgen Sie mir eine riesige Portion Geduld und finden einen Arzt, der sie mir injiziert. Und holen Sie den Wagen – aber diesmal bitte mit gefülltem Tank. Ich möchte nicht noch einmal eintreffen, nachdem der Fall bereits gelöst ist. Haben wir uns verstanden?«

Rebecca Davis fuhr sich mit der Hand durch ihr kurzes, strubbeliges Haar und beobachtete zufrieden, wie ihre Mitarbeiter in alle Richtungen auseinanderstoben, um die zugeteilten Aufgaben zu erledigen. Sie öffnete das Fenster ihres kleinen Büros und rauchte eine schnelle Zigarette. Die nächste steckte sie sich an, als die Eingangstür zur Polizeistation hinter ihr ins Schloss fiel und sie darauf wartete, dass ihr Sergeant vorfuhr. Hideaway, dachte sie, ich komme – und vor mir kann man sich nicht verstecken.

Duncan hatte Rowdys Körper in Phoebes Jacke gewickelt und trug ihn vor sich her wie ein kleines Kind. Pippa und

Debbie folgten ihm Arm in Arm, während Dr. Mickleton und Phoebe leise schimpfend das Schlusslicht bildeten.

Als sie das Ende der Hotelauffahrt erreichten, trafen sie auf Nicola, die schon von weitem rief: »Was ist passiert? Wer hat da geschossen? Die Jagdsaison beginnt doch erst …« Als sie das Bündel auf Duncans Armen bemerkte, schlug sie erschrocken die Hand vor den Mund. »Wer …«

Pippa begann zu weinen. »Nicky, Rowdy ist …«

»Tot?«, fragte Nicola entsetzt. »Wer war das?«

»Einer von dieser Gauklertruppe«, sagte Dr. Mickleton, »und er wird dafür büßen. Auf die eine oder andere Art.«

Nicola folgte ihnen quer über den Dorfanger Richtung Tierarztpraxis und informierte einige Dorfbewohner, die von den Schüssen vor die Tür gelockt worden waren. Es machte sich allgemeine Empörung breit, denn alle kannten und mochten Rowdy.

»Ausgerechnet jetzt, wo Hetty nicht da ist, um den Schweinehund in die Mangel zu nehmen«, sagte ein älterer Herr aus der Heaven's Gate Road.

»Spricht doch nichts dagegen, dass wir das übernehmen, oder?«, sagte die Grundschullehrerin, die gerade ihre Schützlinge in die Mittagspause entlassen hatte und sofort die kleine Aula als Versammlungsraum für etwaige Bestrafungssitzungen anbot.

John Napier, ein langjähriger Verehrer Hettys, nahm respektvoll seine Mütze ab und murmelte seinem Nachbarn zu: »Was meinst du, Pete? Habe ich eine faire Chance? Hetty braucht doch jetzt Trost.«

An der Bushaltestelle überquerte der beständig wachsende Trauerzug die Hauptstraße. Tom Barrel kam aus seinem Pub und lief auf die Menschenmenge zu, ohne auf den Verkehr zu achten. Nur Zentimeter vor ihm kam mit quietschenden Reifen ein Streifenwagen zum Stehen. Die Beifahrertür flog auf.

»Tom Barrel, dies ist ein Polizeieinsatz – und er war nicht für deine Leiche geplant! Bist du wahnsinnig, Mann, einfach so auf die Straße zu laufen?« Rebecca Davis stemmte die Hände in die Seiten.

»Aber Detective Inspector, ich muss mich doch informieren, was los ist – das bin ich meinen Gästen schuldig«, antwortete der Wirt seelenruhig und wurde seinem Ruf gerecht, in keiner Situation die Nerven zu verlieren. »Du kennst das, Rebecca: immer im Einsatz …«

»Und wieso hier?«, Rebecca sah über den Dorfanger hinweg zum Harmony House. »Ich dachte, der Mord ist beim Hotel passiert.«

»Ja, aber das Mordopfer ist hier …«, Mickleton zeigte erst auf das Bündel auf Duncans Armen und danach auf seine Tasche, »und hier drin ist die Mordwaffe. Ich werde jetzt die Kugel rausholen, dann hast du auch dein Beweisstück.«

DI Davis stöhnte. »Ihr habt den Tatort verändert? Seid ihr denn noch zu retten?«

Sie ging zu Duncan, schlug die Jacke zurück und sah einen Moment schweigend auf Rowdy hinunter.

»Ein Hund«, sagte sie resigniert. »Ihr habt mich wegen eines Hundes gerufen. Es gibt also wieder Wilderer im Wald, und den Kleinen hier hat es erwischt.« Sie sah den Trauerzug an und schüttelte den Kopf. »Das ist zwar sehr bedauerlich, aber dafür bin ich nicht zuständig. Dafür habt ihr Sam Wilson.«

Phoebe trat mit all ihrer Bühnenpräsenz vor und sagte: »Das ist nicht irgendein Hund – das ist Hettys Rowdy. Und für mich macht es keinen Unterschied, ob ein Mensch oder ein Tier von einem Wahnsinnigen erschossen wird.«

Die umstehenden Dorfbewohner nickten grimmig.

»Wenn du dich nicht darum kümmern willst, Rebecca, dann tu ich es.« Phoebe nahm Dr. Mickleton die Arzttasche aus der Hand, öffnete sie und holte die Pistole heraus. »Und dann hast du deinen Mordfall, meine Liebe!«

Barbara-Ellen betrat das Zimmer, ohne anzuklopfen. Ihr Mann stand am Fenster und sah hinaus auf den Blisswalk. Er drehte sich nicht zu ihr um, bis ihm auffiel, dass sie ständig hin- und herlief. Als sein Blick auf ihre Reisetasche und den geöffneten Kleiderschrank fiel, sog er überrascht Luft ein.

»Was soll das, Barbara-Ellen? Was tust du da?«

»Nach was sieht es denn für dich aus?«

»Du kannst jetzt nicht abreisen. Wir beginnen Montag mit den regulären Proben. Und du brauchst diesen Erfolg genauso sehr wie ich. Du hast seit Monaten nicht einmal den Hauch eines Angebots bekommen.«

Barbara-Ellen lachte kurz auf. »Wem habe ich das wohl zu verdanken? Und komm mir nicht mit der Leier, dass es für mein Alter keine Rollen mehr gibt.« Sie stopfte ihre Pullover in die Reisetasche. »Cleopatra, Julias Amme, Titania, Paulina, die Gräfin von Roussillon, Lady Macbeth, sämtliche Weiber von Windsor – von der dänischen Gertrud einmal ganz zu schweigen.«

»Ach, du bist beleidigt, dass du deine Traumrolle nicht bekommen hast? Deshalb willst du gehen? Wenn dir so viel daran liegt, bitte, dann besetzen wir um.« Er dachte daran, dass auch Dana Danvers ihm nicht aus dem Schnee aufgeholfen hatte. Das verlangte ohnehin nach einer Disziplinierungsmaßnahme.

»Das sieht dir ähnlich. Du denkst immer nur in deinen eigenen Kategorien. Aber hier geht es um deinen Auftritt vorhin, mein Lieber. Nicht um meinen.« Barbara-Ellen hielt mit dem Packen inne und schüttelte den Kopf. »Ich schäme mich für dich, Hasso. Wie ich das schon oft getan habe. Aber diesmal bin ich nicht bereit, alles wieder in Ordnung zu bringen. Es ist an der Zeit, dass du lernst, die Konsequenzen deiner Eskapaden allein zu tragen.«

Hasso von Kestring war verunsichert. »Und dafür opferst du einen Auftritt beim *Shakespeare Birthday Festival*? Das glaube ich dir nicht. Davon hast du doch jahrelang geträumt.«

»Davon kann auch keine Rede sein.« Barbara-Ellen zog den Reißverschluss ihrer Tasche mit Schwung zu. »Ich will nur nicht mehr mit jemandem zusammenwohnen, der das Leben anderer aufs Spiel setzt. Ich ziehe in ein anderes Zimmer.«

Hasso von Kestring entspannte sich wieder. »Da wirst du Pech haben. Das Hotel ist klein und durch uns völlig ausgebucht.«

»Schade, dass du so gar kein Gespür für die Möglichkeit einer letzten Chance hast. *Bitte, Schatz, bleib und hilf mir, mich zu ändern* – so ein Satz hätte jetzt Wunder gewirkt.« Barbara-Ellen wandte sich traurig zum Gehen. »Und für mein Zimmer hast du selbst gesorgt: Ich fülle lediglich die Lücke, die Kwiatkowski dank dir hinterlassen hat.«

Sie nahm die Tasche und ging aus der Tür. Dann drehte sie sich noch einmal um und blickte ihren Mann lange und offen an. »Und damit wir uns für die Zukunft richtig verstehen: Ich werde nicht mehr *für* dich stimmen, falls es um deine Absetzung geht.«

Die Empfangshalle des Hotels war leer, als Pippa, Duncan, Phoebe und Rebecca Davis dort eintrafen.

»Sergeant Wilson?«, rief die Polizistin laut.

»Der steht vor dem Probenraum Wache«, antwortete

Chris Cross. Er kam aus der Hotelküche und schob einen großen Servierwagen vor sich her. »Ich dachte, wir könnten eine Stärkung brauchen«, sagte er und wies auf Platten mit Gurken- und Lachssandwiches und ein Tablett mit leise klirrenden Whiskygläsern.

Sie folgten Chris zur Tür der Bibliothek, vor der Sam Wilson mit grimmiger Miene und vor der Brust verschränkten Armen Position bezogen hatte.

»Gab es Schwierigkeiten, Sergeant?«, fragte Rebecca Davis.

Wilson schüttelte den Kopf. »Nein, Detective Inspector. Ich habe nur Leute hinein-, aber niemanden mehr herausgelassen. Genau wie Sie gesagt haben. Ich habe die Personalien aufgenommen.« Er übergab ihr mit einer zackigen Bewegung einen Notizblock. »Und ich habe die Spürhunde aus Gloucester zurückgepfiffen.«

»Gut«, sagte DI Davis, »dann machen Sie sich jetzt auf die Suche nach den Patronenhülsen und helfen Sie Constable Custard, wichtig zu sein.«

Im Probenraum herrschte Stille, als sie eintraten. Das Ensemble saß auf den Regiestühlen, nur von Kestring stand allein am anderen Ende des Raumes.

»Ich bin Detective Inspector Davis«, sagte Rebecca und zückte ihren Ausweis. »Ich werde Ihnen jetzt einige Fragen zu dem Vorfall stellen.«

Die Schauspieler sahen sie stumm an, aber von Kestring kam mit langen Schritten durch den Raum auf sie zu. »Kriminalpolizei? Es war schließlich nur ein Hund! Sie haben hier in England doch wahrlich genug echte Verbrechen.« Er sah demonstrativ zum Servierwagen hinüber. »Das Essen, zum Beispiel.«

DI Davis wich keinen Millimeter vor ihm zurück, sondern blieb ruhig stehen. »Um den Hund ist es sehr schade.« Sie musterte den Regisseur, als hätte sie das über ihn nicht sagen können. »Aber der ist nicht mein Problem – die scharfe Munition ist es.«

Von Kestring drehte sich abrupt um und zog es vor, sich in einem Lehnsessel am Fenster zu verschanzen.

Phoebe Smith-Bates schlenderte zu Chris und ließ sich einen doppelten Whisky eingießen. Sie nippte kurz daran, dann sagte sie: »Ich habe alles gesehen. Die Knallerei hat mich aus dem Haus gescheucht. Ich bin in meinen Garten gegangen. Von da aus hatte ich freien Blick auf Rowdy, der auf dem Blisswalk in Richtung Hotel gelaufen ist. Wie jeden Tag um diese Zeit. Nach einem weiteren Schuss hörte ich ihn jaulen und bin sofort losgerannt. Dann kamen auch schon all die anderen. Und der da …«, sie zeigte auf von Kestring, »… hat so getan, als hätte er nichts damit zu tun.«

»Ich habe ja auch niemanden erschossen«, fauchte der Regisseur, »ich verstehe immer noch nicht, was der ganze Aufstand soll.«

»Ich möchte diesen Mann anzeigen. Wegen Gefährdung der öffentlichen Sicherheit«, sagte Phoebe, ohne auf seinen Einwand zu reagieren. »Schlimm genug, dass Rowdy tot ist. Was, wenn jemand einen Menschen getroffen hätte? Mich zum Beispiel? Oder einen Spaziergänger?«

Der Regisseur nahm sein Schnupftabaksfläschchen und genehmigte sich betont ungerührt eine Prise. »Warum mischen Sie sich in Dinge, die Sie nichts angehen? Wer sind Sie überhaupt, Sie Unruhestifterin? Ein Fan von Sir Michael, was? Ich finde Menschen lächerlich, die sich Stars aufdrängen, um ihnen nahe zu sein.«

Phoebes Gesicht wurde kalkweiß und erstarrte zu einer

Maske. Mit zwei Schritten war sie bei von Kestring und schüttete ihm mit einer raschen Bewegung den Inhalt ihres Glases ins Gesicht. »Zur Desinfizierung, Sie … Sie … *Regisseur*!«

Von Kestring schrie laut auf, als der hochprozentige Alkohol über die frischen Kratzer auf seiner Wange floss. Er sprang auf, packte Phoebe Smith-Bates grob am Arm und schüttelte sie.

»Was erlauben Sie sich, von Kestring? Lassen Sie Phoebe auf der Stelle los!« Sir Michael kam angestürmt und zerrte den Regisseur an der Schulter zurück, während alle anderen der überraschenden Eskalation entsetzt zusahen. Carlos Kwiatkowski umkreiste die Streitenden und fotografierte jede Bewegung wie ein Kriegsberichterstatter unter Adrenalin.

Phoebe Smith-Bates massierte ihren Arm und fauchte Sir Michael an: »Ihr Regisseure seid doch alle gleich! Verdammte Despoten, die ohne Rücksicht über ihre Schauspieler hinwegtrampeln, einer wie der andere! Du kannst dir deine geheuchelte Empörung sparen, Michael. Deinen Schutz brauche ich nicht.« Sie goss sich einen neuen Whisky ein und kippte ihn in einem Zug hinunter.

»Haben sich alle wieder beruhigt?«, fragte Rebecca Davis gelassen und sah sich um. Die Schauspieler auf den Stühlen nickten, und Sir Michael kehrte zu seinem Platz in der Runde zurück.

Pippa setzte sich zitternd neben Barbara-Ellen, die sofort ihre Hand nahm und beruhigend streichelte. Pippa konnte noch immer nicht fassen, was sich gerade in Sekundenschnelle vor ihren Augen abgespielt hatte; zu schnell, als dass jemand hatte eingreifen können. Außer Sir Michael natürlich, aber Phoebe hatte abweisend auf seine Hilfe reagiert.

Warum ist sie ihm gegenüber derart ablehnend?, dachte Pippa und sah sich nach Sir Michael um, der blass und mit zusammengepressten Lippen finster vor sich hin starrte. Und wieso hat sie ihn mit von Kestring auf eine Stufe gestellt?

Rebecca Davis blickte wieder auf den Block. »Wer von Ihnen ist Johannes Berkel?«

»Unser Assistent und der Rosencrantz des Ensembles. Er liegt oben in seinem Zimmer«, antwortete Barbara-Ellen, »er hat eine Beruhigungsspritze bekommen und schläft jetzt. Er steht unter Schock, weil er das arme Tier erschossen hat.« Sie warf ihrem Gatten einen eisigen Blick zu. »Und weil mein Mann ihn mit der Waffe bedroht hat.«

»Das habe ich nicht getan!«, schrie von Kestring.

»Tatsächlich? Sehen wir uns doch einfach die Fotos von Carlos an«, gab Barbara-Ellen ungerührt zurück.

Rebecca Davis wurde aufmerksam. »Es gibt Fotos?«

Kwiatkowski stand auf. »Ja. Carlos Kwiatkowski. Ich bin Journalist und dokumentiere die Probenarbeit.«

»Interessant. Die Fotos würde ich gerne sehen. Jetzt.«

»Natürlich.« Kwiatkowski nickte. »Ich hole meinen Laptop und brenne Ihnen eine CD.«

»Ich protestiere!« Von Kestring gab nicht auf. »Ich gebe hier die Bilder zur Veröffentlichung frei – und niemand sonst!«

»Keine Sorge. Die Bilder dienen allein der Wahrheitsfindung«, sagte Rebecca Davis beschwichtigend, »ich werde mich persönlich darum kümmern, dass sie nicht in der *Sun* erscheinen.«

Im Kamin in Phoebes Wohnzimmer prasselte ein wärmendes Feuer. Pippa, Phoebe und Debbie saßen in tiefen Sesseln, die Stereoanlage spielte leise Folkmusik, die Duncan Pippa zum Trost geschenkt hatte. Alle drei hatten Cider vor sich, und auf der Anrichte stand reichlich Nachschub.

Die drei Frauen hatten schon mehrmals auf Rowdy angestoßen, und sogar Peter Paw bekam zur Beruhigung ein Schälchen Sahne. Er hatte Pippa ins benachbarte Cottage begleitet und lag zusammengerollt auf Phoebes Schoß.

»Hast du schon mit Hetty gesprochen?«, fragte Phoebe, nachdem sie lange geschwiegen hatten.

»Noch nicht«, erwiderte Pippa.

»Soll ich das übernehmen, Dear? Ich verstehe, wenn es zu schwierig für dich ist.«

»Das ist mehr als lieb von dir. Aber darum geht es nicht«, sagte Pippa, »jedenfalls nicht nur. Ich weiß, dass Grandma heute eine Verabredung hat, und die wollte ich ihr nicht verderben. Ich rufe sie morgen früh an, um ihr alles zu erzählen. Dann werde ich Oma Will auch fragen, ob sie von Kestring anzeigen will, damit ich DI Davis so schnell wie möglich informieren kann.«

»Anzeigen – was soll das bringen?«, grollte Debbie. »Dann heißt es bestimmt, dass es sich ja nur um eine Sachbeschädigung handelt. Als wäre Rowdy nichts als eine Sache gewesen.«

»Beruhige dich«, sagte ihre Großmutter. »Rebecca wird sich auch um den Waffenbesitz und die unrechtmäßige Nutzung der Pistole kümmern. Und ich mich um alles andere. Der kommt nicht ungeschoren davon. Das bin ich Hetty schuldig.«

Ihre Stimme klang liebevoll, und Pippa fragte sich einmal mehr, warum ihre Großmutter und Phoebe zerstritten waren. Während sie darüber nachdachte, ging die Türglocke, und Debbie sprang auf, um zu öffnen.

Zusammen mit einem Schwall kalter Luft kam Lysander herein.

»Ich hoffe, ich störe nicht? Ich bin sofort losgefahren, als ich hörte, was heute passiert ist, und habe mit dem Ensemble geredet. Pippa, es tut mir wirklich leid.«

»Du wirst diesen von Kestring natürlich sofort seines Amtes entheben«, sagte Phoebe. »Der Mann ist unhaltbar.«

»So einfach ist das nicht, Mum«, erwiderte Lysander, »an ihm hängt das ganze Projekt, außerdem Fördergelder und vieles mehr.«

»Dad! Das kann nicht dein Ernst sein!«, rief Debbie empört. »Der Kerl ist doch komplett verrückt! Wer weiß, was er sich als Nächstes einfallen lässt? Willst du abwarten, bis noch mehr passiert? Er hat einem aus dem Ensemble die Knarre an den Kopf gehalten, das ist doch Wahnsinn. Willst du dieses Risiko wirklich tragen?«

»Debbie hat recht. Wenn dieser unmögliche Mensch erkranken würde, müsstest du auch Ersatz beschaffen«, sagte Phoebe so heftig, dass Paw die Augen öffnete und den Kopf hob. Sie kraulte ihn zärtlich. »Paw hat ihn sofort bestraft, der Gute. Er war der Mutigste von uns allen.« Der Kater rollte sich zusammen und schlief schnurrend wieder ein.

Lysander Smith-Bates starrte nachdenklich ins Feuer. Schließlich sah er Pippa an. »Was denkst du darüber?«

»Im Moment denke ich überhaupt nichts«, antwortete Pippa, »ich bin nur sehr erschrocken und traurig. Rowdys Tod ist entsetzlich, Grandma wird untröstlich sein.« Pippa machte eine Pause, weil sie ihrer Stimme nicht mehr traute. »Von Kestring hat uns alle in Gefahr gebracht. Ich wüsste gerne, wie die anderen sich jetzt fühlen. Hast du schon mit Sir Michael darüber gesprochen?«

»Natürlich«, sagte Lysander, »mit Sir Michael und mit allen anderen. Sogar mit Johannes Berkel. Sieht so aus, als wollten alle weitermachen – wenn ich es schaffe, von Kestring bis Montag zu feuern.«

Kapitel 12

Gib ein Fest«, sagte Hetty Wilcox, »für das ganze Dorf. Zu Rowdys Ehren. Ein Fest, an das sich alle noch erinnern, wenn meine eigene Beerdigung schon lange Geschichte ist.«

»Aber …«, wollte Pippa einwerfen, doch ihre Großmutter ließ sie nicht zu Wort kommen.

»Ein fröhlicher Leichenschmaus bei Tom im Pub. Wie in alten Zeiten, mit allem Drum und Dran. Tom Barrel kennt sich da aus. Und dieser Regisseur zahlt. Alles.« Hetty machte eine kurze Pause, um sich Pippas ganze Aufmerksamkeit zu sichern. »Dann verzichte ich auf eine Anzeige.«

»Ich kann nicht glauben, was du da sagst. Von Kestring soll ungeschoren davonkommen?« Pippas Stimme überschlug sich vor Empörung. »Ich jedenfalls werde das Harmony House erst wieder betreten, wenn von Kestring weg ist. Keine Minute früher.«

»Im Gegenteil, my dear. Deine Anwesenheit im Hotel ist jetzt wichtiger denn je. Zeig allen, was wahre Größe ist – und halte von Kestring damit unter Kontrolle. Nutze deinen Mut – für all die anderen, die ihn nicht haben.«

»Und wie soll das gehen? Niemand vom Ensemble will noch mit ihm arbeiten. Lysander hat gesagt …«

»Ich weiß«, unterbrach Hetty sanft, »aber warte erst einmal ab, ob von Kestring wirklich abgesetzt wird.«

»Natürlich! Wer könnte daran noch zweifeln? Er ist

unberechenbar – und er ist schuld daran, dass Rowdy tot ist!«

»Rowdy war etwas ganz Besonderes. Ich bin sehr traurig, aber Rache ist krank. Damit stellst du dich auf von Kestrings Stufe. Beweisen wir unsere Stärke, indem wir verzeihen. Vor allem Johannes Berkel, dem armen Jungen. Ich möchte nicht wissen, wie es in ihm aussieht. Er braucht deine Unterstützung am allermeisten. Schuldlos schuldig zu werden ist ein großes Unglück. Zeig ihm, dass du hinter ihm stehst. Mach weiter.«

Pippa zögerte einen Moment. Dann sagte sie leise: »In Ordnung. Aber es wird mir schwerfallen, von Kestring gegenüberzutreten.«

»Das verstehe ich. Begegne ihm auf Augenhöhe, damit er begreift, wo er steht. Nicht über euch, sondern neben euch. Wenn er mitten unter euch sein und dazugehören will, dann muss er etwas dafür tun – sonst tut ihr alles nur für Shakespeare. Für Shakespeare lohnt es sich, weiterzumachen. Alles lohnt sich für Shakespeare.«

Alles für Shakespeare, dachte Pippa, das ist ein schöner Schlachtruf – und alles für Rowdy …

Pippa sah auf die Uhr. Das Telefongespräch hatte länger gedauert, als sie gedacht hatte. Wenn sie den nächsten Bus nach Moreton-in-Marsh noch erreichen wollte, musste sie sich sputen. Als sie ihren Stuhl zurückschob, sprang Peter Paw vom Sofa, streckte sich und sah sie erwartungsvoll an.

»Nein, Paw, wir gehen nicht ins Harmony House.«

Der Kater strich kurz um ihre Beine, lief in die Küche und verschwand durch die Katzenklappe in der Hintertür nach draußen. Pippa zog sich gerade den Mantel über, als Carlos im Morgenmantel die Treppe hinuntergepoltert kam.

»Guten Morgen. Was hast du vor? Ich dachte, wir könnten zusammen frühstücken.« Er gähnte ausgiebig und rieb sich die Augen.

Pippa musterte Kwiatkowski von oben bis unten. »So wie du aussiehst, kannst du nur morgen früh meinen. War wohl spät gestern.« Sie schlang sich den Schal um den Hals und zog Handschuhe an. »Ich muss los. Ich will nach Moreton. Soll ich dir etwas vom Markt mitbringen?«

Carlos schüttelte den Kopf. »Dann geh ich wirklich wieder ins Bett. Ich habe einen Kopf wie 'ne Eckkneipe. Duncan hat mich gestern buchstäblich unter den Tisch getrunken. Ich kann mich nicht einmal erinnern, wann ich nach Hause gekommen bin.«

»Um halb vier. Und offensichtlich hat Duncan dir sehr interessantes schottisches Liedgut beigebracht, mein Lieber.«

Pippa lief über den Dorfanger und winkte hektisch, weil sie den Bus schon an der Haltestelle ankommen sah. Aber der Fahrer schien keine Eile zu haben. Er hing halb aus dem Fahrerfenster und diskutierte mit einigen Dorfbewohnern die Ereignisse des gestrigen Tages. Als Pippa einstieg, debattierten die anderen Fahrgäste bereits über verschiedene Strafmaßnahmen gegen von Kestring.

»Rowdys Tod könnte dazu führen, dass Hetty uns tatsächlich verlässt«, mutmaßte einer der alten Herren vor dem Bus. »Verdammte Schande, diese Landflucht der Jugend.«

Pippa unterdrückte die Frage, ab wann man in Hideaway das jugendliche Alter offiziell hinter sich ließ, und informierte ihre Mitreisenden über den Wunsch ihrer Großmutter, lieber ein Fest zu feiern, statt von Kestring zu lynchen.

»Ein echtes *wake*, eine Totenwache mit viel Volk und noch mehr Schmaus und Trank«, sagte Hettys Verehrer John Napier und sah Pippa wohlwollend an. »Da ist wohl ihr rothaarig-irisches Erbe durchgekommen. Das hätte auch von Phoebe kommen können.«

»Eine großartige Idee«, fand der Busfahrer. »Aber fangt nicht damit an, bevor ich Dienstschluss habe. Ich will nicht ständig mit trockenem Hals am Pub vorbeifahren müssen.«

»Keine Angst«, sagte Pippa. »Die Feier ist erst morgen – das will ja alles erst organisiert werden.«

»Was gibt es denn da groß zu organisieren? Tom hat mehr Vorräte, als wir in sieben kalten Wintern trinken können, ein paar frische Fasane kann mein Rudolf aus dem Wald holen, und Kuchen sind schnell gebacken – bleibt einzig die Frage, wo Rowdy bestattet werden soll«, sagte eine Dame in den Fünfzigern, die sich Pippa als Amanda Bloom vorgestellt hatte, »und das klären wir mit Phoebe.«

John Napier nickte bestätigend. »Fahr du mal und überlass alles andere uns. Ab morgen um zwölf Uhr wird gefeiert. Mit einem Gang um den Blisswalk – genau, wie Rowdy es gewollt hätte.«

Da der Fahrer sich endlich an die Zwänge seines Fahrplans erinnerte, schloss er die Bustür, grüßte noch einmal und fuhr los. Pippas Fahrgeld lehnte er mit einem Kopfschütteln ab. Pippa war so gerührt über die herzliche Anteilnahme, dass sie den Rest der Fahrt angestrengt aus dem Fenster sah und mit den Tränen kämpfte. So hilfsbereit und verständnisvoll die Bewohner von Hideaway waren und sosehr ihr Zusammenhalt Pippa freute, sie bescherten ihr einen massiven Anflug von Heimweh und den brennenden Wunsch, mit schnödem Mammon um sich zu werfen und ihren Kummer durch Einkäufe zu betäuben. Pippa wischte sich die Tränen aus den Augen. Dafür gab es keinen besseren Ort als den Samstagsmarkt in Moreton-in-Marsh. Die Polizei konnte warten.

155

Gedankenverloren schlenderte Pippa über den Markt, der sich an der High Street der Marktstadt entlangzog. Wo sonst Autos parkten, reihte sich jetzt Stand an Stand, umdrängt von Kunden, die für das Wochenende einkauften. Pippa blieb an einem Käsewagen stehen und wartete geduldig, bis sie an der Reihe war. Kein Marktbesuch in Moreton ohne ein Stück Wensleydale mit Cranberrys, das war ein ungeschriebenes Gesetz. Genau wie ihre Großmutter liebte Pippa diesen köstlichen Kuhmilchkäse, der in Deutschland Unsummen kostete. Sie kaufte noch etwas Stilton und einige Scheiben Cheddar, bevor sie zufrieden weiterging. Die Muße tat ihr gut.

An einem großen Stand mit Kleidung suchte sie sich drei Pullover und zwei Hosen aus, was ihre mitgebrachte Garderobe schlagartig verdoppelte. Seit Tagen trug sie abwechselnd ihre zwei einzigen Pullis, und allmählich wurde ihr die abendliche Handwäsche lästig.

Für einen Theaterbesuch in Stratford bekomme ich hier nichts, dachte sie, da brauche ich etwas Feineres – vielleicht hat Debbie Lust, mal mit nach Cheltenham zu fahren und mich modisch zu beraten? Aber die grasgrüne Mütze da, die wird meine. Vor einem fast blinden Rasierspiegel, den die Marktfrau für ihre Kunden aufgehängt hatte, versuchte Pippa herauszufinden, ob die Häkelmütze zu ihr passte. Sie kniff die Augen zusammen und sah genauer in den Spiegel, um sich zu vergewissern: War das nicht Barbara-Ellen, ein paar Meter weiter? Pippa bezahlte, behielt die Mütze gleich auf und ging zu Barbara-Ellen hinüber.

Die Schauspielerin verhandelte lebhaft mit dem Händler eines riesigen Angebots an Waren, die mit *Alles für das geliebte Haustier* nur unzulänglich beschrieben waren. Plüschkissen in allen Größen, Formen und Farben türmten sich meterhoch, es gab Katzen- und Hundesofas für jeden

Geschmack und Einrichtungsstil, außerdem Hundeleinen und Halsbänder von schlicht bis reich verziert. Barbara-Ellen begutachtete gerade kritisch zwei Halsbänder, die verschwenderisch mit Strass besetzt waren.

»Guten Morgen«, sagte Pippa, »sind die für deinen Gatten?«

»Hasso mit Glitzerhalsband! Bei seinem Namen wirklich passend, das gebe ich zu.« Die Schauspielerin lachte schallend. »Nein, ich möchte Peter Paw ein Halsband schenken. Er macht mir so viel Freude. Irgendwie taucht er immer genau dann auf, wenn ich dringend ein anschmiegsames, tröstendes Stofftier brauchen könnte.« Sie betrachtete die Halsbänder kritisch. »Welches passt besser zu seinem roten Fell: blau oder schwarz?«

»Ist das nicht eher ein Accessoire für ein Schoßhündchen?«, fragte Pippa zögernd. Der Eifer von Barbara-Ellen berührte sie, aber Paw war ein gefürchteter Kampfkater, und das wollte nicht so recht zu diesem funkelnden Ding passen.

»Unsinn«, sagte Barbara-Ellen kategorisch. Sie nahm das schwarze Halsband vom Ständer. »Sieh mal, es hat einen Anhänger, in den man seinen Namen gravieren lassen kann. Man kann ihn aufklappen wie ein Medaillon und dort Telefonnummer und Adresse hinterlassen. Das nehme ich. Kennst du einen Laden, in dem graviert wird?«

Pippa erklärte ihr den Weg zu einem Haushaltswarengeschäft in einer Nebenstraße ganz in der Nähe und befühlte währenddessen ein besonders imposantes Katzenkissen mit hohem Rand. »Ganz weich … das wird mein Geschenk für Peter Paw.«

»Dann wird unser kleiner Liebling heute ja reich beschenkt.« Barbara-Ellen deutete auf einen Tearoom an der Straßenseite. »Ich würde auch dir gerne etwas Gutes tun. Darf ich dich zu einem Lunch einladen?«

»Einverstanden. In einer Stunde? Ich muss vorher noch zu Rebecca Davis aufs Revier.«

Pippa verließ den Markt und spazierte die High Street hinauf. Am Fish & Chips-Shop schnupperte sie genießerisch den Duft von knusprigem Bierteig und ging dann weiter. Die Polizeistation war in einem Natursteinhaus mit spitzem Giebel und Sprossenfenstern untergebracht, üppig berankt mit dunkelgrünem Efeu. Ein weißlackierter, schmiedeeiserner Zaun auf einem kniehohen Mäuerchen, alle paar Meter durch quadratische Steinsäulen unterbrochen, grenzte den kleinen Vorgarten zur Straße ab.

Selbst die Polizeireviere sehen aus, als ob hier nie Böses geschieht, dachte Pippa, als sie die leuchtend blaue Eingangstür öffnete und eintrat.

Hinter einer hölzernen Barriere saß an einem Schreibtisch ein uniformierter Beamter und telefonierte. Während Pippa noch wartete, dass er auflegte, kam Rebecca Davis schon die Treppe aus dem ersten Stock herunter.

»Pippa, dachte ich mir doch, dass ich Sie von meinem Fenster aus gesehen habe. Kommen Sie bitte mit.«

Pippa folgte ihr die hölzerne Stiege hinauf in ein kleines Büro, das mit Aktenschränken vollgestellt war und kaum Platz für einen Schreibtisch und zwei Besucherstühle ließ.

»Was schleppen Sie denn da mit sich herum?«, fragte Rebecca Davis und bat Pippa mit einer Geste, Platz zu nehmen.

»Meinen Sie das hier?« Pippa hob die große Plastiktüte, die sich eng um das voluminöse Mitbringsel spannte, das sie für Peter Paw erstanden hatte. »Das ist so was Ähnliches wie ein mit Plüsch bezogenes Kinderschlauchboot, für unseren Kater.«

Rebecca Davis grinste. »Den roten Kugelblitz? Ich hörte

davon. Die Spuren seiner Wehrhaftigkeit waren ja kaum zu übersehen. Äußerst sympathisch. Und wenn ich mir die Dimensionen des Kissens ansehe, scheint er nicht gerade klein zu sein.«

»Beim letzten Wiegen hatte er neun Kilo.«

Rebecca Davis pfiff leise durch die Zähne. »Nicht schlecht. Von Kestring kann froh sein, dass ihm die Kanonenkugel keine Rippen gebrochen hat.«

»Peter Paw hat sich mit Rowdy den Hundekorb geteilt, aber seit gestern mag er darin nicht mehr liegen. Deshalb dachte ich, es ist Zeit für ein neues kuscheliges Nest. Hoffentlich nimmt er es an.«

»Sie haben das Kissen vom Markt, nicht wahr? Ich will Ihnen etwas gestehen«, die Polizistin beugte sich vor und senkte verschwörerisch die Stimme, »ich habe zwei Katzen, absolute Diven. Ich kann kaum an diesem Stand vorbeigehen, ohne etwas für sie zu kaufen. Bei mir zu Hause befindet sich die offizielle Dependance des Katzenspielzeughimmels. Von diesen Plüschbooten habe ich zwei ... in jedem Zimmer.« Sie seufzte und drehte den Bilderrahmen auf ihrem Schreibtisch in Pippas Richtung. »*Daisy* und *Primrose*.«

Pippa sah zwei rauchgraue British-Kurzhaar-Schönheiten, die malerisch auf einer Fensterbank saßen. Durch das Sprossenfenster hatte man Ausblick in einen blühenden Garten mit Stockrosen und knorrigen Apfelbäumen.

»Aber deshalb sind Sie nicht hier.« Rebecca Davis lehnte sich in ihrem Stuhl zurück und sah Pippa ernst an. »Was hat Ihre Großmutter entschieden? Will sie Anzeige erstatten?«

Pippa schüttelte den Kopf. »Sie will ihn da treffen, wo er ihrer Meinung nach empfindlich ist: an seinem Geldbeutel. Von Kestring soll Rowdys Beerdigung und den Leichenschmaus für das ganze Dorf bezahlen. Dann lässt sie ihn ungeschoren.«

»Hut ab. Das nenne ich mal eine Entscheidung für die Allgemeinheit. In Sachen scharfer Munition werde ich allerdings trotzdem gegen ihn ermitteln, schließlich hat er grob fahrlässig gehandelt und Sie alle gefährdet.« Sie dachte einen Moment nach. Dann sagte sie: »Ich werde Rowdy das letzte Geleit geben. Ich würde es mir nie verzeihen, bei einem Fest in Hideaway zu fehlen – und ich werde meine Augen und Ohren offenhalten.«

Barbara-Ellen saß bereits im Tearoom, als Pippa dort eintraf, und blätterte in einem englischen Modemagazin. Sie hatte eine der beiden begehrten Fensternischen ergattert, die gegen die Sonne von einer blauen Markise beschattet wurden und einen schönen Ausblick auf das Markttreiben boten. Angesichts der Etagere mit Sandwiches und einer riesigen Kanne Earl Grey auf dem Tisch begann Pippas Magen prompt zu knurren.

»Wartest du schon lange?« Pippa verstaute ihre Einkaufstüten und setzte sich an die Stirnseite.

»Ich werde bestens unterhalten«, sagte Barbara-Ellen und deutete diskret mit dem Kopf zum zweiten Fenstertisch. »Den Typen musst du dir angucken. Seit einer halben Stunde redet er ununterbrochen auf seine atemlosen Verehrerinnen ein. Von seiner Überlandfahrt durch Albanien bis nach Griechenland und durch die Türkei. Nur er und sein Porsche.«

Pippa gab vor, die Speisenkarte zu studieren, und blickte unauffällig hinüber zum Nachbartisch. Zwei blonde, langhaarige Mädchen hingen fasziniert an den Lippen eines Mannes, der bestimmt älter war als die beiden zusammen.

Er hatte eine Sonnenbrille in sein blondgesträhntes Haar geschoben, sein weißes Hemd war knalleng und trotz der arktischen Temperaturen draußen bis zur Hälfte der Brust geöffnet. Die Lederjacke über der Stuhllehne war deutlich modischer als wintertauglich, und seine schwarze Jeans umspannte die Beine wie eine Strumpfhose. Goldkettchen um Hals und Handgelenke komplettierten seinen Aufzug. Demonstrativ ließ er einen Autoschlüssel mit Porsche-Anhänger um seinen Zeigefinger kreisen.

Pippa riss sich zusammen, um ihn nicht mit offenem Mund anzustarren, und wandte mühsam den Blick ab.

»Was sagst du?«, fragte Barbara-Ellen kichernd. »Modisch ist der Mann Mitte der Achtziger ins Koma gefallen. Die Haare, der Schmuck, das Hemd …«

»Faszinierend«, gab Pippa zu. »Die Mädchen scheinen ihn ja höchst attraktiv zu finden.«

»Wohl eher seinen Porsche. Ich wette, er war vor fünfundzwanzig Jahren mal der heißeste Typ der Cotswolds und trauert dieser Zeit hinterher.«

»Ich habe nie verstanden, was so junge Dinger klasse finden an Männern, die ihre Väter sein könnten«, sagte Pippa.

»Denk an Hasso«, erwiderte Barbara-Ellen, »von einigen seiner Verehrerinnen könnte er glatt der Opa sein, aber das stört die Mädchen kein bisschen. Und meinen Göttergatten erst recht nicht.«

Pippa warf der Schauspielerin einen forschenden Blick zu. Barbara-Ellen wirkte entspannt und amüsiert, trotz der Dinge, die sie gerade über ihren Gatten preisgegeben hatte.

»Macht dir das denn überhaupt nichts aus?«, fragte Pippa zögernd.

»Nicht mehr.«

Barbara-Ellen nippte an ihrem Mineralwasser. Dann sah sie Pippa ernst an.

»Er ist meine große Liebe. Die kleine Schauspielschülerin und der junge Nachwuchsregisseur, das war damals die große Leidenschaft. Kein Pfennig Geld und eine winzige Altbauwohnung mit Ofenheizung. Für uns zählte nur die Kunst. Es war die pure Freude, gemeinsam einen Ruf zu erarbeiten – nur irgendwann ...« Sie unterbrach sich selber. »Machen wir uns nichts vor: Hasso ist ein gutaussehender Mann. Er kann unglaublich charmant sein. Wenn er dich umgarnen würde, könnest du ihm auch nicht widerstehen, Pippa.«

»Vielen Dank, mit einem Exemplar dieser Sorte war ich jahrelang geschlagen. Nicht einmal, wenn er Shakespeare höchstpersönlich wäre!«, protestierte Pippa.

»Tatsache ist, er braucht sich nicht einmal anzustrengen. In den Augen seiner Verehrerinnen hat er jede Menge Einfluss und kann ihnen zu einer Karriere verhelfen. Das hat nichts mit Liebe zu tun. Weder von seiner Seite, noch vonseiten seiner Affären.«

»Trotzdem ...«

»Du findest, dass er ... wie soll ich es ausdrücken ...«, Barbara-Ellen suchte nach dem richtigen Wort, »charakterliche Mängel hat, nicht wahr?«

»Na ja, er ist nicht gerade ein Kuschelbär. Wie er mit manchen Menschen umgeht ... und gestern warst du sehr wütend auf ihn, das war weder zu übersehen noch zu überhören.«

»Ich habe deshalb jetzt auch ein eigenes Zimmer. Ich brauche Abstand. Aber er ist kein schlechter Kerl, wirklich nicht. Ich bin sicher, er bereut Rowdys Tod zutiefst. Hast du schon mit deiner Großmutter gesprochen?«

»Heute Morgen.«

»Will sie ihn anzeigen? Sich zu entschuldigen ist Hasso leider nicht gegeben, aber …«

»Da kennst du meine Oma Hetty schlecht. Sie hat mir gesagt, was dein Mann zu tun hat, um mit ihr keinen Ärger zu bekommen.«

Außer Atem erreichte Pippa in letzter Sekunde den Bus zurück nach Hideaway. Barbara-Ellen wollte unbedingt noch auf die Fertigstellung der Gravur für Peter Paw warten. »Bis dahin werde ich mir noch einen dieser sündhaften Schokoladenkuchen und intensive Charakterstudien gönnen. Ich muss unbedingt herausfinden, welche der beiden Grazien er abschleppt«, sagte sie augenzwinkernd.

Als Pippa vor dem Cottage stand und nach ihrem Schlüssel suchte, ging nebenan die Haustür auf. Eine Gruppe Dorfbewohner, angeführt von Phoebe, quoll heraus.

»Pippa, warte!«, rief Phoebe. »Wir haben mit dir zu reden!«

»Lasst mich erst die Taschen reinbringen«, sagte Pippa, schloss die Tür auf, schob mit dem Ellbogen unbeholfen den Windschutzvorhang zur Seite und bugsierte ihre Einkäufe ins Haus. Noch bevor sie die Taschen abgesetzt hatte, stand der gesamte Trupp im Wohnzimmer.

Ohne Umschweife kam Phoebe zur Sache. »Ich habe mit deiner Großmutter telefoniert. Sie hat mir gesagt, was sie von diesem Regisseur fordert.« Sie schnaubte empört. »Hetty ist zu gut für diese Welt, wenn du mich fragst. Ich würde ihn …«

Obwohl sie nicht aussprach, was sie mit Hasso von Kestring tun würde, nickten die Umstehenden grimmig und murmelten zustimmend.

Rowdy war zu gut für diese Welt, dachte Pippa. Er hat geschafft, dass Phoebe und Hetty wieder miteinander reden.

»Hetty hat mich gebeten, dich dabei zu unterstützen, wenn du es diesem Kerl sagst. Wir gehen jetzt ins Hotel, sofort.«

»Jetzt?«, sagte Pippa überrumpelt. »Aber ich …«

»Kein Aber. Morgen soll Rowdy beerdigt werden. John Napier«, Hettys weißhaariger Verehrer tippte grüßend an seine Tweedkappe, »zimmert einen Sarg. Er will kein Geld dafür, aber er soll es nicht umsonst tun, finde ich.«

»Der Leichenschmaus findet auf Hettys Wunsch bei mir statt«, rief Tom Barrel, den Pippa in der Hektik noch nicht bemerkt hatte. Sie wollte sich nicht ausmalen, was der vierschrötige Tom mit von Kestring anstellen würde, falls der sich weigerte.

»Phoebe, vielleicht sollten besser nur wir beide …«, sagte sie zögernd, aber die alte Dame schüttelte kategorisch den Kopf.

»Wir gehen zusammen.«

Sie fanden den Regisseur in der Hotellobby an einem versteckten Tischchen, wo er mit Hendrik Rossevelt saß und sich leise unterhielt.

Phoebe verlor keine Zeit und marschierte auf die beiden zu. Sie baute sich vor dem Tisch auf, stemmte die Hände in die Seiten und verkündete ironisch: »*Herr* von Kestring. Sicher grübeln Sie seit gestern ununterbrochen, wie Sie begangenes Unrecht wiedergutmachen können. Grämen Sie sich nicht weiter: Hideaway hat Ihnen die Bürde des Denkens abgenommen.«

Von Kestring, zu überrascht, um wütend zu sein, starrte die Gruppe mit offenem Mund an. Hendrik lehnte sich abwartend auf seinem Sessel zurück.

Pippa räusperte sich. »Meine Großmutter wird Sie nicht

anzeigen, aber sie hat eine Bedingung: Rowdy erhält eine würdige Bestattung, und Sie übernehmen die Kosten.«

Nur am Rande bekam Pippa mit, wie die Mitglieder des Ensembles nach und nach in der Lobby eintrafen und sich neugierig um sie versammelten. Chris schwang sich auf den Tresen der Rezeption, um nichts zu verpassen.

»Wie bitte? Eine Beerdigung für einen Hund?«, sagte von Kestring. »Ich höre wohl schlecht.«

Langsam schüttelte Pippa den Kopf. »Das ist die Forderung meiner Großmutter, und sie lässt nicht mit sich verhandeln.«

»Ich werde nichts dergleichen tun«, beharrte von Kestring, stand auf und ging zum Ausgang. Als er die Tür aufriss, stand Barbara-Ellen vor ihm und schob ihren Mann sanft wieder in die Hotellobby.

Wo kommt die denn so plötzlich her?, dachte Pippa verblüfft, der nächste Bus aus Moreton ist doch erst in einer Stunde in Hideaway.

»Gut, dass du da bist!«, rief von Kestring verärgert. »Diese Dörfler übertreiben die sprichwörtliche englische Verschrobenheit und wollen eine Leichenfeier für diesen Köter abhalten. Und ich soll zahlen!«

Barbara-Ellen strich ihrem Mann zärtlich über die Wange. »Du hast mir doch gestanden, dass dir alles furchtbar leidtut und du es wiedergutmachen möchtest, nicht wahr, Liebling?«

Sie griff geschickt in die Innentasche seines Sakkos, zog die Brieftasche ihres Gatten heraus, entnahm ihr seine Kreditkarte und übergab sie Pippa.

»Selbstverständlich werden *wir* gern die entstehenden Kosten übernehmen.« Sie lächelte in die Runde. »Und wir werden auch beide kommen und mit dem Dorf feiern. Das sind wir dem Hund und Pippas Großmutter schuldig.«

Von Kestring nickte widerstrebend und sah stirnrunzelnd seiner Kreditkarte hinterher, die in Pippas Manteltasche verschwand.

Abends saßen Pippa und Debbie auf dem großen Samtsofa und diskutierten, ob Hetty sich in Berlin wohl einen neuen Hund anschaffen würde, als Carlos aus seinem Zimmer herunterkam und fragte: »Störe ich euch, wenn ich mich mit meinem Laptop in die Küche setze? Ich brauche ein wenig Platz.«

»Mich stört es nicht«, sagte Pippa, »dich, Debbie?«

Diese schüttelte den Kopf. »Ein Glas Cider, Carlos?«

»Bloß nicht, ich bin noch immer nicht wieder auf null Promille.« Der Journalist grinste schief. »Es ist mir ein Rätsel: Duncan sah heute Morgen schon wieder aus wie das blühende Leben. Wie macht der das?«

»Vielleicht ist das genetisch«, sagte Debbie. »Ich habe mal gelesen, dass die Schotten jahrhundertelang ihre Neugeborenen mit Whisky abrieben, um sie vor Infektionen zu bewahren – und jetzt wird eben der Alkohol vom Körper gar nicht mehr als solcher erkannt.«

Carlos ging in die angrenzende offene Küche und stellte den Rechner auf den Tisch. Er klappte ihn auf und drückte auf den Startknopf, dann holte er sich eine Flasche Mineralwasser, um seinen Nachdurst auf gesundem Wege zu stillen. Plötzlich setzte er überrascht ab, starrte auf den Monitor und ließ sich dann langsam auf einen Stuhl sinken, ohne den Blick vom Bildschirm seines Laptops zu wenden.

»Was zum Teufel …«, sagte er verblüfft.

»Was ist los?«, rief Pippa. »Stimmt etwas nicht?«

Er wandte sich ihnen zu, das Gesicht weiß wie die Wand. »Meine Festplatte ist gelöscht. Es ist alles weg.«

Kapitel 13

Die Kirchturmglocke schlug zwölf, als der Trauerzug sich in Bewegung setzte. Chris, Johannes Berkel, Dr. Mickleton und Sam Wilson trugen mit Hilfe zweier Tragebalken eine liebevoll von John Napier gefertigte Kiste, in die Pippa Rowdy gebettet hatte. Peter Paw, der die Truhe beschnüffelt und sich dann keinen Schritt mehr davon entfernt hatte, eskortierte sie.

Der bleigraue Himmel entsprach der Stimmung der Menschen, die zu Hettys und Rowdys Ehren das Dorf auf dem Blisswalk umrundeten, wie der Hund es täglich gemacht hatte. Viele Leute kannte Pippa nur vom Sehen, aber alle hatten Rowdy gemocht und waren mit Hetty befreundet.

An der Gabelung, von der aus ein Weg zum Aussichtsturm auf dem Glorious Hill anstieg, blieb die Karawane stehen. Die Träger stellten den Hundesarg neben einer kleinen Grube ab, die Chris und Johannes in die eiskalte Erde gegraben hatten. Die beiden hatten im alten Steinbruch des Nachbardorfes einen Naturstein besorgt und hergeschleppt, um ihn auf den kleinen Erdhügel zu setzen.

»Von hier aus kann Rowdy nicht nur Hettys Haus, sondern das ganze Dorf sehen«, sagte Phoebe zu Pippa. »Deshalb haben wir diesen Platz ausgewählt.«

Aus respektvollem Abstand machte Carlos Kwiatkowski Fotos. Pippa hatte ihn ausdrücklich darum gebeten, denn sie wollte, dass ihre Großmutter wenigstens auf diese Art teilhaben konnte.

Mickleton räusperte sich. »Liebe Pippa, bevor wir Rowdy beisetzen, möchte Nicky ein paar Worte sagen.«

Pippa drehte sich überrascht zu Nicola um, die ihr zunickte und nach vorn kam.

»Liebe Freunde, liebe Gäste in Hideaway, liebe Pippa«, sagte Nicola, »sosehr wir es bedauern, dass Hetty Wilcox heute nicht bei uns ist, so sehr freut es uns für sie, dass sie diese Tragödie nicht miterleben musste.« Sie schoss einen eisigen Blick in Richtung von Kestring, der mürrisch zwischen Hendrik und Sir Michael stand. »Es ist Hettys Wunsch, dass wir Rowdy heute feiern und dabei den Schuldigen nicht ausschließen, sondern in unserer Mitte begrüßen.«

»Hört, hört«, murmelten einige der alten Herren.

Nicola hob die Hand, bis wieder Ruhe eingekehrt war. »Wir alle kannten Rowdy. Jeder hat ihn verwöhnt, die Uhr nach seinen Spaziergängen gestellt und Hetty um diesen liebenswerten, freundlichen Hund beneidet. Er hat ganz Hideaway bewacht und keinen Tag ohne seine Kontrollgänge vergehen lassen. Rowdy hat mich täglich besucht, um sich seine Belohnung dafür abzuholen, und ich war nicht seine einzige Anlaufstelle. Er wird im Dorf fehlen, aber Herr von Kestring hat sich bereit erklärt, eine Bank zu spenden, die wir mit einer Gedenktafel versehen und hier neben dem Stein aufstellen werden.«

Ein spitzbübisches Lächeln huschte über Nicolas Gesicht, während von Kestring deutlich anzusehen war, dass er von seiner edlen Spende zum ersten Mal hörte. Klugerweise beschränkte sich seine Reaktion auf einen resignierten Seufzer.

»Bevor wir jetzt alle zum Leichenschmaus bei Tom einkehren, bitte ich um einen ruhigen Moment des Gedenkens an echte Treue. Wahre Loyalität und Freundschaft machen unser Leben reicher und lebenswerter, ganz gleich, ob zwischen Mensch und Tier oder zwischen der Dorfgemeinschaft und unseren Gästen.«

Es wurde mucksmäuschenstill, nur Peter Paws lautes Schnurren war zu hören. Alle Männer zogen ihre Mützen und Kappen vom Kopf und drückten sie an ihre Brust, hier und dort wurde verstohlen eine Träne aus dem Augenwinkel gewischt.

Nicola drehte sich zum Aussichtsturm um und winkte. Pippa kniff die Augen zusammen und sah, dass sich auf der Aussichtsplattform des Turms Duncan mit wehendem Umhang gegen den fahlen Himmel abzeichnete, einen Dudelsack im Arm. Mitten hinein in die Stille erklang der erste Ton von *Amazing Grace*. Die eindringliche Weise wehte über das Dorf und ließ niemanden unberührt. Peter Paw erwachte aus seiner Starre und begleitete Duncan mit leisem Miauen.

»Das hat Johannes organisiert«, flüsterte Barbara-Ellen der andächtig lauschenden Pippa zu, »er hat Duncan darum gebeten, und der hat keine Sekunde gezögert.«

Phoebe schnäuzte sich in ein spitzenbesetztes Taschentuch und straffte die Schultern, als der letzte Ton verklungen war. »Danke euch allen für eure ernsthafte Anteilnahme. Danke, im Namen Hettys.« Sie rieb sich die Hände. »Und jetzt auf zu Tom. Alle sind herzlich eingeladen, im Pub Rowdys Leben und Hideaway zu feiern.«

Im großen Gesellschaftsraum des Pubs war eine riesige Tafel in U-Form aufgebaut, die allen Platz bot. Die Stimmung war gelöst, als die Gäste sich ihrer dicken Wintermäntel entledigten, an der Bar ein erstes Getränk holten und in Grüppchen beieinander standen, bevor sie sich nach und nach einen Platz am Tisch suchten.

Debbie drückte Pippa ein Glas Cider in die Hand. »Wie geht es dir, meine Liebe?«

»Erstaunlich gut«, erwiderte Pippa, »ich hatte befürchtet ... ich weiß nicht ... dass alles ungeheuer sentimental sein würde.«

»Nicht in Hideaway«, sagte Phoebe und hielt Tom Barrel ihr leeres Glas unter die Nase. »Würdevoll ja – sentimental: nein.«

Zufrieden sahen sie sich um. Alle unterhielten sich lebhaft miteinander, prosteten sich zu und warteten auf das Essen. Phoebe runzelte die Stirn, als sie Sir Michaels Blick auffing, der sie quer durch den Raum anlächelte und mit einer Handbewegung aufforderte, den Platz neben ihm einzunehmen. »Für dich habe ich noch lange nicht genug getrunken«, murmelte sie und wandte sich ab.

Die Eingangstür ging auf, und Duncan kam herein. Seine Ankunft wurde frenetisch beklatscht, und der Schotte wehrte verlegen Dankesbezeugungen und Schulterklopfen ab, bevor er sich etwas zu trinken bestellte.

»Du hast wunderschön gespielt«, sagte Pippa und reichte den Cider, den Tom Barrel auf die Theke gestellt hatte, an ihn weiter.

»Es war mir eine Ehre«, antwortete Duncan und leerte sein Glas mit großen Schlucken. »Dudelsackspielen macht durstig«, erklärte er. »Chris und Johannes kommen gleich nach, sie machen noch die Grube zu. Wir sollen ruhig schon mit dem Essen anfangen.«

»Kommt nicht in Frage«, bestimmte Phoebe, »die beiden haben am härtesten gearbeitet. Wir warten.«

Ein Raunen ging durch die Gesellschaft, als das Essen aufgetragen wurde: erst große Schüsseln mit Erbsenpüree und

Ofenkartoffeln, dann Platten mit Fasanenbraten und Saucieren mit Bratensauce. Dazwischen standen Krüge mit Cider, aus denen sich jeder selbst bedienen konnte. Rebecca Davis fand einen Platz bei Sam Wilson, Carlos Kwiatkowski und Dr. Mickleton und sprach leise mit den dreien, die ihr aufmerksam zuhörten.

Das Ensemble saß zusammen, bis auf Barbara-Ellen, die sich ein paar Plätze weiter in bester Laune von den betagten Dorfcharmeuren hofieren ließ. Von Kestring trug noch immer einen mürrischen Gesichtsausdruck zur Schau und kaute lustlos auf einem Stück Fasan herum, während er seine Frau beobachtete.

Dann wandte er seine Aufmerksamkeit Dana zu, die das Fleisch des Fasans zwar mit zierlichen Bewegungen zerteilte, aber nichts davon aß.

Pippa stand gerade hinter von Kestring, um von dem antiquiert anmutenden Wandtelefon mit Wählscheibe Hetty anzurufen, als er Dana, ohne auf etwaige Mithörer zu achten, fragte: »Heute Abend? In meinem Zimmer?«

Dana Danvers errötete. Mit einem verlegenen Blick auf Barbara-Ellen flüsterte sie: »Nicht hier. Nicht jetzt!«

Der Regisseur ignorierte ihre Bemühungen um Diskretion und sagte laut: »Gut, dann eben später. Im Taubenhaus.«

»Danke nein. Da ist es mir wirklich zu kalt.«

Von Kestrings Lippen wurden schmal. »Was denn, was denn: heute kein heißes Blut? Ich denke doch …«

Pippa hätte sich am liebsten die Ohren zugehalten, um von weiteren Details aus von Kestrings Liebesleben verschont zu bleiben. Zu ihrer Erleichterung war die Verbindung nach Berlin endlich hergestellt, und Hetty nahm ab.

Tom Barrel hatte die Dorfbewohner auf das Telefongespräch vorbereitet, er ließ den Geräuschpegel per Handzeichen ansteigen, als Pippa sagte: »Hier ist dein Hideaway, Oma Will.«

Sie hielt den Telefonhörer in die Luft, so dass die alte Dame die ausgelassene Stimmung der fröhlichen Runde hören konnte. Dann erwies sich Tom Barrel als Meister der Improvisation. Er hob die Arme und dirigierte. Eine kurze Stille – dann brüllte ein vielstimmiges »Danke, Hetty!« über den Kanal.

Als Pippa auflegte, herrschte zwischen Dana Danvers und Hasso von Kestring Eiseskälte. Die Schauspielerin hatte sich demonstrativ abgewandt, und der Regisseur sah sich gereizt nach jemandem um, an dem er seinen Ärger auslassen konnte.

Als er Johannes Berkel entdeckte, der sich drei Stühle von ihm entfernt angeregt mit Alain unterhielt, hob der Regisseur sein leeres Whiskyglas und verlangte: »Berkel, holen Sie mir etwas Vernünftiges von der Bar. Diese Apfelplörre hier hält ja kein Mensch aus.«

Zu Pippas Überraschung ignorierte Berkel den Befehl vollständig. In der Annahme, sein Assistent hätte ihn nicht gehört, wiederholte von Kestring seine Forderung deutlich lauter.

»Berkel! Ich will einen Whisky! Bourbon. Auf Eis.«

Einige Umsitzende wurden aufmerksam, Phoebe und Pippa unterbrachen ihre Gespräche.

Berkel drehte langsam den Kopf und sah von Kestring einen Moment unbewegt an. »Whisky gibt es an der Theke. Wenn Sie einen Whisky wünschen, werden Sie ihn dort bekommen, Herr von Kestring.«

»Wow«, tuschelte Debbie neben Pippa, »*High Noon* in Hideaway. Deine Truppe überrascht mich immer wieder.«

Der Regisseur schnappte nach Luft. »Sie tun, was ich Ihnen sage und holen mir einen Whisky.« Er tastete nach seinem Schnupftabaksfläschchen und nahm eine große Prise. »Dafür bezahle ich Sie.«

»Sie können mich mal«, sagte Johannes Berkel.

Wie bei einem Tennismatch wandten sich alle Augen dem Regisseur zu. Dessen Gesicht färbte sich hochrot.

»Es mangelt Ihnen an Respekt, Berkel. Noch so eine Bemerkung, und ich werde …«

»Sie werden *was*?«, unterbrach ihn der junge Mann eisig. »Mir wieder eine geladene Knarre an den Kopf halten?«

Am anderen Ende der Tafel hob Rebecca Davis aufmerksam den Kopf und spitzte die Ohren.

»Suchen Sie sich einen neuen Lakaien, von Kestring«, fuhr Berkel gelassen fort, »ich kündige hiermit. Fristlos. Ich habe mit meinem Leben Besseres zu tun, als mich ewig von Ihnen drangsalieren zu lassen. Ab sofort bin ich nur noch Mitglied des Ensembles – nicht mehr Ihr Eigentum.«

»Bravo!«, rief Phoebe und hob ihr Glas. »Ein Trinkspruch: Alle Macht den Mimen!« Sie prostete Sir Michael zu, der leicht den Kopf schüttelte, aber ebenfalls sein Glas hob.

Von Kestring schaute Phoebe irritiert an, zeigte dann aber wütend auf Berkel. »Sie haben Ihre Aufgaben innerhalb der Produktion, Sie können nicht einfach kündigen!«

»Telefongespräche mit den Bühnenbildnern? Termine mit der Schneiderin? Oder geht es um den Nachschub für Ihren Schnupftabak?«, fragte Berkel. »Das schaffen Sie schon allein. Wenn es denn überhaupt noch nötig ist … vielleicht sind es ja Sie, der gehen muss.«

Von Kestring wollte auffahren, aber Hendrik Rossevelt war hinter ihn getreten, hielt ihn am Arm zurück und sagte:

»Wenn die Assistentenstelle frei ist: Ich übernehme gerne. Ich vertraue in Ihre Fähigkeiten – und in meine.« Er ging zur Bar und orderte: »Bester Bourbon. Zwei Finger breit. Auf Eis.«

»Das werden Sie noch bereuen, Berkel. Denken Sie an meine Worte«, zischte von Kestring und folgte seinem frischgebackenen Assistenten zur Theke. Er nahm das Glas in Empfang und stieß demonstrativ mit Rossevelt an.

Barbara-Ellen stand vom Tisch auf und ging zur Bar hinüber. Sie stellte sich zwischen Hendrik und Hasso und flüsterte ihrem Mann etwas ins Ohr. Von Kestrings Augen wurden groß und dunkel. Er hielt einen Moment die Luft an, dann nickte er und drehte sich zu Berkel um. »Verstehe, beide Aufgaben werden Ihnen zu viel, Regieassistenz und die Rolle. Eine Menge Arbeit. Verstehe. Akzeptiere Ihre Kündigung.«

Das löste die atemlose Starre der Tischgesellschaft, und man steckte die Köpfe zusammen, um die gerade erlebte Szene zu diskutieren.

Debbie sah auf die alte Wanduhr. »Das war die Zwei-Uhr-Vorstellung. Ich frage mich, ob der das bis zum Abend noch steigern kann.«

»Ich wüsste zu gern, was Barbara-Ellen gesagt hat, dass er plötzlich so sanftmütig ist«, erwiderte Pippa.

»Von Kestring und sanftmütig? Das wage ich zu bezweifeln.« Debbie sah auf das rotdunkle Fasanenfleisch auf ihrem Teller. »Man kann aus einem Stück Schweinefleisch die Form eines Fasans herausschneiden, aber wenn man es serviert, ist es immer noch ein Schwein.«

Als die Kuchenplatten aufgetragen wurden, löste sich die Sitzordnung der Tischgesellschaft wieder auf. Neue Gruppen fanden sich zusammen oder standen bei Tom an der Theke. Carlos machte Einzelporträts der Dorfbewohner, bei denen er jeden aufforderte, statt »Cheese« beim Fotografieren »Hetty« zu sagen.

Tom legte Folkmusik auf und zapfte eine Runde nach der anderen, zeitweise unterstützt von seiner Frau Cecily, um den Andrang zu bewältigen. Von Kestring unterhielt sich leise mit Hendrik in einer ruhigen Ecke an einem Stehtisch.

Pippa sah Rebecca Davis mit Zigarettenschachtel und Feuerzeug vor die Tür gehen und folgte ihr. Die Polizistin stand vor dem Pub und mühte sich, trotz des dichten Schneefalls ihre Zigarette anzuzünden.

»Ich versuche seit Jahren, es mir abzugewöhnen«, sagte sie, als Pippa zu ihr trat. »Aber ist Versuch nicht nur die Kurzform für Versuchung? Auch eine?«

»Ich bin Nichtraucherin«, erwiderte Pippa, woraufhin Rebecca den Rauch mit der Hand wegwedelte.

»Schöne Feier. Da Herr von Kestring bezahlen muss, trinken alle, als gäbe es kein Morgen.« Rebecca lachte vergnügt. »Das gibt eine imposante Rechnung.«

»Darf ich um eine bitten?« Barbara-Ellen gesellte sich zu ihnen und zupfte eine Zigarette aus der angebotenen Schachtel. »Einmal im Monat. Höchstens«, erklärte sie angesichts Pippas Erstaunen. »Ich brauche meine Stimme ... und meine Lungen.«

»Wird dein Mann Johannes Ärger machen?«, fragte Pippa.

»Nur über meine Leiche«, antwortete Barbara-Ellen grimmig. »Das wagt nicht einmal Hasso. Er weiß, wie viel mir an dem Jungen liegt.«

»Wie viel ist das denn genau?« Rebecca versuchte, die Frage harmlos klingen zu lassen.

»So viel, wie ohne Sex möglich ist«, sagte Barbara-Ellen ernsthaft. »Er ist wie ein kleiner Bruder für mich.«

Kleiner Bruder ..., dachte Pippa. Ich muss endlich daran denken, Freddy ein paar Bilder seiner Göttin zu schicken, wenn ich nicht riskieren will, dass *mein* kleiner Bruder nicht mehr mit mir verwandt sein möchte.

»Ihr Gatte hat sich ja schnell mit einem neuen Assistenten beholfen«, bohrte Rebecca unauffällig weiter.

»Hendrik?« Barbara-Ellen lachte auf. »Wenn er sich mit dem mal keine Laus in den Pelz setzt. Der tut nichts ohne Kalkül. Würde mich nicht wundern, wenn sein Eifer, Hassos Gesicht zu wahren, meinen Mann noch teuer zu stehen käme.«

»Geht es im Ensemble immer so hoch her?«, fragte Rebecca.

Barbara-Ellen winkte ab. »Das war noch gar nichts. Wir befinden uns mitten auf dem Jahrmarkt der Eitelkeiten, Detective Inspector, da verschwimmen schon mal die Grenzen zwischen Rolle und Realität. Das darf man alles nicht zu ernst nehmen.«

Rebeccas Gesicht war anzusehen, dass sie die Lage etwas skeptischer betrachtete.

Im Pub ging es hoch her, als sie wieder hereinkamen. Ein spontaner Chor hatte sich zusammengefunden, gab fröhliche Folksongs zum Besten und wurde laut bejubelt. An der Bar sah Pippa Phoebe mit Sir Michael stehen, der eindringlich auf die alte Dame einsprach. Aber diese schien nicht hören zu wollen, was er ihr zu sagen hatte, da sie abwehrend den Kopf schüttelte. Als Pippa sich an die Theke stellte und darauf wartete, dass Tom sie bemerkte, sagte Phoebe gerade: »Es gibt Dinge, die ich auch nach sechzig Jahren noch nicht vergessen kann, Michael.«

Sir Michael versuchte vergeblich, Phoebes Hand zu ergreifen. »Was muss ich tun, damit du mir verzeihst? Wir beide sind alt, uns bleibt vielleicht nicht mehr viel Zeit.«

»Todesahnungen?«, fragte Phoebe spöttisch. »Du Ärmster. Danach steht mir nicht der Sinn. Ich habe nicht vor, dir Absolution zu erteilen. Das ist nicht meine Aufgabe. Und jetzt entschuldige mich bitte, ich möchte mich amüsieren – und nicht uralte Geschichten aufwärmen.«

Sie drehte sich um und drängte sich durch die Menge.

»Himmel, Phoebe«, sagte Sir Michael leise zu sich selbst, »wenn du nur nicht so stolz wärest ...« Er bemerkte Pippa direkt neben sich und verstummte.

»Alles in Ordnung?«, sagte Pippa, nur um die peinliche Stille zu füllen.

Sir Michael straffte die Schultern. »Alles bestens, meine Liebe«, erwiderte er, »ich muss mich allerdings leider auf den Weg machen, auf mich wartet noch Arbeit. Wir sehen uns morgen.«

Er ging zur Garderobe, zog seinen Mantel über und verließ die Feier, ohne sich von seinen Kollegen zu verabschieden.

Mit einem Tablett gut gefüllter Cider-Gläser setzte Pippa sich zu Debbie, Anita, Duncan und Alain. Als der Franzose mit einem Hinweis auf sein Mineralwasser dankend ablehnte, sagte sie: »Probier doch mal einen Schluck. Oder trinkst du grundsätzlich keinen Alkohol?«

Der Franzose schüttelte den Kopf. »Doch, schon. Aber mein Bier muss dunkel sein und eine Schaumkrone tragen.«

»Du denkst, das ist Bier?« Duncan lachte dröhnend. »Das ist Apfelwein, mein Hamlet!«

»Dieser Cider ist Tom Barrels Visitenkarte. Er keltert ihn

selber – und hat uns alle davon überzeugt, dass dieses Getränk genauso edel sein kann wie bester Wein«, ergänzte Pippa. »Du müsstest das doch kennen. Ich habe in Frankreich schon göttlichen Cidre getrunken.«

»Hast du *Cidre* gesagt?« Alains Gesicht hellte sich auf. »Ich stamme aus der Bretagne, und wir machen den besten Cidre der Welt.« Er griff nach einem Glas und stürzte den Inhalt in einem Schwung hinunter, setzte ab, wischte sich den Mund und griff das nächste. »Und dieser Tom Barrel hat viel von uns gelernt!«

»Du bist Bretone?!« Duncans Pranke ergriff die Hand des attraktiven Franzosen und schüttelte sie begeistert. »Darauf müssen wir trinken, mein keltischer Bruder. Tom Barrel ist ein echter *Manxman* – direkt von der Isle of Man. Wir sind alle eine Familie. Weißt du, dass die Bretagne von uns *Brittany* oder *Little Britain* genannt wird? Oder in meiner Sprache: *a' Bhreatainn Bheag* – klingt das nicht so prächtig wie dein Land?«

Alain Bettencourt wirkte etwas überrumpelt von der rauen Herzlichkeit des Schotten, wehrte sich aber nicht, als Duncan eine weitere Runde Cider anschleppte.

»Zwillinge – seit der Geburt getrennt«, raunte Debbie Pippa zu, »ich sag ja: immer für eine Überraschung gut, deine Gaukler.«

Da Alain streng auf seine Figur achtete und nur wenig gegessen hatte, tat der Apfelwein schnell seine Wirkung.

»Ich werde ein einzigartiger Hamlet sein!«, verkündete er lautstark, und Duncan applaudierte begeistert.

»Die Kelten-Connection rockt die Bühne!«, setzte Duncan noch eins drauf.

Arm in Arm wankten sie zum Tresen, nachdem sie gemeinsam beschlossen hatten, sich hochprozentigeren Genüssen zuzuwenden und ihren Manx-Bruder Tom um Beratung zu bitten.

Pippa sah ihnen amüsiert hinterher und bemerkte, dass sie nicht die Einzige war. Auch Hendrik und von Kestring beobachteten die beiden neuen Freunde, als sie vorbeitorkelten. Der Regisseur und sein aktueller Assistent hatten dabei den exakt gleichen Gesichtsausdruck: ein hämisches Grinsen.

Kapitel 14

Pippa ging zögerlich die Auffahrt zum Harmony House Hotel hinauf. Einerseits neugierig, scheute sie sich andererseits vor dem ersten Zusammentreffen mit Hasso von Kestring nach der gestrigen Feier.

Ihre große Hoffnung lag darin, dass der Regisseur von Lysander an diesem Montag in seine Schranken gewiesen werden könnte und ihre Pflichten nach seiner Ablösung zu reinem Vergnügen würden.

Pippa hatte den Vorplatz des Hotels erreicht, als das Portal sich öffnete und das Ehepaar von Kestring die Freitreppe hinunter zum davor wartenden Taxi ging.

»Das Gespräch mit Smith-Bates wird nicht lange dauern«, sagte von Kestring zu Barbara-Ellen und rieb sich aufgeräumt die Hände, was ihm einen erstaunten Seitenblick seiner Gattin einbrachte.

Auch Pippa war verblüfft. Der Regisseur sah nicht aus wie jemand, der befürchtete, seines Amtes enthoben zu werden – im Gegenteil: Er war bester Laune.

»Guten Morgen, Pippa!«, rief von Kestring heiter, wandte sich aber sofort wieder seiner Frau zu. »Du machst so lange Sprechübungen mit deinen Kollegen. Das dürfte dir nicht schwerfallen, schließlich hast du sie bei mir schon oft genug erlebt.«

Charmant ist anders, dachte Pippa ironisch. Wenn das ein Kompliment sein soll, gibt es für dich noch einiges zu ler-

nen, Hasso. Mich würdest du so jedenfalls nicht zurück in
dein Zimmer locken.

»Sollte es bei mir wider Erwarten doch länger dauern
und du mit deinem Latein am Ende sein«, fuhr von Kestring
fort, »wird unsere liebenswerte Betreuerin«, er verbeugte
sich leicht vor Pippa, »gewiss ein Unterhaltungsprogramm
aus einem ihrer wagemutigen Hüte zaubern. Und wenn ich
zurück bin, wird weiter geprobt.«

Pippa erwiderte die Verbeugung mit einem knappen Nicken. Lügst du dir selber in die Tasche, dachte sie, oder hast
du tatsächlich nicht verstanden, dass Lysander heute entscheidet, ob du überhaupt hierher zurückkommen darfst?

»Mach dir um uns keine Sorgen«, sagte Barbara-Ellen,
trotz seiner Worte keineswegs verärgert, »konzentriere dich
lieber darauf, deine Haut und deinen Job zu retten.« Sie sah
ihn eindringlich an. »Ich hoffe sehr, dass du dich darauf be-
sinnst, aus welchem Grunde wir hier sind.«

Von Kestring winkte ab und lächelte triumphierend.
»Vertrau mir, meine Liebe. Wenn ich aus Stratford wieder-
komme, beginnt für uns beide eine neue Zeit – das garantiere ich dir. Ich werde in Stratford alles in die Waagschale
werfen, was ich habe, weiß und bin. Und das wird todsicher
reichen.«

»Auch für eine Tour des Stücks durch Europa?«, fragte
Barbara-Ellen zweifelnd.

»Ha! Ein kleiner Schritt für mich – ein großer Schritt für
die Menschheit«, verkündete von Kestring hochtrabend. Er
setzte ein triumphierendes Grinsen auf, als er Carlos Kwiatkowski sah, der die Auffahrt hinaufkam, schwer an Kameraausrüstung und Laptop schleppend.

Von Kestring ließ den Journalisten keine Sekunde aus
den Augen und zog seine überraschte Frau in eine innige

Umarmung, als wollte er sagen: *Schau her, du Paparazzo,
bei mir ist alles eitel Sonnenschein, und ich habe überhaupt
keine Angst vor der Zukunft.*

Ohne der auffälligen Demonstration ehelicher Harmonie
auch nur einen Blick zu schenken, strebte Carlos an den von
Kestrings vorbei. Pippa schloss sich ihm an – froh, der Situation entronnen zu sein.

Chris Cross stand am Empfangstresen, vor sich sein Textbuch.

*»… Es war genau an jenem Tag, da jung' Hamlet ward'
geboren, der, der verrückt ist, und den man dann nach England schickte«*, deklamierte er, als Pippa und Carlos die
Halle betraten.

»Nun sag; warum wurd' nach England er geschickt?«,
parierte Carlos mit der korrekten Entgegnung Hamlets.

*»Na, weil er rappelköpfig ist. Soll den Verstand dort
wiederfinden«*, übernahm Chris wieder als Totengräber,
*»und wenn's ihm nicht gelingt, spielt's da schon keine Rolle
mehr.«* Auffordernd sah er Carlos an.

»Wie das?«

*»Es fällt dort gar nicht auf. Dort sind die Leute grad' so
irr wie er.«*

Carlos lehnte sich grinsend auf die Theke. *»Wie wurd' er
denn verrückt?«*

Chris seufzte und schlug das Textbuch zu. »Vermutlich
paukte der arme Junge für ein Theaterstück.«

Die beiden Männer lachten und klatschten sich ab.

»Carlos, ich wusste ja gar nicht, dass du … ich meine …«,
stotterte Pippa, die sich nur langsam von ihrer Verwunde-
rung angesichts von Carlos' Textsicherheit erholte.

»Ich habe das Stück im Theater schon so häufig gesehen ... da könnte jeder irgendwann mitsprechen. Alle Rollen. Hamlet ist nicht das einzige Drama, das ich auswendig kann.«

»Auf zur Probe, meine Lieben, es ist schon nach zehn«, rief Barbara-Ellen, die hereingekommen war und sich fröstelnd die Arme rieb. »Sie auch, Carlos?«

Kwiatkowski schüttelte den Kopf. »Ich flitze gleich wieder los, ich will nur meine Kameraausrüstung hier deponieren. Meine Londoner Redaktion hat mir in Cheltenham einen Termin bei dem Computerguru gemacht, den Nicola mir empfohlen hat. Wenn einer meine Daten retten kann, dann er, sagt sie.« Er hob entschuldigend die Hände. »Ich weiß, ich wollte heute mit den Einzelinterviews für die Schauspielerporträts im *PaperRazzi* beginnen, aber das läuft uns nicht weg. Wir haben noch genug Zeit.«

»Es ist jetzt viel wichtiger, dass Ihr Computer wieder funktioniert und Sie Ihre Recherchen wiederbekommen, Carlos. Das verstehen wir doch«, sagte Barbara-Ellen. »Ich werde Sie bei den anderen entschuldigen.«

»Glaubst du, dass Lysander deinem Mann heute das Zepter aus der Hand nimmt?«, fragte Pippa, während sie und Barbara-Ellen zur Bibliothek gingen.

»Ich habe keine Ahnung.« Die Schauspielerin blieb stehen und rieb sich trotz der angenehmen Wärme im Hotel wieder über die Arme, als stünde sie noch immer in der Kälte. »Dies ist nicht die erste kritische Situation für Hasso, aber er hat sie alle gemeistert. So unberechenbar er ist, so überzeugend kann er sein. Aber das war in Deutschland.« Sie lächelte wehmütig und seufzte. »Dort scheint es geradezu eine Empfehlung, ja, ein Gütesiegel für Regisseure zu sein, schlechtes Benehmen an den Tag zu legen. Aber hier sind wir in England, und das bereitet mir echte Sorgen. Er müsste Smith-Bates gegenüber schon ein paar sehr gute Argumente ins Feld führen ...«

»Wünschst du es ihm?«, fragte Pippa vorsichtig.

Barbara-Ellen straffte die Schultern. »Ich wünsche mir *Shakespeare.* Ob mit Hasso oder ohne ihn.«

Ohne auf eine Reaktion Pippas zu warten, öffnete sie die Tür zur Bibliothek und trat ein.

Sir Michael stand mit Hendrik in einer Ecke des Raumes und redete auf ihn ein. Als Pippa gerade die Tür hinter sich schließen wollte, packte Sir Michael den Jüngeren am Arm und zog ihn an Pippa vorbei in den Flur, wo sie beinahe mit Chris zusammenstießen.

An einem der Flügelfenster übten Phoebe und Anita die englische Aussprache und die dazu passende Mimik und Gestik. Die junge Österreicherin wiederholte die Vorgaben der bekannten Shakespeare-Darstellerin mit vor Anstrengung roten Wangen und bemühte sich nach Kräften, Phoebes Vorstellungen gerecht zu werden. Der alten Dame war die Freude an dieser Aufgabe anzusehen. Pippa gesellte sich zu ihnen und begrüßte sie herzlich.

»Ich bin so glücklich«, sagte Anita atemlos. »Seit Mrs Smith-Bates mit mir übt, scheint alles viel leichter.«

»Ich heiße Phoebe, meine Liebe«, erinnerte Phoebe sanft.

Anitas Gesicht färbte sich vor Freude eine Schattierung dunkler. Als sie von Duncan gerufen wurde, ging sie zu ihm und Chris hinüber.

»Ich freue mich, dich hier zu sehen, Phoebe, aber ich bin erstaunt«, sagte Pippa.

»Ich arbeite gern mit jungen Menschen.« Phoebe ließ den Blick durch die Bibliothek schweifen.

Pippa schüttelte den Kopf. »Du machst mir nichts vor. Dass du dich freiwillig mit Sir Michael in einem Raum aufhältst, muss einen triftigen Grund haben. Glaub bloß nicht, dass mir eure kleinen Duelle entgangen sind. Ich weiß, dass du deine Erfahrung gern an Nachwuchsschauspieler weitergibst, aber du bist heute noch aus einem anderen Grund hier: Du willst von Kestrings letzten Auftritt nicht verpassen.«

»Anita braucht dringend moralische und sprachliche Unterstützung. Ich habe es ihr gestern angeboten, und ich halte meine Versprechen.« Sie legte Pippa die Hand auf den Arm. »Und wer weiß? Vielleicht bin ich es ja auch leid, immer der Streithammel zu sein ...«

»Oma Will wird sich freuen, das zu hören«, sagte Pippa.

Phoebe deutete auf Dana Danvers und Alain, die auf der Bühne die Schlafzimmerszene zwischen Hamlet und seiner Mutter probten, und fragte: »Wer von den beiden gibt die Gertrud?«

Pippa lachte und wunderte sich sowohl über die scharfe Beobachtungsgabe der alten Dame als auch über deren Geschicklichkeit, von einem unbequemen Thema zu einem unverfänglichen zu wechseln.

»Super Requisite«, sagte Chris begeistert und drehte den Totenkopf zwischen den Händen.

Duncan trommelte mit zwei Unterarmknochen rhythmisch auf die Sitzfläche des benachbarten Stuhls und sang Anita an: »*All you need is love ... ratadadadah ... all you need is love, love ... love is all you need ...*«

»Ich wünsche mir Nebelschwaden auf der Bühne, wenn ich aus dem Grab krieche«, schwärmte Chris, »und blaudunkles Licht ... dazu den Schrei einer Eule ...«

Sir Michael und Hendrik kamen wieder herein, und Pippa fiel auf, dass Sir Michaels Gesicht um Jahre gealtert wirkte. Er sah Phoebe lange an, dann ging er zu seinem Stammplatz am Fenster und ließ sich schwer in den Ohrensessel fallen.

»Dies ist *Hamlet,* mein Hotelleiter. Es ist der Hahn, der kräht – von Eulen wurde nichts erzählt«, korrigierte Hendrik hämisch, der Chris' letzte Bemerkung aufgeschnappt hatte.

»*Es war die Nachtigall und nicht die Lerche, die eben jetzt dein banges Ohr durchdrang*«, zitierte Anita aus *Romeo und Julia,* um Hendriks süffisanter Zurechtweisung die Schärfe zu nehmen.

»*Still, horch! – Die Eule war's, die schrie, der Unheilsbote, der grässlich gute Nacht wünscht ...*« Duncan stieß einen Vogelschrei aus und spielte einen Trommelwirbel, um die düsteren Worte aus *Macbeth* dramatisch zu untermalen.

Auch die anderen Mitglieder des Ensembles versammelten sich jetzt um Chris und suchten nach weiteren Tierzitaten aus Shakespeare-Dramen. Es wurde gejault, gebellt, miaut und geheult, bis Barbara-Ellen lachend rief: »Wunderbar. Da sind wir ja schon mitten in der Stimmbildung. Darf ich den gesamten Zirkus hier herüberbitten? Ich möchte mit der Atemdressur beginnen.«

Endlich hatte Carlos Kwiatkowski den kleinen Laden im Souterrain eines mehrstöckigen Hauses nahe des Busbahnhofs von Cheltenham gefunden. Vorsichtig ging er die nur unzulänglich vom Schnee befreiten Stufen zur Ladentür hinunter und hielt sich dabei am eiskalten Metallgeländer fest. Als er die Klinke herunterdrückte, tat sich nichts. Vergeblich versuchte Carlos, durch die Scheiben in der Tür zu spähen, aber diese waren nicht nur schmutzig, sondern auch mit Stickern verklebt. Er entdeckte in der Mauer einen winzigen Klingelknopf und drückte mehrmals.

Gerade wollte er resigniert wieder hinaufsteigen, als innen ein Schlüssel umgedreht wurde und die Tür sich einen Spalt weit öffnete. Ein bebrilltes Gesicht schob sich heraus, und der Mann bellte: »Nur mit Termin.«

»Richard Arnold? Kwiatkowski! *PaperRazzi*!«, rief Carlos schnell, bevor die Tür sich wieder vor seiner Nase schließen konnte.

»Dann kommen Sie mal rein«, sagte der Mann und winkte Carlos, ihm zu folgen. Zu Carlos' Überraschung war der Computerfachmann höchstens Anfang zwanzig und sah mit seinen platinblonden abstehenden Haaren und dem Ringelpullover eher aus wie ein Rockmusiker.

Kwiatkowski betrat einen winzigen Laden, der voller Regale mit Computerteilen und -zubehör stand. Der junge Mann schlängelte sich traumwandlerisch sicher zwischen Kartons hindurch bis zu einer unansehnlichen Stahltür, öffnete sie und bat Carlos, hindurchzugehen. Der fand sich plötzlich in einer anderen Welt wieder: hohe helle Räume, elegante Büromöbel und mehrere Personen, die per Telefon ihre Gesprächspartner freundlich und geduldig durch deren persönliche Hölle aus Computerabstürzen und Programmfehlern dirigierten.

Klar, dachte Kwiatkowski, in einem Chaos wie dem ersten Raum kann man das Chaos anderer Leute nicht sortieren.

Alle Räume gingen in einen gepflegten Garten hinaus, in dem jemand statt eines Schneemanns einen angebissenen Apfel aus Eis modelliert hatte. Richard Arnold verfolgte Kwiatkowskis Blick.

»Im Sommer setzen wir den besten Computern mit dem

Schnitt unserer Buchsbaumhecke ein Denkmal«, sagte er stolz.

Carlos nickte, als würde er verstehen, und zeigte dann zurück zur Stahltür.

Richard Arnold zuckte mit den Achseln. »Das ist unsere natürliche Auslese. Wer meint, durch das Aussehen des Vordereingangs unsere Kompetenz einschätzen zu können, hat sie weder nötig noch verdient.«

Er schob den noch immer sprachlos staunenden Journalisten in sein Büro, setzte sich an einen perfekt aufgeräumten Glasschreibtisch und klopfte mit der flachen Hand auffordernd auf die Platte. »Dann zeigen Sie mir mal den Problemfall.«

Carlos stellte seinen Laptop auf die Theke und klappte ihn auf. »Nicola Balhatchet hat Sie mir empfohlen. Aus Hideaway. Sie sagte, wenn Richard Arnold dir nicht helfen kann, deine Daten wiederzubekommen, dann hattest du gar keine.«

Der junge Mann schnalzte mit der Zunge. »Nicola. Meine Traumfrau. Ich habe allerdings das Gefühl, dass mich jemand im Rennen um ihre Gunst überholt hat. Ich mach das hier für Sie, und Sie legen dafür bei ihr ein gutes Wort für mich ein, ja?« Er stellte den Rechner an und sagte: »Sie haben doch bestimmt einiges zu tun. Einkaufen. Oder irgendwelche Recherchen. Ich ziehe es vor, ganz in Ruhe zu arbeiten.«

Kwiatkowski schüttelte heftig den Kopf. »Ich würde gern hier warten.«

»Besuchen Sie doch das Geburtshaus von Gustav Holst«, schlug Richard Arnold unbeirrt vor, »wunderbarer Komponist. Hat großartige Musik geschrieben. *Die Planeten*, kennen Sie doch bestimmt. Hören Sie sich am besten alle Musikbeispiele an. Es kann eine Weile dauern, bis ich …«

»Ich bleibe hier«, unterbrach ihn der Journalist.

»Die Daten sind also nicht nur wichtig – sie sind auch heikel.« Richard Arnold klappte den Laptop zu und schob ihn Carlos hin. »Dann gehen Sie am besten zum Hacker Ihres Vertrauens.«

»Nein, nein«, wehrte Kwiatkowski ab, »selbst wenn es bedeutet: Je heikler, desto teurer.«

»Sieh an.« Der Computerfachmann verschränkte die Arme vor der Brust. »Sie bieten mir Schweigegeld?«

»Ich zahle jeden Preis, wenn ich dafür erfahre, was mit meinen Daten passiert ist«, sagte Carlos beschwörend.

»Und holen sich das Geld durch Erpressung wieder rein?«

Kwiatkowski schnappte empört nach Luft. »Ich bin Journalist!«

»Eben«, gab Richard Arnold grinsend zurück.

»Nicola hat nicht nur Ihren außergewöhnlichen Intellekt gepriesen. Sie hat mich auch vor Ihrem eigenwilligen Humor gewarnt«, sagte Carlos zähneknirschend. »Und ich erkenne gerade, dass beides ein- und dasselbe ist.«

Richard Arnold lachte und zog den Computer wieder zu sich herüber.

Lysander Smith-Bates presste entnervt die Lippen zusammen und versuchte sich darauf zu konzentrieren, den Wagen über die schmale, unübersichtliche Landstraße zu lenken. Als wären die winterlichen Straßenverhältnisse nicht schon nervenaufreibend genug, saß Hasso von Kestring neben ihm und gestikulierte wild, während er seit Beginn der Fahrt abwechselnd Schnupftabak konsumierte und wortreich beschrieb, wie er sich Bühnenausstattung und Requisiten für seine Inszenierung vorstellte.

Holt der Mann zwischendurch überhaupt mal Luft?, dachte Lysander, während von Kestrings Stimme an seinem

Ohr vorbeirauschte. Oder will er mit dem Geschwafel davon ablenken, dass von seinem ursprünglichen Konzept nicht viel übriggeblieben ist? Wie kann ein Mensch nur überhaupt so viel und so schnell reden? Gibt es dafür nicht einen Begriff? Richtig – Logorrhö. Und ich muss auch noch genau zuhören, damit ich Einspruch gegen besonders verrückte Ideen erheben kann.

Am liebsten hätte er den Regisseur aus dem Auto geworfen, aber er riss sich zusammen.

»Ich hätte dann gerne noch Tickets für die nächsten Premieren der Royal Shakespeare Company«, sagte von Kestring. »Selbstverständlich Logenplätze.«

»Die gibt es nicht«, knurrte Lysander.

»Was gibt es nicht? Premieren?«

Smith-Bates verdrehte innerlich die Augen. »Logenplätze. Das Theater ist nach dem Vorbild eines elisabethanischen Theaters angelegt. Die Bühne ist in den Zuschauerraum hineingebaut, und über dem Parkett befinden sich gerade aufragende Ränge. Galerien.«

»Ah, verstehe. Gut. Sehr gut. Ganz wie zu Shakespeares Zeiten. Wie das Globe Theatre in London, nur mit Dach. Hervorragend. Das beflügelt meine Phantasie ganz ungemein. Dem passe ich mich gern einmal an. Das ist es doch, was Sie sich von mir wünschen, nicht wahr? Dass ich mich anpasse.«

Er sah Lysander von der Seite an, doch dieser wandte seinen Blick keine Sekunde von der Straße.

Von Kestring nahm noch eine Prise Schnupftabak und grinste. »Nun, wir werden sehen. Ihrer uneingeschränkten Unterstützung bin ich mir seit heute ja gewiss.«

Lysander Smith-Bates trat das Gaspedal so heftig durch, dass der Wagen beinahe von der Straße abgekommen wäre.

Richard Arnold klappte den Rechner zu und sagte: »Das war's. Keine Daten. Zero.«

»Nichts zu machen?«, fragte Carlos.

»Überhaupt nichts. Alles weg.« Zu Arnolds Überraschung blieb der Journalist völlig ruhig.

»Und der Mistkerl, der das getan hat, konnte die Daten nicht sehen oder kopieren?«

»Ich erkläre es Ihnen gern noch einmal«, antwortete Richard Arnold geduldig. »Jemand hat Ihren Rechner bereits an der Stelle, an der er bootet … hochfährt, gestoppt. Ich vermute, er hat eine System-CD ins Laufwerk getan und manuell den Befehl erteilt, ab sofort über dieses neue Medium zu arbeiten.«

»Dann startet mein Laptop mit dieser CD …«

»… und bekommt von ihr den Befehl, alles zu löschen und mehrfach zu überschreiben«, vollendete Arnold den Satz.

»Unwiderruflich?«

»Unwiderruflich. Ich kann nichts weiter für Sie tun. Das war weder ein Systemfehler noch Dummheit von Ihnen – das war Sabotage. Tut mir leid.«

»Aber mein Passwort?«

»Unerheblich. Der Befehl wurde eingegeben, bevor der Computer überhaupt nach dem Passwort gefragt hat.«

»Das heißt: Der Saboteur kennt mein Passwort gar nicht?«

»Richtig.«

»Und er hat meine Daten nicht gelesen?«

Richard Arnolds Geduld war unerschöpflich. »Auch richtig. Oder zumindest unwahrscheinlich, weil …«

»Wunderbar!« Kwiatkowskis Laune besserte sich schlagartig, alle Anspannung fiel von ihm ab. Er entnahm seiner Brieftasche einige größere Scheine und reichte sie dem jungen Mann. »Das ist für Sie, lassen Sie es mal ordentlich krachen. Laden Sie Nicola ins Museum ein. Oder auf *Die Planeten.* Vorzugsweise Venus.« Er lächelte zufrieden. »Die Rechnung für Ihre Arbeit schicken Sie bitte an den *PaperRazzi,* und seien Sie nicht bescheiden. Vielen Dank, Richard, Sie haben mir sehr geholfen!«

Fröhlich pfeifend klemmte Carlos sich den Laptop unter den Arm und verließ den Laden.

Richard Arnold sah nachdenklich auf die Geldscheine in seiner Hand. Was waren das für Daten, die der Besitzer verzweifelt suchte, aber überhaupt nicht zurückwollte?

Kapitel 15

»Bitte, meine Damen und Herren! Bitte!«
Lysander Smith-Bates hob beschwörend die Hände, um die Aufmerksamkeit noch einmal auf sich zu ziehen. Er stand vor dem Ensemble auf der kleinen Bühne der Bibliothek, von Kestring neben sich. Die Schauspieler debattierten halblaut miteinander.

»Bitte! Hören Sie mir noch einen Moment zu.«

Als Ruhe eingekehrt war, wählte er seine Worte mit Bedacht. »Wenn Herr von Kestring geht, wird die EU die Fördergelder nicht nur sperren, sondern auch die bereits gezahlte Summe zurückfordern.« Er sah eindringlich in die Runde. »Sie verstehen, was das bedeutet? Damit wäre das Festival gestorben. Und das will doch wirklich niemand von uns.«

Hasso von Kestring konnte seine Genugtuung nicht verbergen, als Smith-Bates fortfuhr: »Sie sehen: Mir sind die Hände gebunden.«

Anita Unterweger brach in Tränen aus.

Duncan nahm sie in den Arm und sagte empört: »Es gibt hier Leute, die wollen Theater spielen, statt Selbsterfahrungstraining zu absolvieren! Was kommt als Nächstes? Sollen wir im Park schlafen, um die realen Verhältnisse der winterlichen Königsburg zu Helsingör authentisch nachzuempfinden?«

»Nein, wir müssen bestimmt nachts auf der Terrasse Wache schieben, bis der Chef uns als Geist erscheint«, murmelte Johannes Berkel, was Barbara-Ellen neben ihm ein anerkennendes Lächeln entlockte.

Setzt dem Mann keine Flöhe ins Ohr, dachte Pippa alarmiert, das hält Hasso bestimmt für prima Ideen.

Sie blickte sich um. Hendrik triumphierte, das war nicht anders zu erwarten. Sir Michaels Gesicht war undurchdringlich, Dana schien desinteressiert, und Alain las angestrengt in seinem Textbuch, um seine Missachtung zu demonstrieren. Berkel schlenderte heran und sah ihm über die Schulter. Der Franzose deutete auf eine Textstelle, und sie lachten leise.

Phoebe hielt sich im Hintergrund, war aber mit ihrem Sohn sichtlich unzufrieden. »Ein Anruf reicht nicht, da muss er unbedingt selbst hinfahren. Brüssel ist ja nicht aus der Welt«, flüsterte sie Pippa zu. »Er muss den zuständigen Leuten persönlich klarmachen, wie es hier zugeht.«

»Ich verstehe Ihre Vorbehalte«, sagte Smith-Bates gerade, »aber wir sind alle erwachsene Menschen und wissen mit derartigen Situation erwachsen umzugehen. Shakespeare zählt, nicht unsere persönlichen Befindlichkeiten.«

Pippa runzelte die Stirn. Ich habe dich schon überzeugender erlebt, Lysander.

»Wir wollen gemeinsam ein Projekt realisieren, das internationale Aufmerksamkeit erringen soll. Herr von Kestring und seine Frau haben bereits Anfragen aus sieben Ländern, von Russland bis Italien. Mit Geduld und etwas gemeinsamem guten Willen wird dieses Ensemble auf Europatournee gehen. Ich möchte Sie deshalb *alle* inständig bitten, in Ihrem, unserem und Shakespeares Sinne zu handeln.«

Ein Raunen ging durch die Reihen der Mitspieler. Chris biss aufgeregt auf seinen Daumennagel, Dana stand auf und kam interessiert ein paar Schritte nach vorne, und Alain und Johannes Berkel klatschten sich erfreut ab.

Sieh an, dachte Pippa. Damit hat von Kestring alle wieder an Bord. Das muss man ihm lassen, er weiß mit den Eitelkeiten seiner Schauspieler umzugehen. Wenn er will. Und es seinen eigenen dient.

Smith-Bates blickte sich in der Runde um und atmete erleichtert auf, als er endlich die erhoffte Zustimmung in den Gesichtern der Schauspieler sah. »Und jetzt hat Herr von Kestring Ihnen noch etwas zu sagen.«

Der Regisseur lächelte künstlich. »Ich möchte mich bei Ihnen entschuldigen. Bitte glauben Sie mir, dass ich die Waffe aus Versehen mit scharfen Patronen geladen habe. Es war nicht meine Absicht, Sie zu erschrecken oder in Gefahr zu bringen.«

»Glatt gelogen«, zischte Phoebe aus dem Hintergrund.

Von Kestring warf ihr mit hochgezogenen Brauen einen Blick zu. »Im Übrigen: Wer nicht mit mir arbeiten will, dem steht es frei, das Ensemble zu verlassen. Ich habe eine lange Liste von ehrgeizigen Kollegen, die mit Freuden Ihren Platz einnehmen.«

Schlagartig änderte sich die Stimmung im Ensemble wieder, und die freudige Aufregung der Schauspieler verstummte.

Smith-Bates runzelte verärgert die Stirn über von Kestrings unnötige Provokation und ergriff hastig das Wort: »Ich gehe davon aus, dass es keine Vorfälle mehr geben wird. Von *keiner* Seite. Sollten Sie etwas auf dem Herzen haben, wenden Sie sich bitte an Pippa; sie vertritt das *Shakespeare Birthday Festival* in meiner Abwesenheit und steht immer mit mir in Verbindung. Scheuen Sie sich nicht, mit uns zu reden. Es ist uns sehr wichtig, dass sich alle wohl fühlen. Sie genauso wie ich.« Er fuhr sich mit der Hand über das müde Gesicht.

Das ist das Erste, was ich dir glaube, dachte Pippa. Lysander wirkte bekümmert, so als müsste er zuallererst sich selbst zwingen, diese Situation zu akzeptieren.

»Und jetzt wird geprobt«, sagte von Kestring in die betroffene Stille hinein und rieb sich die Hände. »Wir haben bereits viel zu viel Zeit vergeudet. Folgen wir unserer Mission: mein … unser *Hamlet Reloaded*! Beginnen wir mit Polonius und Laertes – Sir Michael und Hendrik, bitte.«

Die beiden Schauspieler gingen auf die Bühne und warteten auf genaue Anweisungen.

»Erster Akt, dritte Szene: Polonius verabschiedet Laertes nach Paris. Wir beginnen mit: *Noch hier, Laertes? An Bord, an Bord* … Und bitte.«

Von Kestring ließ sich auf einen Stuhl fallen und nahm eine Prise Schnupftabak; Lysander zog sich in einen der Sessel am Fenster zurück und schüttelte abwehrend den Kopf, als Phoebe ihn ansprechen wollte.

Pippa war sofort gefangen von der Darbietung auf der kleinen Bühne. Sir Michael spielte die Rolle des überbesorgt liebenden, etwas trotteligen Vaters, der seinen Sohn in die Ferne ziehen lässt, mit sichtlichem Genuss. Sie hatte den großen Mimen schon auf der Theaterbühne erlebt – aber so nah und pur wie in diesem Moment überwältigte sie das Können Sir Michaels, der die Grenze zwischen dem gutem Willen seiner Figur und ihrer anklingenden Schrulligkeit fein zu ziehen wusste. Sie hielt gebannt den Atem an, während er als Polonius die Hände seines Sohnes Laertes nahm:

»… *Vor allem dies: sei immer selbst dir treu, und daraus folgt – wie die Nacht dem Tag – du kannst nicht falsch sein gegen and're Leut'. Leb wohl ... mein Segen reife nun in dir.«*

Hasso von Kestring ist doch ein Fuchs, dachte Pippa. Diese Stelle war mit Bedacht gewählt, und ihre Botschaft konnte nun von allen zu seinen Gunsten interpretiert werden.

Zu ihrem Erstaunen behauptete Hendrik sich neben Sir Michael und ließ sich von dessen unbestreitbarer Präsenz nicht einschüchtern. Hendriks Augen sprühten temperamentvoll, seine Körpersprache war ausdrucksstark und zeugte von der Vorfreude des Laertes, den verschrobenen Ratschlägen seines Vaters entrinnen und sich in Paris ins Vergnügen stürzen zu können.

Auch von Kestring wirkte zufrieden und ließ die beiden ohne weitere Unterbrechungen oder Anweisungen spielen.

Phoebe setzte sich neben Pippa. »Sieh an, der kleine Schleimer kann ja wirklich was – falls es nicht an der guten Vorlage seines Partners liegt. Man kann über Hornsby sagen, was man will, aber Theaterspielen kann der Mann – Regie führen nicht.«

»Versucht er das denn?«, fragte Pippa erstaunt.

»Damit hat er angefangen, damals. Allerdings hat er sich dabei nicht gerade mit Ruhm bekleckert.« Phoebe verzog den Mund. »Sollte mich wundern, wenn er davon heute noch etwas wissen will ...«

»Er ist ein wunderbarer Schauspieler.«

»Ohne seine Gattin wäre er das vermutlich nie geworden. Sie hat ihn aufgebaut und protegiert.« Sie erhob sich und fügte im Weggehen hinzu: »Das ist ein echter Klassiker, nicht wahr? Von Kestring wäre ohne seine Frau auch weniger als nichts.«

Alain zuckte zusammen, als von Kestring auf ihn deutete.

»Jetzt möchte ich Hamlet sehen. Den großen Monolog, bitte, dritter Akt, erste Szene.«

Mit bleichem Gesicht erklomm der junge Franzose die Bühne. Er sah sich nervös um und atmete einige Mal tief durch, bevor er begann.

»*Sein oder nicht sein, das frage ich mich ...*«

»Stop!«, rief von Kestring sofort. »Das ist nicht der korrekte Text. Noch einmal von vorn.«

Alain trat der Schweiß auf die Stirn. »*Sein oder sein, das ...*«

»Stop!«, unterbrach der Regisseur wieder. »Bettencourt, ich erwarte Textsicherheit, verstanden? *Sein oder nicht sein, das ist hier die Frage ...* Noch einmal!«

Alain nickt nervös. »*Sein oder tot sein ...*«

Von Kestring brach in höhnisches Gelächter aus, während die Zuhörer den Atem anhielten. »Verdammt, Bettencourt, das wäre in Ihrem Fall für uns alle eine Erlösung, das gebe ich zu. Reißen Sie sich endlich zusammen, wir sind hier nicht bei einer Schüleraufführung. Im Fernsehen dürfen Sie jeden Satz fünfzig Mal wiederholen, bis er sitzt, ich weiß. Sie wollten doch unbedingt auf die große Bühne! Dann gewöhnen Sie sich an die Realitäten: keine Wiederholungen, kein Schneideraum, tut mir leid.«

»Ich würde mich sicherer fühlen, wenn ich mit der Requisite arbeiten könnte.« Bettencourts Stimme zitterte.

»Welche Requisite?«, fragte von Kestring lauernd.

»Der Totenschädel, den Hamlet ...«

»Wie bitte?« Der Regisseur sprang erbost auf. »Ich frage mich, welche Soap-Opera-Version von *Hamlet* Sie kennen, Sie ...« Er sah sich wild in der Bibliothek um und rief: »In welcher Szene kommt der Schädel vor? Na?«

Er zeigte auf Chris, der das Requisit in den Händen hielt.

»Fünfter Akt, erste Szene, auf dem Friedhof«, antwortete Chris wie aus der Pistole geschossen, hielt den Schädel hoch und deklamierte: »*Und eben dieser Schädel hier, mein Herr, war Yoricks Schädel, des Königs Hofnarrn.* Und dann nimmt Hamlet den Totenschädel und sagt ...«

Von Kestring hob die Hand, um Chris zu unterbrechen, und verbeugte sich vor ihm. »Ich danke Ihnen sehr, Mr Cross, Sie haben gerade meinen Tag gerettet. Vielleicht sollten besser Sie den Hamlet spielen?« Er wandte sich wieder Alain zu, der tief errötet war. »Wenn Ihnen das jetzt nicht peinlich ist, Bettencourt, dann ist Ihnen wohl nichts auf der Welt peinlich. Aber das würde mich bei Ihrem Werdegang nicht sehr überraschen. Also: Noch einmal, bitte.«

»*Sein oder nicht sein, das ist hier die Frage – ist es denn nobler noch im Geiste zu ertragen, die Schlingen und die Pfeile wütenden Geschicks oder das Schwert zu führen gegen einen Ozean von Plagen und sie durch Widerstand zu brechen*«, rezitierte Alain plötzlich fehlerlos, als hätte die Häme von Kestrings ihm Kraft gegeben, »*Sterben – schlafen – und nichts weiter ...*«

Lysander Smith-Bates stand am Servierwagen und goss sich einen Whisky ein. Pippa las in seinem Gesicht, dass er von Kestrings grobschlächtigen Umgang mit Alain missbilligte. Mit einem Schluck stürzte Lysander das Getränk hinunter und schenkte sich sofort nach, nachdenklich beobachtet von Phoebe. Auch deren Gesicht sprach Bände, und Pippa ahnte, die alte Dame würde ihrem Sohn noch am gleichen Abend die Hölle heißmachen, weil von Kestring diesen Morgen unbeschadet überlebt hatte.

Alain Bettencourt schaffte es, den Monolog fehlerfrei zu Ende zu bringen. Schweißnass taumelte er zu seinem Stuhl zurück. Auf der Suche nach Trost wandte er sich an Barbara-Ellen, aber diese reagierte nicht. Sie klappte gerade zum wiederholten Male ihr Mobiltelefon auf und seufzend wieder zu. Alain wollte etwas zu ihr sagen, aber die Schauspielerin merkte es nicht, stand auf und verließ eilig den Raum.

Sie wartet auf Nachrichten, dachte Pippa erstaunt, aber von wem? Es sind doch alle hier …

Von Kestring gönnte Alain keine Ruhepause und ließ die Bühne für die Duell-Szene zwischen Hamlet und Laertes im fünften Akt vorbereiten. Chris brachte einen kleinen Beistelltisch, auf dem zwei Weinkrüge und ein Taschentuch deponiert wurden.

»Gertrud, Hamlet und Laertes. Und die anderen kommen ebenfalls auf die Bühne und warten auf meine Anweisungen.«

Dana, Alain und Hendrik gingen in Position.

»Womit sollen wir kämpfen?«, fragte Hendrik und sah sich suchend um.

Von Kestring grinste und zog zwei Drahtschlingen aus seiner Arbeitsmappe.

»Hiermit. Ich habe mich gegen ein Duell mit Pistolen entschieden. Das ist zu statisch, viel zu wenig körperlich. Hamlet und Laertes werden versuchen, sich gegenseitig mit den Schlingen zu erdrosseln, und ich möchte, dass Sie sich richtig reinhängen. Das Publikum muss Ihre Hitze spüren und sich Ihren Schweiß aus den Gesichtern wischen.«

Er gab jedem der beiden Kontrahenten eine Schlinge.

»Und von dir will ich einen erstklassigen Tod durch Gift«,

sagte er zu Dana. »Ich will Krämpfe und Zuckungen. Und los.«

Er trat ein paar Schritte zurück und nickte den wartenden Duellanten zu, die sich langsam zu umkreisen begannen.

Pippa hatte geglaubt, dass Hendriks Körpergröße dem Franzosen keine Chance lassen würde, aber Alain machte den Vorteil des Kontrahenten mühelos durch Gewandtheit wett. Sie erinnerte sich, dass Alain bei der Feier im Pub von regelmäßigem Tanz- und Kampfsporttraining erzählt hatte, worüber Duncan sich prompt lustig machte, indem er Alain als Primaballerina bezeichnete. Jetzt aber konnte man sehen, dass die beiden Kämpfer einander ebenbürtig waren.

Alain tänzelte geschickt vor und zurück, während Hendrik geradezu grobschlächtig wirkte und allmählich außer Atem geriet. Sie griffen an, wichen aus, umklammerten sich keuchend wie bei einem Boxkampf, trennten sich wieder, um erneut anzugreifen.

Pippa sah fasziniert zu. Der Kampf wirkte fesselnd und leidenschaftlich – von Kestring mochte menschliche Schwächen haben, aber die Idee mit dem Ringkampf war wirklich gut. Auch die anderen Mitglieder des Ensembles waren gebannt.

Der Regisseur fuhr wütend herum, als sich die Tür zur Bibliothek mit einem Knarren öffnete und den Kampf jäh unterbrach. Barbara-Ellen kam mit Peter Paw im Gefolge herein und setzte sich auf einen Stuhl neben der Bühne. So angespannt sie beim Verlassen des Raums gewirkt hatte, so gelöst war sie jetzt. Sie klopfte auf ihr rechtes Bein, und der Kater sprang auf ihren Schoß und rollte sich zusammen.

Von Kestring verdrehte die Augen. »Können wir jetzt bitte endlich fortfahren? Sind alle anwesend? Ich wünsche keine weitere Störung!«

Barbara-Ellen zuckte mit den Schultern und streichelte Peter Paws seidiges Fell.

»Weiter!«, kommandierte von Kestring, beobachtete eine Zeitlang das Duell und deutete auf Dana. »Jetzt!«

Dana Danvers trat vor, nahm das Taschentuch vom Tisch und reichte es Alain. »*Er schwitzt und ringt nach Atem. – Hier, Hamlet, nimm mein Tuch, und trockne deine Stirn.*« Sie ergriff einen der Weinkrüge. »*Die Königin trinkt auf dein Glück, Hamlet.*«

Sie trank und verschluckte sich. Ihr Husten ließ von Kestring verärgert die Stirn runzeln.

»Noch einmal, Dana!«

Diesmal klappte es, und sie bot den Kelch Alain/Hamlet an, der ablehnte.

Die beiden Duellanten gingen wieder aufeinander los, und es gelang Hendrik, Alain zu Boden zu ringen. Ineinander verkrallt, wälzten sie sich hin und her, dann konnte Alain sich aus dem Klammergriff befreien. Er sprang auf und zerrte Hendrik auf die Füße, um ihn sofort wieder anzugreifen.

»Los, feuert die beiden an!«, forderte von Kestring die Umstehenden auf, »wie bei einer Schlägerei auf dem Schulhof! Ihr müsst sie richtig einkreisen, sie sollen gegen euch prallen ... Dana, jetzt!«

Die Schauspielerin stieß ein Röcheln aus und griff sich an die Kehle. Sie machte ein paar schwankende Schritte und sank theatralisch zu Boden.

»Was sollte das denn bitte sein?«, schrie von Kestring. »Der sterbende Schwan? Hast du Angst um deine Frisur, Dana? Und Sie beide weichen gefälligst nicht zurück, um ihr Platz zu machen. Sie fällt zwischen Sie, und Sie müssen über sie hinwegspringen. Noch einmal!«

Er gab ein Handzeichen, und die Kontrahenten gingen wieder aufeinander los.

Durch Alains und Hendriks zunehmende Erschöpfung wirkte der Kampf immer realistischer. Die beiden Männer schonten sich nicht und griffen einander ohne Rücksicht auf Verluste immer wieder an. Dana stürzte schwer zwischen sie und zuckte eindrucksvoll, während die Kämpfer um sie herumlavierten.

»Sehr gut!«, rief von Kestring begeistert.

Pippa stimmte ihm innerlich zu. Sie stand mit den anderen im Kreis auf der Bühne und brüllte mit ihnen gemeinsam, um Hamlet und Laertes anzufeuern, mitgerissen von der Dynamik der Situation.

»Finale!«, kommandierte von Kestring. »Laertes stirbt!«

Hendrik ließ es zu, dass Alain ihm die Schlinge um den Hals legte.

»*Vergebung lass uns wechseln, edler Hamlet ...*«, röchelte er mit ersterbender Stimme.

In diesem Moment ertönte ein erneutes Knarren, und aller Augen wandten sich zur Tür.

Chris, du musst die Türangeln ölen, dachte Pippa.

Von Kestring bekam vor Wut einen hochroten Kopf. »Raus, egal wer das ist!«, schrie er, völlig außer sich.

Sergeant Sam Wilson und ein weiterer Polizist kamen herein und gingen ungerührt weiter bis zur Bühne.

»Bei der nächsten Probe schließen Sie die Eingangstür ab, Chris«, fauchte von Kestring, »wie soll ich arbeiten, wenn hier jeder Hinz und Kunz reintrampelt, wann und wie es ihm in den Kram passt?« Er wandte sich den beiden Polizisten zu und fragte übertrieben freundlich: »Was darf es denn sein, meine Herren? Autogramme?«

»Ich wollte, es wäre so, Sir«, entgegnete Sam Wilson ernst. »Ich fürchte, ich muss Ihnen eine schlechte Nachricht überbringen. Ich bedaure, Ihnen mitteilen zu müssen, dass Carlos Kwiatkowski einen Autounfall hatte.«

Es herrschte entsetztes Schweigen. Pippas Magen flatterte, und sie versuchte sich zu wappnen für das, was kommen würde. Sie sah, wie sich Barbara-Ellens schlanke Hände in Peter Paws Fell verkrallten, aber weder die Frau noch der Kater gaben einen Laut von sich.

»Er ist vor einer Stunde mit dem Auto von der eisglatten Straße abgekommen«, fuhr Sergeant Wilson fort. »Es tut mir leid: Carlos Kwiatkowski ist tot.«

Kapitel 16

Pippa gab sich einen Ruck und öffnete die Zimmertür. Seit fünf Minuten stand sie davor und bekämpfte den Drang, sich zu weigern. Aber so unangenehm es ihr auch war, sie war die Einzige, die es tun konnte.

Zögernd betrat sie den Raum, den Carlos Kwiatkowski noch vor kurzem mit Leben erfüllt hatte. Die Redaktion des *PaperRazzi* hatte sie gebeten, Carlos' Sachen zusammenzupacken und zur Abholung am nächsten Tag bereitzuhalten.

An was die denken können in so einem Moment, dachte Pippa. Da stirbt völlig unerwartet einer ihrer besten Mitarbeiter, und die sind in der Lage, rational zu handeln. Ich kannte ihn nur wenige Tage und fühle mich völlig aus der Bahn geworfen.

Sie sah sich im Zimmer um. Was wohl jetzt aus der geplanten Berichterstattung über das Festival wurde? Würde die Redaktion jemand anderen schicken? Und wer würde Carlos' Verwandte informieren – oder gab es gar keine? Da hatte sie mit ihm unter einem Dach gewohnt und ihn nie nach seinem Leben gefragt. Alles, was sie von ihm wusste, war, dass er wunderschöne Fotos schießen und interessante Berichte schreiben konnte.

Pippa seufzte, zog Kwiatkowskis großen Koffer unter dem Bett hervor und stellte ihn auf die Tagesdecke. Dann öffnete sie die Tür des antiken Kleiderschranks und starrte auf akkurat gefaltete Pullover und eine Reihe von Oberhemden, die ordentlich auf Bügeln hingen. Sie kam sich vor, als würde sie Leichenfledderei begehen, und spürte das irrationale Bedürfnis, ihn um Erlaubnis zu bitten, ehe sie seine persönlichen Gegenstände berührte.

Mit einem Stapel Pullover in den Händen setzte sie sich auf die Bettkante. Plötzlich hatte Carlos' Tod etwas Endgültiges. Pippa versuchte ihr Unbehagen, dass sie durch das Packen seines Koffers zu dieser Endgültigkeit beitrug, zu ignorieren.

Peter Paw kam ins Zimmer getapst und strich maunzend um ihre Beine. Sie legte den Stapel ab und bückte sich, um den Kater zu streicheln.

Er sprang auf das Bett, beschnüffelte den Koffer und nieste, was Pippa ein Lächeln entlockte. »Du hast recht, ich mochte sein Rasierwasser auch nicht besonders. Aber er war ein netter Mann, nicht wahr?«

Peter Paw kringelte sich wie zur Bestätigung schnurrend auf der geblümten Tagesdecke zusammen.

Methodisch packte sie weiter, beobachtet von Paw, der jede ihrer Bewegungen verfolgte. Der Schrank leerte sich, und auch die Wäschekommode war bald ausgeräumt. Im Sekretär fand Pippa eine dicke gelbe Mappe.

Neugierig schlug sie die Mappe auf. Sie enthielt mehrere durchsichtige Hüllen, die jeweils einem Mitglied des Ensembles zugeordnet waren. In jeder Hülle steckten großformatige Abzüge der Porträtfotos, die Carlos während der letzten Tage gemacht hatte.

Duncan lächelte sie an, und Pippa sah sofort, welch brillanter Fotograf Carlos gewesen war: Er hatte den Charme und die Natürlichkeit des attraktiven Schotten perfekt eingefangen. Kein Wunder, dass Anita bis über beide Ohren in Duncan verliebt war – was ein inniger Blick auf einem Schnappschuss der beiden deutlich belegte.

Erst als Pippa die Bilder aus der Hülle zog, registrierte sie das Dossier, das hinter die Fotos geheftet war. *Duncan Blakely,* las sie, *hoch talentiert ... sowohl als Musiker als auch als Schauspieler ... völlig uneitel ... ist sich seines Talents nicht bewusst ... kann mit entsprechendem Sprechtraining ganz nach oben kommen ... ungebunden ... stammt aus traditionsreicher Whiskydynastie ... Typ Naturbursche mit Herz ...*

Treffsicher und auf den Punkt, dachte Pippa, nachdem sie den Text und das darauffolgende Interview mit Duncan gelesen hatte. Sie steckte Fotos und Dossier zurück in die Hülle und griff nach der nächsten.

Anita Unterwegers mädchenhafte Schüchternheit, ihre leuchtenden Augen, ihre zarte und anmutige Statur ... Pippa nickte bewundernd. Carlos hatte die Fähigkeit besessen, in seinen Fotos die Seele der von ihm porträtierten Menschen einzufangen. *Anita Unterweger ... Rohdiamant aus der Provinz ... braucht und erlangt gerade mehr Selbstbewusstsein ... wird als Ophelia Furore machen ... hat (wie Duncan Blakely) keine Ahnung, was sie alles kann ... Jungfrau (?) ... Dornröschen, das darauf wartet, wachgeküsst zu werden ... kommt aus kinderreicher Familie in Österreich ... bescheiden ...*

Jungfrau?, dachte Pippa amüsiert, ich wette, Carlos dachte dabei nicht an das Sternzeichen ...

Sie fand einige Bilder von Dana Danvers, die die Schönheit der rumänischen Schauspielerin beeindruckend zur Geltung brachten. Pippa konnte sich keinen Blickwinkel vorstellen, aus dem Dana nicht berückend aussah.

Dana Danvers – echter Name: Daciana Dirculescu, echtes Alter: 33 Jahre, las Pippa verblüfft, *alleinerziehende Mutter ... zwei noch nicht schulpflichtige Töchter ... ver-*

sorgt finanziell nicht nur sich und die Kinder, sondern zahlt zusätzlich die Pflege ihrer dementen Mutter ...

Deshalb die vielen Postkarten und Briefe, dachte Pippa. Diese Informationen hat er bestimmt nicht von Dana selbst. Sie überflog das Interview und stellte fest, dass Dana ein ganz anderes Image von sich entworfen hatte: Mitte zwanzig, ungebundener Single ... kein Wort von einer Familie, die in Rumänien auf sie wartete.

Kein Wunder, dass sich die junge Schauspielerin einen Lordprotektor gesucht hatte. Ab und an beschenkt zu werden oder auf andere Art und Weise Geld zu sparen, war bestimmt eine Erleichterung.

Pippa wusste aus eigener Erfahrung, dass es manchmal gut war, sich anlehnen zu dürfen, um die Belastungen des täglichen Lebens zu vergessen oder wegzuträumen. Wenn man allerdings so unter Druck stand wie Dana, war man vielleicht mit der Schulter, an der man sich ausruhen konnte, nicht ganz so wählerisch.

Spektakuläre Optik: Hintern apfelförmig, TT (Torpedo-Titten), 50er-Jahre-Wespentaille, Beine bis zum Hals – wer braucht da noch Talent?, las Pippa weiter, *Beste Besetzung für das Barbarella-Projekt.*

Pippa lachte laut heraus. Typisch Carlos – schnoddrig, sarkastisch und doch so treffend, dachte sie, auf die Neuverfilmung dieses Science-Fiction-Films bin ich wirklich gespannt. Dafür gebe ich ihm einen Cider aus ...

Sie stockte, und ihr Lachen gefror. Ihre Augen füllten sich mit Tränen, als ihr bewusst wurde, dass es die Gelegenheit, mit Carlos einen Cider zu trinken, nie wieder geben würde.

Pippa steckte die Unterlagen zurück in die Mappe. Wie würde der *PaperRazzi* diese Dossiers jetzt wohl verwerten?

Wie an die Öffentlichkeit bringen? Sie hatte gute Lust, diese Mappe »nicht gefunden« zu haben und deshalb auch nicht abgeben zu müssen.

Um der Versuchung zu widerstehen, weiterzulesen oder die Unterlagen zu behalten, ging sie ins angrenzende Bad, um Carlos' Toilettenartikel zusammenzupacken, während Peter Paw die leeren Schränke, Fächer und Schubladen im Schlafzimmer inspizierte. Als Pippa etwas über den Holzboden kollern hörte, ging sie neugierig hinüber und sah Paw mit einem kleinen Kästchen spielen wie mit einer frisch gefangenen Maus. Er kickte es mit der Pfote weg, jagte hinterher, nahm es zwischen die Vordertatzen und rollte sich auf den Rücken, dann sprang er wieder auf, und das Spiel begann von vorn.

»Was hast du denn da? Wo hast du das her?«

Pippa nahm dem Kater das Kästchen weg. Es war eine typische Schmuckschachtel für Ringe, mit schwarzem Samt bezogen und der Aufschrift: *Preston Jewellery * High Street * Stratford-upon-Avon.*

Sie öffnete es und starrte verblüfft auf zwei schlichte Ringe, die wirkten, als seien sie aus gebürstetem Stahl. Sie nahm den kleineren Ring heraus, um ihn sich näher anzusehen. Ein lupenreiner Diamant war mittig eingelassen, und eine winzige Stempelprägung auf der Innenseite machte Pippa klar, dass der Ring keineswegs aus Stahl, sondern aus Platin gefertigt war. Auch eine Gravur entdeckte sie: *Carlito.*

Pippa sah sich selbst in Florenz, wie sie ihren eigenen Ehering vom Finger zog und zu seinem Gegenstück in die filigrane jadegrüne Schale aus Muranoglas legte. Leo hatte seinen Ring nie getragen, angeblich aus Sorge, ihn zu verlieren. Von wegen – Pippa hatte es zu diesem Zeitpunkt endlich besser gewusst: So hatte er sich leichter als Junggeselle ausgeben können ... Aber der Mann, dem dieser Ring gehörte, war verliebt gewesen und wollte es der ganzen Welt zeigen ... irgendwo musste eine Frau um ihn weinen ...

Traurig zog Pippa den zweiten Ring heraus und ließ ihn beinahe fallen, als sie die Gravur las: *Barbarella.*

Barbarella?, dachte sie verblüfft, das habe ich doch gerade im Dossier von Dana Danvers gelesen ... Carlos und Dana ein Paar?

Pippas Kehle wurde eng. Sie brauchte dringend frische Luft, sofort. Sie taumelte mehr, als dass sie ging, die Treppe hinunter, durch die Küche in den Garten hinaus und atmete ein paar Mal tief durch. Die Kälte tat ihr gut und ließ sie wieder zur Besinnung kommen.

Sie versuchte sich ins Gedächtnis zu rufen, wie Dana auf die Todesnachricht reagiert hatte, konnte sich aber nur an ihren eigenen Schreck erinnern.

In ihrer Rückschau wurde sie durch laute, ärgerlich klingende Stimmen gestört. Pippa entdeckte Sir Michael und Lysander, die den Blisswalk herunterkamen und in ein lautstarkes Gespräch vertieft waren. Die beiden würden jeden Moment die Rückseite von Hettys Garten erreicht haben und sie sehen können. Schnell zog Pippa sich ins Haus zurück. Ihr war jetzt nicht nach Kontakt mit anderen Menschen zumute.

Der Schnee knirschte unter den Schritten der beiden Männer, weder Schal noch Handschuhe schützten sie gegen die durchdringende Kälte dieses arktischen Tages.

»Was soll das heißen, du schreibst meine Biographie nicht zu Ende, Lysander? Das kann nicht dein Ernst sein. Wir sind doch fast fertig!«

»Ich will dein Privatleben in das Buch integrieren – du nicht.« Lysanders Stimme ließ die sonstige Gelassenheit vermissen. »Also such dir jemanden, der bereit ist, nur die halbe Wahrheit zu schreiben.«

Sir Michael war bestürzt. »Ich bat dich inständig, meine Einstellung zu respektieren, und du sagtest doch …«

»Ich weiß, was ich gesagt habe«, unterbrach ihn Lysander, »aber dein berufliches Leben reicht nun einmal nicht für eine authentische Biographie. Wie ich das sehe, hast du etwas Wichtiges zu verbergen, sonst wärst du bei diesem Thema nicht so halsstarrig.«

»Unsinn, ich möchte nur …« Sir Michael suchte nach Worten. »Mein guter Junge, versteh mich doch bitte …«

Abrupt blieb Lysander stehen. »Ich bin nicht dein guter Junge! Wenn ich mir vorstelle, dass ich sogar einen Streit mit meiner Mutter riskiert habe, weil ich so eng mit dir zusammenarbeite …«

Sir Michael wollte seine Hand besänftigend auf Lysanders Schulter legen, aber dieser wich zurück.

»Lysander, was ist denn bloß passiert?«, fragte Sir Michael hilflos. »Unsere Zusammenarbeit lief doch zu unserer vollen Zufriedenheit.«

»Zu deiner – zu meiner nicht.«

Die Männer standen sich gegenüber und sahen sich schweigend an. Eisregen hatte eingesetzt, aber keiner von beiden bemerkte es. Ihr stoßweiser Atem bildete dichten weißen Nebel vor ihren Gesichtern, während der Niederschlag ihre Mäntel durchtränkte.

»Ich habe keine Lust, von irgendwelchen dahergelaufenen Journalisten in einer Pressekonferenz mit den dunklen Flecken aus deiner Vergangenheit konfrontiert zu werden und wie ein Idiot dazustehen«, sagte Lysander schließlich.

»Ach, daher weht der Wind.« Sir Michael schüttelte den Kopf. »Ich verstehe: Kwiatkowski hat mit dir gesprochen. Stimmt, er hat damals über den Tod meiner Frau berichtet und ...«

Lysander ließ ihn nicht ausreden. »Was Kwiatkowski über dich geschrieben hat, habe ich gelesen. Und nach der Lektüre wurde mir klar, warum du ausgerechnet ihn als Berichterstatter wolltest: Du hast ihm in die Feder diktiert, was er schreiben sollte. Kein kritisches Wort weit und breit.«

Er hielt inne, als ginge ihm gerade erst ein Licht auf.

»Oder geht es um mehr? Mit was für einem anderen Geheimnis hat er sich seinen Auftrag beim Festival verdient, Michael?«

»Sei vorsichtig, was du sagst, Lysander.« Sir Michaels Stimme verlor ihr väterliches Timbre. »Sonst könnte ich mich dafür interessieren, womit dieser Regisseur *dich* in der Hand hat.«

»Ich habe nicht die geringste Ahnung, was du meinst«, schnappte Lysander.

»Du weißt so gut wie ich, dass von Kestring durch die Vorfälle mit der Waffe unhaltbar geworden ist. Aber du hast ihn trotzdem behalten.«

»Das war nicht meine Entscheidung. Die EU-Kommission ...«

Mit einer brüsken Handbewegung schnitt Sir Michael ihm das Wort ab. »Unsinn. Dass du mich anlügst, macht es nur noch schlimmer.«

»Ich lüge nicht«, begehrte Lysander auf, »es ist eine Frechheit, so etwas zu behaupten. Wie kommst du dazu?«

»Durch einen Anruf bei der EU, Lysander. Ich wollte dir bei der zuständigen Stelle Rückendeckung geben – und was habe ich da wohl erfahren?«

Lysander Smith-Bates antwortete nicht. Trotz der Kälte stand ihm Schweiß auf der Stirn.

»Du brauchst nichts zu sagen, Lysander. Du weißt selbst am besten, dass du nie wegen von Kestring in Brüssel angerufen hast. Man war wirklich erstaunt, durch mich von der Geschichte zu hören. Die entscheidende Kommission hatte nie die Gelegenheit, dir zu sagen, dass die Gelder keineswegs gestrichen werden, wenn du den Regisseur – noch dazu aus nachvollziehbarem Grund – in die Wüste schickst.«

Sir Michael drehte sich um und strebte zurück in die Richtung, aus der sie gekommen waren, während Lysander noch einen Moment stehen blieb und dann mit schweren Schritten den Weg zum Haus seiner Mutter fortsetzte.

Vorsichtig zog Hasso von Kestring sich vom geöffneten Fenster im ersten Stock des Harmony House Hotels zurück, verriegelte es leise und schloss die Vorhänge.

Das Leben auf dem Land bot wahrlich viele Vorteile – vor allem diese überirdische Stille, die es ihm ermöglichte, Unterhaltungen zu belauschen, die zwanzig Meter Luftlinie entfernt stattfanden. Dabei hatte natürlich auch nicht geschadet, dass diese beiden Engländer, die sich sonst so steif und etepetete gaben, die Contenance verloren und sich unbeherrscht angeblafft hatten.

Von Kestring war höchst zufrieden. Alles lief ganz nach Plan. Hier ein wenig gebohrt, dort ein wenig Druck ausgeübt … Schon glitt alles wie auf Schienen. Er hatte sogar Narrenfreiheit, und zwar mit ausdrücklicher Billigung von oben. Sollten die beiden hochnäsigen Kerle sich ruhig in die Haare kriegen, er konnte davon nur profitieren.

Er nahm eine Prise Schnupftabak und begutachtete stirnrunzelnd den Inhalt des Fläschchens. Er musste dringend Nachschub besorgen. Am besten würde er den kleinen Schleimer Hendrik damit beauftragen. Der riss sich geradezu um jeden möglichen und unmöglichen Job.

Auf seinem Gesicht erschien ein Lächeln, als es an der Tür klopfte. Er warf sich aufs Bett und streckte sich der Länge nach aus.

»Komm rein, Liebling!«, rief er und begann, sein Hemd aufzuknöpfen.

Pippa legte noch ein paar Holzscheite auf das knisternde Kaminfeuer und rannte alarmiert in die Küche, als ihr der Geruch verbrannter Milch in die Nase drang. Rasch zog sie den Topf vom Herd und schaffte es gerade noch, ein größeres Malheur zu verhindern. Sie rührte sich einen großen Becher Kakao an und stellte ihn auf den niedrigen Couchtisch. Auf dem Sofa warteten bereits ein gutes Buch und der laut schnarchende Peter Paw auf sie.

Während Pippa vor dem CD-Spieler stand und noch darüber nachdachte, welche Musik sie entspannen und unterhalten würde, klopfte es an der Haustür.

Das muss Debbie sein, dachte Pippa. Der Tod Kwiatkowskis hat sich demnach schon im Dorf herumgesprochen. Ich könnte jetzt niemand anderen als sie ertragen, ich will nach diesem furchtbaren Tag einfach nur meine Ruhe.

Pippa öffnete die Tür, und holte überrascht Luft.

»Barbara-Ellen«, keuchte sie entsetzt, denn die Schauspielerin war nicht nur leichenblass und nass bis auf die Knochen, sondern hielt sich taumelnd am Türrahmen fest.

»Pippa, bitte hilf mir«, sagte Barbara-Ellen, trotz ihres desolaten Zustandes mit erstaunlich ruhiger Stimme.

»Natürlich, komm herein …«

»Ruf Rebecca Davis an, sie soll herkommen. Sofort. Ich möchte eine Aussage machen.«

Barbara-Ellen setzte sich auf das Sofa und wischte sich erschöpft über das Gesicht. Ihre Augen waren tränenleer, und ihre Stimme klang unendlich traurig. »Ich bin mir sicher. Carlos Kwiatkowski wurde ermordet.«

Kapitel 17

Während Pippa mit Rebecca Davis telefonierte, warf sie nervöse Blicke zu Barbara-Ellen hinüber, die kerzengerade auf dem Sofa saß und gedankenverloren an einem Glas Cider nippte. Ganz das Bild der perfekten Frau, dachte Pippa, aber sie traute der äußeren Beherrschtheit ihres Gastes nicht völlig – zu gebrochen hatte sie bei ihrem Eintreffen gewirkt.

Peter Paw hatte sich beim Klopfen auf seinen Lieblingsbalken zurückgezogen und beobachtete Barbara-Ellen aufmerksam und mit gespitzten Ohren. Schließlich erhob er sich und strich geschmeidig über das freigelegte Fachwerk unterhalb der Zimmerdecke, bis er sich direkt über dem Sofa befand. Pippa versuchte Rebeccas telefonischen Zwischenfragen die gebotene Aufmerksamkeit zu schenken, ließ sich aber immer wieder durch den Kater ablenken.

Gleich wird er sich wie ein nasser Sack auf das Sofa plumpsen lassen und die arme Barbara-Ellen zu Tode erschrecken, dachte Pippa alarmiert. Ich habe schon Leute durchs halbe Zimmer fliegen sehen, wenn seine neun Kilo Lebendgewicht neben ihnen aufschlugen und sie vom Sofa katapultierten …

Aber ganz gegen seine sonstige Gewohnheit glitt Paw geräuschlos auf einen tiefer liegenden Querbalken und von dort elegant auf die Rückenlehne des Sofas. Dann balancierte er die Lehne entlang, bis er Barbara-Ellen erreicht hatte, und schmiegte schnurrend seinen Kopf an ihre Wange.

Die Schauspielerin schloss die Augen und brach in Tränen aus.

»Bis gleich dann«, sagte Pippa zu Rebecca, legte den Hörer auf und ging rasch zum Sofa. »Sie kommt so schnell es geht, aber die Straßen sind glatt.«

Barbara-Ellen schien sie nicht zu hören. Sie drückte weinend den Kater an sich und wimmerte: »Carlito ...«

»O mein Gott, Barbara-Ellen.« Pippa ging ein Licht auf, als sie an die Gravur des Eheringes dachte. »... Barbarella.«

Die Schauspielerin sah sie durch einen Tränenschleier an und nickte.

Wir brauchen jetzt zwei Dinge, dachte Pippa voller Mitleid, jede Menge Papiertaschentücher und einen starken, torfigen Single Malt Whisky.

Als Rebecca Davis eintraf, flößte Pippa Barbara-Ellen gerade heißen Whisky mit Zitronensaft ein. Die Schauspielerin hatte sich wieder ein wenig beruhigt. Peter Paw lag an Barbara-Ellens Seite, eng an sie geschmiegt.

Auf den Verdacht des Bühnenstars reagierte Rebecca Davis wie von Pippa erwartet. »Verstehe ich Sie richtig? Sie glauben, dass Carlos Kwiatkowski umgebracht wurde? Mit Hilfe seines Autos?«

Barbara-Ellen nickte nur.

»Sam Wilson und seine Kollegen waren vor Ort und haben alles in Augenschein genommen. Sie konnten keinerlei äußerliche Auffälligkeiten an dem Wagen entdecken«, sagte die Polizistin. »Der Journalist ist auf vereister Straße ins Rutschen gekommen und gegen einen Baum geprallt – das ist bei dieser Wetterlage leider kein Einzelfall. Die Fahrer unterschätzen die Glätte der Fahrbahn und ...« Sie stockte, als sie Barbara-Ellen zusammenzucken sah.

»Ich bin mir sicher, dass das Auto manipuliert wurde«, beharrte die Schauspielerin. »Carlito war ein vorsichtiger und defensiver Fahrer, besonders bei diesem Wetter. Sein Dienstwagen war ein nagelneuer BMW mit frisch aufgezogenen Winterreifen und allem Sicherheitsschnickschnack, da kommt man doch nicht einfach von der Straße ab.«

»Auch der sicherste Fahrer macht mal einen Fahrfehler«, sagte Rebecca Davis sanft. »Die Straßen sind unübersichtlich, und wenn man auf abschüssiger Strecke zu schnell um die Kurve ...«

»Niemals!«, unterbrach Barbara-Ellen sie brüsk. »Nicht Carlos. Ich war während der letzten Tage viel mit ihm unterwegs, und er ist sogar mir manchmal zu langsam gefahren. Er ... wir ...«

Sie rang nach Luft und kämpfte gegen die aufsteigenden Tränen. Dann sagte sie mit fester Stimme: »Wir hatten ein Ziel. Und das wollten wir unbedingt erreichen.«

»Dieses Ziel, von dem Sie sprechen ... damit meinen Sie nicht Hideaway oder die gemeinsame Arbeit an der Inszenierung, nehme ich an?«

Barbara-Ellen nickte. »Nein, ich rede von unserer Liebe. Wir wollten endlich zusammenleben. Ich habe ... hatte Carlos versprochen, dass ich meinen Mann nach dem Festival verlasse. Bis dahin wollten Carlos und ich absolutes Stillschweigen über unsere Beziehung bewahren, um das Projekt nicht zu belasten.«

»Warum diese Rücksichtnahme? Nach allem, was ich gehört habe, ist Ihr Gatte selbst auch kein Kostverächter«, sagte Rebecca Davis ungläubig. »Warum haben Sie Ihrem Mann nicht klipp und klar gesagt, dass Sie ein Verhältnis haben?«

»Nur weil er es selbst mit der ehelichen Treue nicht so genau nimmt, glauben Sie, hätte er für meine neue Liebe Verständnis haben müssen?« Barbara-Ellen lachte bitter auf. »Da kennen Sie meinen Mann schlecht. Vielleicht würde er mir verzeihen, wenn er mein Verhältnis mit Carlos für ebenso belanglos hielte wie seine eigenen Liebeleien. Aber er weiß, dass ich nicht oberflächlich bin und Carlos ein echter Konkurrent ist ... war. Mein Mann ist überaus besitzergreifend, Detective Inspector Davis. Er will mich nicht verlieren. Er kann und will nicht alleine sein, und er braucht mich an seiner Seite. Ganz besonders jetzt.«

»Herr von Kestring ahnte also nichts davon, dass Sie ihn verlassen wollten?« Rebecca Davis wirkte skeptisch.

»Von mir jedenfalls nicht«, gab Barbara-Ellen zurück, »aber Carlito ist tot, nicht wahr? Deshalb frage ich mich, ob Hasso nachgeholfen hat.«

Pippa zog scharf die Luft ein. Bisher war sie dem Gespräch gefolgt, ohne sich einzumischen, aber jetzt ...

»Du glaubst doch nicht wirklich, dass dein Mann ...« Sie konnte den Satz nicht vollenden, so abwegig erschien ihr dieser Gedanke.

»Ach, Pippa. Wie viele Szenen hast du selbst erlebt, in denen Hasso wie ein wilder Stier auf Carlos losgegangen ist?«, erwiderte Barbara-Ellen müde.

»Schon, aber das sah eher nach verletzter Eitelkeit aus – immerhin war Carlos sein gnadenlosester Kritiker. Sein Verhalten gegenüber Johannes kam mir viel mehr wie Eifersucht vor – so wie er mit ihm umgesprungen ist.«

Barbara-Ellen lächelte. »Du hast recht, Johannes verehrt mich ebenfalls, aber er begehrt mich nicht als Frau. Ganz sicher nicht. Das weiß Hasso.«

Pippa schlug sich im Geiste an die Stirn. Du meine Güte, das hätte ich auch selbst merken können ...

»Mit Carlos verhält es sich völlig anders«, fuhr Barbara-Ellen fort. »Hasso konnte kaum ertragen, mit ihm in einem Raum zu sein. Die Tatsache, dass ausgerechnet er über dieses Projekt berichten sollte, hat meinen Mann schier verrückt gemacht. Ich dachte immer, es geht dabei um uralte Feindseligkeiten aus Uni-Zeiten, aber mittlerweile glaube ich, dass echte Eifersucht im Spiel war. Hasso wusste immer, dass Carlos mich umwirbt, und es war ihm ein Dorn im Auge. Trotzdem hat er sich sogar darüber lustig gemacht und frohlockt, dass ich niemals untreu geworden bin, bis ...« Sie verstummte und wandte den Blick ab.

Rebecca Davis wartete kurz und fragte dann: »Bis?«

Barbara-Ellen seufzte und sah sie an, die Augen voller Tränen. »Vor sechs Monaten wurden Carlos und ich ein Paar. Bis heute war ich mir sicher, dass Hasso nichts bemerkt hat, aber jetzt ...« Sie zuckte hilflos mit den Achseln.

»Und Sie wollen Ihren Mann offiziell beschuldigen, das Auto Ihres Liebhabers manipuliert zu haben, um ihn umzubringen?«

»Ich glaube nicht, dass er ihn umbringen wollte.« Barbara-Ellen schüttelte den Kopf. »Ich glaube, er wollte Carlos einen Denkzettel verpassen, und das ist furchtbar schiefgegangen.«

In diesem Moment erklang die Türglocke, und Pippa fuhr zusammen. Sie sprang auf, öffnete und prallte überrascht zurück, als Sir Michael an ihr vorbei ins Haus stürmte. Angesichts der beiden Frauen, die im Wohnzimmer saßen, verharrte er mitten im Raum und schien für einen Moment aus dem Konzept gebracht.

Dann räusperte er sich und sagte: »Ich entschuldige mich für die Störung, aber ich brauche dringend ...« Er wandte sich zu Pippa um, die noch immer in der Haustür stand. »Ich brauche die Telefonnummer von Hetty in Berlin. Jetzt gleich. Es ist wichtig.«

Pippa ging zum Sekretär und schrieb die Nummer auf einen Zettel, den Sir Michael ihr hastig aus der Hand riss. Eilig lief er wieder zum Eingang, drehte sich dort noch einmal um, als hätte er erst jetzt seine eigene Unhöflichkeit bemerkt, brummte einen Dank und verließ das Haus.

»Was zum Teufel …«, murmelte Pippa und wollte die Tür gerade schließen, als Nicola hereinschlüpfte und sagte: »Ich bin schon von weit weniger berühmten Leuten über den Haufen gerannt worden. Beim nächsten Namedropping kann ich glaubhaft versichern, dass der berühmteste Shakespeare-Mime unseres Landes mich komplett übersehen …«

Sie verstummte, als sie Barbara-Ellen und Rebecca Davis bemerkte. »Oh, hoher Besuch. Dann geh ich mal wieder.«

Pippa ging mit ihr hinaus in die Kälte und zog die Tür hinter sich zu.

»Schade«, sagte Nicola, »ich wollte mit dir kochen.« Sie hob eine große Tüte voller Lebensmittel in die Höhe. »Bei all diesen Köstlichkeiten läuft heute das Verfallsdatum ab, und ich kann sie nicht mehr verkaufen. Ein wildes Sammelsurium und eine echte Herausforderung für unsere Kreativität. Schokopudding mit Knoblauch-Nuss-Krokant, zum Beispiel. Oder Tomaten und Mozzarella mit Vanilleschaum. Fenchel und Schinken in Blätterteig auf Erdbeermarkspiegel? Oder wir füllen Paprikaschoten mit Ananas und Sardellen …«

»Überredet!«, rief Pippa. »Ich bin dabei, aber nicht hier. Ich hole noch schnell den Cider aus dem Kühlschrank, und dann überfallen wir Debbie und Phoebe.«

»Dann gehe ich schon mal ein Haus weiter.« Nicola nickte

zufrieden. »Und was immer sich bei dir gerade abspielt – ich bin sicher, Debbie wird helfen, es aus dir herauszukitzeln.«

»Sie und Kwiatkowski kennen sich seit dreißig Jahren, und erst seit einem halben Jahr sind Sie ein heimliches Paar?«, fragte Rebecca Davis gerade, als Pippa das Wohnzimmer durchquerte, um in die offene Küche zu gehen.

Barbara-Ellen nickte. »Ich weiß, das klingt unglaubwürdig, aber es ist die Wahrheit. Ich habe bei meiner Hochzeit Treue versprochen und daran halte ich mich. Ich bin ein altmodischer Mensch. Aber ich kann … konnte … meine Gefühle nicht mehr länger leugnen. Ich habe endlich begriffen, dass ich nicht für den Rest meines Lebens Verantwortung für Hasso übernehmen und die Kastanien aus dem Feuer holen kann.«

Pippa packte den Cider in Zeitlupentempo in einen Korb. Jetzt ärgerte sie sich, dass sie nicht weiter zuhören konnte.

Rebecca Davis runzelte fragend die Stirn. »Verantwortung für Ihren Mann? Wie das?«

»Hasso hat bei so manchem Engagement verbrannte Erde hinterlassen. Zuletzt hat man ihn nur noch an eine Bühne geholt, wenn man aus Publicitygründen einen Skandal brauchte – oder mich engagieren wollte. Hasso mag ein Egozentriker sein, aber er ist nicht dumm. Natürlich hat er gemerkt, was vorging, und sein Verhalten wurde immer unkontrollierbarer. Und unerträglicher. Vor einem halben Jahr hat der *PaperRazzi* ein großes Porträt von mir gebracht, mehrere Seiten mit einer großen Fotostrecke. Natürlich haben sie Carlos geschickt. Wir haben eine ganze Woche eng zusammengearbeitet, viel gelacht und …«

»Und Sie hatten den direkten Vergleich«, vervollständigte Rebecca Davis.

Barbara-Ellen nickte.

»Bei diesem Vergleich kam Ihr Mann nicht besonders gut weg, richtig?«

Wieder nickte die Schauspielerin. »Ich wusste, ich würde auf Dauer nicht mehr mit Hasso leben können. Aber wir mussten uns etwas überlegen, um ihn – wie soll ich sagen? – auf eigene Füße zu stellen. Deshalb haben wir alle Hebel in Bewegung gesetzt, dass er dieses Festival übernehmen kann.«

In der Küche spitzte Pippa die Ohren – jetzt wurde es interessant …

»Wie darf ich das verstehen?«, fragte Rebecca Davis.

»Carlito und ich haben uns mit aller Kraft bemüht, dass Hasso sich beim *Shakespeare Birthday Festival* bewirbt. Ich wusste, er würde der Möglichkeit, *Hamlet* zu inszenieren, nicht widerstehen können. Carlito hat bei Sir Michael für ihn geworben, und ich habe heimlich die Runde bei möglichen Konkurrenten gemacht. Das war unsere Chance: Wenn er hier eine gute Inszenierung hinlegt, dann ist er wieder im Geschäft.«

»Und Sie könnten ihn ohne schlechtes Gewissen verlassen.«

Barbara-Ellen schossen die Tränen in die Augen. »Wir nannten es das *Barbarella-Projekt.*«

Pippa wollte gerade durch den Vorgarten direkt zu Phoebes Cupido Cottage hinübergehen, als sie Dana Danvers die Straße hinaufstöckeln sah. Schnell zog sich Pippa in den Schatten der großen Säule aus Buchsbaum zurück. Wo kommst du denn jetzt her?, dachte Pippa. Der Mantel der Schauspielerin war schief geknöpft, und sie wirkte wütend und etwas derangiert. Dana sprach aufgeregt in ihr Handy, und Pippa bedauerte, dass Rumänisch nicht zu den Sprachen gehörte, die sie beherrschte.

Dana hastete vorbei, ohne sie zu bemerken. Pippa atmete auf und verließ den schützenden Vorgarten, aber da kam schon der Nächste die Straße hinauf: Hasso von Kestring.

Hallo – wart ihr etwa auf ein Stelldichein im Taubenhaus?, dachte Pippa. Wenn ihr nicht gemeinsam gesehen werden wollt, dann seid doch wenigstens so clever, nicht bloß hundert Meter Abstand zu halten, sondern verschiedene Wege zu benutzen. Oder wart ihr im Pub? Aber dann gibt es keinen Grund, nicht gemeinsam zum Hotel zu gehen. Also doch Taubenhaus. Die Richtung könnte stimmen, und es ist schließlich ein offenes Geheimnis, dass ihr beiden ...

Abrupt blieb Pippa stehen, als sie sich an Carlos' Notiz in Danas Dossier erinnerte. Das *Barbarella-Projekt*! Konnte es sein, dass Barbara-Ellen und Carlos die rumänische Schauspielerin bewusst auf den Regisseur angesetzt hatten, um ihn abzulenken? Deshalb hat Barbara-Ellen auch nicht mit der Wimper gezuckt, als sie die Gertrud nicht spielen durfte und als Dana ihrem Mann Avancen machte ...

Pippa sah zum beleuchteten Fenster des Cottages zurück und pfiff durch die Zähne. Interessante Vorstellung. Aber was hatte eine Frau wie Dana davon?

Pippa grüßte von Kestring mit einem Nicken und wollte weitergehen, aber er hielt sie auf.

»Sie wissen nicht zufällig, wo ich meine Frau finde? Ich habe schon das ganze Dorf nach ihr abgesucht.«

Pippa schüttelte den Kopf.

Sicher hast du das, dachte sie ironisch, aber warum dieser weinerliche Tonfall? War Dana nicht so anschmiegsam wie erhofft, und jetzt willst du dein altes Spielzeug zurück?

Von Kestring zückte sein allgegenwärtiges Schnupftabaksfläschchen und nahm eine große Prise. Dann sagte er kichernd: »Sie sind doch für unsere Freizeitgestaltung zuständig, Frau Bolle. Wie es der Zufall will, habe ich gerade jede Menge Freizeit. Irgendwelche Vorschläge?«

Das machte Pippa sekundenlang sprachlos.

»Sie scheinen da etwas zu verwechseln, Herr von Kestring«, sagt sie schließlich, »ich stehe weder als Pausenclown zur Verfügung, noch habe ich vor, Sie in den Schlaf zu singen, wenn Sie sich langweilen. Aber ich habe einen anderen Vorschlag: Sie bitten Ihre neue rechte Hand, Ihnen zu helfen, Züchter von Bearded Collies zu recherchieren. Dann können Sie für meine Großmutter einen neuen Hund besorgen. Wäre das nicht eine schöne Freizeitbeschäftigung?«

Mit diesen Worten ließ sie ihn stehen und marschierte wütend zu Phoebes Haustür.

Phoebe saß auf ihrem Sofa und blätterte in alten Zeitungsausschnitten und Fotoalben, während Pippa, Debbie und Nicola in der Küche werkelten.

»Und auf der Rückfahrt von Cheltenham ist der Unfall passiert?«, fragte Debbie.

»Sieht so aus.« Pippa ließ das Messer sinken, mit dem sie gerade Fenchelknollen in dünne Scheiben schnitt. »Carlos war bei einem Computernerd, der ihm helfen sollte, seine Daten zurückzubekommen. Übrigens sagte Carlos, du hättest ihm diesen Experten empfohlen, Nicky.«

»Richard, der Wunderknabe … Er hat mein Internetcafé eingerichtet und dem halben Dorf einen schmissigen Computerkurs gegeben. Seitdem sucht John Napier über Partnerbörsen unermüdlich eine zweite Hetty, und Amanda Bloom versteigert bei Ebay die erwilderten Fasane ihres Gatten. Scheint ein Mordsgeschäft zu sein – besonders außerhalb der Jagdsaison. Die dörfliche Gerüchteküche tobt in einem

Chatroom bei www.dont-hide-away.net. Am tollsten sind die Decknamen.«

»Die du natürlich alle kennst. Sofort raus damit.« Debbie knuffte Nicola in die Seite.

»Nur so viel: Du arbeitest bei *Doctor Doolittle,* und Tom Barrel ist *Cider-Boy.*«

»Wie einfallsreich.« Debbie bog sich vor Lachen und kam dann auf das Ausgangsthema zurück. »Was tut Richard der Wunderknabe denn alles für dich, Nicky?«, fragte sie. »Und sieht er dabei auch noch gut aus?«

»Wäre ich nur fünf Jahre jünger, würde ich wirklich mit ihm ausgehen«, sagte Nicola, »aber er ist Anfang zwanzig, das geht einfach nicht. Ich hätte immer das Gefühl, ihn fragen zu müssen, ob er seine Schulaufgaben schon fertig hat. Ich stehe auf erwachsene Männer.«

Sie widmete sich wieder ihrer Aufgabe, Erdbeeren und Ananas zu einem mit Whiskylikör marinierten Obstsalat zu verarbeiten, den sie zum Schokoladenpudding essen wollten.

Sie hielten einen Moment inne und lauschten, als nebenan ein Motor gestartet wurde und ein Auto wegfuhr.

»Rebecca Davis«, murmelte Pippa und überlegte kurz, ob sie nach Barbara-Ellen sehen sollte, entschied sich aber dagegen.

»Zurück zu Carlos«, befahl Debbie energisch. »Weiß man, was er danach gemacht hat? Nachdem er beim göttlichen Richard war? Übrigens, Pippa, dein Wasser ist so weit.«

Pippa ging hinüber zum Herd, ließ die Fenchelscheiben ins kochende Wasser gleiten und stellte den Küchenwecker auf acht Minuten.

»Er wird direkt wieder nach Hideaway aufgebrochen sein, denke ich. Vermutlich war der Computermann der

Letzte, der mit ihm gesprochen hat. Obwohl … bei dem, was ich mittlerweile weiß …«

»Was weißt du? Raus damit!«, verlangte Debbie, und Nicola drehte sich neugierig auf ihrem Küchenstuhl um.

Pippa berichtete in Telegrammform vom Gespräch zwischen Barbara-Ellen und Rebecca Davis.

»Da bin ich platt«, sagte Nicola.

»Bitte, das bleibt unter uns, ja?«, bat Pippa.

»Du hast doch Tür an Tür mit ihm gewohnt. Gab es nicht irgendwelche Hinweise?«, fragte Debbie. »Du weißt schon … verräterische Geräusche oder so.«

Pippa schüttelte den Kopf. »Schäm dich, Debbie. Aber jetzt fällt mir ein: Bei der Probe heute Morgen hat Barbara-Ellen einmal den Raum verlassen, um …«

Weiter kam sie nicht, denn aus dem Backofen roch es verdächtig verbrannt.

»Die Paprikaschoten!«, kreischte Debbie, und bei der darauffolgenden Rettungsaktion vergaß Pippa völlig, was sie hatte sagen wollen.

Als sie am Esstisch saßen, staunte Pippa, welche Köstlichkeiten sie aus Nicolas wilder Mischung gezaubert hatten: Die dünnen, noch bissfesten Fenchelscheiben hatten sie nach dem Kochen mit den Sardellen in Knoblauchöl dünsten lassen und zum Servieren mit feingehacktem Fenchelgrün bestreut, die gebackenen Paprikaschoten waren mit Tomaten, Mozzarella und Schinken gefüllt – und die ganze Tischrunde ergötzte sich am beschwipsten Dessert.

Beim Essen erzählte Pippa den anderen, dass sie beim Packen von Carlos' Besitztümern auf Dossiers gestoßen war.

Debbie und Nicola ließen nicht locker, bis Pippa alles darüber erzählt hatte, nur Phoebe hielt sich mit Nachfragen zurück.

»Ich habe nicht alle gelesen«, wehrte Pippa ab, »nur die von Duncan, Anita und Dana. Weiter bin ich nicht gekommen.«

»Schade«, sagte Debbie, »vielleicht kannst du später noch ...«

»Ich weiß nicht, ich kam mir vor, als würde ich in Kwiatkowskis Tagebuch schnüffeln.« Pippa verstummte, als sie an das Kästchen mit den Ringen und die damit verbundene Tragödie dachte. »Außerdem werden die Sachen morgen früh abgeholt. Es gibt also keine Gelegenheit mehr, weiterzuforschen, denn ich bin todmüde und will nur noch ins Bett.«

Phoebe tupfte sich mit ihrer Serviette die Mundwinkel ab. »Wann wollten diese Zeitungsleute denn kommen, meine Liebe?«

Pippa zuckte mit den Achseln. »Das konnten sie mir nicht exakt sagen. Aber so früh wie möglich. Sie schicken jemanden von der Londoner Redaktion.«

»Du gehst morgen pünktlich zur Probe«, entschied Phoebe, »und ich übernehme das Gepäck. Keine Widerrede. Das tue ich gerne für dich.«

Nur noch schlafen und diesen verdammten Tag vergessen, dachte Pippa, als sie gähnend die Haustür von Cosy Cottage öffnete. Sie tastete nach dem Lichtschalter und fuhr erschrocken zusammen, als die Deckenleuchte aufflammte: Barbara-Ellen saß noch immer auf dem Sofa, Peter Paw auf dem Schoß.

»Ich konnte einfach nicht ins Hotel hinübergehen«, sagte die Schauspielerin leise. »Hier fühle ich mich Carlos näher. Darf ich in seinem Zimmer schlafen, Pippa?«

»Natürlich.« Pippa bedauerte Barbara-Ellen, die sie flehend ansah und ihre Trauer im Harmony House nicht offen zeigen durfte, zutiefst. »Ich werde nur schnell das Bett frisch beziehen.«

»Bitte nicht.«

Barbara-Ellen setzte den Kater behutsam auf den Boden und stand auf. Die beiden Frauen sahen sich einen Moment in die Augen. Pippa verstand und ließ die Schauspielerin allein die Treppe hinaufgehen, begleitet von Peter Paw.

Pippa sah ihr nach.

Was du bisher auch getan oder auch nicht getan hast, um deine Frau zu halten, Hasso von Kestring, du hast sie unwiderruflich verloren.

Kapitel 18

Am nächsten Morgen erreichte Pippa mit gemischten Gefühlen den Probenraum. An der Tür stieß sie mit Chris Cross zusammen, der einen Stuhl aus der Bibliothek trug.

»Das war Carlos' Sitzplatz«, erklärte er, »ich will nicht, dass der leere Stuhl uns ständig daran erinnert, dass ...«

»Ja, ich weiß«, erwiderte sie traurig. »Mir ist auch nicht wohl bei dem Gedanken, dass wir heute einfach zur Tagesordnung übergehen.«

»Ich mochte ihn wirklich. Er war ein guter Mann. Einer, mit dem man Pferde stehlen konnte. Einer, auf den man sich verlassen konnte«, sagte Chris mit Nachdruck und ging weiter.

Das habe ich schon von anderer Seite gehört, dachte Pippa, von wirklich berufener Seite.

Die Stimmung im Probenraum fühlte sich an, als wäre sie elektrisch geladen. Eine halblaut geführte Unterhaltung zwischen Duncan und Hendrik hatte einen hörbar aggressiven Unterton, Sir Michael saß in seinem Sessel und starrte tatenlos aus dem Fenster, Anita lief unruhig hin und her. Alain und Johannes Berkel probten am anderen Ende des Raums, völlig versunken, als wären sie allein. Dana saß mit übereinandergeschlagenen Beinen auf ihrem Platz im Stuhlhalbkreis vor der Bühne. Ihr Fuß wippte hektisch.

Hier ist es gemütlich wie in einer kalten Hölle, dachte Pippa.

Sie ging zu von Kestring, der am Rand der Bühne stand und im Textbuch blätterte.

»Guten Morgen«, unterbrach Pippa die Konzentration des Regisseurs, »Ihre Gattin hat mich gebeten, sie zu entschuldigen.«

»Hm?« Von Kestring sah hoch und blickte Pippa verständnislos an.

»Barbara-Ellen. Sie ist bei Detective Inspector Davis in Moreton-in-Marsh, um ein Protokoll aufnehmen zu lassen. Sie wird heute nicht zur Probe kommen.«

Von Kestrings Gesichtsausdruck veränderte sich auf undefinierbare Weise. Verständnislosigkeit wich – ja, was eigentlich?, fragte sich Pippa. Sorge? Nervosität? Ging sein Atem wirklich schneller, oder bildete sie sich das nur ein, weil sie von Barbara-Ellens Verdacht gegen ihn wusste?

Abrupt drehte er sich von ihr weg und rief in den Raum: »Auf geht's. Wir fangen an! Alle nehmen ihre Plätze ein. Wir beginnen mit Ophelias Blumenreigen. Anita – bitte.«

Anita erklomm sichtlich nervös die Bühne, während die anderen Mitglieder des Ensembles sich auf ihre Stühle setzten.

Mehrmals setzte Anita Unterweger an und brach wieder ab. Sie schloss die Augen, atmete tief durch und versuchte, von Kestrings Ungeduld zu ignorieren.

»*Hier sind Stiefmütterchen, die sind zum Andenken – ich bitt euch, Liebster, gedenket mein – und hier sind Vergissmeinnicht, …*«

»Umgekehrt, Herrgottnochmal, umgekehrt!«, schrie von Kestring. »Vergissmeinnicht zum Gedenken und Stiefmütterchen für die Trübsal! Das kann doch nicht so schwer sein!«

Die Schauspielerin zuckte zusammen und starrte ihn furchtsam an.

»Und glupschen Sie nicht wie ein verschrecktes Kaninchen«, tobte von Kestring weiter, »reißen Sie sich zusammen! Sind Sie zu dämlich, eine Chance zu erkennen, wenn sie sich Ihnen bietet, Anita?«

»Herr von Kestring – bitte«, schaltete Pippa sich ein, »wir sind heute alle ein wenig nervös, oder? Herrn Kwiatkowskis Tod hat uns alle getroffen.«

»Ach ja? Hat er das?«, fragte der Regisseur lauernd. »Den einen mehr, den anderen weniger, nehme ich an. Ich war der Meinung, dass ich hier mit Leuten arbeite, die Profis sein … oder zumindest werden wollen, und dass die Proben problemlos weitergeführt werden können. Wir haben in Herrn Kwiatkowski schließlich nicht unseren Hamlet verloren. Das gebe ich zu: *Dann* hätten wir ein Problem.«

»Sie wollen also wirklich weiterproben.«

»Selbstverständlich will ich das. Ich kann nicht für jeden Furz des Schicksals eine Ausnahme machen. Würde die Branche so arbeiten, käme nie ein Stück auf die Bühne und kein Film auf die Leinwand.«

Vor Wut über von Kestrings Kaltschnäuzigkeit bekam Pippa kaum noch Luft. Ihr war auch völlig egal, ob sie mit ihrem Protest ihre Kompetenzen überschritt.

»Das Ensemble ist nicht vollzählig. Ihr Guildenstern fehlt.«

»Dann beten wir eben den Rosencrantz allein – bis sie zurück ist«, sagte von Kestring achselzuckend.

»The Show must go on – unter allen Umständen?« Pippa hätte ihn am liebsten geschüttelt, so angeekelt war sie von ihm, und sie hoffte, dass er es ihrer Stimme anhörte.

»Es sind nur noch vierzig Tage bis zur Premiere. Beantwortet das Ihre Frage?« Er lächelte herablassend und wandte seine Aufmerksamkeit wieder Anita zu. »Noch einmal von vorn. Und jetzt bitte ohne Patzer.«

Anita Unterwegers Augen hatten sich mit Tränen gefüllt. Sie rang verzweifelt die Hände und brachte keinen Ton heraus.

Makaber, dachte Pippa, für ihre Rolle ist ihre Stimmung perfekt. Wäre das ein Krimi, würde ich von Kestring verdächtigen, Carlos umgebracht zu haben, um genau diesen Effekt zu erzielen.

»Frau Unterweger«, sagte von Kestring böse, »man muss auch dann Leistung bringen, wenn die eigene Mutter oder der Ehepartner gerade gestorben ist. Und dieser Mann gehörte nicht einmal zum Ensemble. Also tun Sie, wozu Sie engagiert wurden: Übertragen Sie alle Energie auf die Rolle. Wenn Sie also jetzt bitte weitermachen könnten, wäre ich Ihnen außerordentlich dankbar.«

Anita Unterweger stieß einen erstickten Schrei aus und floh schluchzend von der Bühne und aus dem Raum.

In der Bibliothek herrschte betroffenes Schweigen, bis Sir Michael sagte: »Sie sollten ihr ein wenig Zeit geben, von Kestring. Sie können heute Nachmittag mit ihr weiterproben, und bis dahin arbeiten wir an anderen Szenen.«

»Ich kann und will nicht jeder Blähung nachgeben«, gab von Kestring patzig zurück. »Schauspieler müssen funktionieren, wie die Regie es will.«

Sir Michael gab sich nicht geschlagen. »Aber die Regie ist doch auch da, um …«

Von Kestring unterbrach ihn sofort.

»Vorsicht. Spielen Sie sich hier nicht als Moralapostel auf«, zischte er leise, »ich weiß aus zuverlässiger Quelle, dass Kwiatkowskis Tod auch Sie nicht gerade unglücklich machen dürfte. Also ersparen Sie mir Ihre Heuchelei.«

Moment mal, dachte Pippa, will er damit andeuten, dass Kwiatkowski ihm kompromittierende Informationen über Sir Michael zugespielt hat? Freiwillig? Wer soll das denn glauben? Und wieso *auch Sie*? Wen denn noch? War Carlos doch kein so guter Mann und hat uns alle an der Nase herumgeführt?

Pippa wurde kalt. Fürchtete sich jemand so sehr vor Kwiatkowskis Enthüllungen, dass er einen Schlussstrich gezogen hat? Durch Mord?

»Verdammt, Nicky, es hat geklingelt. Ich glaube, da ist er schon. Du weißt, was du zu tun hast. Beeil dich.«

Phoebe legte den Hörer auf und ging zur Tür, um zu öffnen.

Draußen stand ein junger Mann, lächelte sie an und sagte: »Nigel Hurst vom *PaperRazzi*. Pippa Bolle?«

»Die ist nicht da.« Phoebe verschränkte abwartend die Arme vor der Brust.

»Das ist aber ärgerlich. Wir sind verabredet. Ich möchte die Sachen von Carlos Kwiatkowski abholen.«

»Kann ich nicht ändern«, antwortete Phoebe achselzuckend. »Frau Bolle musste plötzlich weg, und ich gebe nichts heraus.«

»Das können Sie doch nicht machen«, rief Nigel Hurst ungläubig, »ich bin den weiten Weg von London gekommen! Bei diesem Wetter! Können Sie nicht vielleicht doch …?«

»Auf keinen Fall.« Phoebe schüttelte unnachgiebig den Kopf. »Ich kenne Sie doch gar nicht. Pippa muss die Verabredung vergessen haben, es war alles ein bisschen viel in den letzten Tagen.« Sie warf sich in Pose und deklamierte theatralisch: »Zwei Todesfälle innerhalb von vier Tagen! Da wird es doch wohl erlaubt sein, nicht an alles zu denken!«

Nigel Hurst runzelte die Stirn und musterte sie. Dann hellte sich sein Gesicht auf. »Moment mal – Sie kenne ich doch: Sie sind Phoebe Smith-Bates! Ich habe Sie bei den Olivier Awards gesehen, wann war das … gleich? Ach ja, als der Award für den besten männlichen Schauspieler an *Othello* gegangen ist.«

»Der Preis ist nicht an *Othello* gegangen, sondern an den Darsteller des Othello«, korrigierte Phoebe würdevoll.

»Sie haben den Award doch auch mindestens …«

Phoebe hob die Hand, um ihn zu stoppen. »Das ist lange her und spielt heute keine Rolle mehr. Ich habe mich von der Bühne zurückgezogen und genieße meinen Ruhestand.«

»Und Sie verweigern sich allen Interviewanfragen, schon seit Jahren, jetzt fällt es mir wieder ein. Kluge Entscheidung.« Er nickte wie zur Bestätigung. »Die meisten alten Schauspielerinnen wissen einfach nicht, wann es Zeit wird, aufzuhören. An Ihnen können sich Damen, die nicht einsehen wollen, dass sie längst das Verfallsdatum erreicht haben, wirklich ein Beispiel nehmen. Dazu würde ich mich gelegentlich gern mal mit Ihnen unterhalten. Ehe man in der Rubrik *Was macht eigentlich …?* landet, sollte man erkennen, dass Weitermachen würdelos ist.«

Nicht bemerkend, dass Phoebes Augenbrauen höher und höher wanderten, fuhr Hurst altklug fort: »Diese Damen glauben, sie sind auf Augenhöhe mit ihren männlichen Kollegen. Aber lassen Sie es sich gesagt sein: Es gibt nun mal keine weiblichen Sean Connerys oder Michael Hornsbys. Frauen jenseits der fünfzig und mit Taillenweite oberhalb der achtzig Zentimeter müssen begreifen, dass sich kein Mensch mehr für sie interessiert.« Er lachte mit der Unverschämtheit der Jugend, die sich noch Jahrzehnte von der ersten Falte entfernt wähnt. »Und wenn die Frauen verzweifelt genug sind, landen sie im Dschungelcamp und zelebrieren vor aller Augen ihre eigene Demontage.«

Du hast keine Ahnung, wie knapp du an einer Tracht Prügel vorbeischrammst, dachte Phoebe grimmig. So alt kann ich gar nicht sein, dass ich einem Grünschnabel wie dir nicht noch ein paar Ohrfeigen verpassen kann.

Sie spähte an ihm vorbei die Straße hinunter in Richtung von Nicolas Laden. Außer ein paar älteren Damen, die davorstanden und sich unterhielten, war niemand zu sehen. Sie fluchte innerlich. Irgendwie musste sie den Kerl ablenken, damit Nicola …

Phoebe zauberte ein strahlendes Bühnenlächeln in ihr Gesicht. »Ich bin von Ihrer Analyse weiblicher Gerontologie tief beeindruckt. Darüber würde ich mich gerne weiter mit Ihnen unterhalten, Nigel. Ich darf doch Nigel sagen? Und da Sie mich schon mit so schlagkräftigen Argumenten zu überzeugen suchen, will ich mich nicht weiter zieren. Ich werde Ihnen das gewünschte Interview geben, denn Sie haben recht: Es ist an der Zeit, mich endlich einmal wieder im Licht der Öffentlichkeit zu präsentieren.«

In Nigel Hursts Gesicht stand höchste Verwirrung. Phoebe konnte buchstäblich sehen, wie er seinen Gehirnkasten durchforstete, um die Stelle zu finden, an der diese schrullige Alte ihn falsch verstanden haben könnte.

Phoebe kicherte innerlich. »Wir gehen nebenan in mein Cottage, und dann mache ich uns erst einmal eine schöne Tasse Tee. Ich muss nur kurz Frau Bolles Kater hinauslassen.«

Sie schloss die Tür vor seiner Nase und eilte durch Wohnzimmer und Küche, um die Hintertür für Nicola zu öffnen.

Draußen drängte Phoebe den von der überraschenden Entwicklung überrollten Hurst unnachgiebig zu ihrer Haustür, als sie Nicola heraneilen sah.

»Warten Sie hier, Nigel«, befahl sie und ging Nicola bis zum Eingang von Hettys Vorgarten entgegen.

»Ich mache ein Interview mit dem jungen Mann vom *PaperRazzi*, man soll sich schließlich immer ein Hintertürchen zum Erfolg offen halten«, sagte sie betont laut und fügte leise hinzu: »Ich werde ihn beschäftigen, ich habe mehr zu erzählen, als er verkraften kann. Beeil dich trotzdem.«

Nicola verstand sofort. »Lass noch was von ihm übrig.«

»So, Nigel«, zwitscherte Phoebe, »Sie setzen sich schön auf mein Sofa, und ich brühe uns Tee auf. Meine junge Freundin wird versuchen, Pippa Bolle zu erreichen, damit Sie nicht vergeblich nach Hideaway gekommen sind.« Sie zwinkerte ihm neckisch zu. »Aber das sind Sie ja überhaupt nicht, Sie Glückspilz. Sie fahren mit einem Exklusivinterview nach Hause.«

»Äh … ja«, sagte Nigel Hurst lahm und suchte in seiner Umhängetasche verzweifelt, aber vergeblich nach seinem Diktiergerät. Schließlich fand er Block samt Stift und legte beides zögernd auf den Couchtisch. Weniger denn je verstand er, was Kwiatkowski an diesen Theaterleuten spannend gefunden hatte. Bühne! Dafür interessierte sich doch heutzutage kein Mensch mehr! Er jedenfalls nicht. Sollte der *PaperRazzi* die Serie über diese langweilige Truppe trotz Kwiatkowskis Tod fortsetzen wollen – was er sich nicht vorstellen konnte –, so würde er, Nigel Hurst, sich auf jeden Fall mit Händen und Füßen wehren, diese zu übernehmen. Und das Interview mit dieser alten Krähe würde er in den nächsten Papierkorb werfen.

Mürrisch sah er sich um. Er hatte noch immer nicht begriffen, wie er in diese Situation geraten war, aber nun war es zu spät.

»Ah, ein Reporter der alten Schule«, säuselte Phoebe und stellte ein Tablett mit Tassen, Teekanne und Gurkensandwiches auf den niedrigen Tisch. »Sie schreiben mit der Hand, sehr sympathisch.«

Phoebe goss Tee ein und ließ sich anmutig in einen Sessel sinken. Sie hatte sich in ein fließendes Gewand gehüllt und spielte mit einem hauchzarten Chiffonschal Grande Dame.

»Also, junger Mann, was wollen Sie von mir wissen? Frei heraus – fragen Sie mich alles, was Sie wollen.« Sie drohte ihm neckisch mit dem Finger. »Alles, bis auf mein Alter und meine Liebhaber.«

»Ja, also … äh …«, stammelte Nigel Hurst.

»Sind Sie eigentlich der Ersatzmann für Carlos Kwiatkowski?«, redete Phoebe munter weiter. »Dann wissen Sie ja sicherlich, dass der Leiter des diesjährigen *Shakespeare Birthday Festivals* mein Sohn Lysander ist. Ich bin so stolz auf ihn, wie eine Mutter nur sein kann … möchten Sie auch Whisky in Ihren Tee? Genau das Richtige bei diesem schrecklichen Winterwetter.«

Ohne seine Antwort abzuwarten, goss sie einen respektablen Schuss in seine Teetasse.

»Also, mein Sohn Lysander sagt …«, plapperte sie, während sie sich so drehte, dass sie aus dem hinteren Küchenfenster nach Nicola Ausschau halten konnte, die mit wehender Jacke durch den Garten huschte, »… das wird eine bemerkenswerte Inszenierung. Das Ensemble kommt aus ganz Europa. Ich habe in meinem langen Theaterleben ja auch die Ophelia gespielt, aber diese junge Frau, Anita Unterweger, übrigens Österreicherin, ist ebenfalls außeror-

dentlich begabt. Das findet mein Sohn Lysander auch ...
wollen Sie sich denn gar keine Notizen machen, Nigel?«

Sie schenkte Tee und Whisky nach, seinen halbherzigen
Protest ignorierend.

»Wo war ich stehen geblieben? Ach ja, Ophelia. Meine
erste Ophelia, das war 1952 ...«

Nigel Hurst griff nach dem Stift und seufzte.

Pippa hatte sich in den Ohrensessel zurückgezogen, aus dem
Sir Michael oft die Aussicht auf die Gärten von Hetty und
Phoebe genoss. Dana, Sir Michael und Alain standen auf der
Bühne und spielten die Szene, in der Gertrud und Claudius
Hamlet überreden wollen, in Dänemark zu bleiben.

»Nicht so verkniffen, Dana«, sagte von Kestring, »Sie
sollen mit Claudius flirten. Sie sind frisch verheiratet, aber
Sie sehen aus, als würden Sie ihn am liebsten erwürgen.«

Ach, plötzlich siezt man sich wieder?, dachte Pippa und
drehte sich neugierig zur Bühne um. Die wissen auch nicht,
was sie wollen ... Oder versucht der gute Hasso, sich diskret
zu geben?

Dana stemmte die Hände in die Hüften und funkelte den
Regisseur wütend an.

»Ich weiß, dass Ihnen Sanftheit nicht in die Wiege gelegt
ist, Dana, aber versuchen Sie doch wenigstens, charmant
und liebenswürdig zu erscheinen. Das nennt man übrigens
Schauspielern.«

»Wenn Sie uns endlich die Gelegenheit gäben, in unsere
Rollen hineinzuwachsen, dann würde mir das auch gelingen«, gab Dana hitzig zurück.

»Ich habe Ihnen genug Gelegenheiten geboten«, sagte
von Kestring süffisant, »Sie haben sie nur leider nicht genutzt, meine Liebe.«

Angewidert wandte Pippa sich wieder von der Bühne ab zum Fenster. Sie traute ihren Augen kaum, als sie Nicola entdeckte, die zur Hintertür von Cosy Cottage schlich und hineinschlüpfte. Nach kurzer Zeit tauchte sie mit der gelben Dossier-Mappe von Kwiatkowski wieder auf und flitzte durch die Gärten in Richtung Laden.

Ihr Biester, dachte Pippa, und ich habe einen Moment lang wirklich gedacht, Phoebe will mir helfen. Wenn Nicolas kleiner Kopierer das mal aushält ...

Auf der Bühne eskalierte die Auseinandersetzung zwischen Dana und von Kestring.

»Mir reicht es jetzt«, schrie Dana und stampfte mit dem Fuß auf, »das muss ich mir von niemandem bieten lassen, auch von meinem Regisseur nicht!«

Sie sprang von der Bühne und marschierte aus dem Raum.

Von Kestring drehte sich lächelnd zu Pippa um.

»Wieder eine weniger«, sagte er, »jetzt sind mir alle Frauen weggelaufen. Wie sieht es aus, Pippa – wollen Sie es mal versuchen?«

Er sah so zufrieden aus wie eine Katze, die gerade eine große Schüssel Sahne verputzt hat. Fehlte nur noch, dass er sich das Maul schleckte.

Kapitel 19

Es war bereits früher Abend, als Phoebe, Debbie und Nicola sich bei Pippa einfanden, um den beeindruckenden Stapel kopierter Seiten wieder in einzelne Dossiers zu sortieren.

»Ich bin mir vorgekommen wie im James-Bond-Film«, schwärmte Nicola und kicherte. »Heimlich durch die Hintertür ins Haus, über Zäune klettern, Dokumente klauen … fehlte nur noch die Minikamera im Blusenknopf, um alles auf Mikrofilm zu bannen. Mein quietschender, stinkender Kopierer hat die Spionageromantik leicht getrübt, aber ich habe mich trotzdem bewährt. Nenn mich Moneypenny, James …«, sagte sie mit einem verführerischen Augenaufschlag Richtung Phoebe.

»Für mich waren das die längsten zwei Stunden meines Lebens. Ich habe mir dafür mindestens den Viel-Wind-um-nichts-Preis verdient«, erklärte diese. »Mein Hirn ist komplett leer. Ihr könnt euch nicht vorstellen, wie anstrengend es ist, nur Belanglosigkeiten zu erzählen, sie als Sensationen zu verkaufen und gleichzeitig alle Fluchtversuche meines neuen Freundes im Keim zu ersticken.« Sie legte theatralisch die Hand an die Stirn. »Ich bin völlig erschöpft. Ich brauche dringend Erholung.« Ihre amüsiert zuckenden Mundwinkel straften ihre Worte Lügen.

»Schwindlerin«, schalt Debbie sie liebevoll, »gib es zu: Du hast es genossen, mal wieder so richtig aufzudrehen und den armen Mr Hurst gnadenlos in die Knie zu plappern. Ich habe den bedauernswerten Kerl bei dir raustorkeln sehen, nachdem du ihn aus der Geiselhaft entlassen hattest.«

»Sollte er jemals Ambitionen gehabt haben, über die Inszenierung zu berichten, dürften die sich jetzt in Luft aufgelöst haben!« Nicola schlug sich vor Vergnügen auf die Knie.

Pippa schüttelte den Kopf. »Ich kann immer noch nicht glauben, was ihr da gemacht habt. Das sind vertrauliche Unterlagen, und es ...«

»Papperlapapp«, sagte Phoebe, »sei mal nicht päpstlicher als der Papst. Das sind offizielle Recherchen für die Porträts, die Kwiatkowski veröffentlichen wollte. In ein paar Tagen oder Wochen hätten die im *PaperRazzi* gestanden und wären von Hunderttausenden gelesen worden!«

»Genau. Diese akribische Arbeit muss gewürdigt werden.« Nicola verteilte einzelne Seiten auf verschiedene Papphefter. »Stell dir einfach vor, dass wir stellvertretend für die vielen enttäuschten Leser hier sitzen und Kwiatkowskis Andenken ehren, Pippa.«

»Ich kann Pippa verstehen«, gab Debbie zu, »aber meine Neugier ist wesentlich größer als meine Bedenken. Ich glaube, wir haben alles sortiert, und die Märchenstunde kann beginnen.«

Pippa hob die Hände. »Ich gebe auf. Gegen euch ist einfach kein Kraut gewachsen, Mädels. Ihr kommt mir vor wie die drei Hexen in *Macbeth*. Fehlt nur noch, dass ihr um einen Kessel tanzt und *Etwas Böses kommt des Wegs!* kreischt.«

»Kommt?«, sagte Debbie nachdenklich. »Ich fürchte, das Böse ist längst da ...«

Während Debbie und Nicola in der Küche Sandwiches zubereiteten, ging Pippa mit einem Tablett hinauf in den ersten

Stock, um Barbara-Ellen Scones mit Clotted Cream und Himbeermarmelade zu bringen.

Die Schauspielerin saß auf dem Bett und starrte blicklos ins Leere. Pippa betrat auf Zehenspitzen den Raum, stellte das Tablett auf die Kommode und wollte sich leise wieder zurückziehen. Sie war nicht einmal sicher, ob die trauernde Frau ihre Anwesenheit überhaupt bemerkte.

»Phoebe hat recht«, sagte Barbara-Ellen plötzlich, »wir sollten Carlos' Aufzeichnungen unbedingt lesen.«

Pippa zuckte innerlich zusammen. Barbara-Ellen hatte alles mit angehört. Laut genug ging es ja zu im Wohnzimmer. War ihre Heiterkeit angesichts Barbara-Ellens Trauer unangemessen pietätlos gewesen?

»Sollen wir lieber nach nebenan gehen?«, fragte sie. »Wenn wir dich stören …«

Barbara-Ellen schüttelte den Kopf. »Weil ihr Spaß habt? Das stört mich nicht. Ich bin sehr froh, dass ihr die Unterlagen gerettet habt, bevor sie beim *PaperRazzi* verschwinden. Vielleicht werden sie im Zusammenhang mit Carlitos Tod noch einmal wichtig. Ich werde sie ebenfalls lesen.«

»Aber die Polizei hat gesagt, es sah aus wie ein Unfall«, sagte Pippa sanft.

»Eben – es sah so aus. Aber wo war die Bremsspur?«

»Das haben sie uns doch erklärt: eine scharfe Kurve auf vereister, abschüssiger Straße – Carlos konnte nicht mehr reagieren.«

»Er vielleicht nicht, aber das Auto hätte reagieren müssen, und das hat es nicht getan. Weder das Anti-Blockier-System noch die Airbags. Wie kann man gegen einen Baum fahren, ohne dass die Airbags auslösen? Bei einem neuen Auto?«

»Wie geht es ihr?«, fragte Phoebe, als Pippa wieder zu ihnen stieß.

»Schwer zu sagen«, antwortete Pippa leise. »Sie bleibt dabei, dass es kein Unfall gewesen sein kann, und hofft, in den Dossiers Hinweise zu finden.«

»Dann wollen wir mal.« Nicola griff nach einem Papphefter. Sie zog die Blätter heraus und verkündete: »Zuerst unser schmucker Schotte. Ich lese vor.«

Sie hörten zu, bis Debbie sie unterbrach und fassungslos fragte: »Seine Bandkollegen wollen ihn rauswerfen, weil ihm erotisches Charisma fehlt und er sich deshalb nicht als Frontmann eignet? Wo gucken die denn hin?«

»Ich verstehe es eher so, dass sie denken, es wäre nicht sein Ding, im Vordergrund zu stehen«, warf Pippa ein, und Nicola nickte.

»Das muss er auch nicht. Duncan wird immer Aufmerksamkeit erregen, ganz gleich auf welcher Art Bühne. Aber das weiß er noch nicht, und das ist gut so.« Phoebe schnalzte mit der Zunge. »Wäre ich nur vierzig Jahre jünger ...«

»Vierzig?« Debbie zwinkerte ihrer Großmutter zu. »Dreißig würden dir reichen. Dann wärst du knackige ...«

»Scht!« Phoebe legte den Finger an die Lippen. »Hier befinden sich ausschließlich Damen von Welt, die ohne Alter sind ...«

»Darauf sollten wir anstoßen.« Nicola hob ihr Ciderglas, und die anderen taten es ihr nach. »Auf geistige Jugend.«

»Auf geistige Jugend«, echoten Pippa, Debbie und Phoebe. Sie tranken, und Pippa füllte die Gläser nach.

»Sir Michael!« Nicola zog einen deutlich größeren Stapel als Duncans aus dem Hefter und fächerte die Seiten auf. »Jede Menge alte Zeitungsausschnitte und Fotos. Phoebe, da bist du!«

Ehe Phoebe danach greifen konnte, hatte Debbie sich das Blatt geschnappt. »Sieh mal, Pippa: Meine Großeltern und Sir Michael – 1950!«

Neugierig sah Pippa sich das Bild an: Die drei Personen auf dem Foto waren blutjung. Sie erkannte Sir Michael sofort an seiner charakteristischen Adlernase, Phoebe war eine ätherische Elfe mit Locken und Dorian Bates, ihr späterer Mann, sah aus wie ein Model aus der Zeit der Dandys. Er blickte ernst in die Kamera, während Phoebe Sir Michael anhimmelte.

»Lass mal sehen«, sagte Phoebe und zog Pippa das Bild unter der Nase weg.

Nicola hielt ein Blatt hoch. »Hier ist auch ein Interview aus dem *Gloucestershire Echo*, vom 2. September 1950, das gehört zum Bild.«

»O wirklich? Das kenne ich überhaupt nicht.«

Phoebe nahm das Blatt entgegen und vertiefte sich in den Text, während Nicola aus dem Dossier vorlas: »*Siehe Interviews und Lysanders Biographie, außerdem Rückgriff auf eigene Recherchen.*« Sie durchsuchte die Blätter. »Welche Recherchen denn? Hier sind nur Zeitungsausschnitte, und die sind mir jetzt zu anstrengend. Der Nächste, einverstanden?«

Pippa und Debbie nickten.

»Wir kommen zur unvergleichlichen Dana Danvers!«, verkündete Nicola grinsend.

Da sie dieses Dossier bereits gelesen hatte, hörte Pippa nur mit halbem Ohr zu. Phoebe hatte sich mit ihrer Lektüre an den Sekretär am Fenster zurückgezogen.

Bestimmt seltsam, ein sechzig Jahre altes Interview von sich zu lesen, dachte Pippa, wie sich das wohl anfühlt? Wird man nostalgisch bei der Reise zurück in die eigene Jugend?

Oder wird man unsicher angesichts der Tatsache, den Großteil seines Lebens unwiderruflich hinter sich zu haben? Aber vielleicht ist die Distanz so groß, dass es einfach nur lustig ist ...

»Barbarella?!«, kreischte Debbie plötzlich und lenkte damit Pippas Aufmerksamkeit von Phoebe wieder auf die Dossiers. »Die wollen ein Remake von Barbarella drehen? Mit Dana, der rumänischen Rakete? Die Dame Dirculescu – oder wie Dana auch immer in Wirklichkeit heißt – mag ja eine Granate sein, aber mit Jane Fonda kann sie nicht mithalten.«

»Obwohl diese ihre perfekten Rundungen noch der Natur und nicht der Kunst internationaler Schönheitschirurgen verdankte«, fügte Nicola hinzu, »ihr Busen war garantiert echt!«

Pippa hatte nicht vor, die Wahrheit über das Barbarella-Projekt preiszugeben, und blickte zu Phoebe hinüber, die gerade vom Schreibtischstuhl aufstand und etwas in die Tasche ihrer Strickjacke schob. Die alte Dame kam zurück zum Couchtisch, setzte sich wieder in den bequemen Ohrensessel und ließ sich von der noch immer höchst vergnügten Nicola vom Barbarella-Projekt berichten. Niemand außer Pippa registrierte, dass Interview und Foto nicht zurück ins Dossier wanderten.

Alle fuhren zusammen, als es an der Haustür klopfte.

Erleichtert registrierte Pippa, dass der Windschutzvorhang geschlossen war, sonst hätte der überraschende Besuch durch das Sichtfenster der Tür direkt ins Wohnzimmer sehen und sie alle auf frischer Tat ertappen können.

Debbie sprang wie von der Tarantel gestochen auf, raffte mit beiden Händen die Dossiers vom Tisch, flitzte in die Küche und ließ sie im Backofen verschwinden. Dann hielt sie den Daumen nach oben, als Zeichen, dass Pippa öffnen konnte.

»Wir wollen nicht lange stören. Wir sind auf dem Weg ins Pub«, sagte Duncan, der mit Alain und Johannes hereinkam. »Aber wir brauchen deine Hilfe, Pippa. Anita hat morgen Geburtstag, und wir würden gerne eine kleine Überraschungsparty für sie vorbereiten. Sie ist so unglücklich wegen der missglückten Probe heute, sie kann eine Aufmunterung gebrauchen.«

Pippa wurde heiß. Es gehörte zu ihren Aufgaben, die Geburtstage des Ensembles im Kopf zu haben, im Namen des *Shakespeare Birthday Festivals* ein Geschenk zu besorgen und eine kleine Feier zu arrangieren. Dafür hatte sie eine Liste mit allen relevanten Daten bekommen. Im Chaos der letzten Tage hatte sie vergessen nachzusehen, und das ärgerte sie. Sie rannte fast zum Sekretär und holte die Liste aus der Schublade. Richtig, Anita hatte am 29. Februar Geburtstag.

»Verdammt, Duncan, das hätte ich eigentlich wissen müssen.« Sie ließ die Liste auf den Tisch fallen. »Wie alt wird sie denn?«

Duncan grinste. »Sieben.«

»Natürlich!« Debbie war begeistert. »Den 29. Februar gibt es ja nur alle vier Jahre. Beneidenswert exotisch!«

»Gerade deshalb sollte der Tag etwas Besonderes sein«, sagte Pippa, »fällt euch nicht spontan etwas ein?«

Verschiedene Vorschläge wurden verworfen, bis Nicola rief: »Ein Kindergeburtstag! Was haltet ihr davon? Ich habe alles im Laden, was ihr braucht: Girlanden, Luftballons, alberne Hüte, grellbunte Torten ... und ihr spielt Topfschlagen und Sackhüpfen und Blinde Kuh.«

»Und vorher machen die Jungs mit ihr einen Ausflug zur Schmetterlingsfarm in Stratford«, schlug Debbie vor. »Oma und ich schmücken in der Zeit das Taubenhaus, und wenn ihr wieder in Hideaway eintrefft, kann die Party starten. Was meint ihr?«

»Ich kann aus Luftballons Tiere machen«, sagte Duncan, »und ich könnte als Pantomime auftreten.« Auf die erstaunten Blicke der anderen hin grinste er verlegen. »Damit habe ich mir früher ein bisschen Geld dazuverdient.«

Pippa schüttelte den Kopf. »So schön eure Ideen sind, aber das geht alles nicht. Morgen ist Probe, und von Kestring gibt uns niemals frei.«

»Das lasst mal meine Sorge sein.« Alle drehten sich zu Barbara-Ellen um, die aus dem ersten Stock heruntergekommen war.

Sofort fühlte Pippa sich unbehaglich. Hier wurde lautstark eine lustige Party geplant, während Barbara-Ellen allein oben saß und um ihren Geliebten trauerte.

Die Schauspielerin bemerkte Pippas zerknirschten Gesichtsausdruck und sagte: »Lasst uns Anita einen schönen Tag bescheren. Wenn ich eines in den letzten Tagen gelernt habe, dann das: Plane nicht das schöne Morgen – lebe heute. Ich rede mit Hasso und bitte ihn, uns morgen probenfrei zu geben. Dafür biete ich ihm an, dass wir das gesamte Wochenende arbeiten. Einverstanden?«

Duncan, Pippa, Alain und Johannes nickten.

»Ich begleite dich.« Johannes half Barbara-Ellen fürsorglich in den Mantel. »Du musst nicht allein zu ihm gehen.«

Die beiden verließen das Cottage. Als sie aus der Tür waren, sagte Phoebe: »Ein wunderbarer Mensch.«

Alain seufzte verträumt. »Das finde ich auch.«

Pippa unterdrückte ein Schmunzeln, als ihr klarwurde,

dass die beiden von verschiedenen Personen gesprochen hatten …

Nachdem Duncan und Alain die Frauen vergeblich zu überreden versucht hatten, sie ins Pub zu begleiten, gingen sie ebenfalls.

»Weiter geht's«, kommandierte Debbie, als die Tür sich hinter den beiden geschlossen hatte. »Wer ist dran?«

»Mit unserem Geburtstagskind sind wir schnell durch«, sagte Nicola erstaunt. »Selbst Carlos war verblüfft, dass Anita total sauber ist. Er schreibt, er hätte noch nie erlebt, dass jemand nicht einmal einen Keller hat, in dem er Leichen verstecken könnte – wenn es sie denn gäbe.« Sie sah hoch und schlug sich die Hand vor den Mund. »Ups – unpassende Bemerkung. Sagen wir es so: keine Jugendsünden feststellbar.«

»Ich möchte jetzt alles über unseren hübschen kleinen Franzosen wissen«, verlangte Debbie.

»Carlos schreibt, dass Alain mehr in der Birne hat, als er selbst zu glauben wagt, und dass er viel Energie vergeudet, um so zu sein, wie er glaubt, dass andere ihn haben wollen, damit er eine internationale Filmkarriere machen kann. Puh, wenn das nicht kompliziert ist.« Sie las noch einmal nach. »Guckt euch bloß mal diese Fotos an!«

»Verdammt, ist der fotogen.« Debbie stieß Pippa in die Seite. »Sag nicht, dass du bei diesem Sahnestück keinen Appetit bekommst. Schaut mal, das sieht wie ein privater Schnappschuss aus.«

Sie reichte das Foto von einem lachenden Alain im Kreise anderer fröhlicher junger Männer auf einem Segelboot an Phoebe weiter.

Die studierte es ausführlich. Traurig sagte sie: »Das kenne

ich. Das hat meinen Mann in die Isolation und schließlich in den Freitod getrieben.«

Debbie erhob sich von der Couch, setzte sich auf die Armlehne des Ohrensessels und nahm ihre Großmutter in den Arm. »Heute sind andere Zeiten, Grandma.«

»Sind sie das?«

Während Pippa sich noch fragte, wovon die beiden sprachen, beugte Phoebe sich vor und griff nach dem nächsten Dossier. Sie klappte Hendrik Rossevelts Mappe auf und fragte: »Das ist alles? Nur die Fotos und diese Adresse?«

Nicola zuckte mit den Achseln. »Tatsächlich? Beim Kopieren musste alles schnell gehen, ich habe nicht auf Einzelheiten geachtet. Aber wir haben alles richtig verteilt, oder? Was ist denn das für eine Adresse?«

»The Knowledge Company, Tuinstraat 167, Vredendal«, las Phoebe vor. »Na, allzu viel *knowledge* war da offenbar nicht zu holen, sonst wäre die Mappe nicht leer.«

»Schade«, sagte Pippa, »gerade Hendrik interessierte mich besonders.«

Wieder klopfte es an der Tür.

»Das Ganze wird allmählich zu einer Sportveranstaltung!« Debbie sprintete ein zweites Mal in die Küche, um die Unterlagen zu verstecken.

Diesmal war es Lysander Smith-Bates. »Nanu, eine konspirative Versammlung?«, fragte er und traf unwissentlich den Nagel auf den Kopf. »Ich habe mir schon gedacht, dass ihr hier seid, als drüben niemand zu finden war.«

»Wir machen Pläne für Anita Unterwegers Geburtstag morgen«, sagte Phoebe schnell und erzählte von Barbara-Ellens Mission, zu der sie gerade unterwegs war.

»Gute Idee.« Lysander nickte. »Ein freier Tag wird allen guttun und die Situation entspannen. Ich bin auch nur hier, um euch zu sagen, dass ich noch heute Abend mit dem Eurostar nach Brüssel fahre, um morgen mit dem zuständigen Ressortleiter zu konferieren. Außerdem habe ich noch ein paar andere Termine. Vor Montag werde ich deshalb nicht zurück sein. Ich hoffe, bis dahin bleibt alles ruhig.« Er verbeugte sich. »Ich wünsche den Damen noch einen schönen Abend und eine schöne Feier morgen.«

Debbie begleitete ihren Vater vor die Tür.

»Vielleicht finden sie ja in Brüssel einen Weg, von Kestring doch noch loszuwerden«, sagte Pippa hoffnungsvoll. »Das wäre wirklich großartig.«

Phoebe bekam einen entschlossenen Zug um den Mund. »Zumal die Zeit langsam knapp wird.«

Ein Schwall eiskalter Luft signalisierte Debbies Rückkehr, die in der offenen Tür stand und rief: »Mein Daddy ist der Allerbeste! Ratet, Mädels!«

Sie wartete ihre Wortmeldungen nicht ab. »Er fährt jetzt noch über Stratford und macht für morgen Abend Karten für alle klar! *Romeo und Julia*!«

»Wahnsinn!« Pippa strahlte über das ganze Gesicht. »Ich liebe meinen Job. Nicht nur Anita wird einen denkwürdigen Tag haben.«

»Das fürchte ich auch«, sagte eine Stimme aus der Dunkelheit hinter Debbie, die sich verblüfft von Rebecca Davis zurück ins Wohnzimmer schieben ließ.

Phoebe sah alarmiert aus. »Rebecca – was führt dich her?«

»Nichts Gutes, fürchte ich.« Die Kommissarin runzelte sorgenvoll die Stirn. »Ich muss noch einmal mit Barbara-Ellen reden.«

»Aber was ist denn passiert? Geht es um Carlos?«, fragte Pippa, obwohl sie die Antwort bereits ahnte.

Prompt nickte Rebecca Davis, und Pippa hielt die Luft an.

»Wir haben das Auto genau untersucht«, sagte die Kommissarin. »Die Steuerungselektronik des BMW war manipuliert. Der Bordcomputer gab falsche Signale. Die Airbags waren deaktiviert, und eine Zeitschaltuhr hat die Bremsen blockieren lassen.«

Rebecca Davis sah sie nacheinander an.

»Barbara-Ellen hatte recht: Carlos Kwiatkowski wurde definitiv ermordet.«

Kapitel 20

Das Telefon auf dem Nachttisch schrillte beharrlich. Jeder Ton bohrte sich schmerzhaft in Pippas Großhirnrinde. Wie Glocken einer Kathedrale hallte das Schrillen in ihrem Kopf wider und ließ jeden Nerv in ihrem Körper vibrieren. Pippa stöhnte und presste ihre Augenlider fest zusammen, in dem vergeblichen Versuch, die Außenwelt und ihre Geräusche damit auszusperren. Sie blinzelte vorsichtig und sah, dass hinter den geschlossenen Vorhängen helles Sonnenlicht lauerte.

Behutsam streckte sie sich und registrierte, dass Peter Paw nicht wie gewöhnlich auf ihrem Bett lag und auf ihr Erwachen reagierte, indem er lautstark nach Frühstück verlangte. Sie tastete nach dem Telefon und murmelte: »Na, den hat der Hunger wohl schon aus dem Bett getrieben …«

»Ich vermute, du sprichst von Paw«, sagte Hetty fröhlich am anderen Ende der Leitung, »oder sollte ein Mann in dein Leben getreten sein, von dem ich noch nichts weiß?«

»Grandma! Guten Morgen.« Pippas Stimme war belegt, und sie räusperte sich, bevor sie weitersprach: »Was gibt es denn so früh am Tag?«

»Früh?«, fragte Hetty. »Selbst wenn ich die Zeitverschiebung berücksichtige, fängt eure Probe in dreißig Minuten an.«

Pippa warf einen Blick auf die Uhr und stöhnte.

»Zum Stellen des Weckers hat es gestern Nacht nicht

mehr gereicht«, erklärte sie. »Aber das ist kein Problem: Die Probe fällt heute ohnehin aus, wir haben im Ensemble einen Geburtstag zu feiern.«

Pippa erzählte ihrer Großmutter vom vorhergehenden Abend, an dem Phoebe, Debbie, Nicola und sie nicht nur bis tief in die Nacht hinein Anitas Geburtstag geplant, sondern dabei auch sämtliche Alkoholvorräte des Hauses geplündert hatten.

»Freut mich, dass Phoebe Gast in meinem Haus war, das letzte Mal ist viel zu lange her«, sagte Hetty. »Du solltest dir für die Zukunft merken, Kind: Niemals Cider mit anderen Alkoholika mischen. Ungestraft kann das nur Phoebe – und natürlich ich. Aber du weißt ja, was ich bei einem Kater empfehle. Ölsardinen, einen halben Löffel Maggibrühe und eine kalte Dusche.«

»Brrrr. Schon der Gedanke …«

Hetty hatte recht. Pippa fiel ein gewisser Morgen auf Schreberwerder ein, ein Bad in der eiskalten Havel … und die darauffolgende Aufklärung eines feigen Mordes.

Als hätte ihre Großmutter den Gedanken gehört, sagte sie: »Ich bin hingerissen von Schreberwerder, Dear. Sogar im Winter ist die Insel bezaubernd. Und Viktor Hauser ist genauso, wie ich ihn mir vorgestellt habe. Ich bin nah dran, mir dort eine Parzelle zu kaufen.«

»Das wäre großartig! Welche?«

»Das hängt davon ab, wie sich der Verkauf von Cosy Cottage weiter gestaltet. Lysander rief gestern Abend an. Er kommt morgen zu mir, um mit mir darüber zu reden.«

Brüssel, Berlin … der kommt ganz schön rum, ging es Pippa durch den Kopf.

»Und wieso jetzt Lysander? Interessiert der sich auch für dein Haus?«, fragte Pippa verwirrt. »Was ist denn mit Sir

Michael? Der hat sich gestern extra deine Telefonnummer geben lassen.«

»Hat er das?«, fragte Hetty leichthin. »Bisher hat er sich deswegen nicht gemeldet. Aber viel wichtiger ist: Lysander erzählte mir, Carlos Kwiatkowski sei tödlich verunglückt und jemand habe dabei nachgeholfen. Das tut mir so leid, Liebes.«

»Ja, wir sind alle schockiert«, sagte Pippa und berichtete, was sie beim Packen von Kwiatkowskis Sachen entdeckt hatte. »Barbara-Ellen tut mir leid. Sie war so nah an der Erfüllung ihrer Wünsche.«

»Kümmere dich um sie – oder gib Peter Paw den Auftrag. Er ist ein großartiger Seelentröster. Ist er noch immer nicht von seinem Frühstück zurück? Ich würde so gern sein Schnurren hören.«

»Moment.«

Pippa hielt den Hörer ein Stück weg und rief: »Paw? Paw, komm mal hoch!«

Sie lauschte einen Moment, aber nichts rührte sich.

»Tut mir leid, Grandma«, sagte sie in den Hörer, »entweder er ist schon auf Tour, oder er hat die Nacht bei Barbara-Ellen verbracht.«

»Bisher konnten ihn nur Katzendamen über Nacht weglocken. Barbara-Ellen muss eine wirklich bemerkenswerte Person sein.«

Pippa holte tief Luft und zog die Vorhänge mit einem Ruck auf. Geblendet schloss sie für einen Moment die Augen und sah dann hinaus. Über Nacht war frischer Schnee gefallen, und die Welt jenseits des Fensters glitzerte unter den Strahlen der Sonne, die von einem stahlblauen Himmel schien. Jeder Halm, jeder Ast – alles war mit Raureif überzogen und ließ die Landschaft märchenhaft und unwirklich aussehen.

Genau passend für einen Tag, den es nur alle vier Jahre gibt, dachte Pippa und öffnete das Fenster weit, um frische Luft ins Schlafzimmer zu lassen. Auf ihrem Weg in die Küche riss sie auch noch die anderen Fenster und die Haustür auf.

Als Pippa an der Hintertür ihre gefütterten Stiefel anzog, fiel ihr Blick auf Peter Paws volle Näpfe. Nicht einmal den leckeren Katzenpudding hatte er angerührt. War etwa die Katzenklappe verklemmt? Sie stieß mit der Hand dagegen, aber die kleine Plexiglastür schwang hin und her.

Sie nahm die dicke Strickjacke und die Wollmütze, die am Haken an der Hintertür hingen, und zog beides über, bevor sie hinaus in den Garten ging, um die Hühner zu füttern. Die Schneedecke war glatt und ohne Pfotenabdrücke, ein weiterer Beleg für Paws nächtliche Abwesenheit. Auf dem Weg zum Hühnerstall fiel Pippas Blick auf das Hotel, und sie musste lächeln. Ich wette, auf Chris' Frühstückstablett für Barbara-Ellen liegt am heutigen Morgen eine Extraportion Lachs, dachte sie.

Bastard und sein Harem warteten schon ungeduldig auf ihr Futter. Der mächtige orangefarbene Hahn starrte sie streng an, während die Hennen aufgeregt gackerten und sich auf die Körner stürzten, kaum dass Pippa sie im Hühnerhaus in die Futterrinne geschüttet hatte. Im Heu fand sie drei der leicht rosa schimmernden kleinen Eier. Dass diese riesigen Tiere derart kleine Eier legten, amüsierte sie immer wieder aufs Neue. Wieder wanderten ihre Gedanken nach Schreberwerder, zu Viktors Hahn Buffy, einem eindrucksvollen Buff Orpington wie das Geflügel ihrer Großmutter.

Pippa holte eine Schaufel, um das Außengehege der Tiere vom Schnee zu räumen. Der Untergrund war zwar hart ge-

froren, aber die Hühner liebten es, auf der Erde herumzu-
kratzen und sich in der Sonne aufzuwärmen. Sie verstreute
noch eine Handvoll Körner und hob den Kopf, als sie von
der Hotelauffahrt laute Stimmen hörte.

»Bleib stehen! Ich verbiete dir, dass du …«, schrie Hasso von
Kestring wütend von der Freitreppe des Hotels aus. Er brach
ab und rannte in dem vergeblichen Versuch, seine Frau einzu-
holen, Treppe und Auffahrt hinunter. Nach ein paar Schritten rutschte er aus und konnte gerade noch das Gleichgewicht halten.

Barbara-Ellen ging eilig weiter, ohne auch nur den Kopf
nach ihm zu drehen. Neben ihr lief Chris, schwer an zwei
Koffern schleppend.

Frustriert gab von Kestring die Verfolgung auf.

»Das wirst du noch bereuen!«, rief er ihr hinterher, und
endlich wandte Barbara-Ellen sich zu ihm um.

»Das habe ich bereits«, sagte sie eisig und setzte ungerührt ihren Weg fort.

Von Kestring blieb zurück. In seinem Gesicht stand eine
Mischung aus Schreck, Enttäuschung und kalter Wut.

Sir Michael schaute aus seinem Hotelzimmer im ersten
Stock und beobachtete die Szene zwischen Barbara-Ellen
und Hasso von Kestring. Ein Jammer, dass Kwiatkowski
diese persönliche Niederlage nicht mehr dokumentieren
konnte, sie wäre ein Meilenstein in der erhofften Demontie-
rung des Regisseurs gewesen.

Sir Michael zuckte mit den Achseln, ging zum Telefon
und wählte eine Londoner Nummer.

»Hier ist Sir Michael Hornsby. Wir sollten uns über die
geplante Berichterstattung unterhalten.«

»Ich wollte Sie gerade anrufen, Sir Michael. In meiner Redaktion gibt es niemanden, der Carlos Kwiatkowski ersetzen kann. Alle sind anderweitig ... im Einsatz. Mir fehlt schlicht das Personal für umfassende Porträts. Aus diesem Grunde hat der *PaperRazzi* sich schweren Herzens entschieden, die vereinbarte Porträtserie nicht zu veröffentlichen. Ich bin sicher, Sie verstehen diese Entscheidung.«

»Ich sehe es wie Sie«, sagte Sir Michael etwas säuerlich, »Kwiatkowski ist unersetzbar. Nicht nur in diesem Punkt. Wir sehen uns bei der Premiere?«

»Ich freue mich darauf.«

Sir Michael legte auf und ging nachdenklich zurück zum Fenster. Hasso von Kestring stand noch immer mit geballten Fäusten in der Auffahrt und sah seiner Frau nach, die mit entschlossenen Schritten auf Hettys Cottage zustrebte.

Du hast keine Chance, Hasso von Kestring. Ich werde dich auch ohne Kwiatkowski ausschalten, dachte Sir Michael. Sein Blick wurde hart.

Als Pippa zurück ins Haus kam, warteten Barbara-Ellen und Chris bereits im Wohnzimmer auf sie, zwei Schattenrisse im gleißenden Licht, das durch die noch immer weit geöffnete Haustür in den Raum fiel.

»Ich gehe dann mal wieder«, murmelte Chris, nickte und zog die Tür hinter sich ins Schloss.

Barbara-Ellen verlor ihre mühsam aufrechterhaltene Contenance und stand wie ein Häufchen Elend inmitten ihres Gepäcks. Sie sah Pippa bittend an. »Kann ich in Carlitos Zimmer einziehen?«

Als Pippa nickte, fuhr sie fort: »Ich mag nicht mehr mit seinem Mörder unter einem Dach leben. Als Rebecca Davis gestern offiziell bestätigt hat, dass es sich um Mord handelt … ich ertrage Hasso einfach nicht mehr. Schlimm genug, dass ich gezwungen bin, mit ihm zu arbeiten.«

Von diesem Mord darf Freddy nie erfahren, sonst steht er am nächsten Tag hier auf der Matte, um seine Göttin zu rächen, dachte Pippa und sagte herzlich: »Natürlich bist du mir willkommen, Barbara-Ellen – und du wärst es auch ohne Peter Paw. Sosehr ich dir seine Gesellschaft gönne – ich habe die Kuschelrunden mit ihm schon vermisst.«

»Wie meinst du das?«, fragte Barbara-Ellen erstaunt.

»War er denn heute Nacht nicht bei dir im Hotel?«

Die Schauspielerin schüttelte den Kopf. »Leider nicht. Ich hätte sein Schnurren gut gebrauchen können.«

»O je, dann ist er auf Brautschau, und Hetty hat demnächst wieder das Haus voller Katzenkinder. Wegen Paw gab es schon mal eine außerordentliche Dorfversammlung. Da Hetty es nicht übers Herz bringt, ihn sterilisieren zu lassen, musste sie sich schriftlich verpflichten, seine sämtlichen Nachkommen bei sich aufzunehmen.«

Sie brachten das Gepäck nach oben, und Pippa zog sich zurück, damit Barbara-Ellen sich einrichten konnte. Nach einem leichten Frühstück und einer Tasse starken Kaffees fühlte Pippa sich so weit wiederhergestellt, dass sie sich in der Lage sah, der Außenwelt gegenüberzutreten.

Im Dorfladen wartete bereits Nicola auf sie und übergab ihr eine quietschbunte rechteckige Geburtstagstorte, der sämtliche Vorräte an Lebensmittelfarbe zum Opfer gefallen waren.

Pippa stapfte die Heaven's Gate Road entlang und traf vor dem Pub auf Tom Barrel, John Napier und Amanda Bloom, deren Gatte die Fasane für Rowdys Leichenschmaus geschossen hatte.

259

»Bist du unterwegs zum Taubenhaus?«, fragte Tom.

Pippa nickte, und die drei schlossen sich ihr an. Barrel schob eine Sackkarre, auf der sich mehrere Kästen Cider stapelten. John Napier begleitete sie, weil er für die Vermietung des alten Taubenhauses zuständig war und helfen wollte.

»Gut, dass ich euch treffe«, sagte Pippa, »Peter Paw wandelt wieder auf Freiersfüßen, das nur als kleine Warnung.«

»O nein, Ausgangssperre für Sweet Sophie – ich muss sie sofort hereinrufen«, rief Amanda Bloom alarmiert. »Sieben kleine Peter Paws machen meine Nerven nicht noch einmal mit. Hoffentlich ist es noch nicht zu spät.« Sie verabschiedete sich hastig, um nach ihrer Katze zu suchen.

John Napier lachte sich ins Fäustchen. »Ich hoffe, Peter Paw beglückt meine Princess. Ich hätte nichts gegen Nachwuchs.«

»Klar, und ich weiß auch, warum«, schnaufte Barrel, der die schwere Sackkarre nur mühsam durch den Schnee schieben konnte. »Du hoffst, dass Hetty dann nach Hideaway zurückkehrt.«

»Muss sie dann doch auch«, sagte Napier, »wenn wir Eltern werden ... Gibt es einen besseren Grund?«

»Zu früh gefreut, John«, gab Barrel zurück. »Ich habe es im Urin: Diesmal trifft es meine Crunchie, ich vermisse sie seit gestern Abend. Teufel auch, das wird eine Mischung: meine hübsche Manx-Lady und Hettys Britisch-Kurzhaar-Bomber ...«

Wenige Minuten später standen sie vor dem Taubenhaus, einem großen Steingebäude mit vier spitzen Giebeln, gekrönt von einem kleinen Turm, der mit Dutzenden quadratischer Öffnungen für die Vögel versehen war, durch die diese ein- und ausfliegen konnten. Zahllose Tauben saßen auf dem

Dach und gurrten. Pippa war darauf gespannt, das Haus nach seiner Wiederherstellung endlich einmal von innen zu sehen, und freute sich über die Erläuterungen von John Napier.

»Im Erdgeschoss hat früher der Züchter gewohnt«, erklärte er. »Wir haben es renoviert, und jetzt vermieten wir es für Feste. Oder man schleicht sich hinein, wenn man ein lauschiges Plätzchen sucht ...«

»Hört, hört«, brummte Tom Barrel und mühte sich damit ab, die Sackkarre über die Schwelle zu wuchten. »Hilf mir lieber ein bisschen, John.«

Gemeinsam manövrierten sie das Gefährt ins Haus, während Pippa sich drinnen bereits umsah. Der große Raum war mit einer kunterbunten Mischung aus bequemen Sesseln und Sofas aus zweiter Hand möbliert. Phoebe, Johannes und Duncan waren dabei, eine große Kaffeetafel zu schmücken und einzudecken.

Pippa begrüßte die fleißigen Helfer und stellte die Torte auf den Tisch. Dann folgte sie John Napiers Winken zu einer ausziehbaren Treppe, die zu einer Öffnung in der Holzdecke führte. Sie kletterte hinauf und sah durch die Luke ins erste Geschoss, das ganz den Tauben gehörte. In den Wänden befanden sich gemauerte kleine Nischen für die Vögel. Starke Holzbalken liefen quer durch den Raum und dienten sowohl als Sitzplatz für die Tauben als auch als Stütze für die Holzdecke.

»Hier haben ja Hunderte Tauben Platz.« Pippa war beeindruckt.

»In den besten Zeiten waren es über tausend«, erklärte Napier, der am Fuß der wackeligen Leiter stand und sie festhielt. »Tauben waren eben jahrhundertelang die Fleischquelle Nummer eins in dieser Gegend. Da brauchte man ständig Nachschub. Deshalb gibt es über diesem auch noch zwei weitere Stockwerke.«

»Sehen die genauso aus wie dieses?« Pippa stieg die Leiter ein paar Sprossen höher, um auch diese Etagen zu erkunden, zumal die Luke zum zweiten Stock einladend geöffnet war.

Aber Napier hielt sie auf. »Lassen Sie mal lieber, da oben ist es staubig, Sie machen sich Ihre hübsche Mütze schmutzig. Ich zeige es Ihnen aber gern, sagen Sie nur Bescheid, dann bekommen Sie von mir eine Privatführung.«

Pippa kletterte vorsichtig wieder hinunter und nahm seine Hand, die er ihr galant entgegenstreckte, um sie zu stützen.

»Alle Stockwerke haben eine Falltür über der Einstiegsluke und solch eine ausziehbare Leiter«, sagte Napier stolz. »Es war eine ganz schöne Arbeit, alles historisch richtig nachzubauen. Eine echte Herausforderung für jeden Schreiner.«

Tom Barrel verabschiedete sich, und Pippa half Napier, Stühle aus einem Nebenraum zu holen und um den Tisch zu stellen. Nicola hatte Unmengen an Dekorationsmaterial wie Girlanden, Luftballons und Luftschlangen zur Verfügung gestellt, die von Johannes und Duncan mit sichtlichem Spaß im Raum verteilt wurden.

Als Johannes Berkel auf der Leiter an der Luke stand, um an der Wand eine Girlande zu befestigen, sagte er plötzlich: »Seid mal still.«

Alle hielten inne, und er legte den Kopf schief und lauschte. »Hört ihr das auch?«

»Meinst du das Scharren, Junge?«, fragte Napier.

Johannes nickte. »Das höre ich schon die ganze Zeit. Was ist das?«

Napier schüttelte lachend den Kopf. »Tauben, was sonst?

Unser Brieftaubenclub hat zwar nur noch fünfzig Vögel, aber die machen Krach für fünfhundert.«

In diesem Moment tauchte Alain auf, einen riesigen Blumenstrauß im Arm. »Ist gerade geliefert worden«, sagte er, »ich konnte ihn rechtzeitig vor Anita verstecken. Wie weit seid ihr?«

»Beinahe fertig«, erwiderte Johannes. »Duncan, du solltest ins Hotel gehen und Anita ablenken. In genau einer Stunde bringst du sie bitte her. Alain übernimmt für dich.«

Sofort nahm Bettencourt Duncan die Girlande ab und strahlte Johannes Berkel an, der das andere Ende hielt. Dann stutzte er. »Was ist das für ein Geräusch?«

»Das Scharren?«

Johannes freute sich sichtlich, sein eben von John Napier gelerntes Wissen an Alain weitergeben zu können.

Nach und nach trafen die Gäste ein. Rebecca Davis tauchte in Begleitung eines schlanken Mannes auf, den sie als ihren Freund Pete Wesley vorstellte und der Pippa vage bekannt vorkam. Sie dachte flüchtig darüber nach, wo sie ihn gesehen haben könnte, ließ sich aber rasch von Rebeccas grauen Katzen ablenken, die an Leinen und Geschirren anmutig neben ihr her trippelten.

»Die sind ja wie kleine Hündchen«, sagte Pippa staunend. »Nehmen Sie die beiden immer mit, wenn Sie unterwegs sind?«

»Ich habe gehört, Hettys Haudegen ist auf Brautschau. Tom Barrel hat mich angerufen. Er weiß, dass ich mir Nachwuchs wünsche. Da dachte ich, ich zeige Peter Paw mal meine Schönheiten. Vielleicht verliebt er sich ja in Daisy oder Primrose.« Rebecca Davis grinste und zog an ihrer unvermeidlichen Zigarette. »Oder in beide.«

John Napier hatte den Kamin angefeuert, und der Raum wurde wohlig warm. Rebeccas Katzen rollten sich auf einem Sessel am Feuer zusammen und schliefen sofort ein. Phoebe bot den Neuankömmlingen Whisky und Cider an. Während Rebecca sich beides genehmigte, lehnte Wesley dankend ab. Pippa wunderte sich über das ungleiche Pärchen. Die Kommissarin war die Verkörperung eines zufriedenen Genussmenschen, während Pete Wesley die Personifizierung strenger Askese darstellte. Er setzte sich ruhig in eine Ecke, nippte an einem Glas stillen Wassers und tastete wie ein menschlicher Scanner mit den Augen seine Umgebung ab. Von Zeit zu Zeit warf er Rebecca ein Lächeln zu. Nicola verdrehte die Augen, als er einen ihrer buntglänzenden Papphüte freundlich, aber bestimmt ablehnte.

Auch Pippa schüttelte den Kopf und wies auf das schwarze Samtbarett, das sie zur Feier des Tages auf ihre Haare gesteckt hatte.

»Nichts da, Pippa. Du auch«, sagte Nicola streng und setzte der Freundin stattdessen einen grellroten paillettenbesetzten Pappzylinder auf. Dann nickte sie anerkennend. »Schrill. Besonders in Kombination mit deinen roten Haaren.«

»Irgendeine andere Farbe, Nicky, bitte«, flehte Pippa, aber Nicola weigerte sich, eine andere Kopfbedeckung herauszurücken.

Debbie traf zusammen mit Amanda Bloom und einigen anderen Dorfbewohnern ein, gefolgt von Hendrik, Dana, Sir Michael, Chris und Barbara-Ellen, die blass war, aber gefasst wirkte.

Johannes schickte eine SMS an Duncan, dass alles bereit sei. Kichernd und schwatzend warteten alle darauf, das nichtsahnende Geburtstagskind zu überraschen.

Anita errötete erfreut, als Duncan ihr die Augenbinde abnahm und sie sich einer bunten Gesellschaft gegenübersah, die laut »Überraschung!« schrie, in Kindertröten blies und sie mit Konfetti bewarf. Alle klatschten und jubelten frenetisch, als Anita es schaffte, die sieben Kerzen auf dem Kuchen beim ersten Versuch auszublasen, und sangen dann lautstark ein Ständchen für sie.

Auf einen Wink von Rebecca Davis verabschiedeten sich die Dorfbewohner nach dem Kaffeetrinken und etlichen Runden Cider von der Geburtstagsgesellschaft. Sie wartete, bis die Tür hinter dem Letzten ins Schloss gefallen war.

»Und jetzt spielen wir ein Spiel«, sagte Rebecca Davis lächelnd, aber in einem Ton, der keinen Protest duldete.

Kapitel 21

Alle rückten begeistert um den Tisch herum zusammen, nur Pete Wesley und Hendrik nicht. Pete hatte es sich in einem Korbsessel am Kamin bequem gemacht und Primrose gestattet, es sich auf seinem Schoß häuslich einzurichten.

»Ich kann leider nicht aufstehen«, sagte er mit Hinweis auf die friedlich schlafende Katze, als er von Duncan zum Mitspielen aufgefordert wurde. »Aber ich würde es sehr begrüßen, wenn mir jemand ein Glas Wasser reicht.«

Was findet Rebecca nur an dieser Spaßbremse?, dachte Pippa. Ziehen sich Gegensätze wirklich derart an?

»Ich finde, das ist ein blödes Spiel«, murrte Hendrik, »außerdem habe ich die Regeln nicht verstanden.« Er ging zum Servierwagen hinüber und schenkte sich Whisky ein.

Pippa bemerkte Anitas enttäuschtes Gesicht und sagte: »Komm wieder her, Hendrik. Rebecca Davis erläutert die Regeln sicher gern noch einmal.«

Wie ein bockiges Kind schlurfte Hendrik an Pete Wesley vorbei zurück zum Tisch. Der letzte freie Stuhl befand sich zwischen Phoebe und der Kommissarin. Er zögerte sichtlich, setzte sich dann aber doch.

»Was ihr alle nach diesen verstörenden Ereignissen braucht, ist etwas, das euch wieder zusammenschweißt. Wir haben bei der Polizei nach Katastropheneinsätzen gute Erfahrungen mit dieser Art Gruppensitzungen gemacht«, erklärte Rebecca Davis. »Zuerst sagt jeder, was er an sich selbst nicht mag oder in seinem Leben bereut, und teilt dann seinem Nachbarn zur Linken mit, was er sich Gutes für ihn wünscht.«

»Puh«, brummte Hendrik. »Psychospielchen.«

»Rebecca Davis hat recht: Wir sollten alles versuchen, was uns hilft, wieder durchzuatmen«, sagte Barbara-Ellen ruhig.

Immerhin, dachte Pippa, sogar Hendrik weiß, dass er bei ihr etwas lernen kann, und akzeptiert ihre Ratschläge. Wenn er sich jetzt noch ein klein wenig Teamgeist aneignet, könnte aus ihm ein wirklich guter Schauspieler werden.

Barbara-Ellen schenkte Bettencourt ihr schönstes Lächeln. »Alain, könntest du beginnen?«

»Okay«, sagte Alain zögernd. »Ich habe wirklich nichts gegen erotische Szenen, aber meine Partnerinnen sind oft so … aufdringlich. Ich spiele gerne den Liebhaber, aber es ist doch nur ein Spiel und nicht die Realität! Das scheinen manche Schauspielerinnen oft zu vergessen, und das nervt mich gehörig. Dann drehe ich fürchterlich auf, weil mir unbehaglich ist – und das macht alles noch schlimmer.«

»Du musst uns verstehen – es ist äußerst selten, dass wir für eine so angenehme Tätigkeit auch noch bezahlt werden. Da schießen wir schon mal über das Ziel hinaus«, sagte Phoebe und betrachtete den hübschen jungen Mann mit Wohlwollen. »Nimm es als Kompliment.«

Alain verneigte sich vor der alten Dame. Dann wandte er sich seinem Nachbarn zu. »Ich muss nicht lange darüber nachdenken, was ich dir wünsche, Johannes. Du hast eine wunderbare Freundin an deiner Seite. Ich wünsche dir dazu einen wirklich guten Freund.«

»Wer das wohl sein könnte«, murmelte Hendrik und fing sich dafür einen Blick von Rebecca Davis ein.

Johannes Berkel überhörte Hendriks Bemerkung souverän und drückte Alains Hand, bevor er selber sprach. »Ich möchte mein Leben radikal verändern«, sagte er, »denn bisher habe ich mich versteckt. Ich möchte zu mir und zu meinen Neigungen stehen, ohne die Konsequenzen zu fürchten. Ich habe mich zu lange unterdrücken und herumschubsen lassen. Ich bin nicht auf der Welt, damit andere sich größer fühlen.«

Selbstverständlich wusste jeder am Tisch, wen er meinte, und Pippa bedauerte, dass von Kestring nicht in der Runde saß und Berkels Worte hörte.

»Und ich wünsche dir, meine liebe Barbara-Ellen«, fuhr Johannes fort, »dass du trotz der Ereignisse der letzten Tage dein Glück findest. Ich werde für dich da sein, wenn du mich brauchst.« Er nahm ihre Hand und küsste sie.

Die Augen der Schauspielerin schimmerten feucht, und sie musste tief durchatmen, bevor sie sprechen konnte. »Ich habe wichtige Entscheidungen zu lange hinausgezögert. Ein nicht wiedergutzumachender Fehler. Mit den Konsequenzen muss ich leben lernen.«

Du weißt am besten, was ich meine, und ich danke dir für deine Hilfe, sagte Barbara-Ellens Blick in Richtung Pippa, die ihr gegenübersaß.

»Aber jetzt zu dir, Dana. Ich wünsche dir von Herzen, dass dein Leben ein wenig leichter und sorgenfreier wird. Was ich dazu beitragen kann, werde ich tun. Du kannst dich auf mich verlassen. Immer.«

Für einen Moment sah es so aus, als würde Dana Danvers in Tränen ausbrechen, aber sie beherrschte sich. Ihr Gesicht war undurchdringlich, als sie zu reden begann: »Ich bin eitel und egoistisch, das weiß ich. Aber ich halte das für notwendig, um die Ziele zu erreichen, die ich mir gesteckt habe. Leider ist man auf diese Weise sehr schnell völlig auf sich allein gestellt, und das macht das Leben weder einfacher noch schöner. Daran würde ich gerne etwas ändern, aber ich weiß nicht so recht, wie.« Ihre Stimme wurde weich, als sie sich Anita zuwandte. »Du hast meine Eifersucht erlebt, weil du die Rolle bekommen hast, die ich gern wollte. Mir war völlig egal, wie du dich fühlst, wenn ich deine Fähigkeiten vor allen Leuten in Frage stellte. Das tut mir leid. Von Kestring hat die richtige Entscheidung getroffen. Du bist eine wundervolle Ophelia.«

»Bravo, Dana!«, rief Duncan. Er klatschte spontan Beifall, und die anderen folgten seinem Beispiel. Allerdings verzog Hendrik geringschätzig den Mund, was seinen Applaus in ein ironisches Statement verwandelte.

Pippas Blick streifte Pete Wesley, der völlig versunken die Katze auf seinem Schoß streichelte und dem Spiel zuhörte. Wie mein Ex, dachte sie. Sich aus allem heraushalten, aber dennoch alles mitbekommen wollen. Pete Wesley muss ein Seelenverwandter von Leo sein.

Anita errötete, als sie sich im Mittelpunkt der allgemeinen Aufmerksamkeit sah. »Ich … ich will unbedingt Theater spielen«, sagte sie leise, »und ich weiß, dass ich eine Chance wie diese nur einmal im Leben bekomme. Ich freue mich über dein Kompliment, Dana. Aber ich vermisse meine Familie sehr, meine Eltern, meine Geschwister … ich fühle mich immer noch fremd in dieser Welt, so weit weg von meinem Heimatdorf, und dann denke ich, ich bin undankbar.«

»Das bist du nicht, Anita«, warf Sir Michael ein, »das ist ganz normal. Wenn man vor einer so großen Aufgabe steht, sind Zweifel normal. Natürlich fühlst du dich zerrissen und sehnst dich nach der Geborgenheit deines Elternhauses. Nimm uns einfach als deine Ersatzfamilie.«

Anita lächelte ihn erfreut an. »Die Ophelia ist mein größtes Glück. Ich würde sterben, wenn ich sie nicht mehr spielen dürfte. Und was ich Duncan wünschen soll, weiß ich nicht, denn er ist so ein liebevoller, netter und fürsorglicher Mensch … bleib einfach, wie du bist, Duncan. Das wünsche ich mir.« Sie schlug kichernd die Hand vor den Mund, als sie ihren kleinen, aber entlarvenden Versprecher bemerkte. »Das wünsche ich *dir,* wollte ich sagen«, verbesserte sie sich schnell.

Duncan deutete eine galante Verbeugung an. »Vielen Dank, Anita. Aber ich bin wahrlich kein perfekter Mensch. Ich bin faul und ohne wirklichen Ehrgeiz, das haben schon meine Lehrer in der Schule gesagt. Es sei eine Schande, wie ich meine Talente vergeuden würde, und ich könnte doch so viel mehr erreichen als mittelmäßige Noten … aber ich war immer mit dem zufrieden, was ich ohne viel Aufwand schaffen konnte. Für mich kommt immer erst die Freude am Leben, und da bleibt das hartnäckige Verfolgen einer Sache oft auf der Strecke. Ich habe mich auch immer vor der Arbeit in unserem Familienbetrieb gedrückt.« Er machte eine kurze Pause und feixte. »Es sei denn, es ging um die Verkostung unserer neuen Whiskys.«

Pippa war erstaunt, wie nah Duncan mit seiner Selbsteinschätzung den Ergebnissen von Kwiatkowskis Recherche kam.

»Dann geh doch in dein schottisches Kaff und mach weiter Musik mit deiner popeligen kleinen Band – wenn sie dich überhaupt noch wollen«, murmelte Hendrik und leerte sein Whiskyglas mit einem großen Schluck.

Obwohl Duncan diese Bemerkung gehört haben musste, ignorierte er sie – wie der Rest der Tischgesellschaft auch. Schaudernd erinnerte Pippa sich an die Schlägerei der beiden im Fleece Inn. Duncan hatte offenbar beschlossen, sich nicht mehr von Hendrik provozieren zu lassen.

»Und jetzt zu dir, Michael«, sagte Duncan. »Ich wünsche dir noch viele Jahre auf der Bühne.« Als Sir Michael protestieren wollte, hob Duncan die Hand. »Mein Wunsch ist egoistisch, denn wir alle wissen, dass dies deine letzte Saison ist. Aber es gibt für mich nichts Schöneres, als dir bei der Arbeit zuzusehen und von dir zu lernen.«

»Und du sagst, du hättest keinen Ehrgeiz?«, konterte Sir Michael schlagfertig und hatte damit die Lacher auf seiner Seite.

Hendrik stieß seinen Stuhl mit Getöse zurück und ging erneut zum Servierwagen, um sein Glas nachzufüllen. Seine ganze Körperhaltung demonstrierte Desinteresse an dem, was gesagt wurde. Rebecca Davis' nachdenklicher Blick folgte ihm, und Pippa bemerkte, dass er sich mit dem Pete Wesleys traf.

Ihr habt alle völlig vergessen, dass die Polizei mit am Tisch sitzt, dachte Pippa, wie geschickt von Rebecca.

»Wir machen eine kurze Zigarettenpause«, sagte die Polizistin plötzlich. »Meine Sucht meldet sich mit Macht.«

Pippa fragte sich, ob es klug von der Kommissarin war, das Spiel zu unterbrechen, folgte aber DI Davis vor die Tür des Taubenhauses.

»Zähe kleine Biester«, sagte diese und deutete auf die vielen Tauben, die nach wie vor auf dem Dach des Gebäudes hockten. »Dass die bei dieser Kälte lieber draußen sitzen als drinnen, ist mir ein Rätsel. Zumal der Kamin beheizt ist, das kommt ja auch nicht jeden Tag vor.« Sie zog nachdenklich an ihrer Zigarette.

»Wer weiß, was in kleinen Vogelhirnen vorgeht«, gab Pippa zu bedenken, »bestimmt nicht allzu viel.«

»Die machen mit Instinkt wett, was ihnen an Verstand

fehlt.« Rebecca Davis grinste vergnügt. »Die Größe des Gehirns ist nicht ausschlaggebend dafür, ob jemand dumm oder schlau ist. Was glauben Sie, wie viel Dummheit mir schon begegnet ist. Es gibt sogar Menschen, die der Meinung sind, es gäbe den perfekten Mord.«

»Und? Gibt es ihn?«

»Nicht, solange ich die Ermittlungen leite«, sagte Rebecca Davis grimmig. »Wo ist eigentlich der Regisseur der Truppe?«

»Keine Ahnung, aber wann immer er es vermeiden kann, sich mit dem profanen Fußvolk gemein zu machen, tut er es. Wahrscheinlich hockt er irgendwo und schmollt, weil wir heute lieber Anitas Geburtstag feiern statt zu proben. Warum fragen Sie? Fehlt er Ihnen bei Ihrem ... *Spiel*, Rebecca?«

Die Polizistin hob die Augenbrauen. »Bin ich derart durchschaubar? Aber wer weiß, vielleicht ...«

Sie unterbrach sich, weil Barbara-Ellen sich zu ihnen stellte.

»Worüber redet ihr?«, fragte die Schauspielerin und zog eine Zigarette aus der wortlos angebotenen Schachtel.

»Über kluge Tauben und dumme Menschen«, antwortete Rebecca Davis und knipste ihr Feuerzeug an.

Als sie ins Haus zurückkehrten, saß Hendrik wieder auf seinem Stuhl; er hatte es nicht gewagt, einen der freien Plätze zu okkupieren. Er brütete vor sich hin und schien kaum zu registrieren, dass die Runde wieder vollzählig um den Tisch saß und das Spiel weiterging. Pete Wesley war mittlerweile zum Sofa am gegenüberliegenden Ende des Raumes gewechselt und murmelte: »Viel zu heiß da am Kamin. Da wird man geröstet wie eine Taube im Mittelalter.«

Rebecca nickte. »Genau das ist der Grund, warum es diesen Kamin hier gibt«, sagte sie leichthin, aber Pippa hatte das deutliche Gefühl, dass die beiden sich über etwas ganz anderes verständigt hatten.

Sir Michael räusperte sich. »Dann bin ich jetzt wohl an der Reihe. Es gibt in meinem Leben einiges, was ich falsch gemacht habe«, sagte er, »und das ist bei fast achtzig Jahren auch kein Wunder, denke ich. Eine Sache allerdings bereue ich besonders. Es ist lange her, aber immer noch sind mir andere und vor allem ich selbst mir deswegen böse. Man kann so alt werden, wie man will, es ist immer leichter, einen Fehler totzuschweigen, als ihn anzusprechen oder um Verzeihung zu bitten. Bei so etwas bleibt man immer jung, dumm und ungeübt.« Er lächelte. »Wenn es so etwas wie Altersweisheit gibt, hat sie mich leider noch nicht eingeholt, fürchte ich.«

Dass Phoebe neben ihr sich bei seinen Worten versteifte, bemerkte Pippa sofort. Welche Leiche habt ihr beide nur zusammen in den Keller geschleppt?, fragte sie sich zum wiederholten Mal. Und warum wechselt Hetty immer sofort das Thema, wenn dieser Leichengeruch sie anweht?

»Was ich meinem jungen Freund Chris wünsche, ist ganz einfach«, sprach Sir Michael weiter. »Chris, ich weiß, du bist mit Leib und Seele Gastgeber deines wunderschönen Hotels. Aber du hast auch eine komödiantische Begabung, von der du bisher nicht einmal etwas geahnt hast. Ich wünsche dir, dass der Totengräber in *Hamlet* nicht deine einzige Bühnenerfahrung bleibt. Hasso von Kestring hatte völlig recht, dich zu wählen.«

»Sehr freundlich von dir«, sagte Chris, »aber maßlos übertrieben. Ich habe einfach Spaß daran, das ist alles. Ich mag es, neue Dinge auszuprobieren – und wenn ich mich dabei lächerlich mache, war es auch diese Erfahrung wert.

Jetzt soll ich sagen, was ich bereue? Vielleicht, dass ich euch Verrückte in mein Hotel gelassen und mir damit einen zweiten Job aufgeladen habe ...« Er sah gespielt empört in die Runde. »Ihr macht schon genug Arbeit – und jetzt muss ich auch noch Text lernen!«

Die Tischgesellschaft stimmte in sein Lachen ein.

»Du hast uns jetzt am Hals, Totengräber! Und wenn du nicht aufpasst, bleiben einige von uns für immer!«, rief Duncan und prostete Chris zu. Auch die anderen hoben ihre Gläser und ließen ihren Gastgeber hochleben.

»Und jetzt darf ich der charmanten Pippa etwas wünschen«, fuhr Chris fort, nachdem die Gläser nachgefüllt waren. »Ich weiß, du hegst einen Wunsch: endlich mal ein Buch zu übersetzen und richtig literarisch zu arbeiten. Das, liebe Pippa, wünsche ich dir.«

Er umarmte seine überraschte Tischnachbarin stürmisch und küsste sie auf beide Wangen.

»Also gut, jetzt mein Beichte«, sagte Pippa, »ich muss gestehen – und dafür schäme ich mich –, dass mir meine Familie manchmal zu viel wird. Das ist ihnen gegenüber unfair, denn sie haben mich bei sich aufgenommen, weil ich mir keine eigene Wohnung leisten kann. Ich muss keinen Cent Miete zahlen, habe also allen Grund, dankbar zu sein. Und trotzdem wünsche ich sie auf den Mond, wenn sie mich bei der Arbeit stören. Dann ist es ein Segen, dass niemand meine schwarzen Gedanken sehen kann. Jetzt zu dir, Phoebe. Ich wünsche mir und dir, dass du dich wieder mit meiner Grandma versöhnst. Und mit jedem, dem du grollst.«

Pippa hielt den Atem an – würde Phoebe ihr diese offenen Worte übelnehmen? Aber die alte Dame lächelte sie liebevoll an und bekannte: »Vielen Dank, Pippa. Ich weiß, ich sollte meine Meinung zu einigen Dingen schnellstens überdenken.« Sie wandte sich Hendrik zu, dem letzten in der Runde. Er starrte in sein Glas. »Hendrik, sehen Sie mich bitte an.«

Rossevelt gehorchte widerwillig.

»Hendrik, ich wünsche Ihnen eines: Lernen Sie, sich selbst zu lieben, dann können Sie auch liebevoll mit anderen Menschen umgehen. Sie spielen den Laertes – lernen Sie von ihm.«

Der Schauspieler verzog den Mund und fauchte: »Wenn Sie das so sehen – bitte. Ich soll sagen, was ich bereue? Gar nichts. Ich bin genau da, wo ich hinwollte, und ich habe es verdient. Und ich wünsche Alain die Einsicht, dass ich der bessere Hamlet bin.« Er sah herausfordernd in die Runde. »Sind wir jetzt endlich fertig mit dem öden Spiel?«

Er sprang auf und stürmte nach draußen. Alain sah hinter seinem Konkurrenten her und murmelte: »O là là – südländisches Temperament, und das bei einem Niederländer …«

In der Runde herrschte betroffenes Schweigen, bis Duncan sagte: »Davon lassen wir uns aber jetzt nicht die Stimmung verderben, oder? Der kriegt sich schon wieder ein.«

Pippa ergriff das Wort. »Ich habe noch eine Überraschung für alle: Karten für die Vorstellung von *Romeo und Julia* heute Abend in Stratford – mit herzlichem Gruß von Lysander Smith-Bates! Der Bus holt uns in zwei Stunden ab.«

Es war weit nach Mitternacht, als Pippa und Barbara-Ellen sich im Cosy Cottage noch auf einen heißen Kakao mit Schuss zusammensetzten.

»Das war echtes Theater«, schwärmte Barbara-Ellen, »so eine wundervolle Inszenierung, modern und trotzdem voller Respekt für Shakespeare. Wie glücklich müssen die Schauspieler sein, Mitglied dieses Ensembles sein zu dürfen.«

Sie schmiegte sich tiefer ins Sofa und zog die Beine unter sich.

»Wo ist nur Peter Paw? Ich würde jetzt gern mit ihm kuscheln, schade.«

»Wenn er morgen nicht auftaucht, stelle ich einen Suchmannschaft zusammen«, sagte Pippa, »aber noch mache ich mir keinen Sorgen. Er ist ein Freigeist. Es ist nicht das erste Mal, dass er ein paar Tage unterwegs ist.«

Sie schlürften das heiße Getränk und schwiegen eine Weile.

»Glaubst du wirklich, dass dein Mann die Elektronik des Autos manipuliert hat?«, fragte Pippa schließlich. »Hat er Ahnung von solchen Dingen?«

Barbara-Ellen schüttelte den Kopf. »Überhaupt nicht. Er arbeitet zwar mit dem Computer, hat aber nicht die geringste Vorstellung, was er da macht.«

»Wie sollte er sich dann in den Bordcomputer eines Autos hacken?«

»Ich weiß es nicht. Aber ich habe lange über eine Frage nachgedacht: Wer außer ihm hätte ein Interesse, Carlos aus dem Weg zu räumen? Es kann nur so gewesen sein: Hasso erfuhr, dass Carlito und ich …«

Sie verstummte und drehte die Tasse in ihren Händen.

»Er liebt dich so, dass er dafür töten würde?«, fragte Pippa vorsichtig.

Barbara-Ellen lachte bitter auf. »Er liebt *sich* so, dass er dafür töten würde.«

»Hat Carlos das befürchtet?«

»Er war jedenfalls sicher, dass wir vorsichtig sein müssen. Er wusste, wie eitel Hasso ist. Als Carlos' Daten verschwanden, gab es für uns keinen Zweifel, dass Hasso seine Hände im Spiel hat.«

»Und? Hatte er?«

Barbara-Ellen seufzte. »Carlos ging davon aus, dass jemand sein Passwort geknackt und so unser Geheimnis herausgefunden hat.«

»*Barbarella*?«

»Genau. Aber dann stellte sich heraus, dass die Daten gelöscht wurden, ohne dass man sie vorher gelesen hat. Das Passwort musste man dafür überhaupt nicht wissen.«

»Ist mir zu hoch«, sagte Pippa. »Woher weißt du das?«

In Barbara-Ellens Augen stiegen Tränen. »Ich habe kurz vor dem Unfall mit Carlito telefoniert. Er kam gerade von diesem Computerexperten in Cheltenham und war überglücklich, weil er uns unentdeckt glaubte. Kurz danach ist er verunglückt.«

Deshalb ist sie während der Probe hinausgegangen, dachte Pippa – um mit Kwiatkowski zu telefonieren.

Sie trank von ihrem Kakao und grübelte über das Gesagte nach. Dann sah sie Barbara-Ellen stirnrunzelnd an. »Aber wenn Hasso nichts von eurem Verhältnis wusste und auch das Passwort nicht kannte, das es ihm verriet – dann hatte er doch gar kein Motiv.«

Kapitel 22

Pippa kratzte das angetrocknete Futter aus Peter Paws Näpfen und spülte sie aus. Noch immer keine Spur von dem Kater.

Der muss ja mächtig verknallt sein, dachte sie, und er ist garantiert total ausgehungert, wenn er wieder auftaucht.

»Guten Morgen«, sagte Barbara-Ellen zu ihr.

Pippa stellte die frisch gefüllten Näpfe ab und drehte sich um.

»Guten Morgen. Du bist ja schon fix und fertig angezogen. Willst du mit zur Probe kommen?«

Barbara-Ellen nickte und schenkte sich Kaffee ein. »Ich habe darüber nachgedacht, was du gestern Nacht gesagt hast. Du hast recht: Hasso hatte überhaupt kein Motiv. Ich war blind vor Trauer und habe ihn zu Unrecht verdächtigt, sogar vor der Polizei. Wahrscheinlich muss deshalb jetzt das ganze Ensemble dafür büßen. Die Proben werden mir nicht leichtfallen, aber das stehe ich durch.«

Hasso von Kestring saß mit seinem Textbuch in einer der Fensternischen. Ohne auf die Ankunft von Pippa und Barbara-Ellen zu reagieren, arbeitete er konzentriert weiter, schien ganze Passagen zu streichen und machte sich an anderen Stellen Notizen.

»Das habe ich an ihm immer geliebt«, sagte Barbara-Ellen wie zu sich selbst und ging zu ihm hinüber.

Pippa setzte sich auf den Bühnenrand und ließ die Beine baumeln. Sie bemühte sich, das Ehepaar nicht allzu auffällig zu beobachten, aber natürlich war sie neugierig und linste aus dem Augenwinkel zu ihnen hinüber.

Die beiden redeten leise miteinander, dann wurde Barbara-Ellen, die sich zu ihrem Mann hinabgebeugt hatte, plötzlich stocksteif und richtete sich wieder auf. Mit undefinierbarem Gesichtsausdruck kam sie auf Pippa zu.

»Ich bin raus«, sagte sie und schüttelte fassungslos den Kopf, »als Guildenstern und als Gattin. Er will mich nicht mehr.«

»Aber, wolltest du denn … beides?«

Barbara-Ellen lächelte traurig. »Nein, aber ich wollte spielen – und ich wollte mich entschuldigen. Er will weder das eine noch das andere annehmen.«

In diesem Moment kamen die anderen Schauspieler herein, unter ihnen drei Männer, die Pippa noch nie gesehen hatte und die vom Regisseur überschwänglich begrüßt wurden. Dann stellte von Kestring sich auf die Bühne und sah sich um.

»Höchst unerwartet, ich bin erstaunt«, sagte er ohne weitere Begrüßung und betont verblüfft, aber sein Miene strafte seine Worte Lügen. »Die Damen der Schöpfung sind wieder aufgetaucht. Darf ich erfahren, was Sie hier wollen?«

Dana Danvers verschränkte die Arme vor der Brust. »Das dürfte nicht schwer zu erraten sein, oder? Wir wollen proben.«

Ein triumphierendes Lächeln huschte über von Kestrings Züge, bevor er einen Gesichtsausdruck zwischen Bedauern und Erstaunen aufsetzte.

»Wie soll ich das denn verstehen? Vor zwei Tagen haben alle drei Damen mir deutlich gemacht, dass sie weder mit mir noch mit meinem Führungsstil und meiner Arbeit einverstanden sind. Sie haben die Probe verlassen. Für ein Gespräch war gestern niemand von Ihnen erreichbar. Leider habe ich so kurz vor der Premiere weder die Zeit noch die Geduld, mich der Gnade anderer Leute zu unterwerfen.« Er zuckte mit den Schultern und grinste höhnisch. »Ich musste mir also schnellstmöglich Ersatz suchen, und den habe ich gefunden. Auf der Schauspielschule in Cheltenham.«

Von Kestring deutete auf die drei unbekannten Gesichter vor der Bühne.

»Wie es der glückliche Zufall will, haben diese drei jungen Talente gerade eine *Hamlet*-Inszenierung hinter sich.« Er klopfte einem pickelgesichtigen jungen Mann jovial auf die Schulter und sah sich dann aufmunternd um. »Ich bitte nun alle Herren auf die Bühne. Wir können sofort mit der Rollenverteilung beginnen.«

Während die sichtlich irritierten Männer des Ensembles seiner Aufforderung zögernd Folge leisteten, schüttelte Barbara-Ellen resigniert den Kopf und kümmerte sich um Anita, die weinend auf einem Stuhl zusammengesackt war. Pippa setzte sich an Anitas andere Seite. Sie war zu sprachlos, um irgendetwas zu tun oder zu sagen. Was konnte sie auch anderes tun als abzuwarten, wie es weiterging?

Lediglich Dana gab sich noch nicht geschlagen. Sie erklomm die Bühne und baute sich vor von Kestring auf, der sie mit hochgezogenen Augenbrauen musterte.

»Sie brauchen mich. Als Gertrud«, sagte Dana mit fester Stimme. Sie deutete auf Anita. »Und Anita ist eine sehr gute Ophelia. Wir wollen mitspielen.«

Sieh da, dachte Pippa, Dana spricht nicht nur für sich, wer hätte das gedacht. Hochachtung ...

Von Kestring zeigte mit seiner ganzen Körperhaltung,

wie wenig ihn Danas Einlassung interessierte. Während er angelegentlich seine Fingernägel inspizierte, antwortete er erbarmungslos: »Tut mir leid – aber die Bedingungen für das Stipendium sind eindeutig: Boykott der Proben führt zum Ausschluss des Schauspielers. Sie haben die Probenarbeit boykottiert, und damit sind Sie raus aus dem Spiel, Dana Danvers, sehen Sie das endlich ein.«

Er zog sein Schnupftabaksfläschchen heraus und nahm eine kräftige Prise von seinem Handrücken. Dann warf er es mit einer geschickten Bewegung des Handgelenks von der Bühne auf seinen Regiestuhl, wo es auf seiner Jacke landete, die zusammengeknüllt auf der Sitzfläche lag.

Danas Blick folgte dem Fläschchen, dann wandte sie sich wieder von Kestring zu. »Das kann nicht Ihr verdammter Ernst sein«, schrie sie, »das sind doch alles Männer! So durchgeknallt sind nicht einmal Sie!«

Von Kestring schüttelte mitleidig den Kopf. »Ich dachte tatsächlich, Sie kennen Ihren Shakespeare, und wieder einmal werde ich enttäuscht. Sie müssten doch wissen, dass es zu seiner Zeit keine Frauen auf der Bühne gab. Es war verboten.«

Er hielt inne und legte nachdenklich den Finger an die Lippen. »Eine kluge Entscheidung, wie ich finde. Keine Schwangerschaften, keine Hysterie, keine Stutenbissigkeit und keine Menstruationsbeschwerden … paradiesische Zustände. Sollte man generell wieder einführen. Ich bin der Vorreiter: Ich kehre zurück zu den Ursprüngen, zum unverfälschten, von Emotionen getragenen Schauspiel des Shakespeare'schen Theaters.«

Dana Danvers starrte ihn ungläubig an. Allmählich dämmerte ihr, dass sie geschlagen war, und sie verließ die Bühne. Mit hängendem Kopf setzte sie sich zu Pippa, Barbara-Ellen und der weinenden Anita.

Barbara-Ellen sagte leise zu den beiden schockierten Schauspielerinnen: »Ich kann nicht viel tun – aber finanziell soll dieser Ausfall für euch beide kein Problem sein. Wenigstens dafür kann ich sorgen.« Dann drückte sie aufmunternd Danas Hand.

Das *Barbarella-Projekt*, dachte Pippa plötzlich, sollte mich wundern, wenn hinter Barbara-Ellens liebevoller Geste nicht doch noch mehr steckt ...

Sie schenkte den Vorgängen auf der Bühne keine Beachtung mehr und wurde erst wieder aufmerksam, als Duncan laut und empört sagte: »Wir sollen uns selbst darüber einigen, welche Rollen wir spielen? Was soll das heißen? Wir haben bereits unsere Rollen! Sie wollen doch nicht auch noch umbesetzen?«

»Noch einmal zum Mitschreiben«, antwortete von Kestring ruhig, »ich werde mich jetzt in einen der bequemen Sessel am Fenster setzen und beobachten, wie Sie, meine Herren, die Rollenverteilung des Stücks miteinander ausfechten. So bekomme ich einen Überblick über Ihre Durchsetzungskraft und Ihre charakterlichen Stärken und Schwächen. Das wird mir mehr als alles andere Aufschluss geben, wer dem Druck der nächsten vier Wochen gewachsen sein wird. Ich verspreche mir einen vergnüglichen Tag, meine Herren. Enttäuschen Sie mich nicht.«

Von Kestring hetzt das Ensemble aufeinander, dachte Pippa bedrückt, das wird böses Blut geben – und er selbst lehnt sich zurück und ist fein raus.

»Einen Augenblick«, sagte Sir Michael, »Sie können doch nicht wirklich wollen, dass wir die Besetzung selbst entscheiden? Sie sind der Regisseur und Sie ...«

»Sie müssen sich bestimmt keine Sorgen machen«, unterbrach von Kestring ihn herablassend und sprang von der

Bühne, »an Sie wird sich keiner der Jungspunde rantrauen. Ihre Rollen sind sicher.«

Bevor Sir Michael darauf reagieren konnte, meldete Alain sich schnell zu Wort. »Aus Sicht des Hamlet wünsche ich mir Johannes als Ophelia.«

»Das kann ich mir vorstellen«, zischte Hendrik leise, »aber ich habe einen besseren Vorschlag: Ihr zwei Süßen teilt euch die Frauenrollen.« Er hob die Stimme, damit von Kestring ihn hören konnte. »Ich, Hamlet, bin damit einverstanden.«

Alain schnappte nach Luft. »Du? Hamlet? Du willst meine Rolle?«

»Ich *habe* deine Rolle«, gab Hendrik hochmütig zurück. »Frag deinen Regisseur. Er will, dass wir die Rollen verteilen, mit einer Ausnahme: Ich bin Hamlet. Das steht fest.«

»So? Tut es das?«, kam es süffisant aus dem Sessel am Fenster. »Wie kommst du darauf?«

»Weil du es mir versprochen hast!«, rief Hendrik.

»Was interessiert mich mein Geschwätz von gestern«, sagte von Kestring träge. »Du steigst genauso in den Ring wie alle anderen.«

»Aber ich habe dir geglaubt!«, schrie Hendrik, nicht weniger fassungslos als Dana ein paar Minuten zuvor.

Die anderen Anwesenden verfolgten atemlos die Auseinandersetzung, alle Gespräche waren verstummt, der eigene Frust vergessen – sogar Anitas Tränen versiegten.

»Ich bin der Herr, dein Regisseur«, deklamierte von Kestring sichtlich amüsiert, »du sollst an mich glauben – nicht glauben, was ich sage.«

Hendrik zitterte am ganzen Leib. »Du machst Witze. Das kannst du nicht ernst meinen.«

Als Antwort zog von Kestring die Augenbrauen hoch. »Probier es aus.«

»Ich beschwere mich bei Smith-Bates. Heute noch.« Hendrik stampfte auf wie ein trotziges Kind.

»Wie naiv bist du eigentlich?«, sagte von Kestring. »Ausgerechnet du willst ihn um Hilfe bitten? Du traust dich was.«

Was meint er damit?, dachte Pippa. *Ausgerechnet* du?

»Außerdem ist er gerade in den Niederlanden, mein Lieber«, fuhr von Kestring fort. »Er will dort einige wichtige Dinge für unser Stipendium klären.«

Hendrik erstarrte zur Salzsäule.

Und Brüssel liegt in Belgien, Herr von Superschlau, nicht in den Niederlan…

Bevor Pippa diesen Gedanken zu Ende denken konnte, verlangte Hendrik laut: »Lysander Smith-Bates ist nicht da. Gut. Dann will ich mit Pippa Bolle reden. Allein. Unter vier Augen. Und sofort.«

Als Stellvertreterin Lysanders und des *Shakespeare Birthday Festivals* blieb Pippa keine andere Wahl, als seiner Bitte Folge zu leisten. Sie und Hendrik verließen den Probenraum und setzten sich in den Speisesaal. Verführerisch zog der Duft von Irish Stew aus der Hotelküche und machte es Pippa schwer, sich auf Hendriks Anliegen zu konzentrieren. Ihren ursprünglichen Plan, in der Mittagspause nach Peter Paw zu suchen, stellte sie resigniert zurück. Tapfer nahm sie sich vor, unvoreingenommen mit dem ihr nicht sonderlich sympathischen Niederländer zu reden, und forderte ihn mit einem freundlichen Nicken auf, sein Anliegen vorzubringen.

Hendriks Gesicht war erregt gerötet, und er musste sich mehrmals räuspern, bevor seine Stimme ihm gehorchte. »Ich weiß, du magst mich nicht besonders«, sagte er schließlich, »und dazu habe ich nicht unwesentlich beigetragen. Aber ich brauche deine Hilfe als neutrale Vermittlerin.«

»Ich werde dir ganz sicher nicht behilflich sein, Alain die Rolle wegzunehmen, falls es dir darum geht. Tut mir leid.«

Er sah sie eindringlich an. »Der Hamlet ist eine Nummer zu groß für ihn, Pippa. Ich behaupte nicht, dass er kein Potential hat, ganz im Gegenteil. Aber er hat bisher lediglich den jugendlichen Liebhaber gespielt, und das merkt man auch.«

»Hamlet *ist* ein jugendlicher Liebhaber.«

Hendrik verdrehte die Augen. »Du weißt genau, was ich meine. Für mich ist die Rolle die eine große Chance.«

»Für Alain auch. Wieso denkst du, dass sie für dich wichtiger ist als für ihn?« Pippa lehnte sich genervt in ihrem Stuhl zurück. Allmählich ärgerte sie sich darüber, sich auf dieses Gespräch eingelassen zu haben.

»Aber er will doch überhaupt nicht ins Charakterfach«, sagte Hendrik verzweifelt, »mir geht es um die Bühne, um die hohe Kunst. Für ihn ist es doch nur wichtig, gesehen zu werden, um den Sprung aus den Soaps nach Hollywood zu schaffen.«

»Soll ich ganz ehrlich sein, Hendrik?«, fragte Pippa und fuhr auf sein Nicken hin fort: »Ich finde das völlig legitim. Alain ist nicht hier, weil er die Rolle in einer Lotterie gewonnen hat, sondern weil er talentiert ist. Und ich bin nicht hier, um zu bewerten, ob seine oder deine Ambitionen wahrhaftiger sind.«

Sie wollte gerade aufstehen und gehen, als Anita, Duncan, Johannes und Alain im Speisesaal erschienen und sich zu ihnen an den Tisch setzten.

»Wir denken, wir sollten bei diesem Gespräch dabei sein«, sagte Duncan ernst, »denn wir sind genau wie du, Hendrik, hilflos von Kestrings Launen ausgeliefert. Wir sollten uns nicht von ihm gegeneinander ausspielen lassen.

Im Namen des Ensembles bitten wir dich, Pippa, mit ihm zu sprechen.«

Von Kestring musste nicht überredet werden, denn er genoss sichtlich den von ihm verursachten Aufruhr. Seinen Vorschlag, das Gespräch wie eine Podiumsdiskussion vor allen auf der Bühne zu führen, lehnte Pippa kategorisch ab.

»Wir sind hier nicht im Kasperletheater, Herr von Kestring«, sagte sie knapp, »wir gehen spazieren und unterhalten uns dabei.«

Bereits zum siebten Mal umrundeten sie jetzt den Dorfanger, und ihre Diskussion drehte sich genauso im Kreis wie der Weg, den sie gingen.

Allmählich erregten sie allgemeine Aufmerksamkeit. Amanda Bloom lehnte sich aus ihrem Fenster und machte keinen Hehl aus ihrer Neugier; andere versuchten vergeblich, desinteressiert zu wirken, lungerten aber auf der Straße herum. John Napier und ein Mann mit einem Hund an der Leine standen an der Bushaltestelle und gaben vor, sich zu unterhalten. Ein schneller Blick auf die Kirchturmuhr bestätigte Pippas Verdacht, dass die beiden keineswegs vorhatten, nach Moreton-in-Marsh zu fahren, denn der nächste Bus war erst in einer Stunde zu erwarten. Sowohl beim Doktor neben Phoebes Cottage als auch bei Tierarzt Mickleton leerten sich die Wartezimmer, weil die Leute es vorzogen, das Drama draußen in der Kälte zu verfolgen, statt im Warmen zu sein und sich einen Platz am Fenster zu erkämpfen. Nicola tat so, als würde sie vor ihrem Shop den Schnee fegen, und Phoebe leistete ihr dabei Gesellschaft. Vor Toms Pub stand eine erstaunliche Anzahl Raucher, und selbst die Kinder der Grundschule hatten ihre Leibesübungen unterbrochen und lehnten samt Lehrerin am Schulhofzaun und hielten Maulaffen feil.

»Zuschauer sind Ihnen wohl völlig gleichgültig«, sagte Pippa und seufzte genervt. Sie hatte nicht damit gerechnet, dass die vom Regisseur vorgeschlagene Diskussion auf der Bühne deutlich weniger Zuhörer gehabt hätte als ihre Wanderung um den Dorfplatz. Aber jetzt war es zu spät.

Von Kestring sah sie ehrlich erstaunt an. »Selbstverständlich. Was denken Sie denn? Für mich sind Zuschauer nur lästige Huster im Parkett. Wenn es nach diesen Laien ginge, würde es reichen, die Texte zu sprechen und zu spielen, als hätte sich in Jahrhunderten nichts an der Menschheit geändert.«

Pippa schüttelte den Kopf. »An der Menschheit hat sich nichts geändert: Wir werden geboren, wir lieben, wir hassen, wir sterben. Und wir haben noch immer die gleichen Bedürfnisse. Deshalb verstehen wir Shakespeare auch noch immer ohne Ihren Schnickschnack. Aber Ihnen geht es gar nicht um Shakespeare. Ihnen geht es allein um sich selbst. Um Ihre Selbstdarstellung.«

Von Kestring lachte schallend. »Um was denn sonst? Ich bin ein würdiger Vertreter des deutschen Regietheaters! Natürlich geht es nur um mich.« Er musterte sie von der Seite. »Wahrscheinlich verstehen Sie mich nicht, *können* mich nicht verstehen, weil Ihnen der intellektuelle Zugang fehlt. Aber ich will mal nicht so sein und versuchen, Ihnen meine Weltanschauung in möglichst einfachen Worten zu erklären: Ich will ein Ensemble auf mich einschwören. Ich will Menschenmaterial zu einer Theatertruppe formen, die ohne Wenn und Aber meine Ideen umsetzt. Ich will ein Ensemble, das bereit ist, sich völlig auf mich einzulassen und meinen Ruhm in die Welt hinauszutragen … Wenn ich es für richtig halte, sollen sie sich auf der Bühne nackt in Kuhscheiße wälzen und sich gegenseitig vollkotzen – *das* ist für mich Theater!«

Er schien eine Reaktion von ihr zu erwarten, aber Pippa wandte sich ab. Sie sah, dass sich das Ensemble am Ende der Zufahrt zum Hotel vollzählig versammelt hatte und sie gespannt beobachtete.

Eigentlich sollten die Frauen froh sein, dass sie aus der Nummer raus sind, dachte sie, nach dem, was dieser Fatzke, der sich Regisseur nennt, gerade von sich gegeben hat ...

Pippa kam mit von Kestring zum neunten Mal am Friedhof vorbei, während der Regisseur weiterhin von seinen hochfliegenden Plänen erzählte. Jetzt müssen sich nur noch die Toten aus ihren Gräbern erheben, dachte sie, dann haben wir wirklich von allen Seiten Zuschauer. Ihre Geduld ging zur Neige. Von Kestring schien aus ihrem Gespräch ein Soloprogramm machen zu wollen und schwadronierte mittlerweile selbstverliebt von seiner Idee, alle Schauspieler in ihrer Landessprache spielen zu lassen.

»Stellen Sie sich vor: Babylonisches Sprachgewirr! Französisch, Niederländisch, einer der Neuen spricht Polnisch! Ich würde Chris zu gern einen Chinesen an die Seite stellen. Und was, glauben Sie, will der Regisseur damit sagen?«

Er sah sie auffordernd an, aber Pippa zuckte nur mit den Schultern.

»Wir tun einfach so, als wäre Shakespeare universell verständlich. Jenseits aller Sprachen«, verkündete er triumphierend.

»So tun, als ob, von Kestring? Bringen Sie mich nicht zum Lachen. Shakespeare *ist* universell. Er wurde in unzählige Sprachen übersetzt. Es gibt ihn in Urdu, in Sranan, in Lingala, Usbekisch, Nahuatl, Gälisch, Tabasaaran, Inuktitut und selbst in Papiamentu. Aber seit ich Sie kenne, frage ich mich, ob es noch keine verständliche deutsche Übersetzung gibt. Wieso, um alles in der Welt, sind Sie eigentlich Regisseur geworden?«

Aus dem Augenwinkel sah sie, dass Nicola einen Zettel hochhielt, auf den sie mit einem dicken Stift die Ziffer 13 gemalt hatte, als sie wieder einmal am Laden vorbeikamen. Großer Gott, dachte Pippa, die dreizehnte Runde schon? Und wir sind noch kein Stück weitergekommen, der Mann hört nichts außer seinem eigenen Geschwafel.

»Warum ich Regisseur geworden bin?« Von Kestring blieb stehen und grinste sie frech an. »Weil alle Diktatorenposten zurzeit besetzt sind, meine Liebe.«

Er kicherte vergnügt und suchte in den Taschen seiner pelzgefütterten Jeansjacke nach seinem Schnupftabak. Nach einer großen Prise steckte er das Fläschchen wieder weg und ging mit schnellen Schritten weiter.

Pippa nutzte die Pause für einen weiteren Vorstoß.

»Denken Sie noch einmal darüber nach, die Frauen wieder ins Ensemble aufzunehmen«, rief sie und hatte Mühe, seinen Vorsprung wieder aufzuholen. »Sie haben es nicht verdient, einfach fallengelassen zu werden!«

»Auf keinen Fall. Mein Entschluss steht fest. Mir gefällt die Idee des reinen Theaters, davon wird man noch in Jahren sprechen. Alles soll sein wie damals, zu Shakespeares Zeiten.«

Pippa riss der Geduldsfaden. »Damals gab es keine Regisseure, Sie … Sie … Kretin!«, brüllte sie mit allem, was ihre Lungen hergaben.

Völlig ungerührt zuckte von Kestring mit den Achseln. »Jede Zeit hat ihre Nachteile. Ich picke mir heraus, was in mein Konzept passt. Keine Frauen: passt. Kein Regisseur: passt nicht. In meinem Universum bin ich Gott.«

»Sie verdienen die Bühne nicht, von Kestring«, schrie

Pippa, die endgültig den Kampf um ihre Beherrschung verloren hatte. »Ich hoffe inständig, jemand sorgt dafür, dass für Sie sehr bald der Vorhang fällt! Und ich hoffe, dieser Jemand verschafft Ihnen einen ebenso brutalen Abgang, wie Sie ihn Ihren Schauspielern zumuten!«

Der Regisseur wollte antworten, bekam aber kein Wort heraus. Er schnappte nach Luft und wurde grau im Gesicht. Binnen Zehntelsekunden war sein Gesicht schweißüberströmt, und seine Augen irrten orientierungslos umher.

»Mir ist übel ...«, murmelte er mit weißen Lippen. Dann wankte er die zwei Schritte zur Parkbank hinter ihnen und sackte darauf zusammen.

»Jawoll, das hat gesessen!«, rief Duncan und streckte eine Faust in die Luft. »Damit hat sie ihm das Maul gestopft! Bravo, Pippa!«

Begeistert klatschte er mit Johannes ab und riss Anita in eine stürmische Umarmung.

Um Sir Michaels Mundwinkel spielte ein anerkennendes Lächeln, als er sagte: »Das ist Hettys Enkelin. Ich wusste, wenn sie nur halb so viel Schneid wie Hetty Wilcox hat, ist sie die perfekte Besetzung für diesen Job.«

»Ich gehe wieder hinein, mir ist kalt.« Dana rieb sich fröstelnd die Hände. »Von Kestrings große Show ist vorbei, und jetzt geht es hoffentlich normal mit den Proben weiter.«

Barbara-Ellen reckte den Hals, und ihr Blick wurde starr. »Das ist keine Show. Das ist ... Pippa ruft nach einem Arzt!«

Sie sprintete zu der nur wenige Meter entfernten Bank, gefolgt von den anderen. Johannes rannte zur Praxis des Arztes, um Hilfe zu holen.

Von Kestring lag zitternd rücklings auf der Bank. Barbara-Ellen setzte sich zu ihm und nahm seinen Kopf vorsichtig auf ihren Schoß.

»Alles wird gut«, sagte sie immer wieder, bis der Regisseur plötzlich die Augen verdrehte, seinen Kopf zur Seite wandte und sich übergab. Krämpfe schüttelten ihn, und Schaum trat ihm aus dem Mund.

»Was ist denn los? Hat er sich an seiner eigenen Bosheit verschluckt?«, rief Amanda Bloom, die in Kittelschürze und Hausschuhen aus dem Haus gestürzt war, um ja nichts zu verpassen. Sie drängte sich durch das Ensemble, das schweigend und betroffen um die Bank herum stand.

»Seit die hier sind, gibt es nur Ärger«, brummte John Napier.

»Sieht aus, als müsstest du wieder eine Kiste bauen, John«, raunte der Mann mit dem Hund neben ihm.

»Haltet die Klappe!«, fauchte Phoebe, die ebenfalls herangekommen war und die schockierte Pippa im Arm hielt. »Das ist kein Spaß!«

Die Sekunden dehnten sich zu einer Ewigkeit, bis Johannes endlich mit dem Arzt auftauchte. Gleichzeitig trafen der Tierarzt und Debbie ein. Sofort bildete sich eine Gasse.

»Endlich, James.« Phoebe atmete erleichtert auf.

»Ich bin Dr. Bowes«, sagte der Arzt ruhig zu Barbara-Ellen, die noch immer den Kopf ihres mittlerweile bewusstlosen Mannes hielt. »Ich kümmere mich jetzt um ihn. Und Sie treten bitte alle ein Stück zurück. Martin, hilf mir bitte.«

Dr. Bowes und Dr. Mickleton bemühten sich nach Kräften, von Kestring wiederzubeleben, aber weder Herzmassage noch Mund-zu-Nase-Beatmung halfen.

Als endlich die Sirene des Notarztwagens näher kam, war es bereits zu spät. Hasso von Kestring, der selbsternannte Fixstern deutschen Regietheaters, war vor den Augen seines Ensembles und der vollzählig versammelten Bevölkerung Hideaways erloschen wie eine Sternschnuppe.

Niemand sprach, nur Barbara-Ellens Schluchzen war zu hören. Erstaunt stellte Pippa fest, dass der Tod des Regisseurs sie selbst merkwürdig kaltließ.

Ein Egozentriker ist vor großem Publikum von der Bühne abgetreten, dachte sie, das könnte glatt von ihm selbst inszeniert sein.

Mitten hinein in die Stille fragte Hendrik Rossevelt: »Und wer spielt jetzt den Hamlet?«

Kapitel 23

Pippa machte sich inzwischen ernsthafte Sorgen um Peter Paw. Es war Freitagmorgen, und der Kater war seit zwei Nächten nicht aufgetaucht. Der Schreck über von Kestrings Tod hatte Pippa von der Suche nach ihm abgelenkt, aber jetzt lief sie durchs Dorf, um nach ihm Ausschau zu halten. Es herrschten überraschend milde Temperaturen, und der Schnee begann allmählich zu tauen. Die Straßen waren bereits schneefrei, und auf den Bänken rund um den Dorfanger nutzten ein paar Leute das sonnige Wetter für einen Plausch. Pippa fragte jeden, dem sie begegnete, nach dem Kater, erntete aber nur Kopfschütteln. Vor dem Pub traf sie auf Tom Barrel samt Gattin Cecily und John Napier.

»Guten Morgen zusammen! Hat einer von euch in letzter Zeit Peter Paw gesehen?«

Die Männer verneinten, aber Cecily nickte. »Auf dem Blisswalk, oder?«, antwortete sie bedächtig. »Sweet Sophie und Crunchie rannten hinter ihm her, nicht wahr?«

»Wann war das?«

Cecily runzelte die Stirn und dachte ausgiebig nach. »Ich weiß nicht ... hm ... Mittwoch oder Donnerstag früh, oder so?«

»Und wo genau?« Pippa hätte die Frau am liebsten kräftig geschüttelt, um den trägen Erinnerungsspeicher auf Trab zu bringen.

»Ja, wo war das gleich ... Ich kam gerade von Nicola und

293

bin die Heaven's Gate Road entlanggegangen, kann das sein?«

Es war Pippa ein Rätsel, warum Cecily ihre Antworten nicht nur als Fragen formulierte, sondern mittendrin auch gerne vergaß, was sie gesagt hatte, und grübelnd ins Leere starrte.

»Heaven's Gate Road ... und dann?«, drängte Pippa und schaffte es gerade noch, ihre Stimme nicht unangemessen scharf klingen zu lassen.

»Ich wollte kurz zu Tom, um ...« Cecilys Miene hellte sich auf. »Da habe ich die drei gesehen, meine ich! Sie verschwanden hinter Nickys Haus«, fügte sie triumphierend hinzu.

Barrel feixte und rieb sich die Hände. »Das gibt prächtigen Nachwuchs. Dann werde ich mal mit Crunchie zu Dr. Mickleton gehen.«

»Schön, dass du dich freust, Tom«, gab Pippa zurück, »aber eure Katzen sind wieder zu Hause, und unser Paw ist immer noch weg. Ich weiß schon nicht mehr, was ich Grandma sagen soll.«

»Vielleicht hat sich Peter Paw zurückgezogen, weil er Rowdy vermisst.« Napier tätschelte mitfühlend Pippas Arm. »Mach dir keine Sorgen, Mädchen, der Kater ist robust.«

Aber ich bin es nicht, dachte Pippa erschöpft, während sie den Weg fortsetzte.

Als sie zum Abschluss ihrer Runde durch das Dorf die Auffahrt zum Harmony House Hotel hinaufstapfte, wehte ihr strenger Fischgeruch entgegen. Sie folgte dem Duft und entdeckte unter einem Busch nahe der Eingangstreppe einen grellroten Plastiknapf, dessen Inhalt mehr als zweifelhaft aussah. Chris kam um die Hausecke gebogen und schwenkte ein leeres Tablett.

»Warst du das?«, fragte Pippa und zeigte mit gerümpfter Nase auf den stinkenden Fisch.

»Allerdings. Paw liebt Fischreste, die schon ein wenig Charakter haben. Ich habe die Köder im gesamten Park verteilt«, sagte Chris. »Das holt ihn auch aus dem komfortabelsten Schlupfloch.«

»Nicht nur ihn. Wenn du Pech hast, wird dein Hotelpark der angesagteste Katzentreffpunkt der gesamten Cotswolds. Sie werden sich täglich auf deiner Terrasse versammeln und Serenaden singen, bis du dieses ekelhafte Zeug servierst.«

»Für dich ungenießbar – für unsere samtpfotigen Freunde eine Delikatesse, meine Liebe. Komm mit in die Küche, ich packe dir etwas davon ein und du platzierst es in Hettys Garten.«

Mit spitzen Fingern trug Pippa den Plastikbeutel mit den Fischresten nach Hause. Obwohl Chris ihn gut verknotet hatte, entströmte ihm der strenge Geruch eines Meeresbewohners, der bereits so lange tot war, dass er in Teilen schon wieder lebendig wurde. Mit angehaltenem Atem verteilte sie den Inhalt des Beutels auf zwei Schälchen, von denen sie eins ans Ende des Gartens und das andere an die Hintertür stellte.

Gegen den bestialischen Gestank im Haus versprühte sie großzügig Duftspray, als sie durch das Fenster in der Haustür einen Wagen mit Sam Wilson am Steuer und Rebecca Davis auf dem Beifahrersitz vorfahren sah. Während der Sergeant im Auto sitzen blieb, kam die Kommissarin ins Haus.

»Hier riecht es aber interessant«, sagte Rebecca Davis und schnupperte, »so kann man sich auch Besuch vom Hals halten. Eine Mischung aus … Klostein und etwas, das man aus dem Kehlsack eines Pelikans geborgen hat, würde ich sagen.«

»Sehr treffend, Detective Inspector.« Pippa lachte und drückte ein letztes Mal auf den Sprayknopf der Dose mit dem Raumspray, das laut Aufdruck behauptete, nach Lavendel zu duften.

»Haben Sie Zeit, Pippa? Ich würde Sie gern auf einen kleinen Ausflug einladen.«

»Ich ... habe nichts Besonderes vor«, antwortete Pippa überrumpelt. »Die Probe fällt ja aus.« Aber eigentlich wollte ich weiter nach meinem Kater suchen, fügte sie in Gedanken hinzu, sprach es aber nicht aus, weil sie neugierig war zu erfahren, was Rebecca Davis plante.

»Ich möchte mich gerne mit Ihnen unterhalten, bevor ich die Theatertruppe verhöre«, sagte diese. »Sie waren vom ersten Probentag an dabei und können mir einiges über die Gruppendynamik im Ensemble verraten. Wir besprechen alles auf dem Weg nach Broadway und Cheltenham, wo ein paar wichtige Informationen auf uns warten.«

Während Pippa eine kurze Nachricht an Barbara-Ellen schrieb, die dank eines Beruhigungsmittels tief und fest in ihrem Zimmer schlief, lehnte Rebecca Davis in der offenen Haustür und rauchte. Sie kniff die Augen zusammen und beobachtete, wie Dana Danvers angelaufen kam und Sam Wilson mit einer Geste bat, seine Scheibe herunterzukurbeln.

»Wohin fahren Sie?«, fragte Dana Danvers.

Wilson zuckte mit den Achseln. »Das müssen Sie die Chefin fragen. Ich blicke hier nicht mehr durch. Tote Hunde, Unfälle, die keine sind, und ein glasklarer Herzinfarkt vor Dutzenden von Augenzeugen, der wie ein Mord behandelt wird ...« Er senkte die Stimme, deutete mit dem Kopf auf

Rebecca Davis und murmelte: »Die Chefin ist schon unter normalen Umständen eine echte Herausforderung für jeden geradeaus denkenden Polizisten, aber im Moment ...« Vielsagend rollte er mit den Augen.

Dana nickte knapp und marschierte auf die Kommissarin zu. »Ich muss nach Stratford-upon-Avon. Fahren Sie zufällig in die Richtung? Es ist wirklich dringend.«

»Zufällig ja«, antwortete Rebecca Davis. »Wir nehmen Sie gern mit, Miss Danvers.«

Nanu, dachte Pippa, die eben aus dem Haus trat, was ist denn aus Cheltenham und Broadway geworden? Als sie den beredten Blick der Kommissarin auffing, verkniff sie sich die Frage nach der Planänderung.

An einer belebten Einkaufsstraße in Stratford hielt Wilson an, um Dana aussteigen zu lassen. Das Städtchen war um diese Tageszeit von vielen Touristen bevölkert, die bei dem schönen Wetter müßig von Schaufenster zu Schaufenster bummelten, um sich vor der abendlichen Theatervorstellung mit Shakespeare-Souvenirs einzudecken. Zwischen ihnen erledigten die Einheimischen eilig ihre Besorgungen. Eine Gruppe Japaner strebte die Straße hinauf und knipste jeden Zentimeter der mittelalterlichen Hausfassaden, während ihre Stadtführerin die Sehenswürdigkeiten erklärte.

Rebecca Davis bat Wilson, den Wagen ein Stück weiter in eine Parkbucht nahe der berühmten Theater zu steuern. »Sergeant Wilson, Sie wissen, was Sie zu tun haben.«

Wilson nickte gottergeben. »Einkaufen.«

»Genau«, antwortete die Kommissarin grinsend. »Sie begleiten die junge Dame unauffällig auf ihrer Shoppingtour.«

»Wie hoch ist mein Budget?«

»Ein Fußball-Shirt lasse ich springen. Vorausgesetzt, es

ist von Tottenham Hotspur – für Arsenal gibt es keinen Penny.«

»Celtic Glasgow?«, fragte Sam Wilson hoffnungsvoll.

»Untersteh dich. Zu deinen roten Haaren passt nichts als Hotspur-Himmelblau. Und jetzt spute dich, die junge Dame ist gerade in *Marks & Spencer* verschwunden.«

»Was haben Sie vor, Detective Inspector?«, fragte Pippa, als Wilson ausgestiegen war.

»Beschatten ist nicht einfach so erlaubt – einkaufen schon.« Rebecca zündete sich zufrieden eine Zigarette an und rauchte bei offener Tür. »Übrigens sollten wir den Detective Inspector mal vergessen. Für Hettys Enkelin bin ich Rebecca.«

»Gerne«, sagte Pippa erfreut. »Wenn ich mir die Frage erlauben darf – warum gehöre ich nicht zu den Verdächtigen?«

Rebecca Davis drückte die Zigarette im Aschenbecher aus, schloss die Tür und startete den Wagen. »Nicht nur, dass mich glatt der Schlag treffen würde, sollte sich die Enkelin von Hetty Wilcox als Mörderin entpuppen – *sie* würde dir nie wieder eine ruhige Minute gönnen. Das wirst du wohl kaum riskieren wollen …«

Sie fuhr aus der Parklücke und wendete mit kreischenden Reifen mitten auf der Straße, ohne sich um den fließenden Verkehr zu kümmern. Ihr Manöver löste ein empörtes Hupkonzert aus, aber sie zuckte mit keiner Wimper. Nachdem sie Stratford verlassen hatten, gab Rebecca Gas und raste – für Pippas Geschmack viel zu schnittig – über die Landstraßen Richtung Broadway und Cheltenham. In jedem der Dörfer, die sie passierten, hielt die Kommissarin an der örtlichen Tankstelle, um sich zu erkundigen, ob Kwiatkowski an seinem letzten Tag dort getankt und bei dieser Gelegenheit wegen seines Bordcomputers um Hilfe gebeten hatte. Zum wiederholten Mal kehrte sie unverrichteter Dinge zum Auto zurück.

»Glaubst du wirklich, dass irgendwer sich an Carlos erinnern kann?«, fragte Pippa zweifelnd.

»An ihn nicht, aber ganz bestimmt an sein Auto«, sagte die Kommissarin, während sie wieder einmal in halsbrecherischem Tempo über eine Kreuzung schoss. »Wir sind in England – an einen smaragdgrünen BMW dieser Klasse kann sich hier jeder erinnern.«

Sie schlidderten durch eine enge Kurve, und Pippa krallte sich nervös am Haltegriff oberhalb des Seitenfensters fest.

»Ich will wissen, mit wem er an diesem Tag gesprochen und ob er eine Fehlermeldung der Elektronik erwähnt hat«, fuhr Rebecca Davis fort. »Außerdem frage ich mich, ob er wirklich allein unterwegs war.«

»Aber wir wissen doch, bei wem er war. In Cheltenham, bei diesem Computerfachmann – ich dachte, du hättest ihn bereits befragt.«

»Das schon, aber der Tank von Kwiatkowskis Wagen war voll. Er muss irgendwo getankt haben. – Verdammte Mistviecher!« Fluchend wich sie einem Fasan aus, der hinter einer scharfen Kurve mitten auf der Straße hockte, und Pippa sehnte sich verzweifelt nach Sam Wilsons gemächlichem Fahrstil zurück.

»Wieso ist wichtig, ob und wo er getankt hat?«

»Ich weiß von Arnold, wann Kwiatkowski gegangen ist. Von da an bis zum Unfall fehlen zwei ganze Stunden. Wo war der Mann?«

»Vielleicht ist er einfach nur langsam gefahren«, sagte Pippa, und die Kommissarin lachte laut auf.

Endlich erreichten sie Broadway. Pippa atmete auf, denn selbst Rebecca würde es nicht wagen, in diesem Tempo durch den malerischen Ort zu preschen. Zu Pippas Überraschung parkte Rebecca mitten auf dem Hof eines prächtigen alten Hotels und stieg aus. Pippa folgte der Kommissarin zum Tearoom in einem der typischen Häuser aus honigfarbenem Naturstein. Vor der weißlackierten Tür blieb Rebecca stehen und holte ihre Zigaretten heraus.

»Geh schon mal rein«, sagte sie, »ich gebe dir zwei Zigarettenlängen Vorsprung. Bestell ruhig die Karte rauf und runter – geht alles auf Spesen.«

»Was wollen wir hier?«, fragte Pippa erstaunt.

»Tanken. Tee und Informationen. Unser Tisch steht direkt am Fenster, nicht zu übersehen.« Sie wandte sich ab, um die Flamme ihres Feuerzeugs vor dem Wind zu schützen.

Pippa betrat die Teestube und sah sich um. Auf Regalen wurde das Angebot präsentiert: von Marmeladen und Honig über verschiedene Senfsorten bis hin zu skurril geformten Teekannen. An einem Fenstertisch entdeckte sie Pete Wesley, der dort mit drei aufgeputzten jungen Frauen saß. Er hielt die Hand einer der Frauen, die ihn anhimmelte und ergriffen hauchte: »Ganz genau! Genau das hat er zu mir gesagt und genauso hat er sich auch verhalten. Was hat das zu bedeuten, Pete?«

Wesley sah auf ihre Hand hinunter, schnalzte mit der Zunge und sagte: »Dass Sie Ihr Hochzeitskleid kaufen können, Schätzchen. Das teuerste.«

Dies löste bei den drei Frauen Kreischen und Kichern aus, und eine andere fragte atemlos: »Oh, Pete, würden Sie bei mir auch bitte ...« Sie hielt ihm die Hand hin.

Wesley wollte gerade nonchalant danach greifen, als er

Pippa bemerkte, die ihn verblüfft anstarrte. Ihr war just in diesem Moment eingefallen, wo sie den Mann vor Anitas Geburtstag schon einmal gesehen hatte. Er war der Schönling, der sie und Barbara-Ellen im Tearoom in Moreton-in-Marsh so erheitert hatte. Auch in diesem Kreis junger Anhängerinnen passte er sein Wesen und Aussehen perfekt den Bedürfnissen und Erwartungen seines Publikums an – wie beim Spiel in Hideaway an das Ensemble. Pippa war beeindruckt.

»Tut mir leid. Die Sprechstunde ist beendet, meine Verabredung ist eingetroffen«, sagte Wesley und bat Pippa mit einer einladenden Geste an den Tisch. Seine Begleiterinnen verliehen ihrer Enttäuschung lautstark Ausdruck und musterten Pippa auf eine Weise, die keinen Zweifel daran ließ, dass sie als Störenfried betrachtet wurde. Wesley holte einen Terminkalender aus der Innentasche seiner Jacke und schlug ihn auf. »Mal sehen ... ich bin in einer Woche um die gleiche Zeit wieder hier.«

»So lange kann ich nicht warten. Geht es nicht früher?«, maulte die junge Frau, der er gerade aus der Hand hatte lesen wollen. Sie zog einen wenig schmeichelhaften Schmollmund.

Wesley seufzte. »Also gut. Dann aber in meiner Zweigstelle in Moreton-in-Marsh. Übermorgen. Sonntag.«

Während Pippa am Tisch darauf wartete, dass ein Stuhl frei wurde, packten Wesleys Bewunderinnen umständlich ihre glitzernden Handys in winzige Handtaschen, richteten in Schminkspiegeln Make-up und Frisuren und räumten erst dann widerwillig die Plätze. Tuschelnd stöckelten sie zum Tresen, um die Gesamtrechnung zu bezahlen.

Pippa setzte sich, und Wesley sammelte, ohne ein Zeichen der Verlegenheit, die auf dem Tisch ausliegenden Tarotkarten ein und verstaute sie in einer Umhängetasche, aus der er dann eine Mappe holte, die mit *Hamlet* beschriftet war.

»Sehe ich das richtig?«, fragte Pippa, bei der Neugier über Diskretion gesiegt hatte. »Die Damen bezahlen Ihre Rechnung?«

»Aber selbstverständlich.« Pete Wesley musterte sie lächelnd. »Das gehört ebenso zum Ritual wie ein ausgiebiges Handgeld. Der Tag heute hat sich wieder einmal gelohnt.« Er zog eine Anzahl Scheine unter seinem Kuchenteller hervor, zählte sie zwei Mal und steckte sie zufrieden ein. »Ich lege die Karten und lese aus der Hand. Natürlich nur Gutes.«

»Sie sind Wahrsager?« Pippa war sich sicher, dass man ihrer Frage mindestens vier Fragezeichen anhörte.

»So könnte man es auch nennen«, sagte Rebeccas Stimme hinter ihr, »aber der gute Pete ist Kriminalpsychologe und Profiler. Da es für ihn in den beschaulichen Cotswolds nicht allzu viel zu tun gibt, hat man seine Stelle gestrichen und bucht ihn nur bei Bedarf. Deshalb bessert er sein überschaubares Einkommen durch höchst geschickte ...«

»... tiefenpsychologisch simple, aber nichtsdestoweniger immer treffende ...«, fiel Wesley ihr mit erhobenem Zeigefinger ins Wort.

»... Lebenshilfe auf«, vervollständigte Rebecca und setzte sich an den Tisch. »Kartenlegen, Handlesen, Bachblüten gegen Zipperlein aller Art – er ist der Mann der hundert Gesichter. Früher hätte er mit spitzem Hut und Samtumhang in einem bunten Zelt auf dem Rummel gesessen, magische Tinkturen verkauft und sich *Petronello, der Wundersame* genannt.«

»Moment mal«, sagte Pippa, »er ist also überhaupt nicht dein Freund, Rebecca?«

Rebecca schüttelte den Kopf, während Wesley antwortete: »An mir liegt das nicht, wie ich betonen möchte. Aber bei Rebecca versagen alle psychologischen Tricks. Sie will mich nur aus beruflichen Gründen.«

»Deshalb also die als Spiel getarnte Gruppentherapiesitzung bei Anitas Geburtstag. Mir war schon klar, dass Rebecca das nicht ohne Grund vorgeschlagen hat, aber mit einem Undercover-Profiler habe ich dann doch nicht gerechnet.« Und auch nicht mit einem Pete Wesley, der außer Dienst deutlich kommunikativer und sympathischer wirkte.

Pippa warf Rebecca einen anerkennenden Blick zu, den diese mit einem Lächeln quittierte.

»Ich habe mir vorgestern übrigens nicht nur das Ensemble angesehen, sondern mich auch zusammen mit den Schauspielschülern aus Cheltenham bei von Kestring vorgestellt, um ihn kennenzulernen. Leider war ich ihm zu alt für die Ophelia.« Wesley sagte das völlig ernst, aber seine Augen blitzten amüsiert. »Hochinteressant übrigens, der verblichene Hasso von Kestring«, fuhr er fort, »eine Fundgrube für jeden Psychologen. Klassisches Lehrbuchmaterial, der Mann. Kategorie: Hybris trifft Pascha. Er sah sich als unumschränkter Herrscher über seine Theatertruppe, als Puppenspieler, der seine Marionetten an Fäden tanzen lässt. Er wollte ein Ensemble aufbauen, das ihm völlig hörig ist.«

»Klingt sympathisch …«, warf Rebecca sarkastisch ein.

Wesley nickte. »Er hatte kein Bewusstsein dafür, dass die Mitglieder seines Ensembles Individuen sind. Er betrachtete sie als Klumpen Lehm, aus dem er eine perfekte Truppe formen wollte, die seinen Namen trägt – nach dem Vorbild der Gönner und Theatermäzene zur Zeit Elisabeths I.«

»Vom elisabethanischen Theater hat er so viel verstanden wie ich vom Stabhochsprung«, sagte Pippa. »Ich musste seine schrägen Ideen täglich mit anhören. Friede seiner Seele, aber der Mann war ein größenwahnsinniger Vollidiot.«

»Das ist zwar kein Fachterminus«, erwiderte Wesley, »aber prinzipiell richtig. Er hat die Schauspieler bewusst gegeneinander aufgehetzt und unter Druck gesetzt, um echte Gefühle zu generieren, wie er sagte. Wohlgemerkt: negative Gefühle, denn positive haben ihn nicht interessiert. Trotz allem wurde ihm durch die ausbleibenden Engagements bewusst, dass sein sinkender Stern einer dringenden Politur bedurfte – das war für mich besonders spannend –, und er wollte Sir Michael benutzen, um wieder in der Öffentlichkeit zu strahlen. Von Kestrings Ziel war eine Abschiedstournee Sir Michaels unter seiner Regie.«

»Das alles hat er Ihnen freiwillig erzählt?«, fragte Pippa zweifelnd.

»Ich habe meine Tricks.«

Rebecca Davis lehnte sich gespannt vor. »Meinst du, er hat den Journalisten umgebracht? Vielleicht hat ihn das derart gestresst, dass es ihn dann selbst erwischt hat.«

»Als ich Kwiatkowski erwähnte, ist er überhaupt nicht darauf eingegangen. In seinem Gesicht blitzte kurz Befriedigung auf, also ist er froh über dessen Tod. Mehr kann ich an dieser Stelle nicht sagen. Für weitergehende Analysen habe ich nicht lange genug mit ihm gesprochen.«

»Was kannst du mir über das Ensemble sagen?«, fragte Rebecca.

»Hier stößt meine Kunst tatsächlich an ihre Grenzen. Ich kann Menschen lesen, aber Schauspieler …? Um es deutlich zu sagen: Alle Menschen sind Schauspieler, aber hier haben wir Schauspieler, die Menschen spielen.«

»Nichts gegen deine philosophischen Betrachtungen, Pete«, warf Rebecca ungeduldig ein, »aber ich habe einen

Mord aufzuklären. Spuck es aus: Was kannst du mir sagen?«

»Also gut. Meiner Einschätzung nach war kein Einziger dabei, der nichts zu verbergen hatte – und zwar ganz existentielle Dinge. Die Spannungen in der Runde waren fast greifbar. Wie diese Truppe ohne einfühlsame Führung künstlerische Höchstleitungen vollbringen will, wenn sie derart mit ihren eigenen Fallstricken kämpft, ist mir ein Rätsel.«

»Jede zweite deutsche Inszenierung ist nach diesem Prinzip zusammengehunzt«, sagte Pippa und seufzte. »Da erleben Sie das in Reinkultur.«

Pete Wesley sah sie erstaunt an. »Dafür geben die Zuschauer freiwillig Geld aus? Inszenierungen aus der Mitte der persönlichen Empfindungen der Schauspieler statt des Schauspiels? Vielleicht finde ich in Deutschland ein neues Betätigungsfeld als Theaterpsychologe.« Wesley zwinkerte Pippa zu. »Ich könnte die gebeutelten Schauspieler betreuen. Danke für den Tipp.«

»Und nach der Vorstellung die gebeutelten Zuschauer«, sagte Rebecca, »aber für den Moment reicht mir, was du in unserer Taubenhausrunde erfahren hast.«

Pete nickte und konzentrierte sich einen Moment, bevor er fortfuhr: »Dana Danvers gab sich selbstkritisch, ist aber nicht wirklich in die Tiefe gegangen. Die Entschuldigungen habe ich ihr nicht abgenommen, denn am wichtigsten waren ihr die Reaktionen der anderen auf ihre Worte. Duncan Blakely, Anita Unterweger und Johannes Berkel werden bei aller Offenheit von starken Selbstzweifeln geplagt, da gab es jede Menge unterdrückter Gefühle. Wenn bei ihnen die richtigen Knöpfe gedrückt werden, spucken sie den Höchstgewinn aus – oder tun Dinge, die sie sich niemals vorstellen könnten.«

»Auch Mord?«, fragte Rebecca.

»Kein kaltblütig geplanter, aber im Affekt?« Pete Wesley zuckte mit den Schultern. »Aber tot ist tot. Zu Hendrik Rossevelt ...«, er sah Pippa und Rebecca mit hochgezogenen Brauen an, »seine Überheblichkeit und Arroganz sind reine Fassade. Dieser Mann hat vor irgendetwas Angst, geradezu Panik.«

»Vor Carlos Kwiatkowski?«, fragte Rebecca schnell. »Oder vor dem, was er hätte schreiben können? Zumal: Falls Kwiatkowski auf einen dunklen Fleck auf Rossevelts Weste gestoßen ist, kann niemand sagen, ob es nicht doch noch vom *PaperRazzi* veröffentlicht wird – diese Gefahr ist mit seinem Tod noch nicht gebannt.«

Pete Wesley hob bedauernd die Hände. »Um das mit Sicherheit sagen zu können, hätte Kwiatkowski auch am Tisch sitzen müssen. So kann ich nur spekulieren. Vielleicht ja, vielleicht nein. Und Alain Bettencourt ... er hat beim Spiel nur gesagt, was ihm bei anderen unangenehm ist und wozu ihn das bringt – kein Wort über eigene Fehler. Damit hat er perfekt von sich abgelenkt. Dinge zu vertuschen, ist ihm in Fleisch und Blut übergegangen.«

»Seine Homosexualität«, sagte Pippa leise.

»Zum Beispiel. Er wird von Frauen umschwärmt und fühlt sich zu Männern hingezogen, will seine Neigungen aber in der Öffentlichkeit nicht preisgeben, weil er die unbedingte Bewunderung beider Seiten nicht nur für seine Karriere, sondern vor allem für seine Selbstbestätigung und Sicherheit als Schauspieler braucht. Das ist ein gefährlicher Drahtseilakt, den man nicht ewig durchhalten kann, ohne sich selbst schwere psychische Schäden zuzufügen.«

»Wer von ihnen ist ein Mörder?«, fragte Rebecca Davis.

Pete Wesley tätschelte ihre Hand. »Du schmeichelst mir,

aber du überschätzt mich. Fast alle in dieser Runde haben gelogen, aber der Mensch lügt durchschnittlich zweihundert Mal am Tag, das ist ergo kein Kriterium. Ich bin zudem der Meinung, dass absolut jeder Mensch in eine emotionale Ausnahmesituation geraten kann, in der er zum Mörder wird. Wenn jemand glaubt, dass die eigene Existenz auf dem Spiel steht, schaltet sich die Vernunft ab, und die gesellschaftliche Konvention, dass man nicht töten darf, hat keine Bedeutung mehr.« Er lehnte sich auf seinem Stuhl zurück und sah Rebecca ernst an. »Verhöre diese saubere Bande und lass mich die Videos davon sehen – dann kann ich dir vielleicht mehr sagen. Aber vergiss nicht: Wir haben es hier mit Profis zu tun, die gelernt haben, Dinge zu spielen, die sie nicht wirklich fühlen. Das wird nicht einfach.«

Im Auto herrschte Schweigen, als Pippa und Rebecca ihre Fahrt Richtung Cheltenham fortsetzten.

Schließlich fragte Rebecca Davis: »Du bist ungewöhnlich still. Nimmt dich der Tod von Kwiatkowski so mit? Er hat bei dir gewohnt, du warst ihm ziemlich nah. Oder machst du dir Vorwürfe, weil von Kestring nach einem Streit mit dir gestorben ist?«

»Nein, um ehrlich zu sein … es mag vielleicht pietätlos klingen, aber ich mache mir Sorgen um Peter Paw. Er ist immer noch verschwunden. Ich weiß schon nicht mehr, wo ich noch suchen soll.« Pippa sah Rebecca an. »Wie kann das sein, dass in meiner unmittelbaren Nähe Menschen sterben, und ich kann nur daran denken, dass ein kleines Tier nicht nach Hause kommt?«

»Weil jedes Leben wichtig ist. Und weil gerade der Tod für das Leben sensibilisiert.«

»Ist es überhaupt zulässig, Mensch und Tier auf eine Stufe zu stellen?«

Rebecca Davis lachte leise. »Du darfst mir eines glauben, Pippa: Meine beiden Katzen sind wichtiger für mein Seelenheil als so mancher Mensch. Ohne die Sorge um diese kleinen Leben und die Ablenkung, die ich durch sie erfahre, wäre ich an meinem Beruf schon lange zugrunde gegangen – und zu einer bitteren Zynikerin geworden.«

»Aber ich müsste doch jetzt trösten, beruhigen ... aufklären. Stattdessen ist mein einziger Gedanke, Peter Paw zu finden.«

»Und das ist völlig gesund. Den Toten kannst du nicht mehr helfen, aber vielleicht gilt es, ein kleines Leben zu retten. Ich mache da keine Unterschiede. Jung oder alt, Mensch oder Tier. Erst Leben retten, dann aufklären, das ist meine Devise.« Sie sah sich nach allen Seiten um. Da kein anderes Auto zu sehen war, wendete sie auf offener Straße, als wollte sie die Belastbarkeit der Reifen beim Schleudern testen, und fuhr wieder Richtung Hideaway. »Wir werden noch heute deinen Liebling suchen. Und ich halte dabei die Augen offen. Mörder, die sich sicher fühlen, machen genauso sicher Fehler. Vorzugsweise vor meiner Nase.«

»Suchen wir denn mehrere Mörder?«

»Zwei ... drei ... ganz gleich. In meiner Theorie ist Rowdys Tod der Schlüssel zur Lösung. Ich brauche nur noch das passende Schloss.«

Es dämmerte bereits, als sie Hideaway erreichten. Mit Schwung nahm Rebecca Davis die Einfahrt des Cosy Cottage und kam knapp vor der Haustür zum Stehen. Der Mann, der dort mit großem Gepäck wartete, presste sich schreckensbleich mit dem Rücken an die Tür, als hätten die grellen Scheinwerfer ihn an die Wand genagelt.

»Wer ist das denn? Kennst du den?«, fragte Rebecca Davis.

»Allerdings.« Pippa seufzte und verdrehte die Augen. »Hier hast du deinen Mörder: mein Bruder Freddy. Er hat Carlos und von Kestring umgebracht, damit Barbara-Ellen endlich für ihn frei ist.«

Kapitel 24

»Das ist ja wirklich ein schöner Empfang«, keuchte Freddy, als Pippa aus dem Wagen stieg. Er war blass um die Nase.

»Warum schleichst du auch im Dunklen um Omas Haus?«, gab Pippa zurück.

»Schleichen? Wer schleicht denn hier? Ich wollte gerade klingeln, als dein hitziger Kavalier ...« Er unterbrach sich verblüfft, als sich der hitzige Kavalier als attraktive ältere Frau entpuppte.

Rebecca Davis lehnte sich lässig ans Auto und sagte: »Willst du uns nicht vorstellen, Pippa?«

»Detective Inspector Rebecca Davis – mein Bruder Freddy, ein Kollege von dir ... der eigentlich gar nicht hier sein sollte. Was machst du hier, Freddy?«

»Ich bin in Omas Auftrag hier. Sie möchte, dass wir einen Suchtrupp zusammenstellen und Peter Paw suchen. Da ich noch Urlaub hatte, bin ich in den nächsten Flieger gesprungen, um dich zu unterstützen.«

»Gib es zu – Paws Verschwinden kommt dir gelegen. Endlich hattest du einen Grund, herzukommen.«

»Keine Ahnung, was du meinst ... Oma macht sich wirklich Sorgen. Und ich habe bis nach Berlin gespürt, dass Paw meine Hilfe braucht, ehrlich.« Er nickte ernsthaft und fügte hinzu: »Telepathie.«

»Dann hätten Sie ihm doch auf die gleiche Weise mitteilen

können, dass ein gefüllter Napf auf ihn wartet, oder?«, fragte Rebecca.

»Ich wusste nicht, wo der Napf steht«, parierte Freddy schlagfertig.

Pippa lachte und knuffte ihn in die Seite. »Du weißt doch sonst immer, wo Essen steht. Gib es auf, Rebecca, mein kleiner Bruder redet zwar nicht viel, kennt aber auf jede Frage eine flapsige Antwort.«

Freddy verdrehte die Augen. »Und schon weiß ich wieder, was mir in den letzten Wochen gefehlt hat – die Herzlichkeit meiner großen Schwester. Dennoch habe ich weder Kosten noch Mühen gescheut, herzukommen, um alle Bewohner des Cosy Cottage vor den bösen Mächten, die hier ihr Unwesen treiben, zu beschützen. *Wo rohe Kräfte sinnlos walten, muss ich bei Pippa Händchen halten ...*«

»Sieh an, du verbringst wieder viel Zeit mit Nante?«, fragte Pippa interessiert und spielte damit auf den Fährenkapitän und Hobbydichter an, den sie bei der Aufklärung der Morde auf Schreberwerder kennengelernt hatte. »Lasst uns reingehen und Freddys Blutzuckerspiegel mit ein paar Sandwiches und Cider auf Normalniveau bringen, damit wir uns endlich wie Erwachsene unterhalten können.«

»Geh schon mal vor, Pippa«, sagte Rebecca Davis, »ich muss unbedingt eine Zigarette rauchen, und ich wette, dein Bruder möchte mir Gesellschaft leisten und mit mir Peter Paws Rettungsaktion planen.«

Freddy warf einen sehnsüchtigen Blick auf die Eingangstür, aber Rebecca hakte sich bei ihm ein und zog ihn quer über die Straße zu einer Bank auf dem Dorfanger.

Probeweise hob Pippa die riesige Reisetasche ihres Bruders an und stöhnte. Was hatte er bloß alles eingepackt? Nahkampfausrüstung samt schusssicherer Weste, für den Fall, dass er den Mörder höchstpersönlich stellte? Sie öffnete die Tür und stand vor dem dicken Windschutzvorhang, der ausnahmsweise geschlossen war. Sie wollte ihn beiseiteschieben, hielt aber inne, als sie im Wohnzimmer Sam Wilson sprechen hörte.

»Rebecca bindet immer Amateure in ihre Ermittlungen ein«, sagte Wilson gerade, »die kennen das Umfeld besser und merken sofort, wenn jemand lügt oder wichtige Informationen unterschlagen werden. Wenigstens ist das ihre Theorie. Diesmal ist es besonders schlimm. Dauernd hängt sie mit Pippa, Debbie und Nicky zusammen. Vier scharfzüngige Frauen auf einem Haufen! Es ist zum Verzweifeln!«

»Sehen das alle Kollegen so?«, fragte Barbara-Ellen mitfühlend.

Sam Wilson schnaubte. »Allerdings. Mit ihren seltsamen Methoden hat sie früher das gesamte Headquarter der Gloucestershire Constabulary terrorisiert. Die waren heilfroh, als Rebecca um ihre Versetzung nach Moreton-in-Marsh bat. Seitdem haben wir diesen rauchenden Schlot an der Backe. Sehen Sie sich meine Fingernägel an – bis zum Handgelenk abgeknabbert! Rebecca ist eine ständige Versuchung für alle, die sich das Rauchen abgewöhnen wollen.«

Seine Stimme klang so verzweifelt, dass Pippa lächelnd den Kopf schüttelte. Armer Sam, dachte sie, es scheint dein Schicksal zu sein, dass Frauen dich ärgern ... so wie Debbie und ich damals als kleine Mädchen am Aussichtsturm ... du lässt dir einfach zu viel gefallen ...

»Sind denn die unkonventionellen Ermittlungen Ihrer Chefin erfolgreich?«, fragte Barbara-Ellen weiter.

Ein schwerer Seufzer Sams war die Antwort. »Das ist es ja – sie raucht, sie spielt mit ihren Katzen, sie plaudert mit den Leuten, aber am Ende hat sie den Täter todsicher am Kragen. Neben ihr wirkt jeder hart arbeitende Polizist wie ein Trottel. Und fühlt sich auch so.«

»Sind wir vollzählig?«, fragte Sir Michael und sah sich in der Lobby um. Die Mitglieder des Ensembles waren in der Halle erschienen und debattierten über die Zukunft des *Hamlet*-Projektes. Phoebe Smith-Bates saß mit Johannes Berkel, Alain und Dana auf gemütlichen Cocktailsesseln in der Runde. Hendrik, Anita und Duncan hatten auf zwei gegen-überstehenden Sofas Platz genommen.

»Sieht so aus«, antwortete Chris. Er stellte eine Batterie unterschiedlicher Alkoholika auf den Empfangstresen und fügte hinzu: »Ab jetzt bedient sich jeder selbst, okay?«

»Wollen wir nicht alle zusammen hier …«, fragte Sir Mi-chael und deutete auf die Sofas. »Wenn Alain und Johannes ihre Sessel mitbringen, haben wir alle Platz. So diskutiert es sich angenehmer.« Er setzte sich neben Hendrik und sah Phoebe erwartungsvoll an. Die blieb jedoch neben dem Sofa stehen und wartete, bis Alain ihr einen Sessel brachte. Schließlich hatten alle ihre Plätze eingenommen und ihre Drinks auf den niedrigen Tisch in der Mitte gestellt.

»Wo ist Barbara-Ellen? Immer noch bei Pippa?«, wollte Dana wissen.

Phoebe nickte. »Gönnen wir ihr noch ein wenig Ruhe, sie hat im Moment sicher andere Dinge im Kopf. Wir können ihr auch später mitteilen, was wir beschlossen haben.«

Schweigen breitete sich aus. Jeder hing seinen Gedanken nach, bis Hendrik plötzlich sagte: »Und? Sitzen wir hier, um Trübsal zu blasen? Das kann ich besser alleine.«

»Herrgott, kannst du nicht einmal den Mund halten?« Dana funkelte Hendrik neben sich empört an.

»Wir sind hier, um zu besprechen, wie es weitergehen soll«, sagte Sir Michael. »Vielleicht will jeder von euch etwas dazu sagen. Ich möchte auf jeden Fall weitermachen. Ohne unsere Inszenierung gibt es kein Festival. Johannes, was meinst du? Du hast eng mit von Kestring gearbeitet. Auch in der Vorbereitungsphase.«

Berkel, plötzlich im Fokus der allgemeinen Aufmerksamkeit, sah sich nervös um. »Ich weiß nicht, ich habe mich ja mehr um die Organisation gekümmert ... können wir denn ohne Regisseur arbeiten? Ich ...«, er lächelte verlegen, »ihr haltet mich bestimmt für verrückt, aber ich vermisse ihn.«

»Ich halte dich keineswegs für verrückt«, sagte Dana, »er hatte immerhin ein Konzept. Ich will auch nicht auf halber Strecke aufgeben, und ich fordere meine Rolle zurück. Die Frage ist, ob wir jemanden finden, der für ihn weitermacht.«

»Dana hat recht.« Duncan drückte kurz Anitas Hand. »Die alte Rollenverteilung fand ich auch am besten. Von Kestring wollte uns sicher nur einen Schreck einjagen. Moderne Regisseure arbeiten eben unkonventionell.«

»Die arme Barbara-Ellen«, wisperte Anita kaum hörbar, »sie tut mir unendlich leid. Wenn ich meinen Liebsten auf diese Art verlöre, ich wüsste nicht, was ich täte. Weiß jemand, ob sie überhaupt weitermachen will?«

»Natürlich macht sie weiter«, sagte Phoebe bestimmt. »Sie ist ein Profi. Wir arbeiten, auch wenn wir trauern.«

»Trauern?« Hendrik hielt es nicht mehr auf seinem Platz. Er sprang auf und sah einen nach dem anderen wütend an. »Ihr Heuchler! Ihr habt ihn doch alle gehasst. Er hat euch alle manipuliert. Keiner von euch vermisst ihn – und wer das Gegenteil behauptet, lügt.«

»Und du, Hendrik?«, fragte Sir Michael ruhig. »Hat er dich etwa nicht benutzt?«

»Niemand von euch hat diesen großartigen Mann verstanden«, schnappte Hendrik. »Er war ein wahrer Künstler. Seine Visionen hätten das Theater verändern können – und wir mit ihm! Diese kurze Zeit, die ich mit ihm arbeiten durfte, hat mich mehr gelehrt als alles andere zuvor. Sein großes, revolutionäres Streben ...«

»... von dem Bühne und Zuschauer jetzt verschont bleiben ...«, murmelte Phoebe in ihren Drink.

»... hätte für die Bühne einen Quantensprung in die Moderne bedeutet. Ich war stolz, daran teilhaben zu dürfen!«

»Zehn Pfund ins Phrasenschwein«, sagte Duncan spöttisch. »Du bist hoffentlich so betrunken, dass du nicht mehr weißt, was du redest, Hendrik. Wenn du gerade deine ehrliche Meinung gesagt hast, dann ist die Erde ein Würfel.«

»Aber es ist schrecklich, so zu sterben.« In Anitas Augen standen Tränen. Sie zog ein Taschentuch heraus und schnäuzte sich.

»Wie auch immer. Fürs Protokoll: Wir sind alle traurig.« Dana sah sich herausfordernd um. »Der Mann ist tot und steht als Regisseur nicht mehr zur Verfügung, basta. Wer übernimmt jetzt den Job?«

»Für jemanden, der mit ihm ins Bett gestiegen ist, hält deine Trauer sich in erstaunlich überschaubaren Grenzen«, sagte Alain.

»Ins Bett gestiegen? Ich? Ihr denkt wirklich, ich hatte ein Verhältnis mit ihm?« Dana schüttelte lachend den Kopf. »Das war höchstens ein Arbeitsverhältnis – und er ahnte nicht einmal etwas davon.«

Dana sonnte sich sichtlich in der allgemeinen Verblüffung und lehnte sich zurück. Ehe jemand nachfragen konnte, kamen jedoch die Schauspielschüler aus Cheltenham aus der Bibliothek.

»Werden wir noch gebraucht?«, fragte einer der drei schüchtern.

»Du lieber Himmel – Sie haben wir ja völlig vergessen«, rief Sir Michael bestürzt.

»Bei dem, was heute passiert ist, kein Wunder. Wir gehen dann mal. Melden Sie sich bitte, wenn wir kommen sollen.«

»Nicht, wenn ich es verhindern kann«, zischte Hendrik.

»Leider können Sie das nicht«, sagte Phoebe spitz. »Solange Lysander nicht hier ist, fungiert Pippa als seine Vertretung.«

»Ach, und die weiß, was jetzt zu tun ist?«, höhnte Hendrik. »Oder tut sie das, was Sie ihr einflüstern?«

»Aber das ist ja eine wunderbare Idee, Rossevelt!«, rief Sir Michael munter und ignorierte damit völlig Hendriks Sarkasmus. »Wie sieht es aus, Phoebe? Möchtest du nicht die Regie übernehmen? Ich würde gern mal wieder mit dir arbeiten – und diesmal alles richtig machen.«

»Die Obduktion hat ergeben, dass sich nicht nur auf Herrn von Kestrings Ober- und Unterarmen, sondern auch auf der Kopfhaut viele frische Kratzer befanden, wie von den Krallen eines Tieres«, sagte Sam Wilson.

Sein Handy hatte die fröhliche Titelmelodie der Miss-Marple-Filme gespielt und damit Pippa unterbrochen, die ihren Bruder und Barbara-Ellen mit ein paar lockeren Worten miteinander bekannt gemacht hatte. Pippa sah, dass Freddy am liebsten zu seiner angebeteten Göttin gestürzt wäre, um sie zu trösten, als der Sergeant ihnen das Ergebnis der Obduktion mitteilte, aber Sam wich nicht von Barbara-Ellens Seite.

»Der Rechtsmediziner nimmt an, dass von Kestring mit einer Katze gespielt hat …«

»Spielen würde ich das nicht nennen. Hasso und ich stritten darüber, dass ich ihn trotz … oder gerade wegen Carlitos Tod verlassen wollte.« Barbara-Ellen erinnerte sich sichtlich ungern an die Situation, ihr Gesicht verzog sich schmerzvoll. »Jedenfalls beugte Hasso sich sehr dicht über mich und packte meinen Arm. Peter Paw lag auf meinem Schoß und glaubte wohl, ich würde bedroht. Er wollte mich nur verteidigen.« Sie schauderte. »Seitdem weiß ich, dass Katzen knurren und kreischen können.«

Im Cosy Cottage herrschte Totenstille, bis Barbara-Ellen mit brüchiger Stimme sagte: »Aber das wird ja wohl kaum der Grund für Hassos Tod sein. Ein wildgewordener Kater kann erschrecken, aber davon bekommt man keinen Herzinfarkt. Und schon gar nicht mit Verzögerung.«

Sam Wilson zeigte mehr Einfühlungsvermögen, als Pippa aus gemeinsamen Jugendzeiten erinnerte. Auf ein Nicken Rebeccas hin nahm er Barbara-Ellens Hand und fuhr fort: »Er ist zwar an einem Infarkt gestorben, aber die Ursache war der Schnupftabak. Er war versetzt.« Sam Wilson machte eine Pause, als fürchte er sich vor dem nächsten Wort. »Mit Kokain.«

Zu aller Überraschung lächelte Barbara-Ellen. »Welche Ironie des Schicksals. Er hat sich also selbst umgebracht, wenn auch unabsichtlich.«

Rebecca Davis runzelte die Stirn. »Wie meinen Sie das?«

»Sein Tick mit dem mongolischen Schnupftabaksfläschchen. Den hatte er sich ausgedacht, um aufzufallen. Er suchte nach etwas, was ihn von seinen Kollegen unterscheidet, damit die Presse sich an ihn erinnert. Dieser Regisseur trägt immer einen bestimmten Schal, jener einen auffälligen Hut – aber das reichte ihm nicht, verstehen Sie?«

Alle schüttelten den Kopf.

»Das Hantieren mit dem Fläschchen zog Aufmerksamkeit auf sich. Ein Schal hängt einfach um den Hals, aber das Schnupfen ist eine Aktion, die Blicke auf sich zieht. Hasso hat sogar monatelang nach einem besonders exotischen Behältnis gesucht, bis er endlich auf dieses Fläschchen stieß. Es ging ihm um ein Alleinstellungsmerkmal.«

»Er nahm Schnupftabak, um sich interessant zu machen?«, fragte Pippa.

»Nicht nur.« Barbara-Ellen wand sich verlegen. »Es gab ihm die Möglichkeit, gleichzeitig etwas Verbotenes zu tun und damit seine Beobachter und Kritiker zu verhöhnen, wie er fand.« Sie zögerte und blickte in die fragenden Gesichter um sich herum. Dann sagte sie leise: »Er mischte den Schnupftabak immer mit Kokain.«

»Ich höre wohl nicht richtig!«, rief Rebecca Davis. »Er hat vor meinen Augen Koks gezogen?«

»Wenn das nicht total Achtzigerjahre ist«, entfuhr es Freddy, »das nimmt doch heute kein Mensch mehr.«

»Ich wünschte, er hätte das auch so gesehen«, erwiderte Barbara-Ellen traurig. »Es war nicht nur illegal, es hat ihn auch süchtig gemacht. Ich habe alles versucht, ihn davon abzubringen.«

»Das erklärt natürlich auch, warum er nach dem Schnupfen immer so aufgedreht war«, warf Pippa ein. »Ich habe gedacht, es liegt am Nikotin, das macht doch auch euphorisch, oder?«

»Geht so«, sagte Rebecca Davis, »mich beruhigt es. Sagen Sie, Barbara-Ellen, wer außer Ihnen wusste davon?«

»Niemand, soweit ich weiß.«

»Nicht einmal Johannes Berkel?«, fragte Sam Wilson. »Er war immerhin jahrelang sein engster Mitarbeiter.«

»Nein. Er hat Johannes zwar als Laufburschen missbraucht, aber nicht, um Kokain zu besorgen. Hasso hat die Mischung zu Hause in Berlin zubereitet, immer in größeren Mengen. Dann hat er sie portionsweise in Zellophan gewickelt und in bleiummantelte Filmdöschen gesteckt. Nicht einmal Drogenspürhunde am Flughafen sind ihm auf die Schliche gekommen. Das hat ihn unglaublich erheitert.«

»Kann ich mir vorstellen.« Rebecca Davis drehte eine Zigarettenschachtel in den Händen und zog damit Sams gierigen Blick an. »Wie lange machte er das schon?«

»Mindestens zehn Jahre, denke ich. Einen genauen Zeitpunkt kann ich Ihnen allerdings nicht mehr sagen.«

»Er war also an diese spezielle Mischung aus Nikotin und Kokain gewöhnt ...« Die Kommissarin lächelte schief. »Ich bin ja auch an meine tägliche Nikotindosis gewöhnt. Für einen Nichtraucher, der diese Menge in einer Portion zu sich nimmt, könnte sie durchaus tödlich sein ...«

Barbara-Ellen setzte sich aufrecht hin. »Moment mal – wieso Nikotin? War in der Mischung auch Nikotin?«

Der Sergeant nickte. »Natürlich. Ist in Schnupftabak nicht immer Nikotin enthalten?«

»Nein!«, rief Barbara-Ellen aufgeregt. »Ich weiß ganz sicher, dass er nikotinfreien Schnupftabak benutzte, er wollte nicht von zwei Substanzen abhängig werden. Mein Mann hat nie geraucht, und er hat nie normalen Schnupftabak verwendet. Hasso war nicht an Nikotin gewöhnt.«

Rebeccas Augen weiteten sich überrascht. »Das ist doch mal eine interessante Information! Damit dürfte die Möglichkeit ausgeschlossen sein, dass Ihr Mann die Mischung aus Versehen falsch dosiert hat.« Ihr Blick wurde streng, als sie die Anwesenden nacheinander ansah. »Und das bleibt unter uns.«

Sam Wilson stand auf und nickte. »Was sagen wir den anderen, Detective Inspector?«

»Alles andere, Sergeant Wilson. Wenn niemand wusste, was in dem Fläschchen war, dann wusste auch keiner, dass von Kestring nikotinfreien Schnupftabak konsumierte.«

»Außer dem Mörder«, sagte Freddy.

Rebecca Davis nickte ihm zu. »Dennoch Nikotin zu verwenden, war sein erster Fehler.«

Barbara-Ellen zog sich in ihr Zimmer zurück, während die anderen zum Harmony House hinübergingen.

»In Hideaway ist ja was los«, flüsterte Freddy Pippa zu, »wie machst du das bloß, immer mitten unter Mördern zu landen?«

»Du tust gerade so, als würde ich mir diese Situationen per Mord-Radar suchen«, fauchte Pippa zurück. »Außerdem: immer? Bisher gab es in meinem Leben nur die Morde von Schreberwerder. Purer Zufall, dass ich gerade dort war. Und jetzt? Wieder Zufall.«

Freddy lachte leise. »Für einen Polizisten mindestens ein Zufall zu viel. Wenn du nicht meine Schwester wärst, würde ich mir allmählich Gedanken machen.«

»Falls dieser Ausnahmezustand eintritt, halte ich dir einfach ein Sandwich unter die Nase und bin wieder in Sicherheit«, frotzelte Pippa.

Sie hatten das Hotel erreicht und stiegen die Treppe zur Eingangstür hinauf. Als sie durch die Tür traten, erhob sich Phoebe gerade aus dem Sessel und verkündete: »Uns zu streiten oder Trübsal zu blasen bringt uns nicht weiter. Ich werde versuchen, Lysander zu erreichen, und ihn bitten, sofort zurückzukehren. Er hat Entscheidungen zu treffen. Ohne Zweifel muss das Projekt weitergehen.«

Das versammelte Ensemble sah den Eintreffenden neugierig entgegen. Sam Wilson klärte sie über das Obduktionsergebnis und von Kestrings jahrelangen Kokainkonsum auf.

Dana verzog spöttisch den Mund und sagte: »Er hat aus Versehen eine Überdosis genommen? Das nenne ich einen würdelosen Abgang. Aber es passt zu ihm.«

Phoebe runzelte die Stirn und bedachte Dana mit einem strafenden Blick, den diese mit einem Achselzucken quittierte.

»Ein wirklich tragischer Fehler.« Sam Wilson stellte sich breitbeinig hin und verschränkte die Arme vor der Brust, als wolle er durch seine Haltung demonstrieren, dass er in offizieller Funktion vor ihnen stand.

Chris holte Gläser für die Neuankömmlinge aus der Bar und fragte überrascht: »Koks? Ist das nicht total Achtziger?«

»Genau das habe ich auch gesagt!«, entfuhr es Freddy spontan, und die beiden Männer tauschten einen anerkennenden Blick.

Na toll, dachte Pippa, zwei von der Sorte …

»Weiß Barbara-Ellen schon Bescheid?«, fragte Berkel besorgt. »Die Arme – das wird ein gefundenes Fressen für die Presse.«

»Immerhin hat von Kestring damit erreicht, was er wollte: über seinen Tod hinaus berühmt und berüchtigt zu sein.« Energisch leerte Dana ihr halbvolles Glas in einem Zug. Die Geste wirkte nach ihren Worten wie ein Ausrufezeichen.

Chris sah sie zweifelnd an. »Wie bekannt muss man zu Lebzeiten sein, um wirklich unsterblich zu werden? Und lohnt sich für solch zweifelhaften Nachruhm ein so dramatischer Abgang?«

»Tod durch eigenes Verschulden. Nennt man das so?«, fragte Duncan.

»Ganz gleich, wie man das nennt.« Hendrik erhob sich und strich betont sorgfältig seine Hose glatt. »Wir können wieder zur Tagesordnung übergehen und endlich mit den Proben fortfahren. Ich darf mich zurückziehen?«

Er sah Sam Wilson abwartend an, der den Blick schweigend erwiderte. Verunsichert setzte Hendrik sich wieder aufs Sofa.

»Ungewollter Selbstmord«, sagte Alain nachdenklich, »klingt wie die Idee eines Drehbuchschreibers für eine Soap Opera. Und ich hatte schon befürchtet, wir müssten unsere knappe Zeit mit Verhören vergeuden.«

Bisher hatte Rebecca Davis das Gespräch schweigend verfolgt. Als sie sich jetzt zu Wort meldete, klang ihre Stimme kalt.

»Mir scheint, Sie haben alle vergessen, dass es noch einen Toten zu beklagen gibt: Der Mord an Carlos Kwiatkowski muss aufgeklärt werden. Und keine Angst: Die Polizei vergeudet nie Zeit – sie gewichtet sie nur manchmal anders. So wie heute Abend. Da gehen wir einer Vermisstenanzeige nach.« Sie hob den Zeigefinger. »Hören Sie?«

Damit lenkte sie die allgemeine Aufmerksamkeit auf die heulende Sirene eines Polizeiwagens, der sich rasch dem Hotel näherte, die Auffahrt heraufkam und zuckendes Blaulicht durch die Fenster ins Foyer schickte. Die Sirene verstummte, zwei Autotüren klappten, und Augenblicke später traten die Constables Custard und Branson durch die Tür. Die Polizisten trugen Nachtsichtgeräte und Walkie-Talkies bei sich.

Rebecca Davis begrüßte sie mit einem knappen Nicken und wandte sich wieder dem Ensemble zu.

»Wir starten jetzt eine Aufklärungsmission, an der Sie alle sich beteiligen werden. Wir suchen Hetty Wilcox' Kater.«

Ihr Blick ging von einer ungläubigen Miene zur nächsten und blieb schließlich an Hendriks mürrischem Gesicht hängen.

»Und zwar ohne Ausnahme.«

Kapitel 25

In weniger als einer Stunde hatte sich das halbe Dorf mit Taschenlampen und Stalllaternen vor dem Hotel eingefunden. Pippa stellte sich zu Debbie, Phoebe und Nicola.

»So viele wollen helfen, Paw zu suchen«, sagte Pippa gerührt. »Und du hast sogar deinen Laden geschlossen, Nicky.«

Nicola lachte. »Wer sollte denn jetzt bei mir einkaufen? Sind doch alle hier! Aber Amanda und Cecily gehen gleich rüber ins Café und halten die Stellung. Sie bereiten heiße Getränke und einen Berg Sandwiches vor. Sam hat meinen Laden zur offiziellen Verpflegungsstation für Aufwärmrunden und Heimkehrer erklärt.«

Pippa sah sich suchend nach Freddy um und entdeckte ihn in angeregter Unterhaltung mit Sam Wilson und Chris. Eine Gruppe bis zur Nasenspitze eingemummelter Grundschulkinder zappelte aufgeregt um ihre Lehrerin herum, während die Schauspieler zwar geschlossen aufgetaucht waren, aber aussahen, als fühlten sie sich in der allgemeinen Aufregung wie Statisten.

Rebecca Davis blies in eine Trillerpfeife und bat um Aufmerksamkeit. Sie stand auf der Freitreppe des Hotels und sah zufrieden auf die Menge hinunter. »Könnt ihr euch erinnern, wie wir damals nach den Wilderern gesucht haben, die glaubten, dass unsere Felder und Wälder ihnen gehören?« Rebeccas Blick wanderte wie zufällig in Amanda Blooms

324

Richtung, die prompt angestrengt versuchte, ihre Wachs-
jacke von einem nicht vorhandenen Fleck zu reinigen. »Wir
werden uns wieder ganz genauso aufteilen. Jede Gruppe hat
ein Nachtsichtgerät und ein Walkie-Talkie – und benutzt das
bitte diesmal auch. Meine Gruppe durchsucht den Wald im
Westen des Ortes, die Südgruppe durchkämmt zusammen
mit Constable Custard die Feldmark unterhalb der Kirche,
Constable Bransons Suchtrupp übernimmt den Osten ab
Taubenhaus bis runter nach Chipping Neighbours. Sam
Wilson leitet die Nordgruppe und steigt mit ihr bis hinauf
auf den Glorious Hill.«

Ohne weitere Anweisungen Rebeccas fanden sich die
Dorfbewohner zu Gruppen zusammen und ernteten damit
den anerkennenden Blick der Kommissarin.

»Die Frau kann organisieren«, sagte Freddy zu Sam Wilson, der das mit »Immer. Und besonders gut nach Feier-
abend« quittierte.

»In Nickys Laden könnt ihr euch mit einem heißen Getränk aufwärmen und etwas essen, Amanda und Cecily
werden sich dort um euch kümmern. Amanda, such dir
noch eine Verstärkung aus«, sagte Rebecca.

Amanda Bloom überlegte nicht lange. Sie zeigte auf Sir
Michael und rief: »Ich nehme den da!«

Sir Michael Hornsby starrte die resolute Frau verdattert
an. »Ich soll Ihnen helfen?«

»Klar!«, gab Amanda Bloom zurück. »Stellen Sie sich einfach vor, Sie sind auf einer Benefiz-Veranstaltung. Das macht
ihr Prominenten doch so gerne. Sandwiches schmieren für
einen guten Zweck. Und schön warm haben Sie es bei mir
auch.«

Sir Michael hatte sich wieder gefasst und machte eine
formvollendete Verbeugung. »Dann soll es mir eine Ehre

sein. Sie befehlen, Gnädigste, und ich bin Ihr gehorsamer Diener.«

Er bot ihr den Arm, und die beiden gingen unter dem Applaus der Menge die Auffahrt hinunter.

»Ich brauche noch eine Meldezentrale«, rief Rebecca Davis. »Phoebe, kannst du das übernehmen? Ich gebe dir ein Walkie-Talkie mit.«

Phoebe nickte zustimmend, und Pippa sagte: »Am besten im Cosy Cottage, oder?«

»Ich muss sowieso dringend versuchen, Lysander zu erreichen. Wir brauchen immer noch eine Lösung für unser Dilemma. Barbara-Ellen, mögen Sie mir Gesellschaft leisten? Ihnen fallen bestimmt noch Regisseure ein, die wir anrufen können, oder?« Phoebe hakte sich bei Barbara-Ellen unter. »Sie haben ohnehin zu viele Beruhigungsmittel intus, als dass ich Sie jetzt in den Wald lassen würde, meine Liebe.«

»Wo dürfen wir suchen?«, krähte einer der Schüler. »Bitte, Detective Inspector Davis, wir dürfen doch mitmachen?«

»Natürlich, ihr bekommt eine ganz besonders wichtige Aufgabe«, sagte Rebecca und tauschte einen kurzen Blick mit der Lehrerin. »Ihr dürft das ganze Dorf durchsuchen. Nichts auslassen: Ihr guckt in jeden Garten, in jeden Briefkasten und in jede Mülltonne.«

Die Kinder jubelten entzückt.

Die Zwergenschar formierte sich in Zweierreihen. Pippa beugte sich zu einem kleinen Jungen, von dessen Gesicht lediglich die Nasenspitze sichtbar war, da er zusätzlich zum dicken Schal und der tief in die Stirn gezogenen Mütze eine große Sonnenbrille trug.

»Ist es nicht etwas zu dunkel für eine Sonnenbrille? Du kannst doch überhaupt nichts sehen!«

»Peter Paw soll mich nicht erkennen«, flüsterte der kleine Junge.

Er schob den Ärmel seiner dicken Jacke hoch und zeigte mehrere Kratzer. »Das war Paw.« Einige andere Kinder taten es ihm gleich und legten ein ebenso beredtes Zeugnis von Peter Paws Kampfgeist ab.

»Aber Paw kratzt euch doch nicht einfach ohne Grund?«, fragte Pippa erstaunt.

»Nee, stimmt. Das hatte wohl was mit den Steinen zu tun, die wir geworfen haben«, sagte der Grundschüler verlegen. »Meinst du, er ist wegen uns weggelaufen?«

Pippa schüttelte den Kopf. »Das glaube ich nicht. Aber mit Steinen nach ihm zu werfen ist gemein. Das würde euch doch auch nicht gefallen, oder?«

»Nein«, murmelte der Junge betreten. »Machen wir nie wieder, großes Indianerehrenwort.«

Auf ein Kommando der Lehrerin hin setzte sich der Zug in Bewegung, und schon auf dem Weg die Auffahrt hinunter leuchteten Dutzende kleiner Kindertaschenlampen gewissenhaft unter jeden Busch und hinter jeden Strauch.

»Und jetzt die Zusatzkräfte«, rief Rebecca Davis. »Pippa, Freddy, Debbie, Anita Unterweger und Duncan Blakely – ihr begleitet Sam Wilson. Hendrik Rossevelt, Chris, Dr. Mickleton – ihr schließt euch bitte Constable Branson und seinem Trupp an. Nicky, Tom Barrel, John Napier – ihr kennt euch im Süden gut aus. Die Constables Custard und Branson brauchen eure Ortskenntnis. Johannes Berkel, Alain Bettencourt und Dana Danvers – Sie kommen mit mir.« Rebecca sah noch einmal eindringlich ihre Kollegen an. »Ihr wisst, was wir besprochen haben. Und los geht's!«

Als die Constables Branson und Custard sich mit ihren Gruppen gen Süden und Westen aufmachten und im Schein der Fackeln davonzogen, winkte Rebecca Sam Wilson zu sich.

»Wir gehen gemeinsam bis zum Weg, der zum Turm führt. Zeit genug für deinen Bericht.« Sie wandte sich zu den Wartenden um. »Wir marschieren zusammen durch Pandora's Box und biegen dann links auf den Blisswalk ab. An Rowdys Grab trennen wir uns.«

Während Rebecca und Sam flott vorausgingen, zockelte der Rest des Trupps hinterher.

Rebecca drehte sich kurz um. »Jetzt haben wir genug Abstand. Also? Was hat die schöne Dana so alles unternommen?«

»Ich kenne jetzt jeden Laden in Stratford, der Kinderkleidung führt. Sie hat kofferweise Hosen, Kleider und T-Shirts zurücklegen lassen, aber kein einziges Teil gekauft. Wir waren Stunden unterwegs. Ich musste ständig eifrige Verkäuferinnen abwehren, um nicht von ihr entdeckt zu werden.«

»Na, dann warst du doch wenigstens beschäftigt. Warum hast du dir nicht einfach einen Sohn angedichtet, für den du ein Fußballshirt suchst?«

»Habe ich doch!« Sam seufzte dramatisch. »Blöderweise bin ich sofort aufgeflogen.«

»Wieso?«

»Weil ich mich mit Kleidergrößen von Kindern nicht auskenne. Ich habe in meiner Panik gesagt, mein Sohn hätte meine Größe!«

Rebecca betrachtete den schmalen Körper des Sergeants. »Erscheint mir durchaus glaubwürdig.«

»In einem Geschäft für Babykleidung?«

Rebecca Davis lachte leise. »Dann spul weiter vor: Wann wurde es für uns interessant?«

»Miss Danvers ging schließlich zu einem Juwelier, *Preston Jewellery*.« Sam machte eine Kunstpause, bis Rebecca ihn ungeduldig anstieß. »Ich habe mir erlaubt, mit dem Besitzer zu sprechen, nachdem sie weg war. Sie hat eine Perlenkette zum Kauf angeboten.« Wieder eine Pause.

»Sam!«, zischte Rebecca warnend.

»Echte schwarze Tahitiperlen.«

»Schwarze Perlen? Ungewöhnlich.«

»Und teuer. Die Perlen werden in der schwarzlippigen Perlenauster *Pinctada margaritifera* gezüch…«

»Sam! Komm sofort zur Sache, sonst darfst du demnächst an irgendeiner gottverlassenen Kreuzung den Verkehr regeln.«

»Es war nicht nur so ein kleines Collier mit einer popeligen Perle dran – o nein. Perle an Perle. Ewig lang.«

»Wer Schmuck verkaufen will, braucht Geld«, überlegte Rebecca laut. »Schnell und viel und bar. Von welcher Summe reden wir?«

»3500 Pfund. Aber das Geschäft ist nicht zustande gekommen.«

»Hatte der Juwelier kein Interesse?«

»Im Gegenteil«, sagte Sam Wilson triumphierend, »der Chef von *Preston Jewellery* hätte die Kette sofort genommen. Es ist ein besonders schönes Stück.« Sam genoss die Situation sichtlich. »Sie hatte ihm schon beim ersten Mal gefallen …«

Rebecca Davis blieb abrupt stehen. »Beim ersten Mal?«

Sam nickte wichtig. »Dem Juwelier wurde die Kette schon einmal vorgelegt, einschließlich Zertifikat. Vom Besitzer.«

»Und der hieß nicht Dana Danvers«, vollendete Rebecca. »Personenbeschreibung?«

»Mann um die fünfzig, leger gekleidet, Ausländer, vermutlich Deutscher, mit fast perfektem Englisch. Er hat nicht

329

nur die Kette angeboten, sondern auch ein Paar Eheringe aus Platin gekauft. Mit Gravur. Und jetzt raten Sie …«

»Muss ich nicht«, sagte Rebecca Davis grimmig. »Das war Carlos Kwiatkowski.«

Sie hatten die Weggabelung erreicht. Rebecca Davis ging mit ihrem Suchtrupp weiter den Blisswalk entlang, und Sam Wilson führte seine Gruppe auf den Weg zum Aussichtsturm hinauf. Pippas Blick streifte Rowdys Grab, und sie spürte, wie die Erinnerung an den fröhlichen Hund schmerzhaft zuschlug. Sie schluckte.

»Ich weiß nicht, Freddy. Erst Schreberwerder – jetzt Hideaway. Ich suche Ruhe, aber das Schicksal hat Chaos geplant.« Sie wickelte gedankenverloren eine Haarsträhne um den Zeigefinger und sah den Hügel hinauf, wo Sam Wilson gerade einige Sucher in einen alten Schafstall schickte. »Ich soll ein Haus hüten, und schon liegt eine Leiche daneben … es ist, als würde ich Unglück anziehen.«

»Das würde ich nicht persönlich nehmen.« Freddy zog seine Schwester an den Haaren. »Das ist das Los aller Feuermelder.«

Ehe Pippa antworten konnte, knisterte und krachte es aus Sam Wilsons Funksprechgerät, und Constable Custard meldete: »Soeben streunende Katze auf Bauer Blooms Feldern gesichtet. Wir kreisen ein. Lederhandschuhe und Kescher griffbereit.«

Pippa krallte sich aufgeregt in Freddys Arm. Custard hatte sein Funkgerät nicht abgeschaltet, so dass sie Zeugen der Treibjagd wurden. Sie hörten seinen keuchenden Atem und seine gebrüllten Befehle: »Tom, jetzt rechts rüber! Er versucht, abzuhauen … Nicky, schneller, er ist direkt vor dir … Jetzt!«

Aus dem Gerät drang das wütende Kreischen einer empörten Katze, dann rief Nicky: »Ich habe ihn! Au! Er strampelt wie verrückt ... Au! Kann mir mal bitte jemand helfen?«

Es folgten Stimmengewirr, Fauchen und klägliches Miauen, dann meldete Custard außer Atem: »Katze eingefangen, unbekannte Rasse und Besitzverhältnisse. Sichergestelltes Objekt hat schwarz-weißes Fell. Keine Ähnlichkeit mit Zielper...kater. Setzen wieder aus.«

»Untersteht euch«, meldete Rebecca Davis sich zu Wort, »das Tier wird behalten. Nicky soll ihn in ihren Laden bringen und füttern. Später kann Doc Mickleton ihn untersuchen.«

Beinahe hätten Pippas Knie nachgegeben, so groß war ihre Enttäuschung.

»Nicht den Mut verlieren«, sagte Freddy, legte den Arm um ihre Schultern und zog sie weiter den Weg zum Turm hinauf.

Mit einem Seufzer legte Phoebe Smith-Bates den Hörer auf. »Wieder eine Absage. Niemand hat Zeit – oder Lust –, sich an einer halbfertigen Inszenierung die Finger zu verbrennen. Langsam gehen mir die Ideen aus. Und Lysander kann ich auch nicht erreichen. Sein Handy ist entweder abgeschaltet oder hat kein Netz. Wo treibt sich der Junge rum? Im Dschungel?«

Barbara-Ellen sah hoch. Sie saß am Computer, und das Licht aus dem Monitor ließ ihr Gesicht bläulich schimmern. »Wir werden eine Lösung finden, Phoebe.«

»Sind Sie mit der Suche nach dem Ansprechpartner für das Stipendium weitergekommen?« Phoebe hatte den Hörer schon wieder in der Hand und wählte, während sie sprach.

Barbara-Ellen hörte dem Gespräch zu, bei dem Phoebe eine weitere Absage bekam. Dann sagte sie: »Ich habe gerade die Richtlinien für das Stipendium auf dem Monitor. Nur EU-Bürger kommen für Regie und Stipendien in Frage. Widerrechtlich erschlichene Gelder oder mutwillig abgebrochene Stipendien müssen mit Zins zurückerstattet werden.«

»Das wird teuer.«

»Sicher, bei dem üppigen Etat.« Barbara-Ellen las weiter. »Jedes Jahr muss ein anderes Land die Regie übernehmen, damit die stilistische Bandbreite möglichst groß ist.«

»Gute Idee eigentlich«, sagte Phoebe abwesend, da sie noch einmal versuchte, ihren Sohn zu erreichen.

»Irland führte noch nie Regie. Sie sind doch Irin, oder?«

»Der Zufall hat mich in Irland zur Welt kommen lassen, also habe ich nicht nur die britische, sondern auch die irische Staatsbürgerschaft. Geburtsrecht. Meine Eltern waren im diplomatischen Dienst. Aber worauf wollen Sie hinaus?«, fragte Phoebe misstrauisch.

»Ich überlege gerade, ob das nicht doch die Lösung sein könnte«, sagte Barbara-Ellen.

»Was meinen Sie, meine Liebe?«

»Dass Sie die Regie übernehmen. Als Irin würden Sie die Kriterien für die Fördergelder erfüllen.«

»Damit würde man die Richtlinien arg strapazieren.« Phoebe runzelte die Stirn.

»Aber alle wollen doch so gern weitermachen, Phoebe. Wir werden Sie nach Kräften dabei unterstützen, auch Sir Michael, ganz sicher.«

Sie sah die Ablehnung in Phoebes Gesicht und fuhr hastig fort: »Ich fände es wunderbar und bitte Sie inständig, es sich zu überlegen. Auch für Hasso. Wenn sein Ego ihm nicht immer im Weg gestanden hätte … er hatte großartige Ideen.

Wäre es nicht schön, der Welt doch noch zeigen zu können, wozu wir imstande sind? Sie glauben doch an unser Talent, oder?«

Phoebe atmete tief ein. »Unter anderen Umständen gerne. Schon allein, um Lysander zu helfen – aber nichts und niemand kann mich dazu bringen, noch einmal mit Sir Michael zusammenzuarbeiten.« Sie presste ihre Lippen zu einem schmalen Strich zusammen. »Wir hatten bereits einmal das mehr als zweifelhafte Vergnügen. Ich bin nicht bereit, meine Gefühle zu verraten, nur weil viel Zeit vergangen ist.«

Barbara-Ellen betrachtete die ältere Schauspielerin nachdenklich. »So sehr lieben Sie ihn?«

Phoebe starrte Barbara-Ellen betroffen an. Sie sah zutiefst erschrocken aus. Spontan stand Barbara-Ellen auf und setzte sich neben die schockierte Phoebe.

Für eine Weile herrschte Schweigen, bis Barbara-Ellen leise sagte: »Machen Sie nicht den gleichen Fehler wie ich – schieben Sie die richtige Entscheidung nicht zu lange hinaus.«

Rebeccas Trupp suchte unter großem Getöse im Wald nach Peter Paw. Unterholz krachte, und ab und zu keuchte jemand erschrocken auf, wenn sich von einer Tanne tauender Schnee löste und auf einen der Suchenden klatschte. Rebecca Davis sah sich nach Alain und Johannes um. Die beiden waren in eine Unterhaltung vertieft, die ihre Umwelt völlig ausschloss. Rebecca ließ die beiden passieren und folgte ihnen dann in Hörweite.

»Ich bleibe bei Barbara-Ellen«, sagte Berkel gerade, »sie wird seelischen Beistand brauchen.«

»Du willst als Assistent für sie arbeiten?«, fragte Alain erstaunt.

»Nein. Ich bin ihr Freund, und sie ist eine Freundin, die

trauert. Ich werde bei ihr bleiben, solange sie es möchte. Diese Assistenz bei von Kestring war sowieso nichts als ein schlecht getarnter Butler-Job. Wenn es nicht so peinlich gewesen wäre, hätte er mich glatt in eine Uniform gesteckt.« Er lachte leise. »Ein Wunder, dass ich ihm morgens nicht die Zeitung bügeln musste. Und was hast du vor, wenn du nach Frankreich zurückkehrst?«

»Ich habe ein Angebot«, antwortete Alain. »Eine internationale Produktionsfirma muss ihren in die Jahre gekommenen Urwalddoktor neu besetzen. Er hat zu viele weiße Haare, um noch glaubwürdig zu sein. Das vorwiegend jugendliche Publikum nimmt ihm die Rolle nicht mehr ab.«

»Eine Serie – Wahnsinn. Damit hättest du ausgesorgt.«

»Allerdings. Der Vertrag geht über die nächsten drei Staffeln mit je zehn Episoden.«

»Hast du eine Ahnung, wer dich bei denen ins Gespräch gebracht hat? Deine Agentur?«

»Nun: In meinem Lebenslauf stehen eben jetzt dieses Stipendium und die Rolle des Hamlet«, sagte Alain stolz. »Das hat den Ausschlag gegeben.«

»Kein Wunder, dass du dir die Rolle nicht wegnehmen lassen wolltest. Die kommen bestimmt her, um dich auf der Bühne zu sehen.«

Alains Stimme klang enttäuscht, als er antwortete. »Leider nicht. Sie wollten nur mit von Kestring reden. Seine Referenz einholen.«

»Und die hat er ihnen gegeben?«, fragte Johannes verblüfft.

»Klar. Warum auch nicht?«

Erst nach einer kleinen Pause sprach Johannes wieder. »Weil er nicht der Mensch war, der das getan hätte, ohne etwas dafür zu verlangen, Alain.«

»Vielleicht hat er sich irgendwelche Chancen bei der Serie ausgerechnet«, murmelte Alain ausweichend.

»Von Kestring? Beim Fernsehen? Du machst wohl Witze.«

»Auch dort werden gute Regisseure gesucht. Und an meiner Serie ist Hollywood beteiligt. Aber warum reden wir hier über von Kestring? Denk doch stattdessen mal darüber nach, ob du Lust hättest, mich zu den Drehorten zu begleiten. Namibia, Botswana, Südafrika …«

Die beiden stürzten sich in Phantasien, wie man die Zeit dort gemeinsam verbringen könnte. Rebecca Davis blieb stehen und sah ihnen nachdenklich hinterher.

In Chipping Neighbours herrschte Gedränge an einer eilig aufgebauten Feldküche. Die durchgefrorenen Mitglieder des Suchtrupps nahmen dankbar Schalen dampfender Suppe entgegen, an denen sie sich gleichzeitig die kalten Hände aufwärmen konnten. Constable Branson beobachtete interessiert, dass Hendrik Rossevelt von zwei Mädchen, höchstens halb so alt wie der Schauspieler, mit Fragen bombardiert und kichernd angehimmelt wurde. Seinen Eintopf löffelnd, schob Branson sich unauffällig an die drei heran.

»Bei uns Schauspielern zählt nicht allein das Können«, verkündete Hendrik seinen staunenden Fans, »ein Erfolg wie der meine ist von vielen Faktoren abhängig. Talent, Biss, Durchhaltevermögen – und die richtige Rolle zur richtigen Zeit. Ich werde beim Festival natürlich den Hamlet spielen.«

»Sie sprechen so gut Englisch«, zwitscherte eines der Mädchen bewundernd.

Hendrik lächelte geschmeichelt. »In meinem Land spricht beinahe jeder zwei Sprachen …« Er brach ab und runzelte die Stirn. »Ich wollte übrigens immer schon Schauspieler werden«, fuhr er dann hastig fort, »aber meine Eltern haben darauf bestanden, dass ich zunächst eine bürgerliche Ausbildung mache.«

»Und was haben Sie gelernt?«, hakte das andere Mädchen nach.

Rossevelt rückte nah an die junge Frau heran und sah ihr tief in die Augen. »Computerfachmann. Hast du einen Computer?«

Das Mädchen, völlig hypnotisiert, nickte stumm.

Rossevelt lächelte anzüglich und legte den Arm um ihre Hüfte. »Ich komme gerne bei dir vorbei und zeige dir, was ich alles kann.«

Rebecca Davis zückte ihr Funkgerät. »Hier Detective Inspector Davis. Bitte um Meldung. Constable Custard?«

»*Krrrch* ... stable Custard ... *chrrrr* ... lei ... ehlanzeige ... *krrrch* ...«

»Weitermachen«, befahl Rebecca. »Sergeant Wilson?«

»Hier bisher leider auch nichts«, sagte Wilson, »sind dabei, die Farmgebäude abzusuchen. Hier gibt es Unmengen Schuppen und Ställe.«

»Constable Branson?«

»Hier ... *chrrr* ... ipping Neighbours ... *krrrchrrr* ... antastisches Essen ... *krrch* ... kehren um, wenn Gulaschkanone leer ... *chrrrr* ... bis spät ... *chrrr* ...«

Das schrille Kreischen einer Rückkopplung beendete Constable Bransons Rapport so abrupt wie gnädig.

»In Ordnung«, sagte Rebecca Davis. »Wir treffen uns dann anschließend alle im Dorfladen. Over and out.«

Sam Wilson und Duncan kletterten auf den Heuboden der riesigen Scheune, während die anderen das Erdgeschoss des

Gebäudes durchsuchten, das mit landwirtschaftlichen Maschinen vollgestellt war.

Duncan schnappte sich zwei Heugabeln, die an der Wand lehnten, und warf eine davon Sam zu, der sie geschickt auffing.

»Dann wollen wir mal«, sagte Sam und stöhnte angesichts der Menge Heus, die sich vor ihnen türmte. Seite an Seite arbeiteten sich die beiden Männer vorsichtig durch den Haufen.

»Du liebe Güte«, rief Duncan, als er seine Heugabel herauszog und an einem der Zinken ein benutztes Kondom baumelte. »Was ist bloß los mit euch? Das Taubenhaus, der Aussichtsturm, dieser Heuschober – habt ihr in euren Häusern keine Schlafzimmer?«

»Das ist doch langweilig.« Sam machte eine wegwerfende Handbewegung, die ihn als souveränen Playboy ausweisen sollte und Duncan ein Grinsen entlockte. Wilson erinnerte sich an seinen Auftrag. »Bis ihr hier aufgetaucht seid, hieß die Parole bei uns *Make Love, not War* – aber jetzt …«

Duncan hielt mit dem Umschichten des Heus inne und stützte sich auf den Stiel der Gabel. »Im Drama gibt es zwischen Liebe und Krieg keinen Unterschied. In beiden Fällen ist der Mann als Held gefordert. Im Krieg muss er sein Land und in der Liebe seine Angebetete retten – und hat nach vielen Irrungen und Wirrungen meistens die Chance auf ein Happy End.«

»Es sei denn, er verbockt es von Anfang an.« Sam Wilson ließ die Heugabel sinken und sah Duncan unglücklich an. »Bei gleich zwei Frauen, wenn er so ein Trottel ist wie ich.«

»Verstehe. Pippa und Debbie.«

Sam riss entsetzt die Augen auf. »Woher … Haben die beiden was gesagt?«

»Keine Sorge, nichts dergleichen«, sagte Duncan, und Sam atmete sichtlich auf. »Aber du wirkst in ihrer Gegenwart immer, als wärest du gern ihr Held und wüsstest nicht, wie du es anstellen sollst.«

»Die Gelegenheit habe ich verpasst. Da hätte ich vor dreißig Jahren am Aussichtsturm ...«

Er erstarrte und ließ die Heugabel fallen. Vor Duncans Augen vollzog sich eine erstaunliche Verwandlung: Sams ganzer Körper straffte sich, sein Kinn reckte sich entschlossen vor, seine Augen blitzten feurig. Er zog das Funksprechgerät heraus und sprach mit fester Stimme hinein: »Hier Sergeant Wilson. Brauchen sofort den Schlüssel für den Aussichtsturm und alle verfügbaren Wärmebildkameras. Treffen uns am Turm. Scannen die Gegend von der obersten Plattform so lange, bis Vermisster aufgespürt. Over and out.«

Kapitel 26

Noch nie hatten so viele Menschen mitten in der Nacht am Aussichtsturm gestanden.

Mit großer Geste zog John Napier einen Schlüsselbund hervor, an dem zahlreiche beeindruckend altertümliche Schlüssel klimperten. Sichtlich stolz, als Hüter der Wahrzeichen Hideaways helfen zu können, schloss er die Tür zum Turm auf und öffnete sie einladend. Er schaltete das Licht an, und ein paar schwache Glühbirnen beleuchteten die steinerne Wendeltreppe, die auf die Aussichtsplattform führte.

»Danke, John.« Rebecca Davis sah sich um. Das halbe Dorf blickte sie erwartungsvoll an. »Meine Männer kommen mit, die anderen warten hier.«

»Rebecca?«, bat Pippa.

»Na gut. Aber höchstens drei Personen, sonst macht unser gutes Stück dem schiefen Turm von Pisa Konkurrenz.«

Sie wandte sich um und verschwand im Inneren, gefolgt von ihren Kollegen. Pippa, Freddy und Debbie schlossen sich ihnen an.

Die Treppe schien kein Ende zu nehmen, und Pippa war leicht schwindelig, als sie durch eine dicke Holztür die Plattform betrat. Die Steinmauern des Turms waren hier oben von Zinnen gekrönt, deren Zwischenräume einen weiten Ausblick auf die sanften Hügel der Cotswolds gewährten. Jetzt war alles pechschwarz, nur hier und dort blinkten Lichter von Straßenlaternen, Autoscheinwerfern oder erleuchteten Fenstern. Unterhalb des Turms lag Hideaway wie ein funkelndes Juwel auf dem schwarzen Samt eines Schmuckkästchens.

»Jeder von uns nimmt eine Wärmebildkamera«, kommandierte Sam Wilson, »und scannt einen Bereich ab, den er vorhin nicht durchkämmt hat. Das gibt einen frischeren Blick auf die Landschaft.«

Constable Custard, der Hideaway in Richtung Chipping Neighbours absuchte, sagte plötzlich: »Was ist denn mit den Tauben los? Warum hocken die Dummköpfe auf dem Dach, statt im warmen Haus zu sitzen?«

»Unsere wertvollen Tauben!« Sam Wilson stellte sich neben Custard und sah durch sein Gerät. »Die müssen Samstag fit sein, die sollen auf der Hochzeit von Kollege …«

Er brach ab und starrte angestrengt in die Nacht. Dann drehte er sich zu Pippa um, schob sie an die Balustrade und hielt ihr das Gerät hin.

Pippa sah hindurch, ohne zu wissen, auf was zu achten war. Sie zuckte fragend mit den Schultern. »Tut mir leid, Sam, aber …«

Der Sergeant trat dicht hinter sie, murmelte »Du gestattest?« und dirigierte die Wärmebildkamera vor ihren Augen sanft in die richtige Richtung. Pippa erblickte die vagen Umrisse des mächtigen Taubenhauses. Auf dem Dach saßen dicht an dicht rotschimmernde, gelb umrandete Punkte.

»Siehst du sie?«, hörte sie Sams Stimme dicht an ihrem Ohr. »Das sind die Tauben. Und dann weiter rechts … Schau ganz genau hin.«

Pippa folgte seinen Anweisungen und hielt den Atem an, als ihr klarwurde, was sie da sah.

»Paws Halsband!«, schrie Pippa aufgeregt. »Ich sehe Paws Halsband glitzern! Es liegt in einer Einflugsluke! Paw muss oben im Taubenhaus sein! Eingesperrt! Deshalb sitzen die Tauben auf dem Dach!«

»Kluge Tiere!«, sagte Freddy. »Ich würde auch nicht freiwillig ins geöffnete Maul eines ewig hungrigen Vogelkillers spazieren.«

»Was ist los?«, ertönte eine Stimme vom Fuß des Turms. »Habt ihr ihn?«

Pippa lief auf die andere Seite der Plattform und beugte sich weit über die Mauer: »Er ist im Taubenhaus! Im obersten Stock!«

John Napier schüttelte ungläubig den Kopf. »Wie soll das denn gehen? Die Luke ist immer geschlossen, und es gibt keine Leiter ...« Er verstummte, als ihm ein Licht aufging. »Oh, jemand hat ihn ...«

Während die Neuigkeiten am Fuße des Turms aufgeregt diskutiert wurden, fiel Pippa oben Sam Wilson um den Hals. »Das war eine großartige Idee, Sam. Danke! Jetzt wollen wir nur hoffen, dass es ihm gutgeht.«

»Natürlich geht es ihm gut«, versicherte Sam im Brustton der Überzeugung, »die zitternden Tauben sind der Beweis.«

Pippa und Debbie drückten ihm gleichzeitig von rechts und links einen Kuss auf die Wange. Sam errötete tief und war heilfroh, dass dies in der Dunkelheit niemand sehen konnte.

»Jetzt hast du die Prinzessinnen doch gerettet«, sagte Pippa gerührt, und Debbie fügte hinzu: »Wie ein echter Held – zur rechten Zeit am rechten Ort!«

»Katzenfinder müsste man sein«, brummte Freddy eifersüchtig, als er sah, dass Sam den Arm um Debbies Taille legte.

»Unsere große Stunde kommt noch, Kollege«, sagte Rebecca Davis tröstend. »Denn wir finden heraus, wer der Katzenverstecker war ...«

Querfeldein ging es zurück Richtung Hideaway. Debbie flitzte voraus, um Phoebe und Barbara-Ellen die frohe Botschaft zu überbringen. Als der Tross Cosy Cottage passierte, standen die drei Frauen schon bereit, um sich ihnen anzuschließen.

Wieder konnte John Napier wichtig mit seinen Schlüsseln rasseln. Als er die Tür geöffnet hatte, strömte alles ins Haus. Sam kletterte sofort über die Leiter in den ersten Stock, dicht gefolgt von Freddy, Rebecca und Duncan. Pippa und Debbie sahen sich an und nickten sich in wortlosem Einverständnis zu, bevor sie ebenfalls die Leiter erstiegen.

»Der arme Kleine. So ganz allein im Taubenhaus. Vielleicht ist er verletzt«, flüsterte Pippa nervös.

»Bestimmt nicht«, sagte Debbie. »Der Dickmops hätte zwar nicht durch eine Einflugsluke gepasst, aber er hätte seinen Kopf durchstecken und schreien können, wenn er gewollt hätte, dass man ihn rettet. Ich wette, er hat sein Halsband verloren, als er versucht hat, sich eine Taube zu schnappen, die dumm genug war, sich direkt davor niederzulassen.«

Sie gingen zu den anderen, die bereits unter der Öffnung zum zweiten Stock standen.

»Seht ihr?«, sagte Sam Wilson und zeigte auf die massive Holzklappe über ihren Köpfen. »Fest verschlossen. Da hat jemand nachgeholfen.«

Freddy zog mit Duncans Hilfe die Klappe herunter, ließ die Leiter heruntergleiten und kletterte dann hinauf.

»Siehst du ihn, Freddy? Ist Peter Paw am Leben?«, fragte Pippa ängstlich, als ihr Bruder seinen Kopf durch die Öffnung steckte.

Statt einer Antwort lachte dieser laut auf, und ein langgezogenes Miauen ertönte.

»Er lebt!«, schrie Pippa überglücklich. »Paw lebt!«

»Das müsst ihr euch ansehen!«, rief Freddy. »Das glaubt ihr nicht!«

Nacheinander drängelten sich alle nach oben – aber niemand war auf das Bild vorbereitet, das sich ihnen bot.

Peter Paw lag zufrieden schnurrend auf einem großzügigen Wandvorsprung unterhalb der Einflugsluken für die Tauben. Wegen der vielen Federn um ihn herum sah es auf den ersten Blick aus, als wäre unter seinem Gewicht ein daunengefülltes Kopfkissen geplatzt. Wie ein wohlgenährter Pascha auf seinem Diwan schaute der rote Kater ihnen schläfrig entgegen, und sein ohnehin beeindruckender Bauch wölbte sich deutlich runder als drei Tage zuvor. An Paws Kopf klebten zwei blutige Daunenfedern. Wie zur Bestätigung für seine allumfassende Zufriedenheit riss er sein Maul weit auf und zeigte beim Gähnen die beeindruckenden Werkzeuge, die der einen oder anderen unvorsichtigen Taube zum Verhängnis geworden waren.

»Du liebe Güte«, keuchte Sam, »hoffentlich lebt Speedy noch!«

»Wer ist denn jetzt Speedy?«, fragte Rebecca Davis und seufzte. »Bitte nicht noch eine Leiche – weder tierisch noch menschlich.«

»Speedy ist die Wettflugtaube der Familie Bloom – sie hat bisher noch jedes Rennen gewonnen«, erklärte Sam. »Ein Wunder, dass Amanda sie nicht im Wohnzimmer hält – aber sie will das Vieh abhärten. Sie träumt davon, Speedy beim *Million Dollar Pigeon Race* in Südafrika starten zu lassen und zweihunderttausend Dollar abzuräumen. Sie spart seit Jahren für die tausend Dollar Antrittsgeld.« Er schüttelte sorgenvoll den Kopf.

»Darum kümmern wir uns, wenn es hell ist«, entschied Rebecca kategorisch.

Da Duncan der Größte unter ihnen war, hob er Paw vom Sims herunter. Taubendreck und Staub rieselten auf ihn herab. Seine Augen weiteten sich überrascht, als er das Gewicht des Katers spürte. Peter Paw hing gemütlich auf Duncans Arm und ließ träge den Schwanz baumeln. Pippa streckte die Arme aus, um den Kater in Empfang zu nehmen, aber Duncan schüttelte den Kopf.

»Wie willst du mit diesem Gewicht auf dem Arm die Leiter herunterkommen? Wir bilden eine Menschenkette und reichen ihn von einem zum nächsten. Geh du nur ganz nach unten.«

Pippa kletterte hinunter in den ersten Stock und rief durch die Öffnung: »Wir haben ihn, und es geht ihm gut!«

Die wartenden Menschen im Erdgeschoss brachen in Jubel aus und schlugen sich gegenseitig auf die Schulter. Die Dorfbewohner klatschten, und Tom Barrel griff sich seine Cecily und machte mit ihr ein paar Polkaschritte.

»Von wegen Gescharre der Vögel«, sagte Anita. »Hätten wir richtig hingehört, hätte Peter Paw mit uns Geburtstag feiern können.«

Als Pippa ins Erdgeschoss hinunterstieg, nahm sie strahlend die begeisterten Glückwünsche der Wartenden entgegen.

»Wir müssen ihn sofort füttern«, sagte Barbara-Ellen und wischte sich ein paar Freudentränen von der Wange.

»Äääh ... ich denke, das wird nicht nötig sein.«

Pippa wandte sich wieder der Leiter zu, denn Rebecca, die auf halber Höhe stand, bekam von Freddy gerade den Kater heruntergereicht. Die Constables stützen ihre Vorgesetzte diskret, als sie rückwärts und freihändig die letzten Sprossen überwand. Dann legte sie Peter Paw in Pippas Arme. Der Kater kuschelte sich an Pippa und verstärkte sein Schnurren zu einem Geräusch, das wie der blubbernde Motor einer Harley Davidson im Leerlauf klang.

Dr. Mickleton warf nur einen flüchtigen Blick auf Paw, bevor er konstatierte: »Kerngesund – bis auf das Übergewicht.«

»Aber er muss fürchterlichen Durst haben«, gab Pippa zu bedenken.

Der Tierarzt schüttelte den Kopf. »Einen besseren Durstlöscher als Taubenblut kann ich mir in seiner Lage nicht vorstellen.«

»Taubenblut?« Amanda Bloom drängte sich durch die Menge, um besser sehen und hören zu können. »Und was klebt denn da an seinem Kopf?«

Chris reagierte sofort: Er pflückte die blutigen Daunen ab und ließ sie in seiner Jackentasche verschwinden.

»Das habe ich gesehen, Chris Cross!« Amanda Bloom stemmte empört die Hände in die Seiten. »Hat dieser Kater etwa Tauben gefressen? Wenn Speedy etwas passiert ist, dann ...«

»Wenn Speedy so dumm war, sich von Paw fressen zu lassen, wäre sie für das Rennen in Sun City eh nicht clever genug gewesen«, sagte John Napier.

Bei diesen Worten lachte Hendrik Rossevelt laut auf. »Sie wollen am *Million Dollar Pigeon Race* teilnehmen?«

Amanda fuhr zu ihm herum. »Was dagegen?«

»Nichts für ungut, meine Liebe«, schoss Hendrik zurück, »aber ich kann mir nicht vorstellen, dass eine kleine Dorftaube dort auch nur den Hauch einer Chance hat.«

Rebecca Davis hörte dem kleinen Disput der beiden aufmerksam zu, aber ehe die wütende Amanda Bloom noch etwas sagen konnte, kehrten Sam und Duncan wieder ins Erdgeschoss zurück.

»Das ist der Mann, der Peter Paw gefunden hat!«, rief Debbie und präsentierte Sam der applaudierenden Menge.

Sam verbeugte sich stolz in alle Richtungen. Peter Paw, der satt und zufrieden auf Pippas Armen eingeschlafen war, öffnete bei dem Lärm ein Auge und starrte die fröhliche Menge indigniert an. Anita Unterweger flog in Duncans Arme, ohne sich im Mindesten an dem Dreck zu stören, mit dem er bedeckt war. Die beiden küssten sich innig, während Klatschen und Jubel der Umstehenden anschwollen.

»So ein Theater um einen fetten Kater«, murmelte Alain. »Diesen Briten bleibt ja auch nichts anderes übrig als zu spinnen. Wir Franzosen hatten nicht nur einen König, sondern einen Kaiser und obendrein eine ordentliche Revolution. Französisches Essen ist Weltkulturerbe, und vor unserer Fremdenlegion zittern Diktatoren – aber die Briten haben nichts als ihre sprichwörtliche Skurrilität …«

Johannes Berkel legte ihm besänftigend die Hand auf die Schulter. »Lass sie doch ihren Spaß haben und sei nicht sauer«, sagte er leise, »das hast du nicht mehr nötig.«

»Hier scheint ja jedes Töpfchen sein Deckelchen zu finden«, spöttelte Hendrik, als er die beiden Männer so eng beieinander stehen sah, »vielleicht sollte ich mich mal um die frisch verwitwete Frau von Kestring kümmern … oder komme ich dir dann in die Quere, Berkel? Fährst du zweigleisig?«

Johannes Berkel vergewisserte sich rasch, dass Barbara-Ellen mit Peter Paw beschäftigt war und Hendriks Beleidigung nicht gehört hatte. Dann sagte er ruhig: »Siehst du, darin unterscheiden wir uns: Ich suche in jedem nur das Beste und du nur deinen Vorteil.«

Hendrik verzog seinen Mund zu einem bösen Lächeln. »Ist das nicht das Gleiche?«

Sie erstarrten, als hinter ihnen unerwartet Rebeccas schneidende Stimme erklang. »Aus der Sicht des Mörders ganz sicher, meine Herren.«

»Ich weiß nicht, wie ich mich bei dir bedanken soll«, sagte Pippa zur Kommissarin. »All dieser Aufwand ... und du hast selber nichts davon.«

Rebecca warf einen beredten Blick in die Runde, der wie zufällig an einigen Mitgliedern des Ensembles hängenblieb. »Das sehe ich anders. Die letzten Stunden waren für meine Kollegen und mich höchst aufschlussreich. Wir haben keine Minute vergeudet.«

Pippa wollte nachfragen, als Chris auftauchte, um ihr Paws Halsband zu geben.

»Ich war noch mal oben und habe es aus der Luke geholt. Allerdings fehlt das Medaillon, aber jetzt ist es zu dunkel, um danach zu suchen.«

»Nicht so schlimm. Trotzdem lieb von dir, daran zu denken. Steck es mir in die Jackentasche«, bat Pippa. »Ich habe im Moment die Hände voll Kater.«

Chris ließ das Halsband in die Tasche ihrer Jacke gleiten. »Und jetzt auf ins Pub. Kommst du mit, Pippa?«

»Danke, aber ich will Paw heimbringen. Trink einen für mich mit«, sagte sie und wandte sich wieder an Rebecca. »Also: Gibt es etwas, mit dem ich mich revanchieren könnte?«

»Gibt es«, antwortete Rebecca, »ich beginne morgen mit den Verhören, aber es sind noch einige Tankstellen übrig, bei denen ich nach Carlos Kwiatkowski fragen wollte. Ich wäre dir und deinem Bruder wirklich dankbar, wenn ihr das übernehmen könntet.«

»Machen wir«, versprach Pippa und drehte sich um, da

sie Freddy informieren wollte. Sie blickte direkt in Barbara-Ellens interessiertes Gesicht.

Nach und nach leerte sich das Erdgeschoss des Taubenhauses, weil alle, Freddy und Sam an der Spitze des Triumphzugs, ins Pub zogen. Rebecca verabschiedete sich und ging mit Nicola und Dr. Mickleton zu Nickys Laden, um den Katzenfindling untersuchen zu lassen und dann mit nach Hause zu nehmen.

Barbara-Ellen begleitete Pippa, um Peter Paw für den Rest der Nacht nicht mehr aus den Augen zu lassen.

»Ich bin so froh, dass es Paw gutgeht«, sagte sie, als Pippa den Kater im heimischen Wohnzimmer aufs Sofa setzte.

Paw streckte sich gähnend, rollte sich zu einer Fellkugel zusammen, schloss die Augen und begann umgehend zu schnarchen.

»Ohne dein Halsband hätten wir ihn wohl noch bis zum Sankt Nimmerleinstag gesucht. Oma Will wird überglücklich sein. Ich rufe sie heute Nacht noch an.« Pippa schlüpfte aus der Jacke, hielt inne und zog sie seufzend wieder an. »Bei der ganzen Aufregung habe ich Bastard und seinen Harem komplett vergessen! Ich muss noch mal raus ...«

Barbara-Ellen setzte sich neben den Kater aufs Sofa. »Dann geh und füttere das Federvieh, und ich passe auf unseren Überlebenskünstler auf.«

Im Pub floss der Cider in Strömen. Da längst Sperrstunde war, hatte Tom Barrel die fröhliche Runde zur geschlossenen Gesellschaft erklärt.

Als Freddy, Chris und John Napier sich nach einem Sitzplatz umsahen, blieb ihnen nur ein Tisch, an dem Hendrik Rossevelt saß und schweigend über seinem Bier brütete.

»Dürfen wir?«, fragte Chris, aber Hendrik sah nicht einmal auf, sondern zuckte nur mit den Schultern. Die Männer setzten sich.

»Sag mal, Junge, bist du nicht der Enkel von Hetty Wilcox?«, fragte John Napier.

Freddy nickte und stierte begehrlich auf Napiers Pommes, da seine eigene Portion bereits den Weg in seinen unergründlichen Magen gefunden hatte.

»Greif zu, Junge«, forderte Napier ihn auf und fügte hinzu: »Wann kommt sie denn zurück?«

»Oma Will?« Freddy stopfte sich Pommes in den Mund und spülte mit reichlich Cider nach. »Die fühlt sich in Berlin sauwohl. Kein Wunder, Berlin ist ja auch klasse. Ich wünschte, noch mehr von euren Damen würden das so sehen.« Sein Blick flog zu Nicola, die mit Anita und Duncan am Tresen stand. Das frischgebackene Pärchen hielt sich eng umschlungen. »Und wenn die Liebe zuschlägt ... nein, ich glaube nicht, dass Oma so schnell nach Hideaway zurückkommen wird.«

John Napier erstarrte. »Die Liebe? Wieso Liebe?«, fragte er alarmiert.

Freddy, der nichts von der Veränderung in Napiers Miene mitbekommen hatte, sagte unbekümmert: »Viktor Hauser, der Vater von Pippas bester Freundin Karin. Oma ist total hingerissen. Ist ständig mit ihm unterwegs oder bei ihm auf der Insel.« Freddy stürzte sich in eine ausschweifende Beschreibung von Viktor Hausers Domizil auf der idyllischen Garteninsel Schreberwerder. »Ich wette, Pippa ist das nur recht«, schloss er seinen Monolog ab, »je verliebter Oma ist, desto länger kann Pippa hierbleiben.«

Mit einer heftigen Bewegung schob Napier seinen Teller endgültig über den Tisch zu Freddy.

»Hetty ist eine wunderbare Frau«, sagte Chris. »Niemand, der sie kennenlernt, mag sie wieder gehen lassen.«

»Aber dem einen gelingt es, sie zu halten, und dem anderen nicht«, philosophierte Napier wehmütig. »Ich wünschte, ich würde das Geheimnis kennen, wie eine Frau wie Hetty …«

»… oder Debbie …«, warf Chris sehnsüchtig ein.

»… oder Nicola zu erobern ist«, sagte Freddy, griff ungestüm nach seinem Cider und stieß dabei Hendriks Bierglas um.

Das Bier schwappte über dessen Unterarm und floss über den Tisch. Während Freddy sich mit einer Serviette bemühte, die Flüssigkeit vom Tisch aufzunehmen, wischte Chris ungeschickt an Rosevelts Armen herum und schob dabei dessen durchnässte Ärmel bis zum Ellenbogen hoch. Erstaunt starrten die Männer am Tisch auf die langen, blutig verschorften Kratzer, die Hendriks Unterarme verunzierten. Mit einer brüsken Bewegung zog Hendrik Rossevelt die Ärmel wieder bis zu seinen Handgelenken herunter und verließ wortlos den Tisch.

Der Weg zum Hühnerstall war dunkel. Pippa verfluchte sich, dass sie vergessen hatte, die Vorhänge am Küchenfester zu öffnen, um wenigstens etwas Licht in den Garten zu lassen. Sie nahm sich vor, Freddy darum zu bitten, das defekte Licht über der Hintertür zu reparieren. Aus dem benachbarten Garten drang ein Geräusch, und Pippa blieb erschrocken stehen.

»Phoebe, bist du das?«

»Ich wollte dich nicht erschrecken«, antwortete Phoebes Stimme über ihr. »Ich will nur mein Schlafzimmer lüften, bevor ich mich hinlege.«

Pippa sah hoch und entdeckte Phoebes schemenhaften Umriss vor dem schwachen Licht aus deren Schlafzimmerfenster.

»Sag mal«, Phoebe dämpfte die Stimme und lehnte sich

aus dem Fenster, »kannst du versuchen, Hettys Patentochter in Belgien zu erreichen?«

»Janne? Wieso das?«

»Ich bekomme Lysander einfach nicht an die Strippe. Janne könnte für uns in dieser Kulturabteilung der EU nachfragen, wann er dort erwartet wird. Es wäre schön, wenn sie die Nachricht hinterlässt, dass er sich umgehend bei uns melden soll.«

»Das macht sie bestimmt«, sagte Pippa, »ich rufe sie morgen früh an.«

Langsam gewöhnten sich Pippas Augen an die Dunkelheit. Durch die geöffnete Tür drang nur wenig Licht in den Hühnerstall, aber Pippa erkannte Umrisse. Die Hühner und Bastard hockten als dunkle Flecken auf ihrer Schlafstange. Obwohl sie keine Anstalten machten, ihre Plätze zu verlassen, beschloss Pippa, Körner in die Hühnertröge zu füllen. Mit leisem, schläfrigem Gackern reagierten die Tiere auf die Störung zu so ungewohnter Stunde. Um sie nicht zu beunruhigen, sprach Pippa leise mit ihnen.

»Alles ist gut, ich bin es nur. Habt ihr auch schön Eier gel …?«

Pippa hielt inne. Sie war sich überdeutlich der Anwesenheit einer anderen Person bewusst. Sie griff sich rasch eine Handvoll Körner, drehte sich blitzschnell um und warf sie laut um Hilfe schreiend auf die dunkle Gestalt, die in der offenen Tür stand.

Die Gestalt wich fluchend zurück, und Pippa erkannte erleichtert die Stimme.

»Sir Michael! Hab ich mich erschreckt.«

»Dann wird es dich trösten, dass es mir nicht viel besser geht«, sagte Sir Michael.

»Was tust du denn hier im Dunklen?«

»Ich wollte zu Phoebe«, sagte er zögernd.

»Dann habe ich eine Neuigkeit. Dies ist das falsche Haus.«

»Ich weiß.« Sir Michael machte eine Pause. »Mich hat plötzlich der Mut verlassen. Ich … ich brauche deine Hilfe, Pippa.«

»Mitten in der Nacht?«

Selbst in der Dunkelheit erkannte Pippa, das Sir Michael vehement nickte. »Ich kann nicht mehr warten, ich brauche Gewissheit. Ich möchte dich bitten, Hetty anzurufen und etwas zu fragen.«

»Ich tu das wirklich gern für dich, aber warum machst du es nicht selbst? Oma freut sich bestimmt, mit dir zu sprechen.«

Zunächst schwieg Sir Michael, dann brach es aus ihm hervor: »Seit ich diesen fürchterlichen Streit mit Lysander hatte … o Pippa, ich will ihn nicht belasten müssen! Ich fürchte, er hat von Kestring umgebracht!«

Wie bitte?, dachte Pippa. Ihre Gedanken wirbelten unkontrolliert durch ihren Kopf.

»Michael«, sagte sie behutsam, »das kannst du unmöglich ernst meinen. Aus welchem Grund sollte Lysander das getan haben? Und wie kann Oma Hetty dir da helfen?«

»Sie soll mir sagen, ob Lysander wirklich mein Sohn ist.«

Bevor Pippa diese Information verdauen konnte, betrat Phoebe den Hühnerstall. Ihre klare Stimme durchschnitt das Schweigen. »Das kann nur ich dir beantworten, Michael.«

Kapitel 27

*B*ei Janne ist besetzt?«, fragte Freddy, als er seine Schwester halblaut schimpfen hörte.

Pippa legte auf und nickte. »Wie immer! Wahrscheinlich telefonieren die Zwillinge mit einem Verehrer, der nach zig Treffen noch nicht kapiert hat, dass es sich bei seiner Angebeteten um ein Doppelpack handelt.«

»Die beiden teilen eben alles. Das ist echte Geschwisterliebe.«

»O bitte – nimm dir Leo, wenn du ihn willst.«

Freddy verzog das Gesicht und stolperte beinahe über seine eigenen Füße, als er zu Barbara-Ellen eilte, um ihr das Tablett mit dem benutzten Frühstücksgeschirr abzunehmen.

»Ich hoffe, deine Bekannte findet Lysander. Es macht mich nervös, dass er sich nicht meldet. Trotzdem halte ich Michaels Idee, er könnte sich irgendwo versteckt halten, für völlig absurd.« Barbara-Ellen schauderte sichtlich. »Ich glaube keinen Augenblick lang, dass er Hasso … Außerdem war Lysander längst nicht mehr hier, als es passierte.«

»Aus Sicht der ermittelnden Behörden macht ihn gerade das höchst verdächtig«, bemerkte Freddy. »Gut versteckt ist halb gemordet!«

Pippa warf ihm einen warnenden Blick zu, um ihn daran zu erinnern, dass er sich Bemerkungen dieser Art gegenüber der Leidtragenden der beiden Morde verkneifen sollte.

»Es spielt keine Rolle, ob Lysander zum Todeszeitpunkt

hier war oder nicht«, sagte sie. »Laut Untersuchungsergebnis befand sich das flüssige Nikotin am Boden des Fläschchens und hat sich erst durch ständige Bewegung mit dem Rest vermischt. Es konnte lange dauern, bis Hasso die tödliche Dosis konsumierte. Außerdem hatte jeder von uns Hunderte von Gelegenheiten, den Inhalt des Schnupftabaksfläschchens zu manipulieren.«

»Lysander hatte doch gar kein Motiv«, warf Freddy ein. »Was wäre schon so schrecklich daran, wenn die Welt erfährt, dass er Sir Michaels Sohn ist?«

»Das kann ich dir sagen!«, sagte eine Stimme von der Haustür her. Phoebe zog den Windschutzvorhang zur Seite und schloss die Tür hinter sich.

»Phoebe, du musst unbedingt damit aufhören, dich so anzuschleichen«, tadelte Pippa und fügte in Gedanken hinzu: Und ich sollte mir merken, dass sie noch immer einen Schlüssel hat und nicht gewohnt ist zu klingeln.

Wie die anderen wartete sie darauf, dass Phoebe Smith-Bates weiterredete, und schließlich sagte diese: »Nach Dorians Freitod hat Lysander unter der Berichterstattung ebenso gelitten wie ich. Es gab eine Flut von unschönen Spekulationen und Artikeln. Er würde es niemals zulassen, dass das Andenken seines Ziehvaters noch einmal in den Schmutz gezogen wird.«

»Oder du noch einmal derartig in die Schusslinie der Presse gerätst«, ergänzte Pippa. »Außerdem: Es wäre ein gefundenes Fressen für die Medien. Zwei Männer arbeiten monatelang gemeinsam an der Biographie des einen, ohne zu wissen, dass sie beide hineingehören.«

»Ganz zu schweigen von dem Umstand, dass ich es bin, die es den beiden sechs Jahrzehnte lang verschwiegen hat.« Phoebe dachte einen Augenblick nach. »Die Erklärung ist denkbar einfach: Dorian war da, als ich merkte, dass ich schwanger bin. Als alleinerziehende Mutter Karriere machen? Damals? Undenkbar.«

»Ihr habt euch gegenseitig geholfen«, sagte Barbara-Ellen.

»Mehr als das. Ich war nicht allein, und das Kind erstickte alle Gerüchte über Dorians Homosexualität im Keim.« Phoebe lächelte in dankbarer Erinnerung an ihren Mann. »Auch wenn es sich nach Zweckehe anhört: Wir haben uns geliebt und geachtet.«

»Was ich nicht verstehe …«, Freddy kratzte sich am Kopf, »warum hast du Sir Michael damals nicht einfach gesagt, dass du ein Kind bekommst?«

Phoebe winkte ab. »Unsere Zusammenarbeit war längst beendet, und er hatte ein lukratives Engagement in New York. Er kam erst zurück, als unser gemeinsamer Sommernachtstraum seinen eigenen Lysander hatte und er selbst mit einer reichen Gönnerin verlobt war.«

»*Eigener* Lysander?«, fragte Freddy verwirrt.

»Eine Figur aus dem *Sommernachtstraum*«, erklärte Barbara-Ellen. »Ein jugendlicher Liebhaber. Ein wenig wie Sie, Freddy.«

Freddys Verwirrung wuchs. »Verfressen?«

»Nee, trottelig!«, sagte Pippa lachend und kassierte dafür tadelnde Blicke von Barbara-Ellen und Freddy, die sie geflissentlich ignorierte. »Ehrlich, Phoebe – du hättest Sir Michael schreiben können. Auch damals gab es internationalen Briefverkehr.«

Die alte Dame nickte. »Aber auch schon meinen Ehrgeiz und meinen … Stolz.«

Von der weiteren Unterhaltung bekam Pippa nichts mehr mit, denn die Verbindung mit Janne kam zustande. Sie ging mit dem Telefon in den Garten, um ungestört reden zu können. Peter Paw strich ihr um die Beine, bis sie sich auf die Bank am Rosenspalier setzte, um die milde Morgensonne zu genießen. Der Kater sprang elegant auf ihren Schoß und machte es sich dort gemütlich. Froh, ihn wohlbehalten zurückzuhaben, streichelte Pippa sein weiches Fell, was ihm tiefes Schnurren entlockte.

Nach einer kurzen Begrüßung kam Pippa direkt zur Sache. »Und jetzt brauche ich die Janne, die als Kulturjournalistin beim Flämischen Auslandsfunk arbeitet«, schloss Pippa. »Aktiviere bitte deine Kontakte und finde Lysander Smith-Bates. Und das möglichst schnell.«

»Der schicke Mr Smith-Bates ist verschollen? Das Urbild des britischen Gentleman? Ich habe ihn vor drei Jahren einmal in Brüssel interviewt. Frisch geschieden.« Janne schnalzte mit der Zunge. »Ist eine neue Frau im Spiel?«

Ich wollte die Journalistin – ich kriege die Journalistin, dachte Pippa ergeben. »Nein, nein«, wiegelte sie ab, »sorg einfach dafür, dass er seine Mutter anruft. Oder mich. Wir wollen ihn erreichen, bevor er die Neuigkeiten über sein Festival aus der Zeitung erfährt. Noch hält die Presse still.«

»Ich versuche, was möglich ist, versprochen. Aber wenn die Presse nicht mehr stillhalten muss ...«

»Kriegst du von mir alles aus erster Hand. Besser du als jemand anderer. Und wenn du schon dabei bist: Ich wüsste gern mehr über die Knowledge Company aus Vredendal in den Niederlanden und über Alain Bettencourts Agentur.«

Janne zog scharf die Luft ein. »Alain Bettencourt: der Mann, der selbst aus der Liste der schönsten Männer des Jahrzehnts herausragt?«

»Genau der«, antwortete Pippa.

»Meine Mädchen und ich verpassen keine Folge seiner

Soaps. Seine erste Serie hieß *Die Liebenden des Weltalls.* Keine Sternstunde des Fernsehuniversums, aber Alain überstrahlte seine Kollegen wie eine Supernova. Dann kam *Ich bin anders,* da gehörte er schon zu den Hauptdarstellern. Schließlich hat er seine eigene Serie bekommen: *Born to be sweet.* Was nicht zu leugnen ist. Und dieser Typ ist bei euch?«

»Und spielt den Hamlet«, sagte Pippa.

»Sprechen kann er also auch«, stellte Janne fest. »Dann mache ich mich mal an die Arbeit. Ich nehme an, ich tue das hier für Ruhm und Ehre?«

»Und für eine Fahrkarte nach Stratford zur Premiere – wenn es die dank deiner Hilfe jemals geben sollte«, sagte Pippa.

»Bekomme ich das private Abendessen mit Bettencourt vor- oder nachher?«

Als Pippa wieder ins Haus kam, saßen Rebecca Davis und Sir Michael mit Phoebe im Wohnzimmer. Rebecca klimperte auffordernd mit ihrem Autoschlüssel, und Pippa fiel ihr Versprechen ein, mit Freddy die noch fehlenden Tankstellen abzuklappern. Freddy nahm ohne Murren den Schlüssel und verkündete, er warte draußen.

»Ich komme sofort. Ich hole nur noch ein paar Unterlagen und eine dickere Jacke«, sagte Pippa und lief auf ihr Zimmer.

Während Pippa noch einmal durch die Dossiers blätterte und nach der Adresse des *Gloucestershire Echo* suchte, hörte sie von unten Rebeccas klare Stimme: »Ich möchte mit Ihnen beiden über Lysander Smith-Bates reden. Wie weit wäre er bereit zu gehen, um seine Familie zu schützen?«

»Nicht bis zu Mord«, antwortete Phoebe. »Und nicht wegen eines Hasso von Kestring.

»Lysander und ich haben von Kestring unterschätzt«, sagte Sir Michael, »wir hielten ihn für einen aufgeblasenen Gockel, harmlos in seiner Eitelkeit. Wir dachten, er will mit einer internationalen Inszenierung nur sein Image aufpolieren. Aber auch da haben wir uns getäuscht. Der Mann hatte so viel Angst, in Vergessenheit zu geraten, dass er alles getan hätte, um sein übersteigertes Ego mit uns zu messen.«

»Zum Beispiel?«, hakte Rebecca nach.

»Erpressung.«

Phoebe zog die Augenbrauen hoch. »Dich?«

Sir Michael nickte. »Und Lysander.«

»Genauer, bitte«, forderte Rebecca. »Schließlich haben Sie sich den Herrn freiwillig ausgesucht.«

»Freiwillig? Keiner von uns hätte diesen Mann ausgesucht«, erwiderte Sir Michael, »aber Deutschland war an der Reihe. Dieses völlig überbewertete Regietheater, dessen Zeit längst vorüber ist! Da kann man ja fast nur zwischen Teufel und Beelzebub wählen. Deshalb dachten wir, das ist zu schaffen. *Er* ist zu schaffen. Außerdem ...« Er brach ab.

»Außerdem? Sir Michael, bitte, ich muss alles wissen.«

Hornsby nickte widerstrebend. »Kwiatkowski hatte alle Hebel in Bewegung gesetzt, damit von Kestring sich bewirbt ... und nur von Kestring. Es ... gab ihm die Gelegenheit, Zeit mit Barbara-Ellen zu verbringen. Er sicherte mir zu, von Kestring so schnell wie möglich zu *entsorgen,* wie er es formulierte. Und später, wenn die deutsche Periode vorbei wäre ...«, er warf Phoebe einen verlegenen Blick zu, »... dann wollten wir Phoebe überreden, die Regie zu übernehmen.«

Phoebe schüttelte fassungslos den Kopf. »Ihr auch? Ist es meine liebenswürdige Art, mein fester Charakter oder die Haare auf meinen Zähnen, die mich für die Rolle des Teufels empfehlen?«

Ohne darauf einzugehen, fuhr Sir Michael fort: »Lysander wollte seine Mutter endlich wieder aktiv sehen und ich noch einmal mit ihr arbeiten ... und wieder in Kontakt kommen.«

Verdammt, ich kann Freddy nicht länger warten lassen, dachte Pippa, steckte die Adresse in ihre Handtasche und ging langsam nach unten. Immer wenn es spannend wird, muss man gehen. Es sei denn, man muss einem armen, übergewichtigen Kater noch eine lebenswichtige Notration geben ... Sie beschloss, sich ausgiebig der Reinigung der Katzennäpfe zu widmen und weiter die Ohren zu spitzen.

»Damit ich das richtig verstehe«, sagte Rebecca Davis, »Sie haben das Engagement nur angenommen, um den Regisseur rauswerfen zu können und anschließend ...«

Sir Michael unterbrach die Kommissarin leicht verlegen: »... Phoebe an seiner Stelle einzusetzen.«

»Und Carlos Kwiatkowski hat Sie unterstützt, um seinen eigenen Plan in die Tat umzusetzen. Aber dann ist alles schiefgegangen.«

Sir Michael nickte und atmete tief durch. »Dieser von Kestring war nicht so dumm, wie wir dachten. Der hat irgendetwas gewittert und seinen Schnüffler Rossevelt durch die Archive gejagt, um alles über Lysander und mich herauszufinden. Er hat auch etwas von einem Computerprogramm gefaselt, mit dem aufgrund von physischen Ähnlichkeiten die prozentuale Wahrscheinlichkeit von Verwandtschaft errechnet werden kann – und dass er es erfolgreich auf Lysander und mich angewendet hat.«

Rebecca Davis sah ihr Gegenüber forschend an. »Und wie wollte er sein Wissen vermarkten?«

»Ich sollte mit ihm auf Tournee gehen! Er und ich gemeinsam als Retter der Theaterwelt. Ein Alptraum.« Sir Michael stöhnte. »Ich bot ihm stattdessen Geld für sein Schweigen, aber er lachte mich aus. Als Nächstes ging er dann zu Lysander.«

»Deshalb gerieten Lysander und Sie in Streit«, sagte Rebecca Davis.

»Lysander warf mir vor, ich wolle das Andenken seiner Eltern beschmutzen. Er glaubte, ich hätte einer DNA-Analyse zugestimmt. Ich hasste von Kestring für das, was er angerichtet hat.« Er schwieg einen Moment und sagte dann hastig: »Deshalb fasste ich den Entschluss, von Kestring zu töten.«

Beinahe wäre Pippa der Napf aus der Hand gefallen, aber Phoebe brach in Gelächter aus und rief: »Was für ein Blödsinn! Du könntest dir nicht einmal direkt neben einem vollen Fass ein Glas Cider organisieren – geschweige denn, flüssiges Nikotin besorgen! Du bist außerhalb des Theaters völlig hilflos.«

Sir Michael protestierte nicht, und man sah ihm an, dass Phoebe mit dieser Charakterisierung ins Schwarze getroffen hatte.

Phoebe wurde wieder ernst, und ihr Gesicht bekam einen sanften Ausdruck. »Du denkst, Lysander hat von Kestring auf dem Gewissen und ist untergetaucht. Deshalb willst du ihn decken. Du hast tatsächlich mehr Vatergefühle als ich mütterliche – mir wäre so etwas nicht im Traum eingefallen. Jetzt sag der netten Kommissarin, dass du es natürlich nicht warst, und dann gehen wir beide endlich proben. Aber sieh dich vor: Shakespeare und ich führen ein strenges Regiment.«

Sir Michael wirkte in Sekundenschnelle um Jahre jünger. Er strahlte und küsste Phoebe die Hand, die seinen fragenden Blick mit einem Nicken beantwortete.

Pippa ging auf Zehenspitzen an dem Paar auf dem Sofa vorbei und zwinkerte Rebecca zu.

»Diese Schauspieler schaffen mich«, flüsterte Rebecca

und verdrehte die Augen. »Kann mir jemand sagen, was ich jetzt machen soll?«

»Einfach gehen«, flüsterte Pippa zurück, »hier ist der Vorhang gefallen.«

»Da bist du ja schon«, sagte Freddy enttäuscht, als Pippa die Beifahrertür öffnete. »Wir haben uns gerade so nett unterhalten.«

Pippa beugte sich vor und sah Barbara-Ellen auf dem Rücksitz, die fragte: »Du hast doch nichts dagegen? Ich möchte mit nach Cheltenham. Ich möchte helfen.«

Freddy lenkte den Wagen sicher über die engen Straßen der hügeligen Landschaft. Nur auf wenigen Feldern lag noch Schnee, überall sonst war er der milden Witterung der letzten Tage gewichen. An den Straßenrändern blühten bereits die ersten Schneeglöckchen.

»Hier ist es wunderschön, sogar im Winter«, sagte Barbara-Ellen plötzlich und durchbrach das Schweigen. »Ich möchte nicht zurück nach Berlin. Dort wartet nichts als eine leere Wohnung auf mich. Ich habe keinen weiteren Vertrag gemacht, weil ich für die Zeit nach Stratford …« Ihre Stimme wurde unsicher, und sie räusperte sich. »Denkt ihr, eure Großmutter würde mir das Cottage vermieten, wenn sie in Berlin bleibt?«

»Ich kann sie ja mal fragen«, antwortete Pippa und hielt sich hastig am Haltegriff der Tür fest, da Freddy eine Tankstelle entdeckt hatte und ohne Vorwarnung mit quietschenden Reifen von der Straße auf die Auffahrt bog.

Auf das Foto von Kwiatkowski hin schüttelten die beiden Mitarbeiter synchron den Kopf, und Freddy kaufte die aktuelle Ausgabe des *PaperRazzi,* um Barbara-Ellen ein wenig aufzumuntern. Die Schauspielerin blätterte durch das Magazin und rief dann: »Das ist doch Alain! Hier steht, dass *Born to be sweet* abgesetzt wird. Die Einschaltquoten sind im Sinkflug.«

»Dann wäre der schöne Alain Bettencourt ohne das Stipendium also arbeitslos«, sagte Freddy.

»Das hat er aber ganz anders erzählt«, murmelte Pippa und dachte: Das Stipendium war nicht nur eine Sprosse auf seiner Karriereleiter, es sollte die Karriere sichern …

In der Bibliothek des Hotels herrschte aufgeregtes Stimmengewirr, nachdem das Ensemble von Phoebe und Sir Michael erfahren hatte, dass die Proben wieder aufgenommen wurden. Bis auf Hendrik waren alle erfreut, dass Phoebes Rollenverteilung der ursprünglichen entsprach.

Rebecca Davis hatte einige Mühe, sich Gehör zu verschaffen, und räusperte sich mehrmals laut. Schließlich war sie sich der allgemeinen Aufmerksamkeit sicher und sagte: »Auch ich habe noch zu arbeiten. Deshalb möchte ich Sie nacheinander um Einzelgespräche bitten.«

»Einzelgespräche!« Hendriks Stimme troff vor Geringschätzung. »Was für eine typisch britische Umschreibung für Verhöre.«

»Ich sagte Gespräche, Herr Rossevelt«, sagte Rebecca ruhig. »Für Vernehmungen beordere ich Sie auf mein Revier. Hier und jetzt möchte ich mich mit Ihnen unterhalten.« Sie sah in die Runde und nickte Anita zu. »Frau Unterweger, kommen Sie bitte mit?«

In ihrem Zimmer im ersten Stock lief Anita nervös auf und ab. »Es ist schrecklich. Aber immer wenn wir proben, vergesse ich sofort, dass es zwei echte Tote gegeben hat. Tote, die am Ende des Stückes nicht wieder aufstehen.«

»Hatten Sie von Kestrings Schnupftabaksfläschchen mal in der Hand, Frau Unterweger? Oder jemanden gesehen, der damit hantierte?«, fragte Rebecca.

»Wir alle hatten es mal in der Hand. Von Kestring ließ es immer irgendwo liegen, und jeder, auch ich, hat es ihm schon einmal zurückgebracht. Wohl auch, um ihn bei Laune zu halten.« Sie dachte angestrengt nach. »Ach ja, und manchmal hat er ... Hendrik zu einer Prise eingeladen.«

Ihr Tonfall weckte Rebeccas Aufmerksamkeit. »Sie mögen Herrn Rossevelt nicht?«

Anita schüttelte sich. »Er ist einer von diesen Männern, die sich für unwiderstehlich halten und glauben, man ziert sich nur, um ihn zu locken. Durch die Nähe zu von Kestring wurde es noch schlimmer. Noch ein paar Wochen, und die beiden hätten sich gegenseitig doubeln können.«

»Dann brauche ich Sie wohl nicht zu fragen, ob Sie gern mit von Kestring gearbeitet haben?«

»Ich weiß nicht. Ich kam mir so dumm vor.« Anita lächelte. »Ich habe ein Stück bisher immer gespielt ... wie es geschrieben wurde. Aber von Kestring sagte, der Text sei nur ein Vorschlag, und es läge am Regisseur und der Willfährigkeit der Schauspieler, was daraus wird. Er sagte, Hamlet müsse nicht jedes Mal sterben – wichtig sei, einen Weg zu finden, seine Ideen zu verwirklichen.«

»Wessen Ideen? Hamlets? Oder Shakespeares?« Rebecca Davis konnte sich die Frage nicht verkneifen.

»Von Kestrings Ideen, natürlich«, antwortete Anita ernsthaft.

Natürlich, dachte Rebecca Davis und kehrte zum eigentlichen Thema zurück.

»Mit wem hatte von Kestring am meisten Kontakt – außer mit seiner Frau?«

Anita trat unruhig von einem Fuß auf den anderen. »Das ... das habe ich nur mitbekommen, weil sein Zimmer gegenüber von meinem liegt. Ob ich wollte oder nicht. Ich bin nicht neugierig.«

»Wer?«, beharrte Rebecca trotz Anitas Unbehagen, vermeintlich indiskret sein zu müssen.

»Dana ist häufig mit ihm weggegangen. Und Hendrik hat ständig bei ihm auf dem Zimmer gehockt. Am Computer, hat er gesagt.«

»Und Sie selbst?«

Anita riss entsetzt die Augen auf. »Wo denken Sie hin? Dass er gegenüber wohnte, war mir schon viel zu nah. Hendrik hatte ein Klopfsignal, deshalb wusste ich immer, dass er kam. Und einmal ist Alain hineingegangen, als ich gerade aus der Tür trat. Er tat mir leid. Ich dachte, jetzt hat er ihn zu sich beordert und nimmt ihm den Hamlet weg.«

»Konnten Sie vom Gespräch der beiden etwas verstehen?«

»Nur einen Satz ... als Alain an die Tür klopfte.« Anita wurde rot. »Und der hat mich verärgert.«

Rebecca zog die Augenbrauen hoch. »Warum?«

»Dieser Widerling, dachte ich, jetzt macht er sich auch noch über Alains Homosexualität lustig.«

»Was hat er gesagt?«, fragte Rebecca geduldig.

»*Komm rein, Liebling!*«

In Cheltenham ließ Pippa sich am Archiv des *Gloucestershire Echo* absetzen, während der überglückliche Freddy die Tour zu den Tankstellen mit seiner Traumfrau allein fortführte.

Sie bat einen behäbigen Archivar, ihr die Artikel über die *Sommernachtstraum*-Inszenierung von vor sechzig Jahren herauszusuchen. Für den Weg durch die Regale rüstete er sich mit einer halben Tafel Schokolade.

Als er ihr den Folianten vorlegte, brummelte er: »Wenn das so weitergeht, stelle ich diese Ausgabe gar nicht mehr zurück ins Regal.«

Pippa sah ihn neugierig an. »Wollen Sie damit sagen, dass es in letzter Zeit noch andere Interessenten für diese Artikel gab?«

Der Archivar nickte. »Kann man ja verstehen, oder? Wo der große Sir Michael jetzt bald seine Abschiedsvorstellung gibt. Dann wird die Vergangenheit immer interessant. Das kenne ich schon.«

»Können Sie sich erinnern, wer da war?«

»Konkurrenz, was? Jeder will die Story als Erster …« Der Archivar grinste schief. »Kenne ich. Unser Haus ist voll von euch Hektikern.«

Kwiatkowski muss hier gewesen sein, dachte Pippa, die Kopien aus den Dossiers kann er kaum an anderer Stelle gemacht haben.

Der Archivar legte seinen Zeigefinger ans Kinn, als würde das seinem Erinnerungsvermögen auf die Sprünge helfen. »Warten Sie mal, da war als Erstes dieser deutsche Journalist. Der kam öfter.« Er warf Pippa einen beredten Blick zu. »Und nie ohne eine kleine Aufmerksamkeit für mich. Bonbons oder Schokolade. Hat sich sogar meine Lieblingsmarke gemerkt. Guter Mann.«

»Als Erstes? Ja – wie viele Leute waren denn hier?«

»Dann war da noch dieser Typ von der Internetdetektei mit dem blöden Namen Knowledge Company – als ob das Internet das ganze Wissen gepachtet hätte! Wenn das so wäre, hätte er ja wohl nicht durch alte Zeitungen blättern müssen, oder? An den kann ich mich genau erinnern. Hält der mir doch einen Vortrag, von wegen es wäre mal an der Zeit, unser Archiv zu digitalisieren und ins Internet zu stellen. Schließlich habe nicht jeder Zeit, sich nur wegen eines lächerlichen Artikels bis nach Cheltenham zu bemühen.« Er schnaubte empört. »Schlechter Mann.«

Unser Freund Rossevelt hat auch den Weg hierher gefunden, dachte Pippa, hätte ich mir nach Sir Michaels Enthüllungen denken können.

Sie wollte sich gerade der Lektüre zuwenden, als der Archivar weiterredete.

»Und als Letztes kam ein Pärchen. Frisch verliebt, wenn Sie mich fragen. Und gutaussehend. Und großzügig. Haben ein schönes Trinkgeld dagelassen.«

Pippa starrte den Archivar verdutzt an und fragte sich, welches Pärchen das gewesen sein sollte. Duncan und Anita? Aber wieso?

»Wann war das?«, fragte sie.

Der Archivar musste nicht lange überlegen. »Gestern Morgen. Hat mir eine Wochenration feinster Pralinen eingebracht, das Trinkgeld. Gute Leute.«

»Können Sie sich noch an das Aussehen der beiden erinnern?«

Der Archivar schüttelte bedauernd den Kopf. »Freitags ist hier immer der Teufel los – und so hoch war das Trinkgeld nun auch wieder nicht.«

Pippas Grübelei, wer das Pärchen gewesen sein könnte, führte zu keinem Ergebnis, und sie schob dieses Thema beiseite. Stattdessen suchte sie nach dem Artikel aus Kwiatkowskis Mappe, den Phoebe elegant hatte verschwinden lassen.

Der Artikel bestand aus einem Bericht über die Probenarbeit und zwei Interviews, die der Journalist zwar unabhängig voneinander mit Phoebe und Michael Hornsby geführt, aber danach perfiderweise vergleichend nebeneinanderge-

366

stellt hatte. So entstand das Bild einer naiv liebenden Jung-schauspielerin und eines an nichts anderem als seiner Arbeit interessierten Regisseurs.

Frage: »Man hat Sie beide des Öfteren zusammen gese-hen – außerhalb des Theaters.«

Phoebe: »Ihn und mich verbindet mehr als nur das Theater. Eine Verbindung wie die unsere hält ein Leben lang.«

Sir Michael: »Selbstverständlich. Ich treffe mich mit sämtlichen Mitgliedern des Ensembles außerhalb des Thea-ters. Schließlich bin ich ihr Regisseur.«

Autsch, dachte Pippa, das muss weh getan haben. Dabei wollte Michael wahrscheinlich nur neutraler antworten als du, Phoebe.

Frage: »Der Regisseur und seine Darstellerin – Sie sind ein schönes Paar. Was dürfen wir davon erwarten?«

Phoebe: »Sie dürfen erwarten, was ich auch erwarte.«

Sir Michael: »Erwarten Sie, was Sie wollen – nur nicht die Erfüllung ihrer Wünsche.«

Ach, arme Phoebe, dachte Pippa, es muss dich schwer ge-troffen haben, das zu lesen. Kein Wunder, dass du auf jede weitere Aussprache verzichtet hast. Und du hast dein Leben sofort wieder in die Hand genommen. Ich wünschte, ich hätte deine Tatkraft. Mit deiner Konsequenz könnte ich mich endlich von Leo lösen. Seit einem Jahr leben wir ge-trennt … wie viel Bedenkzeit brauche ich denn noch?

Während Pippa vor dem Gebäude auf Freddy wartete, rief sie Rebecca Davis an und erstattete Bericht über den Inhalt des Artikels, der das morgendliche Gespräch mit Phoebe und Sir Michael bestätigte. Dann verblüffte sie Rebecca mit dem erstaunlichen Interesse der vier Personen, die ihn ebenfalls gelesen hatten, aber auch die Kommissarin konnte sich keinen Reim auf das neugierige Pärchen machen.

Das Gespräch war gerade beendet, als Freddy vorfuhr und millimetergenau vor ihren Füßen bremste. Die Beifahrertür flog auf, und Barbara-Ellen steckte den Kopf heraus.

»Wir haben die Tankstelle gefunden! Carlito hat sich dort eine Wegbeschreibung geben lassen«, rief sie. »Wir wissen jetzt, wohin er wollte, steig ein! Schnell!«

Mehr verrieten die beiden nicht, und Barbara-Ellen dirigierte Freddy anhand der gleichen Wegbeschreibung aus der Innenstadt. Sie war so fröhlich wie schon lange nicht mehr. »Die nächste rechts«, kommandierte Barbara-Ellen, »müsste die Gardner's Lane sein.« Sie beugte sich gespannt vor, um das Straßenschild zu lesen, und nickte zufrieden. »Die Einfahrt ist auf der rechten Seite. Sie ist schwer zu sehen, hat der Tankwart gesagt.«

Links der Straße, die von hohen, kahlen Bäumen gesäumt war, sah Pippa große Rasen-Fußballplätze, die durch Schulkinder in Uniformen von Schneeresten befreit wurden. Auf der rechten Seite lagen zuerst Häuser, dann weitere Rasenplätze. Die Straße, deren Asphalt schwere Frostschäden aufwies, schien ins ländliche Nichts zu führen.

»Hier ist es!«, rief Barbara-Ellen, und Freddy fuhr durch ein eisernes Tor auf einen kleinen Parkplatz, auf dem schon einige Autos standen.

Pippa stieg aus und sah sich um. Der Parkplatz gehörte zu einigen flachen, hellen Bauten. Tierheim, las sie auf dem Eingangsschild, was hatte Carlos denn hier gewollt?

Der freundliche Empfangsbereich befand sich unter einem Glasdach. An den Wänden und in Regalen wurden Produkte angeboten, die jedem, der sich für ein Tier entschied, die Möglichkeit gaben, sich vor Ort mit einer Erstausstattung einzudecken. Ein Holztresen zog sich auf der rechten Seite durch den Raum. Eine junge Frau beruhigte gerade am Telefon einen besorgten Kunden, dessen Katze nicht nach Hause gekommen war, eine zweite begleitete eine glückliche ältere Dame mit einem Katzenkorb, aus dem klägliches Miauen erklang, zu ihrem Auto. Beide Mitarbeiterinnen trugen dunkelgrüne Sweatshirts mit dem Aufdruck *Cheltenham Animal Shelter*.

Während sie warteten, blätterte Pippa in einem Ordner, der ausschließlich Fotos und Beschreibungen vermisster Vierbeiner enthielt – Steckbriefe, die die verzweifelten Besitzer selbst erstellt hatten. Dankbar dachte Pippa an Peter Paws wohlbehaltene Rückkehr.

Die Angestellte hinter dem Tresen beendete das Gespräch und wandte sich ihnen zu. »Wie kann ich Ihnen helfen?«, fragte sie freundlich.

»Wir haben eine Frage: War dieser Mann hier? Er heißt Kwiatkowski.« Pippa schob der Frau ein Foto von Carlos zu.

»Natürlich kenne ich ihn«, rief die Frau strahlend. »Sie sind Pippa und Sie Barbara-Ellen, richtig? Ich bin Sandy. Herzlich willkommen!« Sie gab erst Pippa, dann Barbara-Ellen die Hand und machte sich dann mit Freddy bekannt, ohne die Verblüffung in den Gesichtern der drei wahrzunehmen. »Ich habe Sie erst übernächsten Sonntag erwartet. Aber ich gebe Ihnen die Tiere auch gerne heute schon mit.«

»Tiere?«, riefen Pippa und Barbara-Ellen unisono.

Sandy strahlte. »Wir haben die beiden schon einmal aneinander gewöhnt. Klappt prima. Bitte kommen Sie mit!«

Sandy kam hinter der Theke hervor und ging ihnen voraus auf das Außengelände.

»Pippa muss wieder einen Hund haben, hat er gesagt,

und Barbara-Ellen einen Schnurrer für die Zeiten, in denen ich nicht bei ihr sein kann.« Sie lächelte fröhlich. »Wir waren alle begeistert, welche Mühe er sich gab, die richtigen Tiere zu finden. Schade, dass er heute nicht dabei ist – grüßen Sie ihn bitte von mir, ja?«

»Das mache ich ganz sicher«, sagte Barbara-Ellen mit rauer Stimme. Sie warf Pippa einen Blick zu, den sogar Freddy verstand: Sie würden der jungen Frau nichts von Carlos' Tod sagen.

Sandy führte sie zwischen Reihen von Zwingern hindurch. Jedes Tier hatte einen eigenen Bereich mit einer vergitterten Wand zu dem Weg, den sie entlangliefen. Vor Aufregung feuchte Hundenasen drückten sich sehnsüchtig durch die Lücken im Gitter. An jeder Box hingen Informationen zum Bewohner: Viele der Hunde waren bereits für neue Besitzer reserviert.

Die Boxen im Bereich der Katzen hatten mehrere Ebenen, damit die Tiere sich artgerecht bewegen konnten. Sandy plauderte munter weiter über Kwiatkowski und erzählte, er habe die Tiere bereits vorher im Internet angesehen und sei dann gekommen, um sich zu vergewissern, ob sie wirklich zu den beiden neuen Besitzern passen.

»So, hier sind wir«, sagte Sandy und blieb so unerwartet vor einer größeren Box stehen, dass Pippa in Freddy prallte.

»Der sieht ja aus wie Rowdy!«, rief Freddy, während Barbara-Ellen entzückt »Oh …« hauchte.

Pippa sah nichts außer den Rücken ihrer Begleiter. Sie zog ihren Bruder unsanft zur Seite und spähte neugierig durch das Gitter. Zwei Weidenkörbe mit Kissen standen dort, im größeren saß ein massiger Bobtail, aus dem kleineren erhob sich gerade ein cremefarbener Siam-Mix mit blauen Augen, dessen Ohren, Schwanz und Gesicht golden schimmerten.

»Oh …«, sagte Barbara-Ellen wieder, ging in die Hocke und presste ihre Hand flach gegen das Gitter. Die Katze kam neugierig heran und schnupperte.

»Sieh mal, er mag mich!«, rief Barbara-Ellen entzückt und sah hoch zu Pippa. Sie strahlte, obwohl Tränen in ihren Augen schimmerten.

»Sie ist eine echte Dame«, sagte Sandy, »zwei Jahre alt und heißt Queenie.«

Sie schloss die Gittertür auf. Barbara-Ellen nahm die Katze auf den Arm, und Pippa hielt dem Bobtail ihre Hand hin. Der Hund beschnüffelte erst die Hand, dann ihre Jacke und Schuhe, bis er sie schließlich auffordernd anstupste und sich streicheln ließ.

»Das ist Sir Toby, aber er besteht nicht auf den Titel«, erklärte Sandy.

Freddys Blick fiel auf die gefüllten Fressnäpfe. »Die Versorgung hier ist wesentlich besser als meine.«

Pippa grinste glücklich, während sie Sir Toby durch das dichte Fell fuhr. »Wenn du dir angewöhnen könntest, Dinge zu apportieren und auf allen vieren zu laufen, hättest du auch immer einen vollen Napf.«

Sandy lachte laut und schlug eine Mappe auf, die sie aus einem Wandhalter gezogen hatte. »Sie haben sich problemlos aneinander gewöhnt. Sie sollen ja noch eine Weile miteinander auskommen, bevor Sir Toby nach Berlin zieht und das Haus Ihnen allein gehört, Barbara-Ellen.«

»Welches Haus?«, fragte diese erstaunt, und auch Freddy und Pippa sahen auf.

Sandy blickte wieder in die Unterlagen. »Hier. Das ist die Adresse, die uns gegeben wurde. Dort sollen die Tiere hin.

Das Haus hat Carlos Kwiatkowski vor kurzem gekauft, hat er erzählt.«

»Darf ich mal sehen?« Pippa streckte die Hand aus, und Sandy übergab ihr die Mappe.

Ungläubig starrte Pippa auf die Adresse: Cosy Cottage, Heaven's Gate Road, Hideaway.

Kapitel 28

»Wir hatten versprochen, nichts zu sagen.« Phoebe verschränkte die Arme vor der Brust. »Und wir halten, was wir versprechen.«

Sie saß auf der Lehne des Ohrensessels in ihrem Wohnzimmer, während Pippa durch den Raum lief wie ein Tiger durch seinen Käfig.

»Kwiatkowski kauft vor mehr als zwei Monaten das Haus meiner Großmutter und wird später ermordet – und ihr zuckt mit keiner Wimper? Ich bin für Diskretion zu haben, aber das geht zu weit.« Sie blieb vor Phoebe stehen und sah sie wütend an. »Oder habt ihr euch überlegt, das Geld zu teilen und das Haus noch einmal zu verkaufen?«

»Red keinen Unsinn.« Phoebe runzelte die Stirn. »Kwiatkowski suchte ein Haus für sich und Barbara-Ellen. Als er von Sir Michael auf Cosy Cottage aufmerksam gemacht wurde, bot er Hetty eine unwiderstehliche Summe. Da war man sich schnell einig. Und trotz unseres Streites habe ich auch zugestimmt. Carlos war nicht Sir Michael, das allein machte ihn als Nachbarn sympathisch.«

»So viel zum Probewohnen in Berlin. Es war also alles ein abgekartetes Spiel. Ihr seid wirklich blendende Schauspieler. Sagt hier überhaupt irgendjemand die Wahrheit?«, fragte Pippa sarkastisch.

»Wieso?«, Phoebe probte einen unschuldigen Augenaufschlag. »Deine Eltern wussten doch Bescheid.«

373

Pippa ließ sich schwer auf einen Sessel fallen und schloss entnervt die Augen. »Wer sonst noch?«

»Nur Lysander und ich. Und natürlich Sir Michael.«

»Und wie soll es in eurem Drehbuch nun weitergehen?«

»Kwiatkowskis Geld ruht auf einem speziellen Treuhandkonto und geht nach Erledigung aller Formalitäten an deine Großmutter.«

»Auch jetzt noch?«, fragte Pippa erstaunt.

»Lysander ist nach Berlin gefahren, um mit Hetty die neue Situation persönlich zu besprechen, denn ab Anfang Mai gehört das Haus offiziell Barbara-Ellen – und sie hat keine Ahnung.«

»Wie geht das denn?«

»Carlos hat Hettys Haus für sie gekauft: als Heim für ihre gemeinsame Zukunft. Auf ihren Namen.«

»Kein schlechtes Geschenk«, sagte Pippa anerkennend.

»Und es erklärt so einiges. Ich habe nie daran geglaubt, dass Lysander selbst an Omas Haus interessiert ist. Ich dachte, er fährt nach Berlin, um zwischen euch zu vermitteln.«

»Auch«, murmelte Phoebe. Sie rutschte unruhig auf der Lehne hin und her und wich Pippas Blick aus.

Das Thema Hetty ist ihr immer noch unangenehm, dachte Pippa. Worüber haben die beiden sich so zerstritten, dass Lysander …

Pippa schlug sich vor die Stirn. »Lysander war der Grund eures Streites! Oma wollte, dass du ihm und Sir Michael endlich reinen Wein einschenkst.«

»Und das, wo ich doch nur Cider trinke«, sagte Phoebe todernst und hielt Pippas forschendem Blick eisern stand.

»Ihr verhaltet euch wie pubertierende Teenager.«

»Das ist die gute Nachricht. Auch jenseits der siebzig kann

man sich genauso fetzen, genauso irren, genauso viel Spaß miteinander haben und sich genauso verlieben wie als Teenager.«

Auf sein Klopfen hin hatte Barbara-Ellen gerufen, er solle einfach hereinkommen, und Freddy öffnete die Tür einen Spalt breit und streckte seinen Kopf hindurch. Das Bild, das er sah, würde er sein ganzes Leben lang als seine persönliche Autogrammkarte in Erinnerung behalten: Barbara-Ellen saß auf dem Bett und spielte mit Queenie. Die Katze lag rücklings da und tatzelte mit allen vier Pfoten nach einer gehäkelten Biene, die an einem Gummiband von einer Angel baumelte. Barbara-Ellen ließ die Biene über Queenie in der Luft tanzen, eine Kralle fuhr aus, eine blitzschnelle Bewegung – und vier Fangzähne gruben sich knurrend in den Kopf der Biene, dann ein Trommelwirbel aus Hinterpfoten und Krallen gegen das andere Ende, und schon bestand das Spielzeug aus zwei Teilen. Vor dem Bett, zu Barbara-Ellens Füßen, lag Sir Toby und hob bei Freddys Worten träge den Kopf.

»Ich habe Peter Paw dabei. Ich dachte, wir versuchen eine Familienzusammenführung.«

»Hoffentlich ist Paw nicht eifersüchtig auf Queenie«, sagte Barbara-Ellen nervös.

»Er ist ein schöner Mann und sie ist eine schöne Frau. Das passt schon.« Freddy schob sich durch den Türspalt ins Zimmer und setzte Peter Paw auf den Boden. »Ich bin eher gespannt, wie er auf Rowdys Gulliver-Ausgabe reagiert.«

Ohne seine neuen Mitbewohner auch nur eines Blickes zu würdigen, stolzierte Peter Paw mit hocherhobenem Schwanz ein paar Schritte in den Raum und begann eine ausgiebige Katzenwäsche. Seine Botschaft: Übrigens, ich wohne hier schon ganz schön lange.

Queenie lag ganz ruhig da, die Ohren spitz, die großen

blauen Augen auf Peter Paw gerichtet. Barbara-Ellen streichelte ihr beruhigend den Rücken. »Es ist seltsam, ein lebendes Geschenk von jemandem zu bekommen, der selbst nicht mehr lebt«, sagte sie.

Freddy schluckte und setzte sich etwas umständlich in einen Sessel, weil er nicht wusste, wie er reagieren sollte. Peter Paw schlenderte zu Sir Toby hinüber, um ihn zu inspizieren. Gutmütig ließ der massige Hund dies geschehen, stieß aber zur Begrüßung ein tiefes Bellen aus. Binnen Zehntelsekunden sah der Kater aus, als hätte er ein paar Runden im Wäschetrockner gedreht: Jedes Haar stand aufrecht, so sehr hatte er sich erschreckt. Einen Moment lang passierte nichts, dann leckte Toby seinem schockierten Gegenüber einmal über den Rücken. Peter Paw warf Freddy einen fragenden Blick zu und entzog sich dann der ungewohnten Situation, indem er aufs Bett sprang und sich in respektvollem Abstand neben die Katzendame legte, die prompt so tat, als gäbe es Peter Paw überhaupt nicht.

»Barbara-Ellen! Guildenstern!«, rief Pippa von der Treppe her und stürmte zur Tür herein. »Phoebe bittet zur Probe! Jetzt gleich!«

Angesichts des überfüllten Bettes lachte Pippa. »Umgeben von deinen Verehrern. Bleibt da überhaupt noch Platz für dich?«

»Ich hatte in den letzten Tagen viel zu viel Platz für mich«, sagte Barbara-Ellen.

Auf dem Weg zum Hotel genossen sie die frühlingshaften Temperaturen.

»Hast du gar keine Angst?«, fragte Barbara-Ellen unvermittelt, als sie die Auffahrt hinaufgingen.

»Du meinst, weil wir davon ausgehen können, dass jemand, mit dem wir jetzt in einem Probenraum sind, ein Mörder sein könnte ... ist?«

»Ich meine nur ... du stellst viele Fragen, weißt du ...«, sagte Barbara-Ellen zögernd.

»Du fürchtest, der Mörder könnte sich von mir bedrängt fühlen. Und dann, eines Tages, wenn ich meine Nase mal wieder tief in den Schlamm anderer Leute stecke, sorgt er dafür, dass ich nicht mehr rauskomme.« Pippa dachte einen Moment nach. »Ja, ich habe Angst. Aber nicht vor dem Mörder, sondern vor der Tatsache, dass jeder normale Mensch einen Punkt hat, der ihn zu grausamen Handlungen treibt. Ich fürchte mich davor, dass ich auch einen habe.«

Ohne es zu wollen, dachte Pippa zum zweiten Mal an diesem Tag an Leo und die endlose Reihe junger Italienerinnen. Wie gut, dass sie gegangen war, bevor sich die Frage, wann sie diesen Punkt erreichte, auf unschöne Weise klären konnte ...

Das Ensemble scharte sich bei ihrer Ankunft im Hotel um einen Servierwagen mit Kaffeegeschirr. Während Barbara-Ellen zu Anita und Duncan hinüberging, schlenderte Pippa zu Rebecca Davis, die hinter dem Empfangstresen stand und einen Stapel Computerausdrucke studierte.

»Chris hat mir den aktuellen Stand der Telefonrechnungen gegeben«, sagte Rebecca. »Jeder kann von seinem Zimmer aus nach draußen telefonieren, ohne über eine Zentrale gehen zu müssen. Aber natürlich werden von jedem Apparat die Einheiten gezählt. Hendrik verbringt seine Freizeit offenbar mit Telefonieren, dann gibt es noch tägliche Dauergespräche von Dana. Alle anderen bestellen höchstens mal eine Pizza oder ...« Sie unterbrach sich, als Sam Wilson und Freddy zur Tür hereinkamen.

Der Sergeant und die Kommissarin wechselten einen kurzen Blick, dann hob Sam die Hand und bat um Aufmerksamkeit. »Ich habe einen Durchsuchungsbeschluss für das gesamte Hotel inklusive Ihrer Zimmer. Ich bitte alle zu kooperieren, wenn wir uns umsehen.«

»Ihr sucht doch nicht etwa das flüssige Nikotin?«, fragte Hendrik hochmütig. »Das hätte jeder denkende Mensch schon lange entsorgt.«

»Wir suchen – irgendetwas findet sich immer«, entgegnete Rebecca ruhig und ließ damit schlagartig alle Gespräche im Raum verstummen.

In die Stille hinein sagte Alain: »Bei Suchen fällt mir etwas ein!« Er kam quer durch den Raum auf Pippa zu, griff in die Brusttasche seiner kurzen Cordjacke, streckte dann den Arm aus und öffnete die Faust: Auf seiner Handfläche lag das vermisste Medaillon von Paws Halsband. »Das schleppe ich schon ewig mit mir herum.«

»Woher hast du das denn?«, Pippa nahm den Anhänger aus seiner Hand, ließ ihn aufschnappen und betrachtete gedankenverloren den Zettel mit den Angaben zu Peter Paws Namen und Adresse.

Alain lächelte entwaffnend. »Gefunden. Vor ein paar Tagen. Hatte ich völlig vergessen.«

»Wo haben Sie es gefunden? Während unserer gemeinsamen Suche?«, fragte Rebecca Davis.

»Nein«, antwortete Alain, »hier im Hotel. Oben auf dem Flur, genau zwischen Hendriks und Barbara-Ellens Zimmer.«

Hendrik schnaufte nur verächtlich, und Barbara-Ellen ließ ein leises »Oh …« hören.

»Danke«, sagte Rebecca, »fangen wir also an. Während meine Kollegen Ihre Zimmer durchsuchen, dürfen Sie selbstverständlich anwesend sein.«

Phoebe schüttelte den Kopf. »Das geht nicht. Wir müssen arbeiten. Wir haben schon viel zu viel Zeit verloren. In einem Monat ist Premiere. Kann nicht Pippa als Vertrauensperson die Durchsuchungen begleiten?«

»Ich wollte Pippa gerade bitten, bei meiner Befragung dabei zu sein«, meldete Johannes Berkel sich zu Wort. »Sie könnte mir helfen, wenn ich mich nicht richtig ausdrücke. Gelernter Text macht mir im Englischen keine Probleme, aber freie Rede ... Wäre das okay?«

»Darauf hätte ich auch kommen können«, sagte Anita und seufzte. »Aber ich will mich ja immer und überall allein durchquälen.«

Rebecca zuckte mit den Achseln. »Ich sehe da kein Problem. Pippa?«

»Ich wollte einige Requisiten besorgen.« Pippa ging zu Freddy, der mit Sam Wilson bei Chris an der mobilen Kaffeebar stand und angeregt mit den beiden diskutierte. »Dann muss Freddy das für mich übernehmen.« Sie übergab ihrem Bruder einen Zettel.

»Muss das sein?« Freddy war sichtlich enttäuscht. »Sam hat gesagt, ich könnte ...«

»Ich übernehme das. Organisation ist mein halbes Leben.« Chris Cross schnappte sich den Zettel und las vor: »Ritterrüstungen, Kandelaber, Hellebarden, eine Kanone ... gemütliches Ambiente.« Er rieb sich die Hände. »Dann werde ich den Fundus der Royal Shakespeare Company mal plündern.«

»Wenn das zur Zufriedenheit aller gelöst ist, können wir uns ja jetzt an die Aufklärung zweier Morde machen«, sagte Rebecca. »Ich bin sicher, dass mich dabei jeder nach bestem Wissen und Gewissen unterstützen wird. Herr Berkel, da Sie schon den Vorschlag gemacht haben, können wir gleich mit

Ihnen beginnen. Pippa – kommst du? Wir reden am besten in Herrn Berkels Zimmer. Dort sind wir ungestört. Sam – Sie leiten die Durchsuchung. Für alle anderen: Niemand verlässt das Hotel.«

»Wie war von Kestring?«, fragte Rebecca leichthin, während sie die Augen durch Johannes Berkels Zimmer schweifen ließ.

»Er war stolz auf seine Kompromisslosigkeit, die in Wirklichkeit nichts weiter war als Überheblichkeit, gepaart mit fehlender sozialer Kompetenz.« Johannes Berkel schaute hinaus in den Park des Hotels. Der Blick aus seinem Zimmerfenster reichte bis hinauf zum Aussichtsturm.

»Und Sie selbst?«, bohrte Rebecca Davis.

Johannes sank ein wenig in sich zusammen. »Ich habe mich selbst überhaupt nicht mehr wahrgenommen. Ich war ein Nichts. Ein Waschlappen. Er hat mich dazu gemacht, und ich habe es zugelassen. Aus vielen verschiedenen Gründen.«

»Die ich alle hören möchte. Wir haben Zeit.«

»Barbara-Ellen … sie ist mir sehr wichtig. Ich wollte Ärger und Stress von ihr fernhalten, indem ich alle Fehler, die ihr Mann machte, auf mich nahm. Aber ich habe längst begriffen, dass all das nicht der Hauptgrund war.«

»Sondern?«

»Mein Traum ist das Theater.« Johannes Berkel seufzte. »Aber ich habe mich nicht selbst auf die Bühne getraut. Als von Kestrings Assistent und durch die Nähe zu Barbara-Ellen war ich weiter dabei, ohne mich meiner Angst stellen zu müssen – und hatte doch jemanden, dem ich die Schuld an meinem Versagen geben konnte.« Er schüttelte den Kopf und lächelte traurig. »Jämmerlich, nicht wahr?

Hut ab, du hast Mut, dachte Pippa, das hätte ich so offen und ehrlich nicht einmal meiner besten Freundin erzählt.

Johannes holte tief Luft. »Aber es gab einen Moment, an dem sich für mich alles änderte ... als ich mich änderte.«

Er sah Pippa an, als er fortfuhr: »Als ich Rowdy erschoss. Ich stand nicht nur unter Schock – ich war auch wütend, weil ich die Waffe nicht sofort auf von Kestring gerichtet und abgedrückt hatte. Ich hatte regelrecht Lust, auf ihn zu schießen, so sehr wollte ich ihm weh tun. Ich bekam richtig Angst vor mir selbst und musste mich erst einmal ganz zurückziehen. Viel später, in meinem abgedunkelten Zimmer, begriff ich, wie sehr er mich in die Passivität getrieben hatte, wie sehr ich zu seinem Werkzeug geworden war. Und dass mich das sogar für mich selbst unberechenbar machte. Das hat mir die Augen geöffnet.«

Spontan ging Pippa hinüber zu Berkel, um ihm die Hand zu drücken, und er lächelte erfreut.

»Ich will keine Ausreden mehr«, sagte Berkel mit fester Stimme, »ich will endlich mein Leben leben.«

»Indem Sie sich von Ihrem diktatorischen Chef befreien?«, fragte Rebecca. »Durch Mord?«

»Gelegenheiten und Gründe hatte ich genug. Aber ich hatte mir geschworen, nie mehr einen Finger für ihn krumm zu machen – nicht einmal, um ihn umzubringen. Ich bin nicht sein Mörder – aber ich habe Verständnis für den, der es getan hat.«

In diesem Moment erregte ein lautstarker Tumult auf dem Hotelflur ihre Aufmerksamkeit. Türen schlugen, eine Frau kreischte wütend, Männerstimmen brüllten durcheinander. Gepolter und trampelnde Schritte lockten Pippa, Rebecca Davis und Johannes vor die Tür. Begraben unter drei Männern, lag Dana Danvers bäuchlings auf dem Boden und schimpfte wie ein Rohrspatz auf Rumänisch. In alle Richtungen kollerten schwarze Tahitiperlen.

Sam Wilson hielt verwundert eine Hand in die Höhe. »Sie hat mich gebissen!«

»Was ist hier los?«, fragte Rebecca streng. »Sergeant Wilson?«

Ehe Sam antworten konnte, kam Phoebe eilig die Treppe hinauf, das gesamte Ensemble im Schlepptau. Die Regisseurin erkannte sofort, dass hier niemand vor dem sicheren Tod bewahrt werden musste. Sie marschierte zur Gruppe am Boden, ging neben Danas Kopf in die Hocke und sagte: »Nie wieder störst du unsere Konzentration, *Gertrud*, nie wieder. Sonst verwandle ich Dana Danvers postwendend zurück in Darciana Dirculescu, kapiert?«

Sie stand auf, drehte sich um, ging mit kleinen, energischen Schritten zurück zur Treppe und bedeutete dem Ensemble mit einer knappen Kopfbewegung, ihr zurück zur Probe zu folgen – nur Barbara-Ellen blieb stehen.

Ich kenne Phoebe als eine Frau, die den Ton angibt, aber so rigoros bestimmend habe ich sie noch nie erlebt, dachte Pippa erstaunt, ist es vielleicht doch die Position des Regisseurs, die einen Menschen verändert? Sie grinste innerlich. Nur Menschen mit einer bestimmten Disposition, natürlich …

Dana, Sam Wilson, Constable Custard und Freddy, die während Phoebes Auftritt wie ein Stillleben auf dem Boden verharrt hatten, entwirrten sich und rappelten sich hoch.

»Ich kann mich dunkel an eine Szene in *Hamlet* erinnern: *Königin Gertrud in ihrem Privatgemach*«, sagte Rebecca Davis. »Ist das hier eine passende Requisite?«

Sie nahm Dana sanft die Reste der Perlenkette aus der Hand, während Barbara-Ellen und Freddy begannen, die über den Flur verteilten Perlen aufzusammeln.

Dana wich dem Blick der Kommissarin aus und schwieg.

»Ich habe sie in ihr Zimmer schleichen sehen«, vermeldete Constable Custard. »Mir war sofort klar, dass sie etwas verschwinden lassen wollte, bevor wir es durchsuchen. Deshalb habe ich mich auf die Lauer gelegt.«

Dana Danvers sah aus, als würde sie sich ärgern, Custard nicht auch gebissen zu haben.

»Ich kann das erklären«, sagte Barbara-Ellen und richtete sich auf. »Die Kette gehört mir. Dana wollte sie mir zurückbringen, damit bei der Durchsuchung kein falscher Eindruck entsteht. Die Perlenkette ist ein Geschenk von Hasso. Sie war ursprünglich ein kurzes Collier.« Sie blickte in ihre hohle Hand, in der mindestens dreißig der schwarzen Kostbarkeiten lagen. »Bei jeder Affäre ließ er sie um eine Perle verlängern – sozusagen als Beruhigungspille.«

Die Männer reckten die Hälse, um die Zahl der Perlen einschätzen zu können, und Freddy pfiff leise durch die Zähne.

»Sie können sich vorstellen, dass die Kette nicht zu meinen Lieblingsstücken zählt«, fuhr Barbara-Ellen fort. »Ich bat Carlos, sie beim Juwelier schätzen zu lassen, denn ich wollte Dana mit dem Schmuck zusätzlich für ihren Einsatz entlohnen.« Sie wandte sich an Dana. »Ich bin dir so dankbar für die Stunden, die ich durch dich mit ihm haben durfte. Gerade jetzt.«

»Ich habe zwei kleine Kinder. Die sollen es einmal besser haben als ich«, sagte Dana fast trotzig zu Rebecca Davis. »Ich will raus aus Rumänien und mit ihnen in England leben. Carlos konnte mir helfen.«

DI Davis brauchte nichts zu fragen, denn Barbara-Ellen ergriff wieder das Wort. »Tausche gutbezahlten Job im Kulturbereich des *PaperRazzi* und dauerhafte Aufenthaltserlaubnis gegen Barbarella-Projekt. Mit anderen Worten: Dana sollte Hasso ... beschäftigen, damit ich mich mit Carlos treffen konnte.«

»Für dieses Angebot hätte ich jeden abgelenkt«, sagte Dana kämpferisch, »Bin Laden, Ceaucescu ... sogar den deutschen Außenminister.«

Kopfschüttelnd musterte Rebecca die junge Schauspielerin. »Ich will nicht wissen, wie Kwiatkowski alle diese Versprechen erfüllt hätte, aber immerhin hat dieser kleine Vorfall meine Fragen an Sie beantwortet. Kehren Sie zur Probe zurück, Miss Danvers, und seien Sie *Gertrud*.«

Dana Danvers atmete sichtlich auf. Beschwingt und entspannt ging sie zur Treppe, als Rebeccas Stimme sie aufhielt: »Ein Frage noch, Miss Danvers.«

Hut ab, Rebecca, dachte Pippa bewundernd. Du wiegst deine Befragten in Sicherheit, führst einen Moment größter Entspannung herbei, und dann ...

»Hat von Kestring jemals mit Ihnen von seiner Gattin und Carlos Kwiatkowski gesprochen?«, fragte die Kommissarin.

Dana lächelte und zeichnete mit der Hand die Linien ihres Körpers nach. »In meiner Gegenwart redet ein Mann nicht über seine Frau. Wenn ich es will, vergisst er alles andere.« Sie wiegte sich kokett und wandte sich wieder der Treppe zu.

Rebecca nickte, als würde sie nur zu gut verstehen. »Und was haben Sie ihm über die beiden erzählt?«

Dana warf beschwingt ihr langes Haar über die Schulter. »Dass sie sich lieben, natürlich.«

Barbara-Ellen stieß einen spitzen Schrei aus, und Dana schlug entsetzt die Hand vor den Mund, als ihr klarwurde, was sie gesagt hatte.

»Ich wollte nichts verraten, Barbara-Ellen. Das musst du mir glauben. Aber Hasso fand die Kette zwischen meinen

Dessous, als er ein Geschenk für mich verstecken wollte.« Danas Stimme überschlug sich fast. »Er wurde sehr wütend und nannte mich eine Diebin. Er wollte mich rauswerfen und sogar anzeigen. Er gab keine Ruhe, bis er alles wusste ...«

Barbara-Ellen stöhnte. Sie lehnte totenblass an der Wand. »Hasso wusste von uns.«

»Wann war das?«, fragte Rebecca Davis scharf.

»Als seine Frau aus dem gemeinsamen Zimmer auszog«, antwortete Dana kleinlaut. »Er war damals furchtbar wütend auf sie.«

»So lange schon ...«, flüsterte Barbara-Ellen.

Und vor Kwiatkowskis Tod, dachte Pippa. Eifersucht ist ein starkes Motiv. Gerade für Hasso von Kestring.

»Jetzt ist Barbara-Ellen restlos überzeugt, dass von Kestring für Carlos' Tod verantwortlich ist«, sagte Pippa.

Rebecca Davis zog an ihrer Zigarette. Sie saßen auf der Freitreppe des Hotels, genossen den ersten lauen Frühlingsabend und sahen Freddy und Barbara-Ellen nach, die langsam die Auffahrt hinuntergingen. Nach Danas Enthüllungen hatte Barbara-Ellen einen Schwächeanfall erlitten, und Freddy begleitete sie zum Cosy Cottage zurück.

»Aber du nicht, richtig?« Rebecca drückte ihre erste Zigarette aus und zündete sich eine neue an. »Du traust ihm nicht zu, dass er den Bordcomputer eines Autos manipuliert, weil du in ihm den Regisseur siehst. Täusche dich nicht: Wenn der Rachedurst groß genug ist, schaffen Menschen beinahe alles.«

»Mag sein, dass es Hassos Idee war, aber ich bin überzeugt, dass er einen Helfer hatte.«

»Oder eine gute Anleitung aus dem Internet.« Rebecca zog einen zusammengefalteten Zettel aus der Jackentasche und gab ihn Pippa.

Staunend überflog Pippa eine detaillierte Anleitung, wie die Steuerungselektronik eines Autos manipuliert werden könnte.

»Über die Bluetooth-Schnittstelle der Freisprecheinrichtung kommt man an die Elektronik?«, fragte sie erstaunt.

»Ist ja gruselig. Ich steige in kein modernes Auto mehr ein. Ich gehe nur noch zu Fuß.«

»Diesen Zettel haben wir in von Kestrings Zimmer gefunden. Zwischen vergleichenden Studien zu anderen *Hamlet*-Inszenierungen«, antwortete Rebecca und überlegte laut: »Wie würdest du dich fühlen, wenn du feststellst, dass deine neueste Eroberung Geld bekommt, damit sie sich mit dir einlässt? Von der eigenen Ehefrau!«

»Eine bittere Pille für die Eitelkeit – und das eigene Selbstbild. In mir würde alles nach Rache schreien.«

Rebecca nickte. »Genau wie bei von Kestring.«

Hendrik Rossevelt kam aus dem Hotel und sagte: »Hier sind Sie! Ich habe Sie schon gesucht, DI Davis. Ich habe probenfrei. Ich will mein Gespräch mit Ihnen. Jetzt.«

Rebecca deutete auf die Steinstufe neben sich. »Gerne. Bitte Platz zu nehmen, Herr Rossevelt.«

Statt ihrer Aufforderung zu folgen, lehnte der Schauspieler sich lässig an das schmiedeeiserne Geländer und verschränkte die Arme.

Für eine Weile sprach niemand, bis Hendrik blaffte: »Was ist jetzt? Haben Sie keine Fragen?«

Rebecca Davis lächelte. »Keine, auf die Sie mir freiwillig antworten würden. Deshalb warte ich ab, was Sie mir ohne Fragen zu erzählen haben.«

Rossevelt verdrehte genervt die Augen. »Ich weiß von nichts. Und ich will mit der ganzen Sache auch nichts zu tun haben.«

»Das war nicht immer so, nicht wahr?«, fragte Rebecca ruhig. Rossevelts Gesicht zeigte deutlich, dass er keine Ahnung hatte – oder haben wollte –, worauf die Kommissarin anspielte.

»Sie haben sich von Kestring als neuer Assistent angeboten, nachdem Johannes Berkel hingeworfen hatte.«

»Ach, das …« Rossevelt winkte ab. »Eine gutbezahlte Stellung, nichts weiter.«

»Außergewöhnlich gutbezahlt, wenn sie illegale Dienstleistungen einschließt.« Rebecca Davis gab ihm das Anleitungsblatt aus dem Internet, und Hendrik wechselte die Farbe. »Nicht sehr klug von Ihrem Chef, es nicht zu verbrennen.«

»Er hat mich auch schon vorher mit allem Möglichen beauftragt«, behauptete Rossevelt. »Ich glaubte, er brauche diese Information, um *Hamlet* als Computerspiel zu inszenieren. Von anderen Plänen habe ich nichts geahnt.«

»Natürlich nicht. Sie können derartige Anleitungen verstehen, aber Sie haben keine Ahnung, wozu man sie nutzen kann.« Der Sarkasmus in der Stimme der Kommissarin war überdeutlich. »Sie gehören nur zu denen, die alles besorgen und nicht an die Konsequenzen denken. Verstehe.« Rebecca sah ihm ungerührt ins Gesicht. »Was haben Sie dafür bekommen? Privilegien?«

Rossevelt starrte wütend zurück, schwieg aber beharrlich.

»Nach Kwiatkowskis Tod hatte Ihr Chef Sie dann in der Hand. Als Mitwisser.«

Hendrik Rossevelt sah aus, als müsste er sich beherrschen, sich nicht auf die Kommissarin zu stürzen.

»Sind Sie Hasso von Kestring bei der Manipulation des Bordcomputers zur Hand gegangen, Herr Rossevelt? Oder haben Sie alles allein gemacht?«

Hendriks Gesichtsfarbe wechselte von totenbleich zu krebsrot. »Ich habe mit diesem Mord nichts zu tun!«, brüllte er.

Wieder lächelte Rebecca Davis freundlich. »Welchen Mord meinen Sie jetzt? Den an von Kestring?«

In diesem Moment strömte das Ensemble für eine Erholungspause vor dem Abendessen aus dem Hotel. Alle zeigten sich bester Laune und unterhielten sich angeregt über die erste erfolgreiche Probe unter Phoebes Leitung.

Rebecca erhob sich von der Stufe und sagte: »Trifft sich gut, dass wir alle beieinander sind – dann können wir an dieser Stelle gleich Fall Nummer drei abschließen.«

Die munteren Gespräche verstummten abrupt, und alle sahen sich verwirrt an.

»Um Himmels willen – noch ein Toter?«, fragte Anita Unterweger entsetzt.

Rebecca Davis schüttelte den Kopf. »Gott sei Dank nicht – immerhin hat eine Katze sieben Leben.«

»Das ist Ihr Fall Nummer drei?« Hendrik schnaubte verächtlich. »Sie setzen das Verschwinden des blöden Katers mit den Morden an zwei Menschen gleich?«

Auch Pippa war erstaunt darüber, kannte Rebecca aber mittlerweile gut genug, um zu wissen, dass die Kommissarin nichts ohne Grund tat.

»Für mich ist Peter Paw ein wichtiger Teil des Puzzles«, erklärte Rebecca, »deshalb krempeln Sie jetzt bitte alle Ihre Ärmel hoch, damit ich eine Lücke im Gesamtbild schließen kann.«

Das Ensemble folgte ihrer Aufforderung, und Rebecca schritt die Reihe ab. Danas, Anitas, Johannes' und Sir Michaels Unterarme waren unversehrt, Duncan hatte Blessuren, die er sich bei Peter Paws Rettungsaktion eingefangen hatte.

Alain präsentierte einen verschrammten Unterarm und sagte: »Bei mir sieht es ähnlich aus – allerdings habe ich die Markierung einem Brombeergestrüpp zu verdanken. Mir wäre das Dorf ja lieber gewesen, aber ich wurde für die Suche dem dornigen Unterholz zugeteilt. Ich hoffe, dass es bis zur Kostümprobe abgeheilt ist.«

»Er hat die Hecke im Dunkeln zu spät gesehen«, sprang Johannes Berkel ihm bei. »Immerhin hat es mich vor einem ähnlichen Malheur bewahrt.« Die beiden Männer tauschten einen Blick wortlosen Einverständnisses.

»Aha«, kommentierte Rebecca Davis die Aussage der beiden und sah dann Rossevelt auffordernd an, der noch immer am Geländer lehnte. »Okay, okay. Ich hatte Stress mit dem dämlichen Kater!« Widerstrebend schob er seine Ärmel hoch und präsentierte tiefe Kratzer. »Ich habe das Vieh mit Lachs angelockt, in einen Korb gesteckt und zu von Kestring gebracht, na und? Der Kater hat getobt wie ein Verrückter. Ich war froh, ihn wieder los zu sein. Ich hatte keine Ahnung, was Hasso mit ihm vorhatte. Und es war mir auch egal.« Er zuckte mit den Schultern. »Ich wusste nicht, dass er ihn ins Taubenhaus sperren wollte. Seinen Schrammen nach zu urteilen, hat von Kestring das Vieh jedenfalls zu früh aus dem Korb gelassen. Ich hätte mich erst in Sicherheit gebracht.«

»Wenn das stimmt, hat von Kestring also ein zweites Mal mit Peter Paws Krallen Bekanntschaft gemacht«, sagte Pippa. »Aber wofür brauchte er den Kater überhaupt?«

»Er wollte, dass Barbara-Ellen den Kater vermisst und sucht. Dann wollte er ihr den Kater bringen und behaupten, er hätte ihn gefunden. Er hoffte, sie so zurückzugewinnen. Aus Dankbarkeit.«

»Dazu ist es dann ja leider nicht mehr gekommen«, kommentierte Rebecca.

Als Chris das Ensemble zum Abendessen hereinrief, entschied sich Pippa, nach Hause zu gehen, da Alain und Duncan allein mit Rebecca sprechen wollten. Sie fütterte die Hühner und ging danach in Barbara-Ellens Zimmer, um nach ihr zu sehen. Die Schauspielerin schlief, bewacht von drei Tieren und Freddy, der im Sessel eingenickt war. Pippa berührte ihn vorsichtig an der Schulter.

»Wachablösung«, flüsterte sie. »Sam wartet bestimmt schon auf dich.«

Nachdem Freddy aus der Tür war, machte Pippa es sich mit Tom Barrels Cider und einer gewaltigen Tüte Chips auf dem Sofa gemütlich. Ihr Blick fiel auf den Stapel Bücher, der seit ihrer Ankunft in Hideaway darauf wartete, von ihr beachtet zu werden. Weiter als bis zu den Klappentexten war sie nie gekommen. Sie griff sich Shakespeares Gesamtausgabe und blätterte müßig, las sich hier und dort ein wenig fest, bis sie sich an ihre Übersetzungsarbeit über Bibliomantie erinnerte, die eine Form von Wahrsagen mittels Texten behandelte. Bereits in der Antike verwendete man besonders heilige oder bedeutende Bücher, um das Orakel zu befragen, indem man mit dem Daumen wahllos eine Seite öffnete und den gefundenen Satz als Antwort deutete.

Shakespeare ist heilig und bedeutend, dachte Pippa und lächelte. Ohne hinzusehen, ließ sie die Seiten an ihrem Daumen vorbeigleiten, schlug das Buch auf und tippte mit dem Finger blind auf eine Zeile.

»*Gefahrvoll ist die Zeit*«, las sie, »*die Tugend wird erstickt von schmutz'gem Ehrgeiz.*«

Wenn das nicht treffend ist, dachte sie schaudernd. Neugierig beschloss sie, auch für die Mitglieder des Ensembles Textstellen zu däumeln.

Für Johannes Berkel fand sie: »*Denkt Ihr, ich bin leichter zu spielen als eine Flöte?*« Wenn man Johannes glauben darf, ändert sich das ja gerade, dachte sie.

»*Unheil beklagen, das nicht mehr zu bessern, heißt einmal mehr den Schaden zu vergrößern*«, ermittelte sie für Alain und dachte: Gibt es einen dunklen Punkt in deiner Vergangenheit, schöner Mann? Wenn ja, dann stand das leider nicht in deinem Dossier.

Die Nächste war Barbara-Ellen: »*Ein Engel, und wenn nicht das, dann irdisch Wunderbild!*«

Für Dana tippte sie auf: »*Schönheit weiß durch Zauberkünste Treu in Blut zu wandeln ...*«

»Beides bedarf ja wohl keines Kommentars«, murmelte Pippa und ließ die Seiten für sich selbst durch ihre Finger gleiten.

»*Die Zeit ist aus den Fugen: welch' tückisch Fluch und Schicksalsdenken, dass ich gebor'n, sie einzurenken!*«

Hastig schlug sie das Buch zu. Wenn man wollte, konnte man in allem einen tieferen Sinn erkennen: Zufallssuche nach Zitaten oder Bibelstellen, Tarot, Handlesen ...

Pete Wesley, dachte sie plötzlich, er wird morgen in Moreton-in-Marsh in der Teestube sitzen, seine Anhänger empfangen und ihnen Antworten geben. Ich könnte mir auch mal ... Gründe habe ich genug: die Lösung des Falles ... Leo ... wie soll es mit mir beruflich weitergehen, immerhin werde ich diesen Sommer vierzig.

Das Telefon schrillte und riss sie aus ihren Gedanken.

»Ich habe ein paar Informationen für dich«, sagte Janne fröhlich, »zufällig interessiert?«

»Natürlich!«

Janne lachte. »Zunächst vielen Dank, dass ich bei meinen Töchtern jetzt eine nie erhoffte Reputation habe: Der Gedanke, dass ihre alte Mutter bald mit *Alain le Sexe* an einem Tisch sitzen wird, hat hier zu ganz neuen Aktivitäten geführt. Sie überschlagen sich geradezu beim Aufräumen, Einkaufen, Kochen und Abspülen, weil ich angedeutet habe, dass sie dann eine Chance haben, mich nach England zu begleiten.«

»Ich habe den Hinweis verstanden. Ich bitte Lysander um Karten für die beiden«, antwortete Pippa.

»Lysander. Gutes Stichwort. Unser Thema Nummer eins. Weder ist noch war er während der letzten Wochen in Brüssel. Muss er auch nicht, denn er hat für das Festival die völlige Entscheidungsfreiheit übertragen bekommen.«

»Bitte? Aber wo steckt er denn dann? Und warum meldet er sich nicht?«, fragte Pippa verblüfft.

»Keine Ahnung. Ich kann herausfinden, wo Leute waren oder was sie getan haben, aber nicht, wo sie sich gerade herumtreiben. Und ich kann herausfinden, wer sie in Wirklichkeit sind. Wie Meneer Hendrik Rossevelt, zum Beispiel.«

»Und?«

»Ich hoffe, du sitzt.«

Pippas Herz schlug vor Aufregung bis zum Hals. »Ja.«

»Der Mann ist ein Kuckuck.«

»Ach«, sagte Pippa enttäuscht, »das ist nichts Neues. Er ist auch ein Schwein, ein Aasgeier, eine diebische Elster und ein aalglatter ...«

»Das meine ich nicht«, unterbrach Janne. »Der Junge gehört nicht in euer Ensemble.«

»Ich verstehe nicht ... Geht das genauer?«

»Auf Wunsch seiner Eltern hat der Gute zuerst einen ordentlichen Beruf gelernt. Er ist Computerfachmann und hat bis zum Tod seiner Eltern in deren Firma gearbeitet. Danach hat er alles verkauft und wurde Schauspieler.«

»Warum überrascht mich das jetzt nicht?«, warf Pippa ein und fragte sich im Stillen, womit zwei weitere Tickets gerechtfertigt waren.

Aber Janne ließ sich nicht beirren. »Weil du nicht weißt, was er da verkauft hat: eine Detektei mit dem Spezialgebiet Computersicherheit und Aufklärung von Datenklau.«

»Na, dann hatte Hendrik ja die denkbar besten Voraussetzungen, um Kwiatkowskis Computer zu torpedieren und Informationen für von Kestring zu sammeln.«

»Der Firmensitz war Vredendal.«

Pippa schlug sich mit der Hand vor die Stirn. »The Knowledge Company, natürlich.«

»Aber in den Niederlanden gibt es kein Vredendal.« Janne kicherte vergnügt. »Ebenso wenig in Flandern. Vredendal liegt dreihundert Kilometer nördlich von Kapstadt. Hendrik Rossevelt ist Südafrikaner.«

Pippa schnappte nach Luft. »Aber dann …«

»Sag ich doch: Er ist ein Kuckuck und sitzt im Nest der EU, das mit Geldscheinen weich gepolstert ist. Keine Ahnung, wie er das geschafft hat.«

»Das wird einschlagen wie eine Bombe. Die anderen werden staunen.«

»Alle bis auf einen.«

»Bitte? Wer?«

»Monsieur le Sexe weiß längst Bescheid.«

»Alain?« Pippa konnte nicht glauben, was sie hörte.

»Alain«, bestätigte Janne. »Die beiden kennen sich vom Casting für den Urwalddoktor. Hendrik hat ebenfalls Probeaufnahmen für die Hauptrolle gemacht. Die Entscheidung für Alain fiel erst, als beide schon in England waren.«

»Hendrik muss sich also damit abfinden, dass Alain ihm gleich zwei Rollen vor der Nase weggeschnappt hat. Aber er erträgt es, weil Alain ihn sonst verrät. Laertes' Geschrei nach der Hamlet-Rolle ist nichts als Theaterdonner.«

»Sieht so aus.«

»Aber warum hält Alain dicht?«

»Ich gebe einen Tipp ab«, sagte Janne. »Alain hat Angst. Du musst nur herausfinden, wovor.«

Nachdem Pippa aufgelegt hatte, starrte sie Löcher in die Luft.

Wenn Hendriks Nationalität herauskommt, haben wir keinen Laertes mehr, dachte Pippa, und Hendrik ist ein verdammt guter Laertes ...

Beim Nachdenken darüber, ob er für diese Rolle auch gemordet haben könnte, schlief sie vor Erschöpfung ein.

Kapitel 29

*P*ippa erwachte mit dem deutlichen Gefühl, aus nächster Nähe angestarrt zu werden. Als sie die Augen öffnete, blickte sie direkt auf die nasse Nase des Hundes, die sich blitzschnell auf sie zubewegte.

»Toby, nicht!«

Zu spät – die feuchtwarme Zunge fuhr über ihr Gesicht, und sie hätte schwören können, dass der Hund breit grinste, als er ihr sein dringendes Bedürfnis, Gassi zu gehen, mitten ins Gesicht hechelte. Schlaftrunken zog Pippa ihre Jacke über und registrierte dabei, dass der Anorak ihres Bruders wieder am Haken hing. Leichter Zigarettengeruch bestätigte, dass er noch lange mit Rebecca zusammengesessen hatte. Ein Blick nach hinten auf das Sofa zeigte Pippa, dass er nicht ins Bett gegangen war, ohne die halbvolle Chipstüte in sein Refugium zu entführen. Dann folgte sie Sir Toby hinaus in die Nacht.

Das Dorf lag in tiefem Schlaf. Da Sir Toby sein neues Revier ausgiebig beschnüffeln musste, kam Pippa nur im Schneckentempo voran. Als sie an der Kirche vorbeischlenderte, schlug die Turmuhr eins. Im selben Moment erloschen die Straßenlaternen. Die unvermittelte Dunkelheit verstärkte die Stille der Nacht, aber Sir Toby wich Pippa nicht von der Seite und gab ihr ein Gefühl der Sicherheit.

Auch an der Hauptstraße herrschte tiefer Friede, selbst

Tom Barrels Pub war trotz des Wochenendes bereits geschlossen. Nur im letzten Haus des Dorfes entdeckte Pippa ein erleuchtetes Fenster: Nicky war noch wach.

Schon von der Straße aus konnte Pippa die Freundin in der Küche werkeln sehen – Nicola stand am Herd und kochte. Pippas Magen reagierte auf diesen Anblick mit lautem Knurren, und ihr fiel ein, dass sie das Abendessen zugunsten der Chips hatte ausfallen lassen.

»Komm, Sir Toby, wir laden uns bei Nicky ein«, sagte Pippa und ging durch den Vorgarten zur Haustür. »Nur mit einer Tüte Sodbrennhilfe kommen wir nicht durch die Nacht.«

Auf ihr Klingeln reagierte niemand, und Pippa drückte mehrmals auf den Messingknopf, um Nicola zur Tür zu locken.

Zögerlich ging die Tür einen schmalen Spalt auf, und Nicola sagte erleichtert: »Ach, du bist es, Pippa.«

»Wen hast du erwartet? Den Mörder?« Pippa trat etwas zur Seite. »Ich habe stattdessen meinen neuen Bodyguard mitgebracht: Sir Toby, Omas neuen Hund. Dürfen zwei frierende Wanderer sich zu einem späten Nachtmahl bei dir einladen? Dann erzählen wir dir auch, wie wir zueinandergefunden haben.«

Nicola zögerte einen Moment. »Okay, kommt rein. Ist wohl besser so.«

»Wenn du lieber allein sein willst …?«

Nicola schüttelte den Kopf und lächelte. »Bin ich nicht.«

Verwundert wollte Pippa der Freundin in die Küche folgen, aber Nicola dirigierte sie Richtung Wohnzimmer. Als Pippa die Tür öffnete, glaubte sie ihren Augen nicht zu trauen.

»Hallo, Pippa«, sagte Lysander Smith-Bates.

Im Gegensatz zur sprachlosen Pippa, die wie angewurzelt in der Tür stehen blieb, trottete Sir Toby sofort zum Sofa und legte Lysander den Kopf auf die Knie. Der kraulte den Hund bereitwillig hinter den Ohren, woraufhin Toby versuchte, auf das Sofa zu klettern, aber Lysander wehrte lachend ab. »Nichts da, der Platz ist für dein Frauchen reserviert. Komm, Pippa, setz dich zu mir.«

Es bedurfte eines Stupsers von Nicola, dass Pippa sich aus der Erstarrung löste.

»Verdammt, Lysander, hättest du mir nicht Bescheid sagen können, dass du wieder da bist? Wir suchen dich buchstäblich in halb Europa!«

Pippa bemerkte einen Blickwechsel zwischen ihm und Nicola – und ihr ging ein Licht auf. »Du bist schon länger hier!«, stellte sie fest und knurrte dann: »Warst du jemals weg?«

»War ich. In Amsterdam. Und in Berlin. Aber nur kurz. Dann brauchte ich unbedingt ein paar Tage Ruhe ... die Sache mit Sir Michael ... meinem Vater ... hing mir in den Knochen. Und bei Nicky kann ich immer am besten entspannen.«

Nicola setzte sich auf die Sofalehne neben Lysander, und dieser legte den Arm um ihre Hüfte. Verliebt strahlten die beiden Pippa an.

»Verstehe«, sagte Pippa, »gratuliere! Hervorragende Entscheidung.«

Lysander küsste Nicolas Hand, und diese lehnte sich an ihn.

»Trotzdem, Lysander – du hättest wenigstens deiner Mutter Bescheid sagen können.« Pippa runzelte die Stirn. »Sie hat sich furchtbare Sorgen gemacht.«

»Hat sie nicht«, gab Lysander zurück.

Wie aufs Stichwort öffnete sich die Tür, und Debbie trat ins Wohnzimmer. »Sie hat alles gewusst und nichts verraten. Sie ist eben eine gute Schauspielerin.«

»Auch du, Brutus?«, rief Pippa. »Bin ich mal wieder die Einzige, die keine Ahnung hatte? Pete Wesley hatte recht: Das hier ist ein verdammtes Irrenhaus!«

»Wer ist denn Pete Wesley?«, fragte Debbie sofort. »Junggeselle? Gutaussehend? Reich? Charmant? Dann bestehe ich darauf, dass du ihn mir vorstellst – falls ich damit nicht in dein Jagdrevier einbreche.«

»Ich gebe auf!« Pippa hob die Hände. »Der Name dieses angeblich harmlosen Dorfes suggeriert, dass man sich hier verstecken kann – aber ich habe da meine Zweifel. Um vor euch Verrückten sicher zu sein, gibt es nur zwei reelle Chancen: Entweder ich verschanze mich in Oma Hettys tiefstem Keller, oder ich mache es wie Ophelia und ertränke mich. Am besten im Auerbach.«

Der Braten mit Kartoffelpüree und Erbsen schmeckte köstlich. Auch Sir Toby bekam eine winzige Portion, nachdem er sabbernd am Tisch gehockt und allen die Bissen von der Gabel gestarrt hatte. Jetzt lag er schnarchend und zufrieden unter dem Tisch. Nach dem Essen servierte Nicola trotz der nachtschlafenden Stunde Espresso, und Pippa fand, dass es an der Zeit war, von ihren neuen Erkenntnissen über Rossevelt zu berichten.

Zu ihrer Überraschung winkte Lysander ab. »Von Kestring machte vor Hendrik zweideutige Bemerkungen. Vermutlich wollte er den Schauspieler einschüchtern. Ich hatte jedoch bereits einen entsprechenden Verdacht und habe deshalb Rossevelts Geburtsurkunde überprüfen lassen.«

»Auch in meiner Gegenwart hat Hasso einmal die Niederlande erwähnt. Als wir alle glaubten, du wärst gerade in Brüssel«, sagte Pippa. »Ich dachte damals, seine Geographiekenntnisse wären ebenso lückenhaft wie die Shakespeares. Bei dem liegt Böhmen ja auch direkt am Meer.«

Lysanders Mundwinkel zuckten, dann wurde er ernst. »Aber dass Alain und Hendrik schon länger Konkurrenten sind, als wir dachten, und Alain den Rivalen dennoch nicht ans Messer liefert – Hut ab. Das nenne ich Kollegialität.«

»Daran glaube ich nicht«, gab Pippa zurück. »Kann es nicht einen plausibleren Grund geben?«

»Keine Ahnung«, erwiderte Lysander achselzuckend, »mich treibt eher um, ob ich Rossevelt rauswerfe oder nicht.«

»Da kann ich dir nur eine Empfehlung geben«, sagte Pippa und stand auf. »Entscheide im Sinne Shakespeares. Hendrik ist ein großartiger Laertes.« Sie beugte sich unter den Tisch und weckte Sir Toby. »Ich werde mich nach Hause verfügen. Habe ich dich gesehen, Lysander, oder …«

»Zur nächsten Probe wird er da sein«, sagte Nicola bittend, »dann haben wir den Vormittag noch für uns, okay?«

Pippa nickte. »Ich werde schweigen wie ein Grab, versprochen.« Sie wandte sich zum Gehen, drehte sich aber noch einmal um, als ihr ein Gedanke kam. »Ihr beide wart nicht zufällig im Archiv des *Gloucestershire Echo*, um dort eine gewisse Zeitungsausgabe einzusehen?«

»Woher weißt du denn das schon wieder?«, fragte Nicola erstaunt.

»Ein Tipp für die Zukunft: Niemals ein so großes Trinkgeld geben, dass man sich an dich erinnert …«

Debbie begleitete Pippa zur Tür, um sie zu verabschieden.

»Beneidenswert, die beiden, findest du nicht?«, fragte Pippa.

»Ein wenig seltsam ist es für mich schon: Mein Vater

steuert mit meiner Freundin in eine neue Beziehung ... und ich? Ich habe gerade meine Scheidungspapiere unterschrieben und nach Amerika geschickt. Goodbye, Seattle!«

Wenn du wüsstest: Ich hätte deinen Vater auch nicht von der Bettkante gestoßen, dachte Pippa, als sie Debbie zum Abschied umarmte. Eine neue Liebe würde mir bei der lange fälligen Entscheidung helfen, ob ich zu Leo zurückkehre oder ob es bei mir bald heißt: Arrivederci, Firenze ...

In Anbetracht der späten Stunde entschloss sich Pippa, die Abkürzung über den Dorfanger zu nehmen. Sie stutzte, als an Cupido Cottage unerwartet das Licht anging und die Haustür geöffnet wurde. Im schimmernden Licht umarmten sich Phoebe und Sir Michael, bevor der Schauspieler sich löste und mit schnellen Schritten zur nahen Hotelauffahrt strebte.

Pippa seufzte. Das Nachtleben von Hideaway – und wo bleibe ich?

Pippa war übernächtigt, als sie nach ein paar Stunden Schlaf ihren kleinen Tierpark fütterte und mit Toby eine kurze Runde über den Blisswalk lief. Zurück im Cottage, machte sie sich leise einen Kaffee und trank ihn am Küchentisch, um niemanden zu wecken. Während sie an einer trockenen Toastscheibe kaute, schrieb sie eine Nachricht: *Wartet nicht mit dem Mittagessen auf mich, ich bin unterwegs. Sir Toby freut sich auf einen Erkundungsgang rund um Hideaway, nicht vergessen! Bis später!*

Im Bus nach Moreton-in-Marsh kämpfte sie tapfer gegen ihre Müdigkeit an und widerstand der Versuchung, sich durch die sanft schaukelnde Fahrt durch die schöne Landschaft in den Schlaf wiegen zu lassen.

Fröstelnd vergrub Pippa die Hände in den Taschen ihrer

Jacke. Sie stutzte, als ihre linke Hand auf einen schmalen, länglichen Gegenstand stieß, und zog ihn heraus: Peter Paws Halsband, das sie durch die Ereignisse des letzten Tages völlig vergessen hatte. Die Strasssteine auf dem weichen Leder funkelten in der Sonne, als Pippa das Halsband durch ihre Finger gleiten ließ und die Stelle untersuchte, an der das Medaillon gehangen hatte. Durch die Gewalt, mit der es abgerissen worden war, hatte sich die Naht zwischen Vorder- und Innenseite geöffnet.

Das kann ein Schuster nähen, dachte Pippa. Ihr fiel ein, wo Alain das Medaillon gefunden hatte. Sie konnte kaum glauben, dass es einfach abgefallen sein sollte, denn das Halsband war kein geklebtes Billigprodukt. Es war aus weichem, aber dickem Leder, stabil und solide verarbeitet, mit doppelten Nähten und robusten Metallteilen ... wie der Metallring, an dem der Anhänger gehangen hatte.

Sie zupfte an den herausstehenden Fädchen der offenen Naht, und das Leder zog sich auseinander. Das Halsband war hier fühlbar steifer, als befinde sich darin ein Gegenstand oder eine Verstärkung. Pippa schob ihren kleinen Finger in den Hohlraum zwischen den Lederstreifen. Der kleine, harte Gegenstand ließ sich schlecht greifen, aber schließlich schaffte sie es und zog ihn heraus. Sie starrte ihn an, ohne zunächst zu begreifen, was auf ihrer Handfläche lag. Er war rechteckig, länglich, kaum größer als ein 5-Cent-Stück und vielleicht zwei Millimeter hoch. Auf einer Seite hatte er linienförmige Applikationen aus goldfarbenem Metall, die Pippa an die Muster auf Speicherchips erinnerten ... und endlich ging ihr ein Licht auf.

»Das ist ein USB-Stick!«, rief sie überrascht. »Ein winziger USB-Stick. Sieh an, Peter Paw: Du warst Geheimnisträger! Aber für wen? Und für was?«

Der Mann in der Sitzreihe vor ihr drehte sich um. »Haben Sie mit mir gesprochen?«, fragte er.

Pippa wurde rot und schüttelte den Kopf. »Ich habe nur laut gedacht, entschuldigen Sie bitte.«

Paws Gegenspieler haben mit Sicherheit geglaubt, dieses Ding wäre im Medaillon, dachte Pippa, die müssen schwer enttäuscht gewesen sein, als sie darin nur seinen Namen und die Adresse fanden.

Sie drehte den Stick zwischen ihren Fingern. Was konnte derart brisant sein, dass die Informationen so sorgfältig versteckt wurden?

Pippa war so in Gedanken versunken, dass sie ihre Haltestelle verpasste und bis zur Endstation am Bahnhof mitfuhr. Zu Fuß lief sie zurück in die Ortsmitte. Als sie an der Polizeistation vorbeikam, hielt sie eine Sekunde inne. Ob Rebecca auch sonntags im Büro war? Das konnte sie später klären, zunächst hatte sie einige sehr persönliche Fragen an Pete Wesley …

Unschlüssig stand Pippa vor der Eingangstür und spähte durch die Bleiglasfenster ins Innere des Tearooms. Noch war Zeit, umzudrehen und stattdessen Rebecca über den Fund des USB-Sticks zu informieren.

Sie schreckte auf, als von innen gegen das Sprossenfenster geklopft wurde. Pete Wesley, sein Handy am Ohr, winkte sie herein, und Pippa war froh, dass ihr damit die Entscheidung abgenommen wurde.

Als sie an seinen Tisch trat, klappte er sein Telefon zu und legte es neben seine Teetasse. Er schien sich nicht zu wundern, sie zu sehen.

»Tee?«, fragte er. »Mit Milch?«

Sie nickte und setzte sich.

Er goss Milch in die bereitstehende Tasse und füllte sie dann aus einer imposanten Kanne mit Tee. »Geben Sie immer zuerst die Milch hinein, dann verteilt sie sich besser, ohne dass man umrühren muss«, dozierte Wesley, »es ist eine Wissenschaft, den perfekten Bronzeton zu zaubern. In anderen Ländern wird ja durchaus auch das Ritual gepflegt, erst den Tee einzugießen, die Sahne in einen tiefen Löffel zu füllen und diesen dann vorsichtig in der Tasse zu versenken, damit ein weißes Wölkchen entsteht, aber ich persönlich bevorzuge …«

Sein Vortrag rauschte an Pippa vorbei, denn sie war zu aufgeregt, um ihm aufmerksam zu folgen.

» … aber was genau führt Sie zu mir?«, beendete Wesley endlich seinen langen Monolog.

Pippa holte tief Luft. »Würden Sie mir die Karten legen, Pete? Ich habe eine Entscheidung zu treffen, und ich bin nicht sicher, ob …«

Sie brach ab, weil Wesley sie interessiert musterte. Obwohl es ihr nicht leichtfiel, hielt sie seinem forschenden Blick stand. Blitzte Amüsement in seinen Augen oder bildete sie sich das nur ein?

»Worum geht es?«, fragte er ernst.

Los, trau dich endlich, feuerte Pippa sich selbst an und sagte: »Um meine Ehe mit Leonardo. Seit einem Jahr überlege ich, ob ich mich von ihm scheiden lassen oder ihm noch eine Chance geben soll. Ich komme einfach zu keinem Ergebnis. Ich werde im Juni vierzig, da sollte ich allmählich wissen, wie ich mein Leben führen will, oder?«

Pete Wesley zuckte mit den Schultern. »Manche Leute kommen ohne dieses Wissen bequem durch ein ganzes Leben.«

»Ich möchte herausfinden, ob ich mich nicht entscheiden

kann, weil ich noch an Leo hänge – oder ob es nur die schönen Erinnerungen sind, die mich zögern lassen.«

Pete spielte gedankenverloren mit seinem Handy. »Wann haben Sie zuletzt an einen attraktiven Mann gedacht? Und daran, was Sie gern mit ihm anstellen würden?«

Lysander, dachte Pippa, gestern Nacht … Ihr Gesicht wurde heiß, als sie an ihre nicht ganz jugendfreien Phantasien dachte.

Pete lächelte, als er sie erröten sah. »Und? War das Ihr Leo?«

Pippa schüttelte stumm den Kopf.

Er zog einen kleinen Handspiegel aus der Jackentasche und hielt ihn vor Pippa. »Ihr Gesicht ist Ihre Tarotkarte – und die Antwort auf Ihre Frage.«

Pippa nickte. Pete Wesley war ein wirklich kluger Mann.

Sie trank einen Schluck Tee, um sich zu sammeln. Dann holte sie das Halsband heraus und legte es auf den Tisch.

»Ich möchte Ihnen etwas zeigen.«

Sie fischte den USB-Stick aus ihrem Portemonnaie, wo sie den Winzling deponiert hatte, um ihn nicht zu verlieren, und hielt ihn hoch. »Der steckte in Peter Paws Halsband. Könnte sein, dass wir darauf Material entdecken, das uns bei der Suche nach dem Mörder endlich voranbringt.«

»Finden wir das doch einfach heraus«, sagte unvermittelt die wohlbekannte Stimme von Rebecca Davis hinter Pippa, und sie fuhr herum.

Pippa griff sich unwillkürlich an den Hals. »Ich frage mich, ob ich meinen England-Aufenthalt ohne Herzinfarkt überstehen werde! Ständig taucht jemand hinter mir auf – und ich erschrecke mich halb zu Tode.«

Rebecca Davis lachte. »Ich habe dich vor dem Polizeigebäude zögern sehen – da wusste ich, dass es Neuigkeiten gibt, und habe Pete angerufen, um zu erfahren, ob er das Ziel deines morgendlichen Ausflugs ist.«

Pippa sah auf das Handy ihres Gegenübers und erinnerte sich an sein Telefonat. Ich sollte mir merken, dass die Welt hier kleiner ist als in Berlin, dachte sie. »Warum bist du nicht sofort ...«

»Weil informelle Treffen mit Pete meist einen sehr privaten Hintergrund haben«, sagte Rebecca. »Ich wollte euch etwas Zeit lassen, bevor ich hier auftauche. Und jetzt trinkt aus, wir gehen zu mir nach Hause. Da darf ich rauchen.«

Als sie den Tearoom verließen, stießen sie mit den drei Grazien aus Broadway zusammen, die Pete Wesley für den heutigen Tag nach Moreton-in-Marsh bestellt hatte.

»Pete, wir sind verabredet! Wo wollen Sie hin?«, rief eine der Frauen entgeistert. »Sie wollten mir heute aus der Hand lesen – Sie haben es versprochen!«

Wesley schüttelte bedauernd den Kopf. »Das müssen wir leider verschieben. Ein dringender Notfall. Highgrove House.«

Die drei Frauen starrten ihn beeindruckt an und traten ehrfürchtig beiseite, um den Weg frei zu machen.

»Sie verprellen Ihre zahlende Kundschaft«, sagte Pippa, als sie ein paar Meter entfernt waren, und sah sich noch einmal um. Die Frauen standen noch immer vor dem Tearoom und sahen ihnen respektvoll nach.

»Ganz im Gegenteil«, gab Pete zurück, »Highgrove House ist die Privatresidenz von Prinz Charles in den Cotswolds, gleich neben seinem Bio-Musterhof Duchy Home Farm. Die Damen werden rätseln, ob ich seine Kräuter besprechen soll und ob Seine Hoheit mir dabei zusieht. Auf die Idee, dass ich nur mit einem der Gärtner reden könnte, kommen die überhaupt nicht! Zumindest diese Kundschaft wird ab jetzt mit Freuden ein wenig mehr für meinen Service zahlen.« Er vollführte ein paar übermütige Tanzschritte. »Exklusivität zahlt sich aus. Für jeden.«

Sie bogen in eine Seitenstraße ein, und Rebecca führte sie zu einer schwarzlackierten Haustür, die sie aufschloss und einladend öffnete.

»Gleich rechts herum«, sagte Rebecca.

Sie betraten ein gemütliches Wohn- und Arbeitszimmer, dem man ansah, dass die Bewohnerin andere Prioritäten setzte, als ihre Sofakissen in der Mitte mit einem akkuraten Knick zu versehen. Auf dem Sofa lagen drei Katzen, die bei ihrem Eintreffen nur mäßig interessiert die Köpfe hoben.

»Hallo Daisy, hallo Primrose«, rief Pippa. »Und wer ist das?«

Sie zeigte auf den großen, schwarzweiß gefleckten Kater, der zwischen den beiden eleganten Katzendamen lag.

»Das ist der Streuner, den Constable Custard unter Einsatz seines Lebens während der Suche nach Paw eingefangen hat«, sagte Rebecca Davis, »ich habe ihn behalten und Rowdy getauft.«

Ehe Pippa von Rührung übermannt werden konnte, winkte Rebecca sie und Pete zu sich hinüber an den großen Esstisch, auf dem ein Laptop stand. »Her mit dem Beweisstück, Pippa.«

Rebecca Davis steckte den Stick in einen USB-Anschluss, und alle warteten gespannt. Plötzlich schepperte laute Synthesizer-Musik aus dem Lautsprecher, und auf dem Bildschirm erschien ein Schriftzug, der aussah, als hätte ihn jemand mit einer uralten Photoshop-Version selbst gebastelt. *Komm rein, Liebling!* stand dort in grellroten Buchstaben.

»Das ist ein Filmtrailer«, sagte Pippa verblüfft, während Rebecca den Titel leise wiederholte und die Augen zusammenkniff, damit ihr nichts entging.

Der Vorspann ging weiter, und eine Reihe bizarrer Namen lief über den Bildschirm. Pussy Colorado, Mimi Champaign, Steve Stallion …

»Ist nicht wahr – ein Porno …« Rebecca zog amüsiert an ihrer Zigarette. »Was für ein unterhaltsamer Sonntagmorgen.«

»Ihr wisst vermutlich, wie Pornonamen gerne gebildet werden?«, fragte Pete, ohne den Blick vom Bildschirm zu wenden, der die Zuschauer mittlerweile darüber informierte, dass es sich bei diesem Film um eine belgische Produktion handelte, die in achtzehn Sprachen zu erhalten war.

»Bitte erleuchte uns, Pete«, sagte Rebecca und seufzte ergeben.

»Ganz einfach«, Pete strahlte, »der Vorname ist der Name des Haustiers, und der Nachname die Stadt oder Gegend, in der man geboren ist. Das gilt zumindest für die Mädels.«

»Dann wäre ich also Primrose Moreton«, sagte Rebecca ironisch, »wirklich unglaublich sexy.«

Fasziniert verfolgten die drei das wilde Treiben auf dem Monitor und neigten synchron die Köpfe nach rechts, um einer besonders feurigen Verrenkung zweier Leiber folgen zu können.

»Wie bei einem Autounfall«, murmelte Pippa, »ich will es nicht, aber ich muss einfach hinsehen …«

»Kann mir bitte jemand sagen, wozu man diesen Streifen in achtzehn verschiedenen Sprachen braucht?«, fragte Rebecca und zündete sich eine Zigarette an. »Verstehen die Leute das nicht mehr ohne Synchronisation? Was ist nur aus der Welt geworden?«

»*Das* ist anatomisch möglich?«, rief Pete, als zwei Männer und eine Frau sich komplizierter ineinander verschlangen als eine bayerische Breze. »Ich wette, Chiropraktiker verdienen sich an denen dumm und dämlich ...«

Einer der Männer warf sein langes Haar zurück und sah für einen Moment direkt in die Kamera.

»Das ist Alain Bettencourt!«, schrie Pippa entgeistert, und Rebecca fiel prompt die Zigarette aus der Hand.

»Long John Alain«, sagte Wesley und schnalzte anerkennend mit der Zunge. »Ich wette, um diesen Ihr-wisst-schon-was-ich-meine beneidet ihn so mancher Mann.«

Zu den quäkenden, dissonanten Klängen des Synthesizers rackerten sich die Darsteller weiter nach Kräften ab.

»Anita Unterweger erzählte mir, von Kestring habe Alain mit den Worten *Komm rein, Liebling!* in sein Zimmer gerufen. Das kann kein Zufall sein. Von Kestring kannte diesen Film und seine Brisanz ganz genau ...«, sagte Rebecca mit Überzeugung. »Ich sehe die Schlagzeile direkt vor mir: *Frauenschwarm mit Stehvermögen.*«

»Und das gerade jetzt, wo Alain die Hauptrolle in einer internationalen Serie bekommen hat«, fügte Pippa hinzu. »Er ist auf dem Weg zur ganz großen Karriere, da kann er sich keinen Skandal leisten. Dieses kleine Filmchen – falls es überhaupt das einzige dieser Art ist – kann ihm locker das Genick brechen.«

»Aber würde er wirklich dafür töten, dass nichts herauskommt?«, fragte Rebecca.

»Von Kestring musste seine Karriere auf internationalem Parkett wiederbeleben. Da lohnt es sich, einen Kollegen zu erpressen, damit dieser ihn ebenfalls bei der Serie unterbringt. Bettencourt hätte seinen Dompteur von Kestring damit ein Leben lang am Hals gehabt«, schloss Pete Wesley den Gedanken ab. »Es sei denn, er hätte das durch das Nikotin verhindert.«

Rebecca zündete sich eine neue Zigarette an, obwohl sie gerade erst eine im Aschenbecher ausgedrückt hatte. »Damit bekommt auch der Fund des Medaillons eine völlig andere Bedeutung. Es lag nicht zufällig auf dem Flur, und Alain ist auch nicht zufällig darüber gestolpert – er hat es mit Gewalt abgerissen, weil er hoffte, der Stick befindet sich darin. Er hat nach dem Beweismaterial gesucht.«

»Und Paw hat sich gewehrt«, sagte Pippa, »von wegen Brombeerhecke ... der Kater hat ihm die Arme zerkratzt.«

»Deshalb hat Bettencourt auch Rossevelt nicht verraten.« Rebecca paffte mit hektischen Zügen. »Ich bin sicher, Hendrik kannte diesen Film und ist damit direkt zu von Kestring gerannt.«

»Natürlich!«, rief Pippa und sprang auf. Mit langen Schritten lief sie aufgeregt durch den Raum. »Weder Kwiatkowski noch von Kestring haben den Stick im Halsband versteckt! Das war Hendrik, unser Recherche- und Computergenie – als er Peter Paw in seiner Gewalt hatte.« Sie blieb stehen.

Der Filmtrailer war zu Ende, und Pete Wesley fragte hoffnungsvoll: »Noch mal?«, aber die Frauen schüttelten synchron den Kopf.

Pete seufzte und drehte sich auf seinem Stuhl zu Pippa um. »Es muss von Kestring einen Heidenspaß gemacht haben, Bettencourt zu erpressen. Dass er sich damit einen Feind von seinem eigenen Kaliber schaffen würde, hat er mit Sicherheit ebenso wenig erwartet wie den tödlichen Ausgang der Manipulation an Kwiatkowskis Auto.«

»Wir sollten keine voreiligen Schlüsse ziehen«, gab Rebecca zu bedenken. »Die Mitwirkung in einem – oder mehreren – Pornos ist nicht strafbar und kein zwingender Grund, jemanden zu ermorden.«

»Bettencourts Zukunft stand auf dem Spiel«, sagte Pete.

»Aber: Mord?« Rebecca wiegte zweifelnd den Kopf.

»Seine Zukunft stand auf dem Spiel«, wiederholte Pete. »Das ist ein Grund. Das Publikum will seine Lieblinge fleckenfrei. Alain ist ein begehrter Soap-Star, Schwarm Tausender Frauen. Diese Frauen wollen sich selbst in seine Arme phantasieren, nicht ihrem Schwarm dabei zusehen, wie er in billigen Pornos Sex hat. Das würde ihnen ihre Illusionen nachhaltig rauben.« Pete Wesley sah Rebecca Davis eindringlich an. »Menschen sind schon aus deutlich nichtigeren Gründen fallen gelassen worden, Rebecca, das weißt du genauso gut wie ich. Und Menschen haben auch schon aus wesentlich nichtigeren Gründen gemordet.«

»Oder wurden in den Freitod getrieben«, warf Pippa ein.

»Du meinst Dorian Bates«, sagte Rebecca.

Pippa nickte. »Es war eine andere Zeit, aber das gleiche Dilemma. Auch er war Schauspieler und ist unter dem Druck, etwas verbergen zu müssen, zerbrochen. Hätte er sich zu seiner Neigung bekannt, hätte er vielleicht nie wieder auf der Bühne gestanden, und dieser unmenschliche Spagat hat ihn zum Äußersten getrieben.«

Rebecca zog den Stick aus dem Laptop und betrachtete ihn nachdenklich. »Machen wir uns nichts vor – mit Mutmaßungen und Indizien kommen wir nicht weiter. Wir brauchen ein Geständnis.«

»Schwierig.« Pippa erlebte Wesley zum ersten Mal ratlos. »Wenn es Alain war, dann ist er ein wirklich guter Schauspieler: Er hat bis jetzt durchgehalten und sich nicht verraten.«

»Es muss uns gelingen, ihn zu überrumpeln.« Rebecca

runzelte die Stirn. »Wir brauchen so etwas wie eine Falle, um ihn aus der Reserve zu locken.«

Einen Moment lang herrschte Schweigen.

Dann sagte Pippa: »Wir lassen Shakespeare das für uns erledigen.«

»Wer immer mir helfen kann, ist herzlich willkommen«, sagte Rebecca Davis. »Auch wenn er schon 400 Jahre tot ist.«

Pete Wesley beugte sich gespannt vor. »Raus damit, Pippa – Sie haben doch eine Idee.«

Als sie antwortete, hatte Pippas Stimme einen triumphierenden Unterton: »*Das Schauspiel sei die Schlinge, in die der König sein Gewissen bringe.*«

Kapitel 30

Sind alle, die wir brauchen, hier?«, fragte Rebecca Davis.
»Ja«, sagte Pippa. »Pete und ich haben alle zusammengetrommelt.«

Sam Wilson sah sich suchend in Phoebes Cottage um. »Freddy fehlt.«

»Für den ist es noch zu früh«, sagte Debbie ironisch, »der sitzt bestimmt noch bei gebratenen Eiern, Bohnen und Speck.«

Pippa schüttelte den Kopf. »Freddy ist im Moment wunschlos glücklich – und das ganz ohne Frühstück.«

Diese Informationen löste bei den Anwesenden erstauntes Raunen aus. Nicky und Lysander kamen sogar aus der Küche, wo sie Tee und Kaffee für die Versammlung vorbereitet hatten.

»Freddy und Barbara-Ellen sind im Cotswolds Farm Park«, erklärte Pippa.

Rebecca wurde ernst. »Er beschäftigt auf meinen Wunsch Barbara-Ellen, damit sie von unserem Treffen nichts mitbekommt. Es geht immerhin um die Aufklärung des Mordes an ihrem Mann. Je weniger sie von unserem Plan weiß, desto unbelasteter kann sie später agieren.«

»Freddy wird rechtzeitig zur Probe mit ihr zurück sein«, versicherte Pippa.

»Gut«, sagte Rebecca Davis, »dann werde ich jetzt alle Helfer auf den neuesten Stand der Ermittlungen bringen, von dem aus und mit dem wir heute agieren werden.«

Sie stand auf und stellte sich so, dass sie alle im Blick hatte. »Kwiatkowskis Auto wurde durch von Kestring manipuliert, das Wissen dazu hatte er von Rossevelt – der dadurch zwar moralisch mitschuldig ist, aber nicht belangt werden kann.«

»Wieso nicht?«, fragte Phoebe erstaunt.

»Hinweis und Weitergabe von Informationen, die frei zugänglich sind, stehen nicht unter Strafe«, erklärte Pete Wesley. »Jeder kann ins Internet gehen und dort recherchieren. Das ist wie mit den Anleitungen zum Bombenbauen – wenn nicht nachgewiesen werden kann, dass dieses Wissen zum Zwecke der Tötung beschafft wurde ...«

Mit einem knappen Nicken bestätigte Rebecca Davis Pete Wesleys Worte.

»Wir können nicht mit Sicherheit sagen, dass von Kestring den Tod Kwiatkowskis beabsichtigte, aber er hat ihn zumindest billigend in Kauf genommen. Nach Berkels Rückzug als Assistent benutzte er dann für seine Pläne bevorzugt den Mann als Erfüllungsgehilfen, der sich am freiesten fühlte und doch am kürzesten Gängelband hing: Hendrik Rossevelt.«

»Zunächst klappte auch alles wie am Schnürchen«, ergänzte Pippa, »aber ausgerechnet von Kestring unterschätzte die Kraft der Gefühle, an denen er nicht immer unschuldig war: die Scham und die Liebe.«

»Und damit kommen wir zu unseren Verdächtigen und ihren Motiven.« Rebecca sah sich ernst in der Runde um. »Zunächst hatten wir Barbara-Ellen im Visier, die den Tod ihres Geliebten rächen wollte. Aber durch ein entscheidendes Indiz, das uns«, sie lächelte leise, »durch Inspector Peter Paw zugespielt wurde, haben wir unsere Ermittlungen auf zwei andere Verdächtige konzentriert: Johannes Berkel und Alain Bettencourt.«

»Ausgerechnet die beiden?«, entfuhr es Phoebe, und Lysander schüttelte ungläubig den Kopf.

Wieder meldete Pete Wesley sich zu Wort.

»Mehr als alle anderen wurden diese beiden Männer durch die letzten Wochen verändert. Sie haben sich gefunden und sind entschlossen, gemeinsam ein neues Leben zu beginnen. Berkels Selbstbewusstsein wurde immens gestärkt, seit Alain seine Zuneigung nicht nur erwidert, sondern auch bereit ist, diese Liebe öffentlich zu leben. Alain, berühmtes Teenie-Idol und Frauenschwarm, will sich zu einem Mann bekennen. Das ist noch immer ein Vabanque-Spiel, obwohl es mittlerweile viele Künstler gibt, die offen homosexuell sind – und trotzdem Frauenschwärme bleiben.«

»Wie wahr!« Nicola seufzte theatralisch. »Warum passiert es uns immer wieder, dass die besten und schönsten Männer es vorziehen, unter sich zu bleiben?«

»Ich darf doch sehr bitten«, protestierte Lysander.

»Weil ihr Frauen immer genau das haben wollt, was ihr nicht kriegen könnt.« Pete Wesley grinste. »Wenn ihr Locken habt, wollt ihr glatte Haare und …«

Rebeccas Räuspern unterbrach ihn. »Alain Bettencourt hat gerade eine Serienhauptrolle ergattert und befindet sich auf dem Weg vom Soapdarsteller zum internationalen Fernsehstar. Er trägt allerdings eine Altlast mit sich herum, die seinem perfekten Image nicht entspricht, die aber von Kestring bekannt war: die Mitwirkung in einem Porno mit dem Titel *Komm rein, Liebling*.«

»Oh ja?«, unterbrach Debbie interessiert. »Gibt es Beweismaterial, das man sich ansehen kann?« Sie spitzte interessiert die Lippen und zuckte mit den Schultern, als sie einen entsetzten Blick ihres Vaters auffing.

»Vermutlich hätte er die Hauptrolle als Urwalddoktor

wieder verloren, wenn der Streifen an die Öffentlichkeit gelangt wäre«, warf Pippa ein, »eine seriöse Produktion kann sich einen Hauptdarsteller mit Schmuddel-Vergangenheit nicht leisten.«

»Verstehe«, folgerte Debbie, »so etwas wie Homosexualität bekommt man mit dem Hinweis auf Toleranz weggebügelt – aber ein Teenie-Star mit Porno-Qualitäten ist dann doch zu viel.«

»Das ist also Alains Motiv«, sagte Phoebe, »er will die Veröffentlichung verhindern und bringt von Kestring um. Aber was ist mit Johannes?«

»Wir wissen nicht, wie viel Berkel von Bettencourts Vergangenheit weiß«, antwortete Rebecca Davis, »falls Alain ihm alles gestanden hat, könnten die beiden gemeinsam gehandelt haben, um sich und ihre Zukunft zu schützen. Sicher ist allerdings, dass Berkel für Bettencourt gelogen hat, als es um die Kratzer auf dessen Armen ging.«

»Er hat dessen Aussage bestätigt, dass die Schrammen von einem Brombeergestrüpp stammen«, sagte Pippa, »aber in Wirklichkeit hatte er sie von Peter Paw. Alain vermutete einen winzigen Datenstick mit verräterischen Filmausschnitten im Medaillon an Paws Halsband – und der hat sich natürlich mit allen Krallen gewehrt, als Bettencourt es abgerissen hat.«

»Dummerweise fand er darin nicht, was er zu finden hoffte«, fügte Rebecca Davis hinzu.

»Soll das heißen, die beiden suchen das Ding immer noch?«, rief Debbie aufgeregt. »Und sie könnten noch einmal morden, um es zu bekommen?«

Pete Wesley rieb sich die Hände. »Um das zu verhindern, haben wir Pippas Pantomime-Plan …«

In den folgenden zwei Stunden verwandelte Pippa die Fläche vor dem Aussichtsturm mit Unterstützung der eingeweihten Helfer in eine Kulisse für die erste Freilichtprobe. Die Constables Branson und Custard ächzten unter der Last der Bank, auf der Hasso von Kestring sein Leben ausgehaucht hatte, den Glorious Hill hinauf.

»Wo soll die hin?« Custard wischte sich keuchend den Schweiß von der Stirn.

»Vor die Töpfe mit dem Buchsbaum.« Pippa zeigte auf die Stelle, und die beiden Constables wuchteten die Bank unter Aufbietung ihrer verbliebenen Kräfte auf den angewiesenen Platz.

Pippa betrachtete stolz das Ergebnis: Einige Buchspflanzen deuteten einen Wald an, eine Ritterrüstung stand neben dem Eingang des Turms, eine Hellebarde lehnte an der Wand – mit wenigen Requisiten hatten sie Hamlets Schloss entstehen lassen.

Phoebe kam zu Pippa hinüber und nickte anerkennend. »Phantastisches Bühnenbild, Pippa. Ein Jammer, dass die Aufführungen nicht hier, sondern in Stratfords Theatergarten stattfinden.«

Pippa wiegte den Kopf. »Wichtig ist, dass wir damit erreichen, was wir wollen: den Mörder überführen.«

»Lass mich nur machen.« Phoebe tätschelte ihr beruhigend den Arm. »Ich werde unsere drei Hauptakteure gemeinsam auf die Bühne bringen, schließlich führe ich hier die Regie.«

Die Dorfbewohner kamen mit eigenen Sitzgelegenheiten, um der öffentlichen Probe beizuwohnen, und ließen sich rund um die Bühne nieder. John Napier schloss für Chris den Turm auf, damit er als dänischer Soldat auf der Aussichtsplattform Wache halten konnte. Pete Wesley schlenderte heran und gesellte sich mit einem Klapphocker zu Freddy und den anderen Zuschauern.

Pippa stand am Rand des Platzes und überprüfte nervös die Kleinrequisiten, die sie auf einem Tisch bereitgelegt hatte. Sie hatte ihn so aufgestellt, dass sie mit ihm gänzlich hinter einer Buchsbaumgruppe verborgen blieb. Unauffällig sah sie sich nach Rebecca um. Sie wusste, dass die Kommissarin mit ihrer Mannschaft in der Nähe war, konnte sie aber nirgends entdecken.

Hauptsache, ihr kommt rechtzeitig aus eurem Versteck, dachte sie und spürte, dass sie immer angespannter wurde, je näher der Beginn der Probe rückte.

Abseits der stilisierten Naturbühne versammelte Phoebe das Ensemble um sich.

»Da wir bei der Premiere unter freiem Himmel spielen werden, möchte ich die Situation heute simulieren und euch dabei Gelegenheit geben, mit den ungewohnten akustischen Anforderungen umgehen zu lernen. Netterweise haben sich einige Theaterenthusiasten aus Hideaway eingefunden, um unser Publikum zu sein und durch ihre Anwesenheit ein realistisches Ambiente zu schaffen. Pippa, bist du so nett und verteilst die Textbücher? Ich habe eine Änderung anzukündigen.«

Sie wartete ab, bis jeder ein Exemplar in der Hand hielt, und fuhr dann fort: »Alles bleibt wie geprobt, bis auf eine kleine Ausnahme: Dritter Akt, zweite Szene. Hier hat Shakespeare eine Pantomime vorgesehen, gespielt von einer Schauspieltruppe, die den dänischen Hof besucht.«

Die Mitglieder des Ensembles schlugen die genannte Stelle auf und sahen Phoebe erwartungsvoll an.

»Hasso von Kestring hat diese Szene gestrichen, aber ich finde sie zu wichtig, um sie wegzulassen. Ich möchte sie wieder aufnehmen, als das, was sie ist: als Anklage an den Mörder«, erklärte Phoebe. »Fassen wir also zusammen: Hamlet erfährt vom Geist seines toten Vaters, dass König Claudius ihm, während er schlief, Gift ins Ohr geträufelt hat. Jetzt bittet er die Schauspieler, den Mord an seinem Vater nachzuspielen. Er will seinem Stiefvater zeigen: Du bist entdeckt. Ich weiß, dass du es warst.« Phoebe machte eine wirkungsvolle Pause. »Es ist eine Drohgebärde, die Ankündigung seiner Rache.«

Das Ensemble kommentierte Phoebes Worte mit zustimmendem Gemurmel.

Phoebe sah in die Runde und fragte: »Wie aber können wir die Schärfe erreichen, der Sir Michael, pardon, König Claudius, sich ausgeliefert fühlt? Wie können wir erzwingen, dass er nervös wird, sich schuldig fühlt – und diese Schuld öffentlich zugibt?«

Niemand antwortete, denn alle hatten gelernt, rhetorische Fragen als solche zu erkennen und die Regie in ihren Ausführungen niemals zu unterbrechen.

»Wir lassen diese wortlose Szene mit Opfer, Mörder und Königin nicht die angereisten Schauspieler vorführen, sondern von Figuren aus dem engsten Umfeld des Königs: Rosencrantz, Guildenstern und – Hamlet selbst.«

»Klasse Idee – das wirkt!«, sagte Duncan anerkennend.

Das fürchte ich auch, dachte Pippa, nur – wie?

Phoebe ging mit Barbara-Ellen, Johannes Berkel und Alain Bettencourt zur Seite, um die neue Szene durchzusprechen.

»Kein Problem«, sagte Berkel abschließend, »ich, der trottelige Rosencrantz, spiele den König und werde von

Hamlet vergiftet.« Er warf Alain ein strahlendes Lächeln zu. »Ich hoffe, du tust mir nicht weh.«

Barbara-Ellen lachte, aber Alain runzelte die Stirn, als ärgerte ihn das zusätzliche Pensum.

Die Probe begann, und Pippa bewunderte von neuem die Schauspielkunst des Ensembles. Trotz der Unterbrechungen, Fehlschläge und tragischen Zwischenfälle waren alle mit Leib und Seele bei der Arbeit. Alain und Anita rührten in den Gesprächen zwischen Hamlet und Ophelia zu Tränen, Hendrik bot einen fesselnden Laertes, Dana und Sir Michael beeindruckten als liebende Königin Gertrud und ehrgeiziger König Claudius. Hamlets Monolog *Sein oder nicht sein* machte Pippa in seiner Eindringlichkeit atemlos. Dann wurden ihre Handflächen feucht vor Aufregung – die Pantomime stand unmittelbar bevor ...

Johannes Berkel und Barbara-Ellen kamen zum Requisitentisch, und Pippa übergab Johannes die Königskrone, die ihm ein wenig zu groß war.

»Da muss ich wohl noch reinwachsen«, flüsterte dieser und zwinkerte Pippa zu. Dann trat er mit seiner Königin auf die Bühne und nahm seine Position auf der Bank ein, während Alain sich zwischen den Buchsbaumtöpfen versteckte, um das Königspaar von dort aus zu beobachten.

In sparsamen, aber beredten Gesten skizzierten Barbara-Ellen und Johannes das liebende Paar, bis die Königin ihren Gemahl zum Abschied küsste und sich zurückzog. Der König legte sich auf die Seite, streckte sich der Länge nach aus und schlief ein. Alain verließ sein Versteck, sah sich betont unauffällig nach Beobachtern um und schlich dann in Richtung Bank. Als er an Pippas Tisch vorbeikam, drückte sie ihm die Requisite in die Hand, die Alain ohne hinzusehen in die Tasche seines weiten Hemdes gleiten ließ. Sein Blick war starr auf die Bank gerichtet.

Alain blieb still stehen und sah nachdenklich auf den Schlafenden, dann beugte er sich hinunter und nahm ihm die Krone ab, küsste sie und legte sie zur Seite. Pippa wusste, dass Phoebe an dieser Stelle einen triumphierenden Blick gefordert hatte, aber Alains Gesicht blieb völlig ausdruckslos. Beinahe zärtlich strich er Berkels Haar zurück und legte dessen Ohr frei. Ohne die Augen von seinem Opfer zu wenden, zog er die Giftflasche aus der Hemdtasche und verharrte erneut. Als der Verschluss sich widerspenstig zeigte, sah Alain zum ersten Mal auf seine Hand und erstarrte. Er schluckte trocken, als er von Kestrings Schnupftabaksfläschchen erkannte. Er atmete heftig und beugte sich mit der Flasche über Johannes' Ohr, um das Gift hineinzuträufeln. Seine Hand zitterte angesichts des versetzten Schnupftabaks, der herausrieselte.

Alain wankte leicht, dann ließ er die Steinflasche fallen, als hätte er sich daran verbrannt. Er drehte sich jäh um, stürzte zum Turm, riss die Tür auf und rannte hinein.

Mit dumpfem Krachen fiel die Tür hinter ihm ins Schloss. Pippa wurde schwindelig.

Er war es tatsächlich, dachte sie erschüttert.

Die Zuschauer jubelten und klatschten, hörten aber sofort auf, da sie den erstaunten Kollegen Alains ansahen, dass die Szene nicht wie geplant verlaufen war. Gleichzeitig ertönte ein schriller Pfiff, mit dem Rebecca ihren Leuten den Befehl gab, Alain zu folgen und ihn festzunehmen.

Johannes öffnete die Augen, richtete sich auf und sah sich fragend um. Sein Blick fiel auf das Fläschchen, das vor der Bank lag. Die Erkenntnis ließ sein Gesicht versteinern. Sein

Blick flog zu Barbara-Ellen, deren schockierte Miene Bände sprach. Pippa eilte zu Berkel und nahm ihn in den Arm.

»Ich war mir nicht sicher«, stammelte Johannes und klammerte sich an sie, »aber es war mir gleichgültig ... ich liebe ihn trotzdem ...«

Alle schraken zusammen und starrten hinauf zur Aussichtsplattform des Turms, als sie Chris oben schreien hörten: »Nein, Alain, tu das nicht! Alain! Nein!«

Pippa wurde übel, als sie den Körper an der Rückseite des hohen Turms auf den Boden prallen hörte. Johannes riss sich los und stürmte um den Turm herum, dicht gefolgt von Pippa und Rebecca.

Alain lag auf dem Rücken. Seine Augen waren geschlossen, sein schönes Gesicht war unversehrt, aber unter seinem Kopf breitete sich eine Blutlache aus.

»Ruf einen Krankenwagen!«, rief Pippa Rebecca zu, aber Johannes schüttelte den Kopf.

Er kniete neben seinem toten Freund und hielt Alains leblose Hand.

»*Good night, sweet prince*«, murmelte Pippa. Sie spürte eine Hand auf ihrer Schulter und drehte sich um.

Rebecca Davis sah sie ernst an. »*Der Rest ist Schweigen.* Versprochen.«

Epilog

PaperRazzi Sonderbericht, 1. April
Hamlet lebt!
Shakespeare Birthday Festival mit furiosem Auftakt
Ein Bericht von Nigel Hurst

Begeisterungsstürme nach »Hamlet«-Premiere
　　Sternstunde des Theaters mit Nachthimmel als Bühnenbild
　　Run auf Restkarten
　　Stratford-upon-Avon in Geburtstagslaune

Stratford-upon-Avon – Das Shakespeare Birthday Festival
hat zum zehnten Mal Stipendiaten aus ganz Europa ausgewählt, um einen internationalen Blick auf ein Stück des
großen Sohnes dieser Stadt zu erarbeiten – und damit *Hamlet* zu einem rauschenden Erfolg geführt. Bühnentitan Sir
Michael Hornsby, Mentor des Festivals, sprengte in diesem
Jahr den europäischen Rahmen und finanzierte einen weiteren Platz für den vielversprechenden Hendrik Rossevelt aus
Südafrika, der gestern Abend in der Rolle des Laertes über-
zeugte. »Shakespeares Sprache und Geschichten werden
nicht nur in Europa, sondern weltweit verstanden«, so Sir
Michael im Interview nach der Vorstellung. »Deshalb wollte
ich es mir anlässlich meines achtzigsten Geburtstages nicht
nehmen lassen, ein wenig von dem Glück an die Bühne zu-

rückzugeben, das Shakespeares zeitlose Figuren mir rund um den Erdball geschenkt haben. Ich bin mit dem Ergebnis hoch zufrieden und überlege, aus diesem Stipendium eine dauerhafte Einrichtung zu machen.«

Die gestrige Premiere zeigte nicht nur, dass diese Einschätzung stimmt, sondern auch, dass die Zusammenarbeit vieler Nationen an einem Kunstgedanken zu tiefgehender Harmonie, unauslöschlicher Kameradschaft und aufrichtiger Völkerverständigung führt. Nur so ist das leidenschaftliche Spiel der Akteure zu erklären – obwohl die Probenzeit von drei tragischen Unglücksfällen überschattet wurde, die zunächst sogar die örtliche Mordkommission auf den Plan riefen.

Ende Februar wurde unser hochgeschätzter Kollege, der mehrfach ausgezeichnete Journalist und Fotograf Carlos Kwiatkowski, auf eisglatter Straße Opfer eines tragischen Verkehrsunfalls.

Kwiatkowski, Theaterkritiker und -liebhaber, hatte das *Hamlet*-Ensemble im Auftrag des *PaperRazzi* bei der Probenarbeit begleitet. Wie sich unsere treue Leserschaft erinnern wird, erwähnten wir bereits im damaligen Nachruf, dass Salzstreuung auf den kurvenreichen Straßen der Cotswolds dieses und ähnliche Unglücke verhindert hätte und deshalb – allen ökologischen Bedenken zum Trotz – dringend wieder aufgenommen werden muss.

Nur drei Tage nach dem Tod unseres verehrten Mitarbeiters erlag Hasso von Kestring, der diesjährige Regisseur des Festivals, einem Herzinfarkt. Branchenkenner glauben an einen Erschöpfungstod, da die weltberühmte Koryphäe des deutschen Regietheaters nicht nur seinen Akteuren alles abverlangte, sondern vor allem sich selbst bei der Arbeit stets völlig verausgabte. Sein Tod hinterlässt eine kaum zu schließende Lücke – Insider behaupten sogar: Mit von Kestring werde auch der von ihm repräsentierte Regiestil zu Grabe getragen. Theaterkritiker werden dies bedauern, hat von Kestrings markante Regieführung ihnen doch immer wieder brisanten Stoff für ihre eigene Arbeit geliefert. Hasso von Kestring hinterlässt ein Lebenswerk, das zwar nicht überall verstanden wurde, aber noch lange Jahre für Zündstoff in entsprechenden Kreisen sorgen wird.

Ähnliches gilt für den jungen Franzosen und Teenagerschwarm Alain Bettencourt, der dem breiten Publikum vor allem durch seine Hauptrollen in Vorabendserien bekannt sein dürfte. Während der Proben für seine Rolle des Hamlet verlor Bettencourt auf einem Aussichtsturm oberhalb Hideaways das Gleichgewicht und stürzte in die Tiefe. Er erlag seinen zahlreichen Verletzungen, bevor er ärztlich behandelt werden konnte. Auf Facebook nutzt seine riesige, vorwiegend junge Fangemeinde ein auf Bettencourts Profil eingerichtetes virtuelles Kondolenzbuch, um der Trauer über den Verlust ihres Idols Ausdruck zu verleihen. In den Tagen nach seinem Tod brach die Seite wegen des starken Andrangs zeitweise komplett zusammen.

Lysander Smith-Bates, der Leiter des Festivals, sagte uns kurz vor der Premiere: »Verzagtere Naturen hätten glauben können, dass ein Fluch auf unseren Proben lag. Eine derartige Häufung von Unglücksfällen wurde bisher nur *Macbeth* zugeschrieben, weshalb abergläubische Shakespeare-Mimen den Titel vermeiden und nur vom *schottischen Stück* sprechen. Dass wir in Zukunft weiter von *Hamlet* statt vom *dänischen Stück* reden werden, haben wir meiner Mutter zu verdanken.«

Dame Phoebe Smith-Bates übernahm das führungslose Ensemble, führte die unvollendet gebliebene Arbeit von Kestrings weiter und bescherte uns so den gestrigen unvergesslichen Abend. Dazu befragt, ob man als Schauspieler auf englischem Boden in Zukunft Angst davor haben müsse, zu einem *Hamlet*-Ensemble zu gehören, lachte die achtzigjährige Bühnenlegende und antwortete: »Keineswegs. Schließlich spielen beide Stücke im Ausland.«

Dieser Denkweise schließt sich offenbar auch die Witwe des verstorbenen Regisseurs, Barbara-Ellen von Kestring, an. Sie hat sich nach dem Verlust ihrer großen Liebe in die sanften Hügel der Cotswolds zurückgezogen und wird in Zusammenarbeit mit dem dortigen Harmony House Hotel Seminare über Shakespeare für Interessierte aller Couleur anbieten, unter dem Motto: *Wie er euch gefällt – keine Angst vor dem großen Mann aus Stratford.* Gut unterrichtete Kreise wollen außerdem wissen, dass sich seit ihrer Entscheidung in Hideaway eine Sponsorengruppe gegründet hat, die über regelmäßige Sommerspiele vor der Kulisse des Aussichtsturms nachdenkt. Bei den geplanten Aktivitäten dürften die exzellenten Kontakte Frau von Kestrings von großem Nutzen sein, zumal ihre Arbeit von Dame Smith-Bates und dem Schauspieler Johannes Berkel unterstützt wird.

Johannes Berkel, in der Theaterwelt bisher wenig in Erscheinung getreten, übernahm nach dem Tod seines Kollegen und engen Freundes Alain Bettencourt kurzfristig dessen Titelrolle. Sein leiser und leidender Hamlet beeindruckte Zuschauer und Kritik gleichermaßen. Niemand im Publikum vermochte sich der unaufgeregten Eindringlichkeit seines Spiels zu entziehen, und sowohl Sir Michael als auch Dame Phoebe prophezeien dem hochtalentierten jungen Mann eine große Bühnenkarriere.

Der Platz reicht nicht aus, um sämtliche Darsteller angemessen zu würdigen, aber es soll nicht versäumt werden, die größte Überraschung des Abends zu erwähnen: Chris Cross, Hotelier aus Hideaway und in seinem Harmony House Hotel Gastgeber des Ensembles, brillierte als Laiendarsteller in zwei Nebenrollen. Nicht nur sein herrlich trotteliger Rosencrantz setzte humoristische Glanzlichter, auch sein Totengräber strapazierte die Lachmuskeln des begeisterten Publikums aufs Äußerste. »Hasso von Kestring hat mich einfach hinter meinem Empfangstresen hervorgezerrt und auf die Bühne geschubst, ich wusste nicht, wie mir geschah«, erzählte Cross uns nach der Vorstellung. Unsere Frage, ob er sich eine Zukunft auf der Bühne vorstellen könne, beantwortet Cross lediglich mit einem geheimnisvollen Lächeln.

(Ausführliche Interviews finden Sie ab Seite 10)

Wie schon die Proben zum Eröffnungsstück des diesjährigen *Shakespeare Birthday Festivals,* so verlief auch die Premiere selbst anders als erwartet. Neben bekannten Gesichtern aus Kultur und Medien hatte sich die Gesamtbevölkerung des kleinen Ortes Hideaway eingefunden, in dem während der Probenwochen nicht nur das Ensemble zu Gast war, sondern wo mit ihnen auch allgemeine Theaterbegeisterung Einzug hielt.

Ein Hauch von Ascot wehte durch den Theatergarten, da besonders die Damen durch verwegene und extravagante Hutkreationen auffielen, die unter der Anleitung der Betreuerin des Ensembles entstanden waren. Taubenfedern, Brombeerranken, Zweige mit Hagebutten, Gräser und andere »Rohstoffe« aus der Natur rund um Hideaway schmückten die Kappen und Hüte *(siehe dazu auch unsere Fotostrecke ab Seite 3).* Durch die lebhaften Dorfbewohner, die zudem durch profunde Shakespeare-Kenntnisse auffielen, kam ungewohnter Schwung in die ehrwürdige Veranstaltung, denn sie sparten nicht mit Szenenapplaus und Jubel: besonders dann, wenn der Mann aus ihrer Mitte, Chris Cross, die Bühne betrat. Auch ihre leidenschaftlichen Anfeuerungsrufe während des Kampfes zwischen Hamlet und Laertes gemahnten an das temperamentvolle Theaterpublikum zu Shakespeares Zeiten.

»Wir lebten bisher beschaulich hinter den sieben Bergen bei den sieben Zwergen, aber während der vergangenen Wochen haben wir alles an Drama nachgeholt. Den Fernseher brauchte hier keiner mehr. Wir waren skeptisch, als wir hörten, dass die Gaukler kommen – aber die Unterhaltung, die uns diese Schauspieler geboten haben, ist durch nichts zu steigern«, sagte Amanda Bloom, die durch einen opulent mit Vogelfedern dekorierten Hut *(siehe Bildausschnitt links)* imponierte. Ihr Sitznachbar John Napier, dessen Bowler mit Heidekrautornamenten geschmückt war, beantwortete unsere Frage nach seinen Eindrücken mit: »Wir sind Shakespeare!«

Dieser tiefgehenden Analyse kann selbst der *PaperRazzi* nichts hinzufügen, außer dem Hinweis, dass Sir Michael Hornsby am Rande der Premierenfeier mit einer weiteren Überraschung aufwartete. Nach eigenen Angaben fühle er sich viel zu jung, um seine eigene Biographie lesen zu wollen, zumal er beabsichtige, am 23. April dieses Jahres, an Shakespeares Geburtstag, zum zweiten Mal zu heiraten. Während alle Welt rätselt, ob die Zukünftige aus den Reihen des Stipendiatenensembles stammt *(siehe rechts das Foto von Dana Danvers),* nahm der Leiter des Shakespeare Festivals die Neuigkeit gelassen und versprach, die Geschichte dieser ungewöhnlichen *Hamlet*-Inszenierung in einem Buch zu dokumentieren. Die Übersetzung ins Deutsche und Italienische wird die derzeitige Betreuerin des Ensembles, Pippa Bolle, übernehmen. Der augenzwinkernde Titel des Buches steht bereits fest: »Dinner for One, Murder for Two, Hamlet for All«.

– Ende –

Danksagung

Es ist uns immer eine große Freude, uns bei all denen zu bedanken, durch die wir dazulernen, weil sie ihre Zeit und ihr
Wissen mit uns teilen. In diesem Fall überblicken wir nach
den Recherchen und Unterhaltungen eindeutig vieles besser
als zuvor – besonders, was die britische Seele und die vielen
verschiedenen Arten des Cider angeht. Sollten sich dennoch
Fehler eingeschlichen haben, so sind diese nicht unseren
Freunden, Informanten und Experten geschuldet, sondern
dem Apfelwein englischer, französischer und deutscher Va-
riation, dem wir auch weiterhin treu bleiben werden.

Unser Dank geht an ...

... die inspirierenden Bewohner Blockleys, dieses Bilder-
buchortes in den Cotswolds, in den es uns immer wieder zu-
rückzieht, besonders zu »unserem« Chris und »unserer«
Nicola ...

... Ragley Hall und seine Bewohner und Mitarbeiter und
Mitarbeiterinnen. Mit der formidablen Crew um Rebecca
Smith und Gordon Best kann man sich bei einem Besuch
mehr als glücklich schätzen.

... unsere Informanten aus der Kriminaltechnik, die mit
ihrem Fachwissen abnickten, was wir kaum zu schreiben
wagten.

... den rettenden Computerspezialisten der Gravis Hot-
line. Richard Arnold löste geduldig nicht nur unsere realen,

sondern auch unsere erdachten Computerprobleme im zweiten Pippa-Bolle-Fall.

… die Theater-, Regie- und Schauspiel-Truppe T. R. U. S. T. für die Fülle an positiver Inspiration. In Dutzenden von Proben, Stimm-, Sprach- und Harmonieübungen habt ihr uns bewiesen, dass Lachen und Loyalität über jede Schwierigkeit hinweghelfen. Von den helfenden Händen und der Organisation über die Beleuchter bis zur Bühnenbildnerin und von der kleinsten Nebenrolle bis hin zum »Hamlet« ist dieses Ensemble eine Einheit und beweist bei jeder Aufführung: Theater ist wie Magie! We TRUST you!

… Jürgen, der uns mit engelsgleicher Geduld kreuz und quer durch die Cotswolds chauffierte: zu Taubenhäusern, zum Broadway Tower, in Tearooms, nach Ragley Hall und Moreton-in-Marsh, immer wieder zu Shakespeare und unzähligen weiteren Orten, die uns halfen, Hideaway zum Leben zu erwecken.

… Ingrid, die sich geduldig über novemberkalte Golfplätze spielte, bis wieder Zeit für ein weiteres Pippa-Ziel rund um Blockley war.

… Abby, die uns von ihrer Besitzerin Claudia dankenswerterweise für lange Spaziergänge überlassen wurde, damit sie uns inspirierende Einblicke in die Hundewelt gewähren konnte.

… unsere neuen Testleserinnen Ani aus Bad Homburg und Martina F. im fernen Nicaragua sowie die Heldinnen, die schon mit uns auf Schreberwerder waren: Marilen, Gerdi und Sabine aus Wiesbaden, Sabine und Simone von den *Mörderischen Schwestern,* Martina B. aus Hamburg, Kirsten aus Wilhelmshaven und Martina L. aus Bochum. Zwanzig Augen sehen mehr als vier. Ihr seid uns große Hilfe. Bitte bleibt weiter am Ball.

… Frau Julia Wagner vom Ullstein Verlag, die verstand, dass Cider uns wichtiger war als ein Toter zum Tee. Danke, dass man mit Ihnen über alles reden kann!

… unsere Agentin Margit Schönberger, für die wir alle Tiere dieses Buches erfanden und mit der wir begeisterte Gespräche über unsere Katzen führen. Danke, dass uns mehr verbindet als Verträge.

… all die Übersetzer Hamlets, an deren unterschiedlichen Entscheidungen wir große Freude hatten und die uns anspornten, es einmal selbst zu versuchen: Fontane, Schlegel, Tieck, Baudissin, Benda, Bierbaum, Günther, Fried …

… William Shakespeare, für den wir alljährlich nach Stratford-upon-Avon und London pilgern, um dort völlig in seinem Universum zu versinken. Seit Ian McKellen 1972 seinen Hamlet lebte, ist die Faszination für Shakeys Stücke ungebrochen. Willpower forever!

To write or not to write – that is no question!

Auerbach & Keller
Unter allen Beeten ist Ruh'

Ein Schrebergarten-Krimi
ISBN 978-3-548-61037-5

Pippa Bolle hat die Nase voll von ihrer verrückten Berliner Familien-WG und bietet ihre Dienste als Haushüterin in der beschaulichen Kleingartenkolonie auf der Insel Schreberwerder an. Das Paradies für jeden Großstädter! Bienen summen, Vögel zwitschern, das Havelwasser plätschert. Doch die Ruhe trügt: Nachbarn streiten sich um Grundstücke, ein Unternehmer träumt vom großen Coup. Und dann gibt es auch schon die erste Tote ...
Miss Marple war gestern: Jetzt ermittelt Pippa Bolle in ihrem ersten Fall!

List

www.list-taschenbuch.de